物联网社会的
治理创新研究

GOVERNANCE INNOVATION FOR INTERNET OF THINGS SOCIETY

吴标兵 | 著

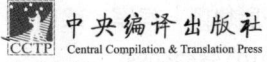

图书在版编目（CIP）数据

物联网社会的治理创新研究／吴标兵著.—北京：中央编译出版社，2020.10

ISBN 978-7-5117-3870-7

Ⅰ.①物… Ⅱ.①吴… Ⅲ.①物联网-社会管理-研究 Ⅳ.①C916 ②TP393.4 ③TP18

中国版本图书馆 CIP 数据核字（2020）第 176436 号

物联网社会的治理创新研究

责任编辑	刘	溪
责任印制	刘	慧

出版发行　中央编译出版社
地　　址　北京西城区车公庄大街乙 5 号鸿儒大厦 B 座（100044）
电　　话　（010）52612345（总编室）　　（010）52612336（编辑室）
　　　　　（010）52612316（发行部）　　（010）52612346（馆配部）
传　　真　（010）66515838
经　　销　全国新华书店
印　　刷　北京紫瑞利印刷有限公司
开　　本　710 毫米×1000 毫米　1/16
字　　数　334 千字
印　　张　23.25
版　　次　2020 年 10 月第 1 版
印　　次　2020 年 10 月第 1 次印刷
定　　价　115.00 元

新浪微博：@中央编译出版社　　　　微　　信：中央编译出版社（ID：cctphome）
淘宝店铺：中央编译出版社直销店（http://shop108367160.taobao.com）　（010）55626985

本社常年法律顾问：北京市吴栾赵阎律师事务所律师　闫军　梁勤
凡有印装质量问题，本社负责调换。电话：（010）55626985

序

  《物联网社会的治理创新研究》是吴标兵副教授新作，在其博士学位论文基础上修改而成，自确定研究选题到专著出版历时十年。我作为他在武汉大学攻读博士学位时的导师，为他取得的研究成果感到由衷的高兴，并应邀欣然为本书作序。

  在过去的几十年，信息和通信技术的发展日新月异。互联网在很大程度上影响和改变了社会商业活动以及人们的生活方式，实现了全世界计算机与计算机之间的沟通连接。在众多新兴技术的推动下，互联网正在向物联网演变，实现人与人、人与物、物与物之间有效的通信。物联网技术给社会生产、社会生活和社会治理带来翻天覆地的变化，开启人类历史上一次重大的时代转型，物联网社会发展未来令人神往。利用物联网技术，人们可以大大提高工作效率、获得更多的效益，创造新的商业环境和商业模式，使生活更加幸福美好。当然，物联网技术的基本理论、物联网技术的发展和应用也存在很多值得思考的问题，比如物联网的概念、性质与挑战以及物联网社会的崛起、特征与治理等。《物联网社会的治理创新研究》正是在这种时代背景下应运而生的。

  《物联网社会的治理创新研究》从基本概念入手，深究物联网的本质与相关概念的区别，解构物联网的技术范式，抽象出网络社会演化规律和物联网社会的特征，缕析物联网社会的治理逻辑，并以跨学科视野探索物联网社会的技术治理、经济治理、文化治理、风险治理和开放治理等问题。本书不仅具有理论价值,而且有重要的现实意义,有助于我国国家治理能力现代化,提高国家对隐私和安全风险的应变能力,完善物联网社会的治理体系,创新物联网社会的治理模式。

《物联网社会的治理创新研究》有如下几个特点。

一是思路清晰。本书首先叙述研究背景、研究现状、研究视角,然后明确论题、研究的重点内容,并在结尾总结了主要观点,在聚焦重要问题的同时又有辩证的开放式思考。本书重视概念分析,力图以这种理性思维把握物联网、物联网社会等事物的本质。无论本书整体框架的设计、解释工具的选择,还是主体内容的论述,都反映出作者慎思明辨的治学品格。

二是资料详实。据我所知,作者自选题开始,就一直在系统地搜集、整理与物联网相关的中外学术资料、行业研究报告以及网络信息,所涉及的学科领域知识非常丰富。这些基础性研究工作,不仅为跨学科研究物联网与物联网社会的治理创新问题提供了有益的借鉴,而且也为进一步开拓创新奠定了系统、整体和坚实的基础。

三是方法得当。本书综合运用马克思主义理论、科学技术哲学、经济学、管理学、心理学和法学等研究方法,针对具体问题选择适用的方法进行分析论证。在物联网概念、物联网技术进化、物联网社会的治理原理与方法等方面,作者采用理论分析法;在物联网产业政策、隐私敏感度、个人信息边界、物联网技术接受度等方面,作者则主要运用定量研究方法。

四是观点鲜明。在广泛涉猎、扬弃既有研究成果基础上,作者基于深入研究提出一些独到的观点和问题,体现本书理论创新的核心价值。如物联网概念与技术进化、物联网社会的特征与生态治理架构、物联网社会的技术治理原理、物联网产业进化规律与创新政策、物联网社会的文化内涵和治理实践、物联网语境下的数字参与及开放式创新等。

2019年，吴标兵博士申请的国家社科基金一般项目"基于开放式创新的智慧城市隐私风险生态治理研究"获批（项目批准号19BGL279），这是对其长期孜孜不倦地躬耕于"物联网社会的治理创新"领域的肯定和激励。目前，物联网技术与物联网社会发展仍处于初级阶段，由于主客观原因，《物联网社会的治理创新研究》一书也难免会存在一些瑕疵乃至问题，这需要更多的关注和更深入的研究。希望此书出版能激励作者在物联网社会的治理创新领域深耕细作，也期待作者取得更多高质量的学术研究成果。

值本书出版之际，特作此序，并向有兴趣的读者推介。

李 光[①]

2020年8月于武汉大学

[①] 李光，武汉大学二级教授、博士生导师，中国科学学与科技政策研究会副理事长，曾担任武汉大学发展研究院院长，1993年起享受国务院政策特殊津贴。

前　言

我们正处在一个科学技术日新月异，不断进化，令人着迷而又迷惑的社会变革时期。分布式能源和物联网标志着继20世纪中期以来以原子能的利用、电子计算机和空间技术的发展为主要标志的第三次科技革命之后又一次伟大的跃迁，即第四次科技革命。物联网新时代随之产生！

物联网研究主题关涉诸多方面，包括物联网基本理论、物联网应用与产业发展、物联网与社会变革、物联网隐私与安全等。但是受到物联网的进化水平、物联网与社会矛盾的暴露程度、学科壁垒的限制、国家科技政策的调整等原因，学界无法、无力、无视对物联网社会进行整体性描述，遑论物联网社会的治理创新。当前，物联网社会的学术研究，主要问题表现在：认知层面的协同性和基础性仍需夯实；理论层面的核心概念和解释工具有待深入；实践层面的政策理性和持续性需要加强。简言之，什么是物联网？什么是物联网社会？物联网社会如何治理？这三个问题亟待科学地刻画与建构。

本书就以上三个问题研究，历时十年之久，资料翔实、系统而丰富。虽然物联网技术可以追溯到20世纪40年代的过去，"物联网技术与社会"现在的存在也因不同的地域表现为不同的、自为的外在形态，这种反思有可能被时间化的事实所限制，但是笔者在不断地修改、删除、增补、完善资料的过程中，愈发觉得所做的研究在不断澄明过程中重新获得生命力之外亦不失创新之处。

（一）核心概念创新

迄今为止，学界对物联网的定义有不同的认识。国内传统的互联网企业或专家多数倾向于"物联网是互联网"的论断。基于"物的导向""网络导向"或"语义导向"的视角，国外业界和学界多数认为，物联网是任何时间、任何地点，人、机、物互联互通的网络，而不是互联网。该定义的问题在于没有从系统的、辩证的、发展的观点来分析物联网。物联网是物体、网络和智能技术的融合进化产物。万物智能、万物互联就是物联网。物联网凸显物体智能性和网络泛在性。物联网技术的进化是理解物联网及其未来发展的关键。

对时代的直觉是本书的亮点之一。笔者在2012年博士论文中就提出"这个时代就叫作'物联网社会'"的论断。当信息和通信技术对人类社会的影响越来越显著时，多数学者冗长地描述时代特征，却对定义含糊其词，而往往在经济生产、社会交往的新方式、生产进程的革新等方面展开解释。要么突出某一方面，要么事后马后炮般地进行推论。究其原因，是没有科学地理解网络。笔者认为，网络是万事万物存在的普遍方式。网络社会是客观存在的、虚拟的，又是实践的。无论自然网络还是社会网络，网络一直进化。这种基于物联网的社会结构被称为物联网社会。本书从技术、结构、本质和异化四个方面阐释物联网社会的特征。

（二）基本理论创新

随着物联网技术的广泛应用，物联网社会的经济、文化和公众参与等方面正在产生重大变革。同时，物联网技术的自主性也产生新的异化风险。在"科学学"框架下，从科学技术与社会、技术哲学、科技政策与管理等角度将物联网与社会治理创新研究贯通起来，创新物联网社会的治理方式，还有十分广阔的空间。本书从"谁来治理、怎样治理"入手，梳理治理理论的演进和逻辑，构建社会治理、政府治理和国家治理三位一体的生态治理架构，具体包括物联网社会的技术治理、经济治理、文化治理、风险治理和开放治理。主要创新内容包括：从技术哲学角度解读物联网技术治理的工程原理和治理场域；从演化经济学、科技政策与管理的角度分析物联网经济的支柱产业、核心产业、创新规律、创新政策以及大数据背景下科技服务业的发展策略；从文化治理的角度挖掘物联网社会的文化内涵，解析文化治理媒介及其发展趋势，剖判文化理性及其实践；从科学技术与社会的角度深描物联网对隐私安全的冲击、物联网隐私风险的特征，从信息哲学的角度审视物联网隐私哲学，从信息管理和法律政策的角度提出物联网隐私风险治理的策略；最后，从社会心理学、信息管理的技术接受度模型的角度解码物联网的心理模式、用户接受的影响因素，并探讨物联网语境下的数字参与和开放式创新。

吴标兵

2020 年 7 月 7 日

目 录

导 论 / 001
    一、研究背景 / 001
    二、研究现状 / 014
    三、研究视角 / 022
    四、本书结构 / 025

第一章 物联网概论 / 027
  第一节 物联网的概念 / 027
    一、物联网概念的起源 / 028
    二、物联网概念的争议 / 029
    三、物联网概念的视角 / 031
    四、物联网概念的分析 / 034
  第二节 物联网与相关概念辨析 / 038
    一、互联网与物联网 / 038
    二、RFID 和物联网 / 042
    三、无线传感器网和物联网 / 044
  第三节 物联网的基本性质 / 045
    一、物联网的技术架构 / 046
    二、物联网技术的基石 / 049

三、物联网技术的进化 / 052

四、物联网技术的挑战 / 057

第二章　物联网社会与治理逻辑 / 062

第一节　从网络到物联网社会 / 063

一、网络的生成与建构 / 063

二、网络社会的结构模态 / 064

三、物联网社会的崛起 / 066

第二节　物联网社会的特征 / 067

一、物联网社会的技术特征 / 067

二、物联网社会的结构特征 / 070

三、物联网社会的本质特征 / 073

四、物联网社会的异化特征 / 075

第三节　物联网社会的治理逻辑 / 078

一、主体：谁来治理 / 079

二、路径：怎样治理 / 083

三、架构：生态治理 / 091

第三章　物联网社会的技术和经济治理 / 095

第一节　物联网社会的技术治理原理 / 095

一、目标治理：简化问题 / 096

二、质量治理：搜寻盲点 / 097

三、过程治理：矫正和优化 / 098

四、作业控制：自动化 / 099

五、供应链治理：库存监控 / 100

六、认知改变：促进创新 / 101

第二节　物联网社会的技术治理场域 / 102

一、产品监管 / 103

二、进程控制 / 105

　　三、环境监测 / 108

　　四、生活服务 / 112

　　五、智慧城市 / 116

第三节　物联网技术革命与经济治理 / 120

　　一、技术革命和产业的关系 / 121

　　二、物联网经济的支柱产业 / 122

　　三、物联网经济的核心产业 / 124

第四节　物联网产业创新政策 / 126

　　一、互联网路径依赖与物联网产业创新 / 127

　　二、美、欧、日、韩物联网产业创新政策 / 129

　　三、我国物联网产业创新的政策与对策 / 135

第五节　大数据背景下科技服务业的发展策略 / 139

　　一、大数据的特征 / 140

　　二、大数据与科技服务业的关系 / 143

　　三、我国科技服务业当前发展中的主要问题 / 144

　　四、大数据带来发展科技服务业的新机遇 / 147

　　五、科技服务业发展策略 / 151

第四章　物联网社会的文化治理 / 155

第一节　物联网社会的文化内涵 / 156

　　一、互动的本质理念 / 156

　　二、应用的价值追求 / 160

　　三、审美的感知取向 / 162

　　四、包容的人文情怀 / 164

　　五、诚实的道德情操 / 166

　　六、创新的精神品格 / 167

第二节　物联网社会的文化治理媒介 / 168

一、文化治理媒介技术理论 / 169
　　二、媒介进化：从语言、文字到手机 / 174
　　三、文化治理媒介的技术趋势 / 180
　第三节　物联网社会的文化理性与实践 / 184
　　一、以人为本的和谐政治哲学 / 184
　　二、城市精神的定位与重塑——以武汉为例 / 193
　　三、智慧城市建设应重视精神 / 199

第五章　物联网社会的风险治理 / 205
　第一节　物联网隐私的基本问题 / 205
　　一、隐私与安全的含义 / 206
　　二、物联网对隐私安全的冲击 / 208
　　三、物联网隐私风险的特征 / 212
　第二节　物联网隐私的哲学审视 / 214
　　一、信息世界：从虚拟、虚拟现实到感知世界 / 215
　　二、信息主体：从心灵到身体 / 217
　　三、个人信息即隐私 / 218
　　四、物联网隐私：物联网时代的困境 / 220
　第三节　物联网隐私风险的治理策略 / 223
　　一、物联网隐私风险的技术治理 / 223
　　二、物联网隐私风险的制度治理 / 229
　　三、物联网隐私风险的自律治理 / 242
　　四、隐私风险治理的政策、局限及发展 / 244
　第四节　个人信息边界、敏感度与中心度研究 / 256
　　一、个人信息立法与理论分歧 / 257
　　二、数据来源与方法 / 261
　　三、数据分析 / 263

四、结论和建议 / 274
　第五节　物联网社会隐私风险的治理对策 / 275
　　一、立法内容方面 / 275
　　二、治理模式方面 / 280
　　三、环境资源方面 / 282

第六章　物联网社会的开放治理 / 284
　第一节　物联网的心理模式 / 284
　　一、情境依赖认知错觉 / 285
　　二、物联网的心智模型 / 286
　第二节　物联网用户接受度研究 / 288
　　一、研究模型 / 289
　　二、实证研究 / 292
　　三、讨论和启示 / 299
　第三节　物联网社会的开放式治理创新 / 301
　　一、开放式创新与物联网数字参与 / 301
　　二、物联网社会的开放式治理创新 / 305
　　三、智慧城市开放式治理的创新模式 / 308

结　语 / 328
参考文献 / 331

导 论

一、研究背景

20世纪90年代，随着计算机相互连接，形成互联网络，信息技术（Information Technology，IT）和通信技术（Communication Technology，CT）逐渐融合，形成信息和通信技术（Information and Communication Technology，ICT）。ICT的基础是计算机、软件、微电子、互联网和移动电话。21世纪，互联网迅速扩展。到2017年，在全球70亿人口中，互联网用户数量已达到48%。固定电话的用户数量从2001年的16.6%回落到13.0%。其中，移动无线宽带增长最为强劲，2007—2017年的增长率为160%[①]。ICT带动了信息服务业的快速增长，成为推动世界各国经济迅猛发展的支柱产业。以互联网为基础的信息产业和信息化对世界各国的国民经济发展起到了非常重要的作用。

继计算机、互联网和移动通信之后，物联网成为未来经济发展、社会进步和科学技术创新的最重要基础设施。为了获得更强的竞争力和抢占更有利的先机，政府、企业和其他社会组织通过更底层、更普遍的信息访

---

① 数据来源于ITU World Telecommunication/ICT Indicators database，http://itu.int/en/ITU-D/Statistics/pages/stat/default.aspx。

问,更有深度的数据采集和处理,以及泛在的云计算、大数据应用服务,孕育、引导技术变迁,进一步解放和发展生产力。具有远见卓识的风险投资人、企业和学者已经认识到物联网的深层含义、逻辑必然性和广阔的前景。①2008年11月27日,欧盟委员会(Council of the European Union)在未来网络研讨会中认可物联网委员会的工作,并要求成员国和委员会进一步探索物联网带来的关键挑战和机遇。②思科(Cisco)、爱特梅尔(Atmel)、瑞典计算机研究院,以及其他重要的技术开发商在2008年9月16日组建智能物体IPSO联盟(IP for Smart Objects,IPSO),并宣布uIPv6将会开源。uIPv6能应用于任何设备,即使受能量或内存的限制,设备也能拥有互联网协议地址,因此促进物联网到来。③"互联网之父"温顿·瑟夫(Vinton Cerf)认为具有互联网通信能力的设备将在物联网中出现,并断言,"大约从2005—2010年,会有一个新的(技术性)驱动力:数十亿个设备会联上互联网。"(卡斯特2006)④物联网是2008年《时代周刊》(Time)杂志前50的最佳发明之一。⑤物联网是2008年名列前10的重大发明之一(Callari 2008)。

以用户数量和时间为变量,简略回顾物联网发展史。1992年只有100万用户使用了物联网技术。到2003年,这个数字已增长到10亿。2009年是物联网的开始,2012年是物联网的拐点,使用物联网的用户数量突然增加到87亿,这标志物联网时代的到来。至此,用户数量呈指数增长,2017年达到284亿。2020年用户数量将扩大到501亿(Coetzee, et al. 2011)。物联网技术通过经济杠杆,使我们的生活方式产生深远的变革,同时广泛地作用于政治和文化因素,加剧社会变迁,使得物联网社会诞生。物联网社会崛起的背景和原因归纳起来主要有三点。

(一)基于国家或区域的战略维度

物联网是继计算机、互联网与移动通信网之后世界产业革命的第四次浪潮。2008、2009年金融危机之后,物联网成为经济增长的新引擎。欧盟、美国、韩国、日本和中国等已经认识到物联网对未来经济增长和可持续性发展中的战略地位,并开始行动。自2006年以来,欧盟委员会发起无线射频识别（Radio Frequency Identification，RFID）和物联网公共咨询，特别是有关政策问题，比如监管、隐私和安全等。2008年欧盟轮值主席国法国在尼斯（Nice）召开部长会议，在未来互联网框架内讨论物联网。与此同时，美国政府展开物联网科技政策系列研究。2009年，时任国务院总理温家宝发表系列讲话，旨在推动国家产业在无线传感器网络的技术突破，把无线传感器网络作为物联网的关键技术。同年，在欧盟资助的全球无线射频识别运作及标准化协调支持行动（Coordination and Support Action for Global RFID - related Activities and Standardization，CASAGRAS）会议（2009年10月6日到7日，在伦敦举办）上，项目负责人大力倡导国际合作，这标志着真正的全球伙伴关系的开始。

1. 欧盟

欧盟委员会较早采纳物联网概念。2006年3月6—7日，欧盟委员会信息社会与媒体总司在布鲁塞尔举办物联网研讨会。物联网的概念正式出现于2007年3月的文件中。2007年6月，欧洲RFID政策框架——"RFID：面向物联网"进一步确认物联网理念（Frederix F 2009）。2008年，欧洲智能系统集成技术平台项目（the European Technology Platform on Smart Systems Integration，EPoSS）发布"物联网2020"（Internet of Things 2020）报告。2008年11月欧盟委员会就未来网络和物联网发表如下观点：①物联网为发展新兴服务提供重要的契机，但也给个人隐私保护带来风险；②对于物联网架构和监管问题，确定一系列要采取的行动；③致力于物联网分权架构，促进共享和分权的网络监管，确保物联网数据保密、安全、隐私和有德性的数据管理；④物联网是一个全球性问题，需要国际合作。国际合作需要明确下列问题：识别和数据传输要求；通信规则和功能要求，比如安全、隐私；网络安全和确保服务质量、自治性网络管理的方法；有关网络使用的立法；关于物联网形式、功能和使用的国际标准、协议。

欧洲里斯本战略的目标是发展较强的竞争力和动态的知识经济，将RFID视为经济增长、增加就业的引擎和驱动力。物联网概念与这个目标紧密相连，RFID 是重要的物联网技术之一。2009 年 6 月发布的"物联网：欧洲未来行动"的通信文件认识到物联网对欧洲的重要性，致力于发展物联网。如果物联网目标失败，对欧洲和世界其他各国来说将会失去重大机遇。其主要结论是：尽管物联网目前并不是很现实，但是物联网可以将大量技术融合在一起，在未来的 5—15 年里会大幅度地改善和提高社会功能。先行动先受益，欧洲将会在物联网造福于人类经济、幸福方面起到主导作用。

2. 美国

2008 年 4 月美国国家情报委员会（National Intelligence Council，NIC）发布《2025 年破坏性民用技术：对美国利益具有深远影响的六大技术》（*Disruptive Civil Technologies*：*Six Technologies with Potential Impacts on US Internets out to 2025*）报告。物联网是六大技术之一。该报告这样阐述物联网："到 2025 年，互联网节点可能是任何日常物体，比如食品包装袋、家具、文件袋等。今天的发展为未来创造机遇，当人们可以远程控制、定位、监控日常设备和物体的同时，也会存在风险。物联网融合各种先进的技术，使得物联网迅速传播。就像互联网一样，物联网对于促进经济发展和提高军事能力有极大的价值。"（SRI Consulting Business Intelligence 2008）2008 年 11 月 25 日，美国情报委员会发布《全球趋势 2025：一个转型的世界》（*Global Trends 2025*：*A Transformed World*），强调物联网（又称为"泛在计算"）的重要性：通过 RFID 技术、传感器网络、微型嵌入式服务器和能量捕获技术，可以定位、监测和远程控制物体；这些物体嵌入低成本的和高能的计算器件，并通过物联网相互连接；物联网技术可以迅速增强物体的效能，将封闭的社会融入信息时代；几乎监控所有地方以确保安全；供应链将以节约成本、提高效率的流水线作业，减少对劳动力的依赖。

2009 年 1 月 28 日在美国总统奥巴马与美国工商业领袖举行的一次"圆桌会议"上，国际商业机器公司（International Business Machines Corporation，IBM）首席执行官彭明盛首次提出"智慧地球"的概念，建议美国政府投资于智慧基础设施。奥巴马明确表示，为应对经济危机，美国的经济刺激资金将投入宽带网络等新兴技术中，并将其作为美国在21世纪保持和夺回竞争优势的方式。2009年"美国创新战略：迈向可持续增长和高品质就业"将物联网作为振兴经济、确立优势的关键战略。美国国防部运营世界上规模最大、最复杂的供应链，这意味着基于单一全球标准的采用超低能无线传感器网络技术的重要发展。2016年6月16日，美国陆军公布《2016—2045年新兴科技趋势报告》（*Emerging Science and Technology Trends 2016—2045*），认为物联网、数据分析和人工智能这三大技术之间的合作将会在世界上创造出一个巨大的智能机器网络，在不需要人力介入的情况下实现巨量的商业交易。物联网创造并分享的数据将会带来一场新的信息革命。

3. 中国

2009年8月7日温家宝在考察中国科学院无锡高新微纳传感网工程技术研发中心时，号召快速发展物联网技术。他指出，至少有三件事情可以尽快去做：一是把传感系统和3G中的TD技术结合起来；二是在国家重大科技专项中，加快推进传感网发展；三是尽快建立中国的传感信息中心，或者叫'感知中国'中心。他还提出"互联网+物联网=智慧地球"的概念。这表明互联网和物联网可以用来帮助人类理解个体行为的结果、行为与自然法则之间的关系。2010年3月，政府工作报告中再次明确提出，将"加快物联网的研发应用"纳入重点产业振兴。国家还将传感网以及传感技术的研发计划明确列入《国家中长期科学和技术发展规划纲要（2006—2020年）》《国家"十一五"科学技术发展规划》和《国民经济和社会发展第十二个五年规划纲要》等相关政策文件中，要"推动物联网关键技术研发和在重点领域的应用示范"①。工业和信息化部也开始统筹部署宽带普及、三网融合、物联网及下一代互联网发展，并将物联网发展列为我国信

---

① 数据来源于中国人大网，http://npc.gov.cn/wxzl/gong bao/2011-08/16/content_1665636.htm。

息产业三大发展目标之一。中央领导的关注、中国移动等重要企业的推动、政府部门的表态为无线传感网提供了良好的发展环境。与之相应的是，中国各省、自治区也发布系列政策。党的十八大以来，在以习近平同志为核心的党中央坚强领导下，面对错综复杂的国际环境和艰巨繁重的国内改革发展稳定任务，推动大众创业、万众创新，促进大数据、云计算、物联网的广泛应用，加快建设质量强国、制造强国。"十三五"规划建议指出：实施"互联网+"行动计划，发展物联网技术和应用，发展分享经济，促进互联网和经济社会融合发展。2015年政府工作报告将物联网作为新兴产业和新兴业态。2018年，我国物联网市场规模已首次突破1万亿元，年复合增长率超过25%，其中物联网云平台成为竞争的核心领域，预计2021年我国物联网平台支出将位居全球第一[①]。物联网云平台成为竞争核心领域，产业技术和应用发展进入落地关键期，物联网在交通、物流、环保、医疗、安防、电力等领域逐渐得到规模化应用。

4. 其他国家和地区

其他发达国家和地区也纷纷开展物联网领域的规划布局：韩国通信委员会出台《物联网基础设施构建基本规划》，提出构建世界最先进的物联网基础设施，发展物联网服务，研究物联网技术，营造物联网推广环境，到2012年打造信息通信融合的超一流ICT强国"的发展目标。日本政府IT战略本部制定了日本新一代的信息化战略"i-Japan战略2015"，该战略的目标是，到2015年让数字信息技术无处不在地渗透到每一个地方，促进产业和地域的发展活力，并培育新兴产业，调整数字化基础设施，战略重点放在发展电子政务、医疗保健和人才教育三大核心领域。日本致力于ICT领域。战略部在2006年1月推行新IT平台战略，在2008年推行优先项目战略，以实现先进信息通信技术网络社会。其目标是实现泛在网络社会，任何人都可以享受IT利益。总务省推行信息通信技术研发和标准化以

---

① 数据来源于http://www.xinhuanet.com/fortune/2018-09/15/c_1123435211.htm。

增强日本的国际竞争。文部省推行重要领域的研究，比如生命科学、信息技术、纳米技术和材料以及量子束的利用。在信息通信技术领域，主要目标之一是研发物联网硬件及通信技术，比如下一代电子标签。经济产业省在 2008 年推行绿色 IT 项目以平衡经济和环境之间的关系。2009 年 2 月，日本经济产业省和欧盟信息传媒总局（European Commission's Directorate General Information Society and Media, DG INFSO）[1] 在 RFID、无线传感器网络和物联网方面签订合作备忘录。除此之外，两个部门共同致力于发展常规对话，在社会接受（访问、消费者便利、隐私等方面）和协调（比如代码系统、信息定义、指定开放性全球标准和区域标准的协调、不同系统之间的互操作性）方面加强合作。日本的"物联网"服务将全面启动，电信运营商都科摩（NTT DoCoMo）、KDDI 株式会社和软银（SoftBank）等三大移动运营商分别在 2018 年开始提供物联网通信服务。

（二）抢占经济或社会发展的制高点

发展战略性新兴产业，抢占经济科技制高点，必须抓住机遇，有所作为。从 RFID 标签嵌入物体的意义上讲，1998 年急板（Presto）网络就是物联网的产业应用。这项前瞻性的举措使得物联网突破学术研究的主题而面向应用。2005 年 1 月，沃尔玛和美国国防部要求主要承包商和供应商用 RFID 标签标记其货物以便库存控制。这是 RFID 技术发展的难以置信的里程碑。2005 年 1 月是物联网应用的真正开始，RFID 市场的爆炸式发展揭开物联网时代的序幕。2008 年，多家公司发起 IPSO 联盟以推进智能物体网络中的互联网协议应用。博世集团（Bosch）、思科、爱立信（Ericsson）、英特尔（Intel）、思爱普（Systems Applications and Products，SAP）、德州仪器（Texas Instruments）、谷歌（Google）、富士通（Fujitsu）等公司开始投资物联网应用。

---

[1] 2012 年 7 月更名为通信网络、内容和技术司（Directorate-General for Communications Networks, Content and Technology）。

IPv6无疑是实现物联网的第一步。鉴于IPv4的互联网IP地址即将用尽，启用新的IPv6协议时不我待。通过物联网技术很容易定位和分类物品，大量信息采集、处理正成为经济增长点。总部设在欧洲的IPv6论坛正在积极部署IPv6。在欧洲，SAP是物联网的最早推动者之一。物联将无处不在的网络连接技术和传感技术结合在一起，SAP强调将数字世界和物理世界融合，物体能够彼此通信并成为商业流程的积极参与者，因此许多产业能获取巨大的利益。物联网飞速发展得益于各行各业的积极创新。很多物联网产品涌现于商业市场，比如：娜贝兔（Nabaztag）[1]、零重力无线（ZeroG Wireless）[2]、阿尔迪诺（Arduino）[3]、触控标签（Touchatag）[4]、互联网连接系统（Internet-Connect System）[5]、帕丘比（Pachube）[6]、海尔物联网冰箱[7]。

这些物联网初期的应用只是从手工制造的物品到复杂机器制造物、大规模生产的产品再到用户可编程的可控物体的变异（Sterling 2005）。由于关键技术的突破，物联网的出现可能促进产业革命和转型，并引进新的商业模式。然而，物联网初级阶段可能是新旧产业并存的局面。物联网的应用领域非常广泛，涉及智能化电网、物流管理、公共安全、数字家庭等多个领域。智慧化基础设施的建设，除了能够带动钢铁、水泥、电力、能源

---

[1] 能将光线、声音等周边信息用语言表达出来的聪明的"机器兔"，由法国紫罗兰（Violet）公司推出。

[2] 一种新的无线通信范式，该解决方案几乎可以为任何电子器件提供Wi-Fi连接。

[3] 一种开源的电子原型平台，任何艺术家、设计师、嬉皮士等爱好者可以用它来创造交互式物体或环境。

[4] 一种为消费者、应用开发者、商人等设计的无接触应用服务，通过RFID、近场通信和2D条码技术给用户提供快速、便捷地访问物体、信息、票务和支付等服务。

[5] 一种可以让公司通过互联网连接其产品的通信系统。

[6] 一种让用户标示和分享来自物体、设备、建筑物和周边环境的实时传感器数据服务的物联网共享平台。

[7] 世界第一台物联网冰箱，它既可以存储食品也可以连接到网络，以便食物管理，并可以和超市互联，增强消费者体验。

等传统产业,还将消耗芯片、光纤、传感器等大量的计算机软硬件产品,从而拉动高科技产业增长,并创造大量的知识型就业岗位。近年来,全球传感器市场一直保持快速增长,2009年和2010年增长速度达20%以上。2012年全球传感器市场规模已达到952亿美元,到了2013年全球传感器市场规模约为1055亿美元。2016年全球传感器市场规模突破1700亿美元,增速达到9.7%。截止到2017年末,全球传感器市场规模约到1900亿美元。[①] 物联网已成为下一个万亿级的信息技术产业,有望成为时代经济发展的引擎、新兴产业的发动机。

  物联网不仅会改变我们的生活,而且会影响一个国家在未来全球发展中的战略格局。转变经济发展方式刻不容缓,大力培育战略性新兴产业是历史必然。重点发展新能源、新材料、节能环保、生物医药、信息网络和高端制造产业;积极推进新能源汽车,推动"三网"融合取得实质性进展,加快物联网的研发应用;加大对战略性新兴产业的投入和政策支持,已成为全球共识。如今,中国多个城市已纷纷推出物联网规划方案,并积极实施物联网发展项目。无锡、上海、北京、宁波、武汉、重庆、杭州、广州、南京、合肥、成都、西安等多个城市都在打造中国物联网产业园,建立"智慧城市"。2012年8月,国务院批复《无锡国家传感网创新示范区发展规划纲要(2012—2020年)》。北京市启动物联网5年规划,2009年11月1日,在北京市经济和信息化委员会的倡导下,40家与物联网相关的企业发起成立了中关村物联网产业联盟。2010年3月,在上海嘉定区建立了上海物联网中心,5月,上海的浦东新区被确立为上海的物联网产业基地,计划通过建立应用示范园区和产业园区,鼓励物联网相关企业向产业园区集中,在用地、用房、研发补助、立项审批等方面有相应的优惠措施。同年,上海市还公布了《上海推进物联网产业发展行动方案(2009—2012年)》。

---

① 数据来源:搜狐网,https://www.sohu.com/a/273494450_365855。

(三) 科学技术研究的新焦点

欧洲物联网研究总体协调组（Cluster of European Reasearch Projects on the Internet of Things，CERP-IoT）对欧盟所有物联网相关研究项目进行整合，制订战略研究方案（包括项目管理、研究目标、资源调度、国际合作）。工业界和学术界的各类研究团队互相合作、优势互补，在这个过程中来形成最终的物联网产业应用远景和物联网标准。这也是为什么欧洲能有 SAP 这样的超复杂、超庞大、超专业、超通用的高端 ERP（企业资源计划，enterprise resource planning）的终极原因。针对物联网不同领域的项目也得到资助，2010 年，欧盟资助了很多项目，比如 ERIDGE（全球环境的无线射频识别，building radio-frequency identification for the global enviroment）[①]、IoT-A（物联网架构，Internet of Things-architecture）[②]、EBBITS（基于业务的物联网与服务支持，enabling the business-based Internet of

---

[①] ERIDGE 主要是针对 RFID 与 EPCglobal（全球产品电子编码系统，electronic product code global）网络应用和实施过程中需要解决的技术问题设立的研究项目，开发易于使用的技术方案，满足欧洲不同企业之间信息交流服务的需求；确保 EPCglobal 网络系统能够协作一致、迅速高效、安全地为商品供应链服务。参见 http://www.bridge-project.eu。

[②] IoT-A 项目专注于物联网架构研究并引起了业界较大关注，该项目为期 3 年，于 2013 年结束。ARM（架构参考模型，architectural reference model）是欧盟 IoT-A 项目的一个主要研究成果，是几十位欧洲学术界和产业界专家通力合作的研究结果。IoT-A ARM 并不定义具体的物联网架构，而侧重给出构建物联网架构的方法，如模型、视图、看法、最佳实践等，基于这些方法可以导出具体的物联网架构，这是 IoT-A 项目和其他项目的最大区别。

Things and services)①、NISB（网络即业务，the network is the business）②、COBIS（协作业务项目，collaborative business items）③、SENSEI（未来网络的现实世界维度，real world dimension of the network of the future）④、SPRINT（工程与物件集成软件平台，software platform for integration of engineering and things）⑤、ELLIOT（实验性物联网创新实验室，experimental living labs for the internet of things）⑥、NEFFICS（启动创新云的未来互联网中网络的企业转型和资源管理，networked enterprise transformation and resource management in future Internet enabled innovation clouds）⑦、STOP（终结）⑧、CuteLoop（智能循环）⑨、STOLPAN（近场通信技术在仓储物流及

---

① EBBITS 项目为期 4 年（2010—2013 年），项目参与方 9 个，来自 5 个国家。研发重点包括：物联网架构技术——使用面向服务的架构在异质结构和具有端到端特性间实现互操作最大化；通信技术——分布式发现架构和松散偶合物的单一物理标识；可扩展的网络技术——集成有线和无线技术，以透明和无缝方式使用 P2P 网络层；软件和服务——支持术语互操作、上下文感知、工作流管理和业务条例处理的分布式决策支持；安全和隐私技术——支持云计算分散识别、认证和安全模型。

② NISB 项目研究的重点是在 B2B（企业对企业业务，business-to-business）环境下的商业网络互操作性，改进现有的模式匹配方法，B2B 接口和企业交换（半）结构的业务文档的其他设置等。

③ COBIS 项目主要针对嵌入式无线传感网络技术并为之提供基础技术支撑。

④ SENSEI 项目主要是想建立一套用于商业活动的开放体系结构，解决传感器和执行器设备的扩展性。这套体系需要为网络和信息管理服务提供可靠准确的相关信息查询，并可以支持与物理环境的交互。

⑤ SPRINT 项目为期 3 年（2010—2013 年），预算经费 346 万欧元，其中，欧盟资助 215 万欧元。参与方 7 个，来自 6 个国家。研发目标是通过龙头产业和研究机构的合作，构建一个基础互联网的平台，将物理设备互联网、模型元素互联网和设计者互联网进行组合，创建工程互联网。参见 http://www.sprint-iot.eu。

⑥ ELLIOT 平台用于观察所提供的服务并评估用户的体验。基于用户对服务接受和反馈，提供最佳服务配置策略。https://cordis.europa.eu/project/rcn/95205/en。

⑦ NEFFICS 是基于云、软件即服务的业务运营平台，并结合先进的创新管理软件平台，为网络化企业提供创新驱动生态的新基础。http://interop-vlab.eu/neffics。

⑧ STOP 项目研究如何利用物联网技术进行反恐怖活动。

⑨ CuteLoop 项目重点放在使用智能网络设备所面临的挑战。

支付领域的应用，store logistics and payment with NFC)①、SMART TRASER（智能探测器）② 等。与以上项目类似，GSN（地理社会网络，geosocial networking）、SARIF（传感器与RFID集成框架，sensor and an RFID intergration framework）等一些小规模的项目研究物品标识、智能感知、物联网中的智能物体与因特网的连接等问题。感知、识别和执行等技术是物联网的技术基础。物联网的扩展性和稳健性等方面研究较为薄弱，有些项目围绕这些问题展开。资源分类聚集技术是解决物联网扩展性的有效方法之一，不足之处是很难解决设备性能受限问题。为了满足特定的需要，必须制定高效节能、异构兼容等协议。这些项目的最大问题在于没有统一的标准，影响到未来物联网的融合。

除了上述研究项目外，各种标准化的研究也在进行。OPC（用于过程控制的对象连接与嵌入技术，object linking and embedding for process control）基金会和自动化测量系统标准化协会（Association for Standardisation of Automation and Measuring Systems，ASAM）建立了传感网的工业自动化的标准。在开放的物联网体系结构中，不同的方法之间可以进行整合，实现协同工作。全球射频识别标准协同论坛（Global RFID Interoperability Forum for Standards，GRIFS）项目主要研究探测仪器、标签、传感器等的操作标准，以及智能设备的通信协议、寻址方式、结构化和数据交换等方面的标准。CASAGRAS2项目主要研究物联网的管理标准、RFID相关技术标准，并试图确定RFID在未来物联网世界中所扮演的角色。欧盟隐私和身份管理（privacy and identity management for Europe，PRIME）项目主要研究个体消费者的隐私、身份管理等问题。韩国自动识别中心实验室研究重点之一是将无线传感网和传感器获取的数据整合到EPCglobal网络的体系架构和标准中去。开放地理空间联盟（Open Geospatial Consortium，OGC）制定了一系列标准，包括传感器数据的建模、编码、传输、查询、数据发现等标准

---

① STOLPAN项目致力于近场通信（NFC）技术在物联网中的应用远景。
② SMART TRASER项目是基于RFID技术的物品追踪和追溯。

技术。传感器网络启动（Sensor Web Enablement，SWE）项目致力于将各类型的传感器数据接入到互联网上的各种应用和服务中，实现对地理空间的智能感知。

美国麻省理工学院（Massachusetts Institute of Technology，MIT）自动身份识别实验室着眼于物联网研发，该实验室组建了一个由7个学术实验室形成的独立网络，发展RFID技术和无线传感器技术，其终极目的是改革全球商业模式，并为消费者带来前所未有的利益。MIT实验室和其他两个物联网实验室——苏黎世联邦理工学院（Eidgenössische Technische Hochschule Zürich，ETH Zürich）实验室及圣加伦大学（University of St. Gallen，HSG）实验室，都将学术研究和产业实践相结合，共同分享研究结果、知识和应用。惠普公司的物联网10年规划是要赋予地球中央神经系统，在全球分布千亿个图钉大小的传感器。通过将电子和纳米技术结合在一起，惠普研发人员开发出更为灵敏的"智慧尘埃"传感器，它可应用于智能建筑、智能汽车、智能桥梁、智能物流等方面。谷歌积极布局研究物联网：从物联网设备底层系统到物联网芯片。在日本，泛在计算社会实时操作系统内核（the realtime operating system nucleus，TRON）项目研讨会每年举办一次。2010年底在日本东京举行了"物联网：绿色地球"会议。大会探讨物联网的技术要求和商业挑战以解决物联网技术的社会问题：支持老龄化社会的健康监控系统，帮助预测自然灾害和更合适地处理自然灾害的分布式感知系统，跟踪和帮助减少交通堵塞的监控系统，绿色环境监控系统，等等。另一个国际知名的研究组织是物联网研究会（Internet of Things Council），它是一个由艺术家、设计师、编程人员等组成的物联网研究团体，他们为物联网应用提出很多创造性的想法。

在中国，许多高校也掀起了物联网的研究热潮。物联网领域的研究被视为促进经济增长和追赶发达国家的至关重要的因素。哈尔滨工业大学在2003年研发了一种用于海洋平台和其他土木工程结构健康监测的无线传感器网络。我国自2006年以来，很多科研机构开始积极涉入物联网领域，比如上海微系统和信息技术研究所、中国科学院、南京航空航天大学、西北工业大学、清华大学、东南大学、中国科技大学、浙江大学、武汉大学、华中科技大学、天津大学、南开大学等高校和科研机构开展了有关物联网方面的研究工作。目前我国已有 460 余所大学设有物联网工程专业。为促进物联网技术创新，教育部科技发展中心从 2013 年开始就举办全国高校物联网应用创新大赛。地方政府和高校积极布局配套物联网研发基础设施。例如南京邮电大学成立全国唯一一家以物联网为特色的国家级大学科技园以及江苏省物联网技术与应用协同创新中心。

二、研究现状

物联网作为一种技术现象，源起于信息与通信技术的创新，最早可追溯到 20 世纪 40 年代的 RFID 技术。但是直到 2009 年，物联网领域的学术研究才获得一些动力。自此，物联网一词的使用频率大幅增长，已成为会议、书籍、学术和专业期刊、大学课程、公司和大学研究计划、应用研究组织和政府资助的研究计划以及全球未来发展报告和产业分析的主题。为了更好地把握物联网研究图谱，本书力图进行整体性述评。

（一）物联网研究图谱

根据研究文献的计量可视化分析，就物联网文献数据总体而言，国外偏重于物联网技术的基础研究，国内偏重于物联网技术的应用研究。可以大致将物联网研究文献分为四类：一是物联网基础理论，比如物联网的定义、物联网与相关概念之间的关系、物联网技术原理、物联网技术哲学；二是物联网与社会变革；三是物联网应用与产业发展；四是物联网隐私与安全。近几年，国内学者对物联网技术与教育、物联网知识产权颇为关注。

1. 物联网基础理论

英文文献主要如下。《RFID-从跟踪到物联网：发展概述》（Khoo 2010）涉及RFID、物联网支持技术和应用，并分析当前的努力和未来的发展规划。《从计算机互联网到物联网》（Mattern, et al. 2010）讨论物联网的应用愿景、挑战、技术基石，以及可能出现的物联网监管问题。《从数字互联网到物联网》（Santucci 2009）一文指出，"物联网"并不是一个自足（stand-alone）的概念，而是未来互联网的一部分。该文讨论物联网概念的起源、技术挑战以及可能的应用并介绍欧盟筹划当前和未来的行动、挑战和机会，阐明发展所需要的主要政策问题。《物联网语义分析》（Huang, et al. 2010）主要分析物联网的本质。物联网是语义网的一种特别的应用，它试图实现智能处理和给予语义网平台的产品信息分享。这种区分的意义在于语义网的研究结果和技术进步，加速了物联网的实现。《物联网是什么——经济学的视角》（Fleisch 2010）试图回答"物联网本质"的问题。该文进一步分析互联网应用和物联网在同一分类应用上的差异以及创新要素等。

除此之外，还有一些期刊文献对物联网进行必要的分析，比如《物联网》（Conti 2006；Schlz 2007）、《实施物联网》（Dolin 2005）、《社会化设备：利用互联网通信的自动化物件》（Vazquez, et al. 2008）、《物联网的基石：智能物体》（Kortuem, et al. 2010）、《物联网能为我们做些什么?》（Fitton, et al. 2010）、《物联网：愿景、应用和研究挑战》（Miorandi, et al. 2012）等。直到2005年，以"物联网"命名或与物联网相关的书籍开始出版，互联网上有关物联网的报告、网站和博客等也开始涌现。

国内学者早期主要从技术角度解释什么是物联网，但是没有统一定义。由于学界和业界对物联网的认知存在较多分歧，公众对物联网几乎一无所知，这为物联网产业政策的稳定和连续性带来严重的隐患。虽然物联网教材以及论著也如雨后春笋，但多偏向于技术和应用。

2010年之后，国内哲学社会科学的学者开始跟进。肖峰（2013）指出物联网实现了三种扩展：从信息互联到物物互联、从跟踪物到控制物、从人工物到自然物，导致了生产方式、物的存在方式和人的生存方式的变革，实现了物质世界和精神世界的融合。同时带来了哲学上的困惑：信息技术和生产技术的分界、信息现象和物质现象的鸿沟、自然是否终结、物联的限度。王治东（2010）从物联网技术的"物""联""网"三层面分析"物联网技术"的内涵，认为物联网可能产生"主客体关系""物本主义导向"异化。闽春发、汪业周（2011）对物联网的基本意涵、特质与社会价值进行定位。汪业周（2012）探讨了物联网的基本属性和中国语境，认为物联网的基本属性和中国语境等问题关涉物联网本质，对于引领物联网健康发展意义重大。物联网具有技术属性、产业商业属性、社会属性、全息属性和关系属性。应立足中国语境审视物联网，正视物联网发展的初步性、复杂性、中国国情的特殊性特别是物联网发展与中国科技、社会发展需要的契合程度。这些文献有力地推动了物联网的认识实践。

总体而言，学术界对物联网基本理论的研究对于科学理解物联网有重大启发价值，但是缺乏系统而综合的研究，自然科学和人文社会科学研究相脱节。自然科学研究的相关文献主要是从技术角度对物联网进行定义、技术刻画和愿景描述，而人文社会科学学者很少关注物联网的技术层面。从参考文献和注解来看，国内学者所引用的外文资料较少，对国外理论前沿缺乏足够的重视。

2. 物联网应用与产业发展

国外文献主要研究物联网商业模式。技术应该终究是工具，而不是目的。技术的关键是解决用户的实际问题。同时从网络化物体产生重大的信息通道，网络化物体能创造有效益的生活方式两个方面列举若干物联网应用案例。《企业语境下的物联网》（Haller, et al. 2009）将物联网置于更广阔的语境下：物联网对于企业来说，其商业价值着力点何在？《自动身份识别：任何时间、任何地点管理供应链中的任何事情》（Bose, et al. 2005）指出供应链管理包括 5 个核心进程：计划、来源、制造、递送和收益。它们在相互关联的战略、策略和经营三个不同的层级被概念化、计划、执行、监督。《物联网和商业》（Harrison 2011）分析数据如何才能被利用以提供更好的产品和服务的关键因素。《嵌入式智能的好处：无处不在的计算在物流中的任务和应用》（Jedermann, et al. 2008）指出基于服务器的解决方案到分布式嵌入处理器的网络转变的附属条件和结果。《环境辅助生活的物联网》（Dohr, et al. 2010）介绍帮助老年人在他们的日常事务中尽可能以一种独立和安全的环境辅助生活的物联网方案，以及可穿戴设备的研发（Adamer, et al. 2008）等。《社会化设备：利用互联网通信的自动化物件》（Vazquez, et al. 2008）深入研究利用互联网通信的社会化物体的基本原理，发现周边物体比以前变得越来越互动。《利用机器对机器技术实现设备管理过程的自动化》（Krishnamurthy, et al. 2008）认为管理不同设备的需求诱发了几种要求，比如预测维护、存货管理、访问控制、位置跟踪和远程监控，设备管理将从机器对机器（machine-to-machine，M2M）通信技术使用中获得极大的收益。《无线网路：让使用者构建无处不在的计算机》（Carboni, et al. 2007）描述构建物联网的动机、理由和解决方案。《物联网的物体识别》（Quack, et al. 2008）分享一个容许通过摄像头来查询物理物体信息的系统。用户通过手机就能与物体以非常简单的方式互动。《物联网问题综述》（Lee, et al. 2010）梳理解决问题的关键技术因素和用智能物来说明增强服务。除此之外有许多技术性文献，比如《嵌入式互动：物联网互动》（Kranz, et al. 2010）、《在虚拟世界中建构医药物流模型》（Thompson, et al. 2008）等。

国内关于物联网经济的文献有两方面：一是物联网应用领域研究（邬贺铨 2010；潘云鹤 2010；曲成义 2009；朱洪波，等 2011）；二是物联网产业发展研究（杨震 2011；黄卫东，等 2011；岳中刚，等 2014）。

从已有的文献可以发现，国内强调应用愿景、创新空间、商业模式和产业政策方面的研究，而国外则更注重于物联网技术的落地路径。技术是嬗变、进化的。随着云计算、大数据、互联网+、人工智能等概念的纷纷出现，ICT 常常以不同的形态出现，变幻无常。如何科学界分技术边界，洞悉物联网产业发展规律？有必要从多学科角度对物联网技术史、工程原理等问题进行拓展。

3. 物联网与社会变革

在物联网与公众接受度方面，国外相关期刊文献如《消费者对 RFID 技术的接受：一个探索性研究》（Hossain, et al. 2008）一文首次用技术接受模型（technology acceptance model，TAM）来解释消费者接受 RFID 技术的影响因素。结果显示：①RFID 技术的便利感知与 RFID 技术接受成正比，便利感知越高，消费者就越容易接受；②社会信仰、价值体系、规范、行为对消费者广泛接受 RFID 技术产生影响；③高度重视个人信息安全和不愿意牺牲个人信息安全导致消费者不愿意使用 RFID 技术。该研究结果能为各组织在应用或开发 RFID 技术的应用方面提供洞见。从换位思考的角度出发，人们的观念和行为在很大程度上由情绪所决定。情绪受许多因素的影响，例如理解能力、物理环境、社会背景、信任或管制。与物联网产品设计、应用有关的一个重要领域是研究用户如何理解、体验无数的网络化设施的环境。《用户对智能冰箱的接受：源于模拟的经验结果》（Rothensee 2008）研究用户对智能冰箱的接受因素。易于使用是人们愿意购买的重要因素。产品耐用性、健康和廉价是最具增值性的应用。国内学者（吴标兵 2012；吴亮，等 2012；刘影，等 2016）利用技术接受度等模型，从使用意图入手对物联网应用用户接受问题进行实证研究。虽然信息管理领域已有的模型和理论为信息技术接受的影响因素提供清单，但是这些清单存在一些局限（Venkatesh et al.，2001）：一是清单中存在着大量重叠的影响因素（虽然它们语形不同，但是语义一致）；二是这些理论或模型的影响因素或多或少具有片面性，缺少集成性。物联网技术的应用前景与问题相伴而生：哪些因素对物联网技术的用户接受产生影响呢？国外学者在这个领域的实证研究方法值得借鉴，如何将 TAM 等模型情境化到物联网技术，这还有待国内学者进一步研究。

在物联网与社会变革方面，里夫金（2014）在其最新作品《零边际成本社会：一个物联网、合作共赢的新经济时代》一书中预测了协同共享的零边际成本物联网社会的到来。在开篇第一章，他鲜明地指出"资本主义时代正逐渐离我们远去，尽管这一进程并不迅速，却是大势所趋。与此同时，一种改变我们生活的新型经济体制应运而生，它就是'协同共享'"。叶美兰、刘永谋等（2015）从社会等视角研究物联网产生的政治、经济、伦理等社会风险和文化冲击。许和隆、张宇（2013）认为物联网对人类社会未来变革产生的影响具体表现在：物联网对未来人类文化价值与道德观念的重塑；对人类社会结构与行为方式的重构。同时，张宇（2013）指出，互联网向物联网延伸发展，引起网络社会形态从虚拟社会向感知社会的嬗变。物联网感知社会缩短了人与人、人与物、物与物之间的时空距离，提高了社会生产效率。刘方喜（2016）从分享主义角度讨论物联网对空间正义和社会主义复兴的伟大作用。

在物联网社会治理方面，帕斯卡里瓦（Paskaleva 2011）则率先将创新生态系统中的"开放式创新"理论（Chesbrough 2003b）嫁接到智慧城市研究之中。在实践层面，动态实验室将技术创新和社会创新有机结合于一体，构成用户驱动的创新生态系统，不仅考虑到人的需求，还充分利用社会资本。谢中起、王玉超（2012）从社会管理创新的视角研究基于物联网技术的服务型社区构建，提出党委领导、政府负责、社会协同、公众参与的多元主体参与模式。创新生态系统和开放式创新为物联网社会治理提供了有益的理论和路径参考。

4. 物联网隐私与安全

随着网络社会的崛起，隐私风险引起吉登斯等学者的强烈忧虑（韦伯斯特 2011）。近年来，物联网、大数据等技术得到广泛的应用，互联网空间演化为物联、感知、智能的世界（舍恩伯格 2013；彭特兰 2015；刘海涛 2011），个人用户成了"移动的数据产生器"。个人隐私数据的泄露、侵害，给社会稳定、国家安全带来了极大的不稳定因素，其风险隐患主要包括国家安全风险、政治风险、行政风险、隐私风险、社会风险、经济风险等六类（夏义堃 2017）。隐私是一个高度情境化的、多维度的、动态的概念，就像普罗透斯的脸一样变化多端（Solove 2008）。不同社会属性的人有不同的感知，不同的自我表达方式以及不同的处理风险和社会控制方式。微观层面的个体隐私心理和外在行为之间往往不一致，这就是"隐私悖论"，它不仅影响个人隐私安全，也影响着整个网络空间信息交往的秩序与效率（Norberg, et al. 2007）。

在物联网隐私风险治理方面，一般物联网综述性文献都有所论及。比如《泛在计算：技术影响综述》（Friedewald, et al. 2011）强调安全、隐私对用户接受物联网存在影响。《物联网概述》（Atzori, et al. 2010）也认同此观点，安全和隐私保护的关注是反对物联网技术扩展的一个显著屏障。《日常用品中嵌入式 RFID 存在的安全和隐私风险：电子护照及其他》（Meingast, et al. 2007）分析了为什么美国政府在进行隐私影响评估之后仍然没有充分确认和处理隐私和安全问题。《物联网新的安全和隐私挑战》（Weber 2010）认为随着物联网的出现，需要有确保隐私和安全的新的监管方法，特别是针对截获攻击、数据认证、访问控制和保障客户（自然人和法人）隐私。物联网需要多种多样的、不同的法律框架。立法者从国际层面上制定实质性的关键原则，辅以私营部门详细的规则形成的框架看来是最佳解决方案。《物联网和 RFID 在医疗护理、事实和隐私上的挑战》（Frederix I 2009）探讨了物联网技术在医疗保健方面的应用，对未来深入的研究提出建议，以确保病人隐私和尊严受到保护，并说明当今 RFID 技术如何在医院试验性应用，预测未来保健护理的物联网应用场景。该文得出结论：这些应用场景是极具隐私侵害性的。物联网隐私影响评估是国外一项比较新的研究方法，这方面的论文有《RFID 隐私影响评估：一种由业界创立，立法者支持的方法》（Spiekermann 2012）。此外，还有一些有价值的论文在探讨物联网隐私和安全方面值得关注，比如《RFID 实施和安全问题》（Choi, et al. 2011）、《RFID 通信中隐私保护的一些方法》

(Fishkin, et al. 2004)、《RFID：下一个严重的隐私威胁》（Lockton, et al. 2005）、《RFID隐私问题及技术挑战》（Ohkubo, et al. 2007）等。国内学者王治东（2015）、梁德友（2014）、沈斌（2011）等从哲学或制度规范方面探讨了物联网伦理和隐私权的相关问题。

总体来说，国内外学者在RFID、互联网、普适计算、物联网、云计算、大数据中隐私风险的特征、挑战和隐私保护等方面已有大量的研究（Weber 2010；Čas 2011），多数路径没有脱离技术和制度框架，"以人为中心"的隐私风险解决方案倒是一抹亮丽的色彩（Winkler, et al 2012）。因为意识到技术路径存在诸多问题和阻滞，赵畅（2018）、余潇枫（2018）等国内学者在对策建议中更具有创造性地引入了"治理"概念，指出缺乏自下而上的治理会导致非智慧参与的危机，强调多元主体协同治理，提出强化政府引导作用，加强行业自律，建立第三方评价机制，发挥社会监督力量等措施。另外，信息系统领域有关信息反馈的研究逐渐兴起，主要研究用户隐私关注（Yun, et al. 2018；曾伏娥，等 2018）、披露个人信息意愿的影响因素（Gómez-Barroso 2018；胡昌平，等 2018；李纲，等 2015；黄程松，等 2019）和隐私悖论（Norberg, et al. 2007；刘婷，邓胜利 2018；谢卫红，等 2018），一般采用调查问卷、实验、结构方程模型等定量研究方法。技术和制度路径试图在宏观层面建立统一的、明确的隐私规范，而忽略了个体的需求和实践情境，隐私反馈路径悬置或淡化技术、制度和道德风险因素，单一的定量研究方法也有待改进。虽然治理路径在方法论上有了较为明确的"法治"取向，但是缺乏成熟的理论和程序规范，还需要更细致的研究。

（二）对研究现状的总体评述

迄今为止，物联网研究主题关涉诸多方面。但是受到物联网技术的进化程度、物联网技术与社会矛盾的暴露程度、学科壁垒、国家科技政策调整等局限，物联网技术与社会的研究处于中断或停滞状态，更缺乏对物联网交叉学科的、系统的研究。主要表现在如下几方面。

（1）认知层面的协同性和基础性仍需夯实。对于物联网而言，自然科学研究和哲学社会科学研究脱节，学界要么研究物联网技术而不关注物联网的社会问题，要么聚焦物联网的社会问题而忽视技术本质。单兵作战现象普遍，规范的学术共同体没有形成。多学科研究特别是哲学社会科学的介入迟缓，跨学科融合研究的局面没有形成。

（2）理论层面的核心理念和解释工具有待揭示。对于新出现的物联网技术和物联网社会现象，应该运用哪种核心理念、分析单位、解释工具等元理论予以研究尚需考问。不可否认，已有的文献为研究物联网技术与社会提供了不可或缺的前见，但是没有提供统摄性的学科知识架构，知识碎片化，难以形成理论洞见。

（3）实践层面的政策理性和持续性需要加强。中国在互联网研发领域起步较晚，错过了先发优势。对于物联网的发展和应用，中国力争主动，超前布局，因而呈现出一种乐观情绪，但很大程度上体现出非理性倾向，对物联网社会的深层次基础问题关注不够。2014年之后，由于国家科技战略转向，物联网技术与社会的研究团队与学者缺乏持续的动力，很难形成整体性知识。

近几年来，物联网研究呈现国外热、国内冷的现象，我国公众对物联网缺乏科学的认知，国家科技政策也出现不同程度的偏差，物联网还在演进，物联网新时代亟须结合物联网社会发展实践进行系统研究和理论创新。

三、研究视角

科学技术问题一般分为两类：一类是理论问题，涉及科学技术的本质、科学技术的结构、科学技术的发展规律、科学技术方法论等，所有这些都可以称之为科学技术的理论问题；另一类侧重于实践，即以问题为导向，从根本上解决科学技术与社会、经济发展的新挑战和复杂性问题。理论来源于实践，而又促进实践。如何在科学地发现和解决科学技术的实践问题的同时辩证地反思、解释甚至提出科学技术的理论问题,这将是科学学研究的中心任务。

什么是科学学?作为一般的阐述,往往采纳普赖斯的定义,他认为科学学是"科学、技术、医学等等的历史、哲学、社会学、心理学、经济学、运筹学及其他"(贝尔纳 2003)。所以,科学学是由自然科学和社会科学、人文科学交叉融合形成的一个研究领域,是研究科技、经济、社会协调发展的综合性学科(冯之浚 2010)。科学学侧重于现代科学的整体的体系结构,缺乏系统性的零散知识的汇集是没有资格成为科学的(黄顺基,刘大椿 1983)。同时科学学以马克思主义作为自己的理论基础,又是马克思主义研究领域的一个新开拓(钱学森 1979)。强调马克思主义,不是把它当作贴到各门科学头上的标签(龚育之 1990),也不是为了引证,而是为了弄清科学的含义。科学学特别要研究当代科学技术对社会经济、政治、文化、思想所发生的作用(于光远 1979)。科学学不只是用不同的方式解释世界,还在于改变世界。科学学最基本的社会功能是揭示科学发展的规律,以及科学与社会互动的关系,充分发挥科学的社会功能,并促进科学发展和社会发展(李光 2002)。新的时代,科学学面临发展的良机,其主要原因在于:第一,随着科技在国家政治、经济、社会与环境中的作用的加大,科技创新成为国家经济发展的"发动机";第二,信息技术对人类生活产生了深刻影响(陈劲 1997)。

从互联网到物联网,人类社会迎来新的技术时代。随着物联网技术应用的扩散,物联网新产品、新技术层出不穷,这将彻底改变人类的生产和生活。互联网社会已经向物联网社会——一种新型的由智能网络开启的智能社会转变。物联网、大数据技术,以及云计算等信息通信技术广泛应用,社会经济、文化、公众参与等方面正在涌现出质变,这为物联网社会的治理带来前所未有的挑战,也使得治理创新成为物联网社会的迫切需求。

物联网时代强调运用物联网科学理论、技术方法和工具进行社会治理。作为科学应用的物联网技术,不仅是人类认知过程和认知结果形塑的知识体系，也是一种社会秩序建构的方式。因而，物联网时代必然要回答物联网、物联网社会的本质这一重大的前置性的问题。物联网在物联网社会的文化、经济、政治和社会环境的创新治理方面发挥着重要作用，同时又受到上述因素的影响与制约。物联网的出现是一种激励因素，能够给社会发展带来一些潜在机会，促进社会进步，增进社会福祉，满足人们的需要，让生活更美好。同时物联网对社会及其治理产生了前所未有的巨大冲击，物联网技术的自主性也产生新的异化。随着人工智能技术的进化，物联网逐渐进入"物联网+"阶段，物联网对人的控制和支配作用日益明显。物联网人工智能技术不仅可能吞噬、控制、物化人的身心，剥夺工人的工作，还可能造成阶级异化，甚至可能产生"无用阶级"。借助对个人信息的掠夺、集中、操控和滥用，物联网技术成为技术精英得心应手的工具库，隐私已"死亡"。物联网社会的隐私风险具有非传统特征，需要对物联网产生的隐私风险进行治理创新。世界上的霸权主义者凭借物联网的科学技术优势，不断强化它们在全球治理中的制度性话语权，甚至启动国家的力量对其他国家进行经济、政治等方面的压制。因此，全面、系统地研究物联网社会治理创新对于新时代来说意义重大。

基于上述分析，可以发现，在"科学学"框架下，从马克思主义理论、科学技术与社会、科学技术哲学、科技政策与管理角度将物联网与社会治理创新研究贯通起来，系统考察物联网、物联网社会、物联网社会的治理逻辑，时代变迁的合法性，创新物联网社会的治理方式，还有十分广阔的空间。"科学学"在我国是一门新兴的学科（钱三强 1985），尚未在学科内部形成完整的理论规范和研究范式（刘则渊 2017；陈士俊 2010），没有在哲学、社会学、管理学等学科之间形成明确划界的知识系谱，也没有一级学科这个"户口"（曾国屏 2008）。在此背景下，通过"科学学"交叉学科对物联网社会治理创新进行系统地研究，具有很强的学术挑战性。

四、本书结构

技术进步是社会发展的源泉和动力，本书首先研究物联网技术。物联网技术革命是物联网社会新的时代催化剂。那么，什么是物联网社会？物联网社会如何治理？第二章就上述问题进行探究。其他章节将围绕物联网社会的治理创新依次展开。本书的结构如下。

第一章研究物联网技术。试图打开物联网技术黑箱，剖析物联网的概念，物联网与相关概念的关系，以及物联网社会，系统梳理物联网技术发展的历史和逻辑进程，挖掘、归纳出网络技术发展的一般趋势和规律，更深入、更全面地解析物联网的概念及其原理，阐释物联网技术的架构、基石、进化和挑战。

第二章研究物联网社会及其治理逻辑。从网络进化角度，解释物联网社会产生的必然性、逻辑依据以及物联网社会的基本特征。在对治理理论进行辨析的基础上建立物联网社会的生态治理架构。

第三章研究物联网社会的技术和经济治理。从技术哲学角度分析物联网技术治理的工程学原理和治理场域；物联网技术如何通过作用域影响社会。从演化经济学和技术预见角度，分析物联网产业结构、产业实践、产业创新规律，以及大数据背景下科技服务业的发展策略。

第四章研究物联网社会的文化治理。从科学社会学和科学技术史的角度分析物联网社会文化的内涵、文化媒介和实践，认为物联网社会文化应具有互动的本质理念、应用的价值追求、审美的感知趋向、包容的人文情怀、诚实的道德情操和卓越的精神品格。在回顾文化传播技术重要理论的基础上，通过科学技术史的相关考察，总结并提出物联网社会文化治理媒界技术的若干趋势。

第五章研究物联网社会的风险治理。从信息哲学、科学技术与社会学等方面分析物联网社会的隐私和安全问题，具体包括：物联网隐私和安全的基本内涵；物联网对隐私安全的影响、特征；物联网隐私和安全的哲学审视；物联网隐私风险的治理策略；个人信息的边界、敏感度和中心度；物联网社会风险治理的对策。

第六章研究物联网社会的开放治理。从定性和定量的角度，解析物联网社会公众对物联网的认知模式，影响用户接受物联网的若干因素和物联网开放式治理创新，并结合智慧城市治理的实践，提出若干政策建议。

第一章 物联网概论

物联网将互联网扩展到一般物理对象,并将现实的物理世界和虚拟的信息世界无缝融合为一体,它空前地增强了人们获取现实世界的信息,以及对现实世界中的物体进行操控的能力。物联网不仅是一种网络,它还是一种应用,它通过网络应用访问、控制周边设备。基于各种网络化物体的应用,物联网将物理世界的孤岛和虚拟世界糅合在一起,形成无处不在的网络。本章旨在探究物联网技术的概念、物联网与相关概念之间的联系。从信息与通信技术发展史、技术哲学等角度挖掘物联网技术的基本原理。

第一节 物联网的概念

物联网概念自产生以来,一直在演进,迄今物联网概念依旧在界定中。概念明晰有助于问题的讨论和理解。定义可以对概念或对象的本质、范围或意义进行简明的、概要的描述,可以给这些对象提供快速、有用的参考点。不同的定义提供不同的视角,好的定义可以有效抓住对象的本质,给出无条件限制的洞见,并且便于理解。从认识论角度看,厘清物联网的概念对物联网的科学普及、实践应用和科技政策制定等方面有一定的作用。

一、物联网概念的起源

网络 x.0 是用来描述网络发展的技术。互联网是 Web 1.0。Web 2.0 是社会化媒介的涌现和用户生成的内容。Web 3.0 是语义网络。Web 4.0 是物联网。物联网是一个自我配置的无线传感器网络,旨在将所有的物互联。因此,通常认为物联网是由相互连接的网络化的日常物体所形成的网络。支撑物联网的技术有全球定位系统(Global Positioning System,GPS)、地理信息系统(Geographic Information System,GIS)、人工智能和 RFID 技术等。物联网依赖于互联网的信息架构,是互联网的扩展和延伸。物联网观念最早可以追溯到 1991 年英国剑桥大学的咖啡壶事件。同年,马克·维瑟对物联网观念进行了最初的阐释(Weiser 1991)。随后盖茨(1996)在《未来之路》一书中描绘了一些具体的物联网应用愿景。格申斐德在《当物品开始思考》(Gershenfeld 1999)中提出了类似的物联网观念。他写道:"回顾一下,它就像万维网一样迅速发展,就像扳机引燃现实的爆炸,物开始使用网络(Net)"。阿什顿在宝洁公司(Procter & Gamble)的一个报告(Ashton 2009)中首次使用"物联网"(Internet of Things)一词:"把 RFID 和其他传感器附加到日常物体,将创造物联网,这为新的机器感知时代到来奠定基础"。

近些年,"物联网"这个词迅速传播。但真正让"物联网"成为一种有影响力的概念,是 2005 年国际电信联盟(International Telecommunication Union,ITU)在突尼斯举办"信息社会全球峰会"。该峰会就全球电信网络和服务的相关议题发表名为"物联网"的年终报告,极大地提升了物联网概念的影响力。该报告详细叙述了迅速发展壮大的互联网技术对全球企业和个体产生的史无前例的影响,包括近年来涌现的关键性技术、市场发展机遇、政策含义等。以一种相似的方式,欧盟信息社会技术项目建议组使用"周边智能"(ambient intelligence)一词来描述物联网:人们被嵌入在我们周边日常物体中的智能和直观界面所包围。后来欧洲引进和重新使用"物联网"一词,并用于 RFID 技术语境。2009

年欧盟委员会酝酿出一个缜密的"物联网"行动计划,认为物联网是互联网的扩展和演进,即从计算机相互连接的网络到物体相互连接的网络。而 RFID 发展共同体采用狭义的理解方式,认为物联网是通过浏览与特定的 RFID 标签有关的网址或数据库条目,来发现贴有标签的物体的信息。

在物联网描绘的图景中,互联网延伸到现实世界及日常物体。物理物件不再脱离于虚拟世界,能被远程控制,并能作为互联网服务的物理入口。日常物体,从电视到牙刷,从运动器材到内置计算能力的建筑,相互通信和分享信息。

二、物联网概念的争议

就国外文献来看,国外学者较少探究物联网的形而上概念,多就某个技术或与技术相关的社会问题探讨物联网概念,而不就物联网概念作逻辑、语义上的分析和讨论。

(一)国外学者对物联网的界定

国外学者对物联网所做的一个比较早的典型界定是:"物联网是日常物品(everyday physical items)所连成的网络"(Luckett 2004)。在此界说基础上,后来又增加了必要的限定或扩充,但基本上是围绕着两个词:物(Things)和互联网(Internet)。就定义而言,国外学者一般采取两种路径:明确物联网的网络属性;突出物联网的"应用"或"系统"特征。例如"从字面上讲,全球设备互联就叫物联网。这并不是指任何技术或者网络结构,而仅仅是指互联设备概念,就像计算机通过互联网互联一样……个域网(Personal Area Network,PAN)的概念经常用来指称物联网"(Duquennoy, et al. 2009);"物联网是指使日常物品自身识别、彼此通信和计算成为可能(的综合系统)"(Rellermeyer, et al. 2008);"物联网是指物体(objects)能够通过互联网(Internet)彼此通信"(Cooper, et al. 2009);"物联网被定义为智能物体(smart objects)之间彼此通信所构建成物网

(networks of things)"(Dohr, et al. 2010);"物联网是物理物体（physical objects）无缝地联入信息网络（network）的域界。在物联网中，物理物体（physical objects）将会主动参与商业进程。通过与智能物体（smart objects）在互联网（Internet）上的互动，在考虑安全与隐私的情况下，各种服务唾手可得，比如查询物体的状态、关联信息等"（Haller, et al. 2009);"物联网是一个任何物（objects）都有数字特征的世界"（Gershenfeld, et al. 2004);"物联网是指智能产品（intelligent products）能够在互联网（Internet）上彼此通信"（Framling, et al. 2007);"物联网是指计算机通过互联网（Internet）对物理世界物体（objects in the physical world）状态变化进行监控、影响和作用"（Dickerson, et al. 2008);"物联网是指数字产品（digital artifacts）、物理产品（physical products）和环境通过网络（networks）连接而交互作用。从技术角度看，物联网主要基于 RFID 技术，通过在现实物理物体（physical objects）上贴上标签以和数字网络（networks）互联的一系列方法和标准。从设计角度看，这些技术给我们提供查看网络（web）和物理世界产品（products）之间关系的可能性，催生可感触交互技术的新机遇"（Martinussen, et al. 2009),"下一步的主要发展是从计算机互联的网络跨越到互联物体（interconnected objects）的网络（network），从书籍到汽车，从电器到食物，这样就创造了物联网"。"物联网是这样一个概念，设想把互联网（Internet）联入智能空间（比如未来家居）中的物（Things）上"（Darianian, et al. 2008）。"ICT 世界增加了新的维度：在任何时间、任何地点，任何人可以连接任何物（Things）。连接被放大，并产生了全新的动态的网群网（network of networks）：物联网"（ITU 2005）。

可见，定义的不同取决于对"物"和"网"的理解：①在物的界定上有抽象和具体之分。抽象是指物（things），或泛指物体、可见可触摸的实物（objects）；与 objects 相比，"things"涵盖范围更广，可指"一切事物"。具体是指日常物品（everyday objects）、智能物体（smart objects）、智能产品（intelligent products）、产品（items、artefact）、设备（device）等。从上述定义可以看出，对于物联网（IoT），学者一般使用 objects、device、products、items、artefacts 这几个单词来指称、限定 things。②对物联网的"网"有三种理解：个域网（PAN）、局域网（Network）、互联网（Internet 或 Network of Networks）、网络（Web）。从词频上看，学者一般多用 Internet。

（二）国内学者对物联网定义

国内学者代表性观点有：①物联网本质上是互联网，是互联网应用的拓展（邬贺铨 2010；王育民 2015），是物—物相连的互联网（吴功宜 2010），是物联互联网而不是物联专用网（殷康 2010）；②物联网又名传感网，通过装置在各类物体上的电子标签、传感器、二维代码等，经过接口与无线网络连接，从而给物体赋予智能，可以实现人与物体的沟通和对话，也可以实现物—物的沟通和对话（王志良 2010）；③物联网有狭义和广义之分。狭义的物联网是指传感网；广义物联网＝云计算+泛在网络+智能传感器（李虹 2010）；④物联网从产业和用户角度来说叫物联网，从技术支撑角度来说，它叫传感网（陈桂香 2010）；⑤物联网不是网络而是应用（童腾飞 2011）；⑥物联网是产品电子编码（electronic product code，EPC）（周文豪 2010）；⑦物联网是一个融合着各种应用与服务的庞大社会信息化系统，如果一定谈网络的话，它是一个基于感知技术，融合了各类应用的服务型网络系统（张琪 2011）。第十一届全国人民代表大会第五次会议政府工作报告正式将物联网界定为通过信息传感设备，按照约定的协议，把任何物品与互联网连接起来，进行信息交换和通信，以实现智能化识别、定位、跟踪、监控和管理的一种网络，它是在互联网基础上延伸和扩展的网络。

三、物联网概念的视角

业界、学术界对物联网概念的各种界定表明他们对物联网有不同的见解，物联网尚处于发展阶段。物联网概念背后的基本理念从来都蕴含着社会、经济和技术等因素，因而反射出不同的视角。

（一）物的视角

物联网的第一个定义来自"物导向"。它所考虑的东西是非常简单的物件：RFID 标签。物联网概念最初指向产品电子代码系统：EPC 数字包含于对象化的、网络化的 RFID 数据载体，使用合适的读取器或询问器就可以读取，使用对象命名服务（object naming service，ONS）来检索存储的信息。麻省理工学院自动识别实验室（Auto-ID Labs）对物联网概念及识别系统的建构做出了重要贡献。该机构自建立以来，就有针对性地构建物联网。它们最初侧重于电子产品编码以支持 RFID 技术使用在全球现代交易网络的普及，并创造驱动产业全球标准化的 EPCglobal 网络。这些标准主要用来改善物体可见性（物体跟踪，感知物体状态、当前位置等）。硬件生产商都强调：物联网主要侧重于"物"，通往全面部署物联网的道路始于物体智能的增长。毫无疑问，这是物联网愿景的全面部署路径的重要组成部分，但并不是唯一因素。

（二）网络视角

国际电信联盟在 2005 年突尼斯大会上正式确认物联网这个概念。国际电信联盟报告指出一个新的无处不在的物联网时代正在到来。在这个时代中，日常物体网络化所引发的变化使得人类可能成为少数派。物联网代表未来的计算和通信技术，其发展取决于从无线传感器到纳米技术的许多重要领域的动态技术创新。首先，为了将日常物品和设备连接到大型数据库和网络，简便且具有成本效益的物品识别系统至关重要。只有这样，才能收集和处理有关事物的数据。其次，数据采集将受益于传感器技术检测事物的物理状态变化的能力。物体中的嵌入式智能可以通过将信息处理功能转移到边缘网络来进一步增强网络的功能。最后，微型化和纳米技术的进步意味着越来越小的事物将会具有交互和连接能力。上述技术的融合发展创造出一种以感知和智能的方式连接万物的物联网（ITU 2005）。这表明物联网不再仅以"物"为视角，最终产生网络导向。

（三）语义视角

语义视角源于 IPSO 联盟。网际互联协议（Internet Protocol，IP）是一种高级协议，它连接大量的通信设施，在有源嵌入式设备上运行。这保证 IP 具有使物联网成为现实的所有品质。IPSO 白皮书似乎表明：通过智能 IP，并将"IEEE 802.15.4"纳入 IP 架构，物联网范式将会自动启动。将互联网设备移向物联网，这是最明智的方法。物联网让任何物体可寻址，并可以从任何地点访问。也有其他一些文献提供了"语义导向"的物联网构想（Toma，et al. 2009），其逻辑出发点是物联网的物体数量将会极其众多，如何表征、存储、互联、搜索和组织物联网产生的信息将变得很有挑战性。在这种情况下，语义技术将发挥重要作用。可以利用建模解决方案：对物体进行描述，对物联网产生的数据进行推理，适应物联网需求的语义执行环境和架构，可扩展性存储和通信基础设施。"物网"（Web of Things）被称为与物联网相关的构想（Reischach，et al. 2009），根据其定义，网络互联协议被整合到嵌入式设备或具有计算能力的日常物体中，实现物品与互联网相连接。

（四）联合视角

1. CASAGRAS 定义

CASAGRAS 提出的物联网远远超越"以 RFID 技术为中心"的单纯概念。它侧重于服务功能：物可以自动和计算机通信，彼此提供造福于人类的服务。CASAGRAS 对物联网有两点认识：①提出物联网构想：作为全球基础设施，它连接虚拟的和物理的一般物体；②强调互联网的未来发展。从这个意义上讲，物联网自然而然成为部署联合服务和应用的支撑架构，其特点是高度自动的数据采集、事件传输、网络连接和互通性。该定义对我们所称的"物导向"视角和"网络导向"视角的融合发挥重要作用。

2. SAP 定义

物理物体被无缝地整合到信息网络，并成为商业流程的积极参与者。

通过网络，应用服务与智能物互动。一方面，SAP 对物联网的定义强调应用服务；另一方面也肯定物体的"智能"属性。但需要进一步限制：智能物需要定义；应用服务又指哪些？物理物体成为商业流程的参与者需要哪些条件？贴上标签的方式和整合到商业流程中的被识别的物体有何不同？这些问题也适用于 CASAGRAS 对物联网的定义。

3. EPoss 定义

在欧盟 2008 年发布的《物联网 2020》报告中，欧洲智能系统集成技术平台（European Technology Platform on Smart Systems Integration，EPoSS）将物联网定义为"由具有身份、虚拟人格的物体所形成的网络；物体运行于智能空间，并利用智能界面与用户、社会或语境连接和通信"。EPoSS 的定义为物联网提供了合适的解释，它与 CASAGRAS 一致，也突出了"智能"的特点。

四、物联网概念的分析

大量出现的物联网概念经常将其表述为互联网的衍生物或变种。概念是理性认识的基础，影响我们如何思考，所以必须谨慎地定义。探索概念的本质，即下定义，是科学研究的重要工作。科研的目的是确定每一事物的本质，也只有这样才能得到与变化不定的意见相左的、具有永恒性质的观念（文德尔班 1989）。根据思维习惯，命名事物所用的词汇必须是现存的语言系统，并且解释要清晰、明确。概念是最基本的思维形式，判断和推理都是概念的组合和深化。什么是物联网？这需要深刻、细致的分析和论证。

（一）时空分析

国际电信联盟对物联网做出较为权威和简洁的界定："在任何时间、地点，任何人将可以连接任何物"（ITU 2005）。

在物联网中，时间的维度有两个方面。一是从物联网起源上讲，当连接到互联网上的"物或物体"超过连接到互联网上的人的数量时，就产生了物联网。思科互联网商业解决方案事业部（Cisco Internet Business Solutions Group，Cisco IBSG）根据数据评估认为物联网产生于2008—2009年。物联网强调"无时不有"的普遍联系的时间观。二是从通信条件上讲，物联网在任何时间都可以通信。

从空间维度来看，物联网强调"无处不在"，在任何地方都可以连接、通信，不受环境限制。这就要求通信的路径多样化、能量捕获能力和自适应能力。物联网强调时间、空间的泛在性，为环境监控等产业发展带来无限前景。所以很多传感器不仅装备有一般的无线通信、存储器和各种精密性能，而且有各种新的潜能。自动和主动行为、语境感知、协作通信和准确性都是一些必要的能力。

（二）语义分析

物联网是一个名词短语，"物"（things）作为限制性定语修饰名词"互联网"（Internet）。基于"名词1+名词2"的句法关系，人们习惯认为两个名词会有一致或相反的关系。但是实际上，在物联网一词中，"物"和"互联网"两个名词之间的关系不是平行关系，而应理解成"有关物（things）的网"。"物"（thing）也表达物体（articles 或 objects 或 items 或 products），因为它们是物体、工具和人类劳动的结果。事物分为自然的［比如物质（substances）］和人工的［比如产品（products）］两类。它们统称"物"（things）。"物"具有下列五种特征：

（1）基本特征："物"可以是"现实世界实体"或"虚拟实体"；"物"具有唯一身份；"物"具有环境安全特性；"物"尊重隐私、安全和其他与之互动的"物"或人的安全；"物"使用协议与其他物体和基础设施通信；"物"参与现实/物理、数字和虚拟世界之间的信息交流。

（2）共同特征："物"可以使用与其他物体通信的接口服务；"物"可能与其他"物"在资源、服务上相竞争，并受制于选择性压力。

（3）社会化的特征："物"能与其他"物"、计算设备、人通信；"物"能协作创建组群或网络；"物"能发起通信。

(4)自动化特征:"物"可以自动化地工作;"物"可以协商、理解和适应环境;"物"可以从环境中提取模式或从其他"物"学习;"物"可以通过逻辑推理进行决策;"物"可以选择性地释放和传播信息。

(5)自我复制和控制特征:"物"可以创造、管理和毁坏其他"物"。

"互联网"(Internet)是一个派生词。其前缀 Inter 意思是"在二者或三者以上之间",也就是说连接两点,连接意味着互动。词根"net"是指由绳、线等制成的编制物。因此派生词 Internet 是指由各种网所连接的网络。Internet 在英文中原意是指 Network of Networks(网群网),中文翻译成"互联网"。互联网意在"联合""连接"。Network 是指"网络",一般是有空间属性的局域网,比如内网、专网、个域网等。Network of Things 可称为"物连网",不是一个跨平台的多网联合。物联网的理念旨在和互联网一样,互联互通、信息共享。

综上所述,从语义角度讲,物联网是指与物有关的,物与物之间、人与物之间、物与物之间互联的网络。正如电子计算机不等于量尺,算盘等计算和测量工具一样,物联网虽然是互联网的发展和演进,但是物联网绝对不是互联网。物联网是由网络化的物理世界的物体所形成的网络,嵌入式处理能力的节点具有通信能力,并提供网络功能和类似互联网的通信。

(三)功能分析

物联网是泛在通信、大数据等技术的融合,可以视为具有特定身份的物体或虚拟物,为任何对象提供通信架构的一种隐喻。RFID 是用来独特地识别物体的一种方式,通过 RFID,物联网可以看作是现实世界的物体、数据和数字化"大脑"之间的桥梁。RFID 标签将传感器、上下文信息和软件系统紧密联系在一起。数字化大脑无疑被认为是处理能力和智能的共有名词。基于此,关于物联网,有两种版本之说。弱版本的观点认为,由物联网提供支持的物体仅具有被识别的可能,而并不能彼此互动和通信,不能展示任何智能。强版本的观点认为,物体不仅可以被识别,还可以彼此通信和互动,并形成泛在计算和泛在网。物联网被视为激活和控制真实世界的工具。《物联网 2020》研究报告虽然注意到物联网和互联网的本质区别、应用前景和更为广泛的支撑技术，但是缺乏对物联网网络架构的认识，也缺乏对物与物连接的深入分析。

虚拟空间对于认识物联网框架的广泛特征具有重要作用。虚拟空间的物体来自物理空间，与物理空间的物体有对称关系。基于这种对称关系，物理空间的物体需要被精确地识别。对称和识别在模拟研究中具有重要作用。所以对于物联网来说，RFID 技术是非常有前景的技术。但是识别和网络能力并不是决定网络化物体数量的决定因素，还有其他因素，比如数据收发、控制、时间标示、位置识别等功能。物联网需要自我管理、自我监控、自我诊断甚至自我修复架构以适应物联网各种应用，因此必须有相匹配的智能。

基于某些物体识别和网络系统（比如传感和执行器网络，特别是无线网络和智能传感网络）的简单应用，不能认为物联网已经存在。这仅仅是物联网图景的一部分。事实上，物联网有很多相互协作的元素构件。物联网是一个包容性的模型，需要系统性的框架和移动通道以实现这个模型。RFID 技术、数据捕获技术、传感技术、通信、定位、安全技术等都被认为是物联网和物理世界交互架构的因素。通过使用物体连接、识别和数据捕获等技术，物联网确立了一种与物理世界交互的分层路径，它是连接现有网络和未来网络的网络框架。

当前的互联网是一个聚合物，不是一个统一的平台，虽然有很多异构的功能，但目的和性质却很相似。物联网将展现更高的异构层面。就功能、技术和应用领域而言，所有不同的物体都属于相同的通信环境。从这个角度看，物体将能够自动传输信息和执行，因此能优化物流；它们能捕获所需要的能量；当它们处于新的环境中，它们将自动配置；当面对其他物体和无缝接触新的环境时，表现出智能行为；最后，它们在生命周期结束时，会自我处置，有助于保护环境。智能无线识别设备将形成物联网基础设施的基石，支持新的服务和新的应用。智能无线识别设备将真实世界、虚拟世界和数字世界融合在一起，通过利用时空分辨力在虚拟空间中创造物理世界的地图，将无处不在的传感器网络和其他无线识别设备结合在一起。同时，它自动对真实世界做出反应，在没有人为干预的情况下，通过运行触发行为来影响物理世界。

综上所述，基于"物的导向""网络导向"和"语义导向"系统的视角分析，物联网是物体、网络、智能的融合。物联网技术以一种知识整合的方式提供交互界面（刘钢 2011）。任何具体技术都是由当下的部件、集成件或系统组件构建或组合而成的（阿瑟 2014）。因此物联网必定不同于互联网，并且其功能也大于互联网。物联网也必然不同于人工智能、传感网、EPC 及其应用。物联网是网络进化的产物：万物互联。物联网凸显物体的智能性、网络的泛在性。

第二节　物联网与相关概念辨析

通过对事物进行归类，可以明晰事物之间是平行关系还是种属关系。必须在已存在的人类活动系统中为物联网设置一个合适的位置，也就是确定它的上位、下位以及同位，发现物联网与相关概念之间的异同。

一、互联网与物联网

物联网的兴起主要是因为硬件在过去十年里取得了发展。硬件的大小、成本、能耗等急剧下降，允许制造极为细小和低成本的终端计算机（Payne, et al. 2004）。当大量微型的网络化计算机成为全球的一种真正选择时，新的问题就会产生。虽然互联网域名命名系统（domain name system, DNS）和物联网 ONS 架构有相同点（①基于相同的数据库；②使用客户端—服务器模型和相同的互联网通信协议结构），但是，物联网和互联网存在更多的区别，厘清这些区别，分析物联网潜在的价值和风险，以及物联网所依赖的技术架构，有助于我们更好地理解物联网及其社会应用。下面将描述物联网和互联网之间的重大差异。

（一）技术架构不同

物联网是一个基于互联网的有助于构建全球商品和服务交易的供应链网络的新兴的技术架构（Weber 2009）。从技术角度看，该架构基于数据通信工具，主要是 RFID 标签。业内最受欢迎的物联网 IT 基础设施提案基于 EPC，它从 EPCglobal 和国际物品编码协会引入。EPC 系统可以给本地和远程用户提供并查询 EPC 信息服务。在 ONS 的帮助下，信息不完全保存在 RFID 标签。通过链接和交叉链接，互联网分布式服务器的信息供应就可以利用。互联网主要基于 DNS 的架构。ONS 和 DNS 在标准化进程和机构、命名方案、使用模式等方面各有不同。ONS 是 DNS 的一个子集。

（二）硬件不同

互联网终端是完整的计算机。物联网中的终端硬件看起来极为不同，并且服务于不同的目的。从高容量的工作站到移动手机（需要经常访问能量栅格），物联网的终端通常是微型（在有些场合是隐形的）、低端、低能耗的计算机。它们通常是更大网络构件功能的一部分，比如各种微型感应芯片、传感器。在大多数情形中，它们不能直接与人类互动。

（三）节点数不同

物联网设备成指数增长，以手机为例，从 1990 年到 2010 年，手机用户数量从 12.4 亿剧增到 46 亿。智能手机和平板电脑的爆炸式增长将连接互联网设备的数量提高到 125 亿。Cisco IBSG 研究报告显示，2015 年，有 250 亿设备连接到互联网，而 2020 年这个数字达到了 500 亿。虽然计算机是主流的计算平台，但是作为计算设备的智能手机和平板电脑的数量超过电脑，这意味着计算机时代的结束。由于没有考虑互联网的快速发展和设备技术，这些数字仅仅建立在我们已知数据的基础上，这暗示我们周边将存在很多有计算能力的物品。

（四）网络速度不同

通信基础设施中的最后一英里是指终端之间的通信链路。在用户需求（如流媒体视频）的驱动下，信息和通信技术不断创新，近年来互联网的最后一英里的速度大大提高。如今很多国家的一般家庭能期望至少有 1MBit/s 带宽的互联网电缆接入。随着新技术的实施，比如光纤入户，带宽已高达 1000 MBit/s。与此相反，低能耗 RFID 标签的平均最后一英里速度仅仅为 100 kBit/s。

（五）技术标准不同

互联网协议主要是 IPv4。但是物联网的低端硬件产生了另一个差异：神经终端的识别和寻址。为了成为智能物体的一部分，在大多数场合，基于互联网的识别和寻址框架需要很大的容量。因此，学术界和业界正在寻求替代的技术和标准①以给智能物理世界来编号和寻址。到目前为止，多数智能物体的标识符和桥接最后一英里的技术都是建基于本地的、技术性的特定供应商的闭环方案。

（六）主体不同

互联网和物联网各自的特征确定它们所提供服务的范围。以互联网为基础的服务绝大多数（比如万维网、电子邮件、文档分享、视频、在线聊天、文档转移、电话、购物或评级）是以人类用户为对象的。物联网不仅以人为主体，还有物，而且物的数量远远多于人。物像人一样参与各种网络进程，比如信息的采集、传输和处理。

（七）功能不同

互联网的成功起始于万维网，任何公司和个人都可以用极低成本的方

---

① 比如 EPC、泛在识别码（uCode）、IPv6、6LoWPAN、Handle System 或 Internet0。

式进行即时通信，联系全球客户群。万维网功能侧重于信息和通信，互联网首次成功发生在搜索和购物领域。因此，回溯比预测要更为简单。互联网的第二次飞跃主要是用户生成内容（数据）的处理能力。内容不仅被使用者消费，也由用户提供。基于 Web 2.0 服务的成功案例包括脸谱（Facebook）、优兔（YouTube）、推特（Twitter）和维基百科（Wikipedia）。物联网提供另一种数据维度：它允许物理世界、物、位置自动产生数据。物联网的功能首先是物理世界的感知。物联网第一次让我们能够自动地测量、观测世界。物联网还提供很多智能应用服务，让生活更为美好。

（八）从系统接入的方式不同

互联网接入有两种方式：有线接入和无线接入。有线接入有三种：① 计算机→电话线上网设备→电话交换网→互联网；② 计算机→电缆调制解调器设备→有线电视网→互联网；③ 计算机→网卡，局域网→企业/校园网→地区主干网→国家/国际主干网→互联网。无线接入也有两种：① 计算机→无线网卡→无线局域网→企业/校园网→地区主干网→国家/国际主干网→互联网；② 计算机→无线城域网→互联网。物联网应用系统运行在互联网核心交换结构的基础上，并自动选择 RFID 或无线传感网络的接入方式。物联网的接入方式表示为：计算机→无线自组网→物联网。

（九）网络数据采集方式与传输内容不同

互联网系统通过人工方法获取数据信息，而物联网则是通过 RFID、传感器自动获取。互联网传输内容主要为电子邮件、网页、电子政务、网络多媒体、搜索引擎、即时通信等，而物联网的传输内容主要为 RFID 数据（包括物品名、物品编码、物品制造商、制造时间）等各种信息。

（十）智能化程度不同

物联网基于各种传感器和软件系统使得它和人一样"聪明"：不仅感知自动化，还会思考和判断。物联网的智能特性几乎完全排除人为的直接干预。维瑟（Weiser 1991）在介绍无处不在的计算或泛在计算（ubiquitous computing）时，称之为人类不知情计算的范式转换。在大多数物联网应用中，智能物体彼此之间的通信及智能物体和连入互联网的计算机的通信都是以机器对机器的方式进行的。当用户需要介入时，他们就会求助于个人移动终端设备。

除了技术问题，监管方面也不同，传统的互联网监管概念不再适用，分散化架构的发展以及促进多元利益相关者监管物联网共享网络成为趋势。除此之外，物联网的网络环境更为复杂。

二、RFID 和物联网

RFID 利用射频信号通过空间耦合（交变磁场或电磁场）实现无接触信息传递并通过所传递的信息达到自动识别的目的（刘云浩 2010）。关于 RFID 和物联网的关系有两种观点：一种认为 RFID 是物联网的关键技术之一，另一种认为"物联网实质上就是 EPC/RFID"。简言之，后者只是一种凸显 RFID 重要性的极端表达方式。

1948 年美国的哈里·斯托克曼发表了《利用反射功率的通信》（Stockman 2006）一文，正式提出 RFID 一词。这标志着 RFID 技术的问世。在此之前，人类对 RFID 进行了一些前序探究，比如电磁场、无线电、雷达系统、敌我识别器技术（identification friend or foe）等。与此同时，集成电路、可编程存储器、微处理器及软件技术和编程语言的发展为 RFID 技术的推广和部署做了铺垫。20 世纪 60 年代，RFID 电磁理论有了新进展（Harrington 1964）。简单的商业应用也逐渐出现，比如电子物品监控（electronic article surveillance）。20 世纪 70 年代学术界、业界和政府开始意识到 RFID 的价值，对其投入更多的研究。1973 年 1 月 23 日，通信服务公司（Communications Services Corporation，ComServ）获得美国专利局颁发的第一个无源、可读写的 RFID 标签专利。[①] 期间，通用电气、格兰奈尔（Glenayre）、飞利浦、西屋空气制动公司在研发自动收费系统。洛斯阿拉

---

① 数据来源于 http://www.rfidjournal.com/article/view/392/1/2。

莫斯（Los Alamos）科学实验室、美国西北大学、瑞典微波研究所基金会也在研发 RFID 标签。20 世纪 80 年代，在跟踪和访问应用中开始利用 RFID 技术。在这十年里，RFID 技术得到全面实施。美国将 RFID 技术主要应用在交通运输、人员进出及动物方面，欧洲则对动物、工业和商业上的短距离通信系统更感兴趣。RFID 用于公路收费的试验进行了多年。1987 年挪威首次将其用于商业。1989 年美国达拉斯北收费公路应用电子收费系统，期间连接纽约州和新泽西州的林肯隧道（Lincoln Tunnel）也在使用商业用车电子收费。20 世纪 90 年代是 RFID 技术应用的关键十年，美国开始大量部署电子收费系统。1991 年美国俄克拉荷马（Oklahoma）州启动世界上第一个高速公路电子收费系统。1992 年美国休斯敦地区安装并使用世界上第一个收费和交通管理集成系统。随着电子收费系统的成功应用，其他商业领域也开始应用 RFID 标签，比如人和物的跟踪、智能卡等。

任何一种技术都不可能脱离周边的技术环境而在真空中发展。技术发展史表明，在 RFID 技术发展的同时，其他相关技术也伴随其左右，比如微电子、人工智能、云计算、纳米、能量捕获等。技术的融合既可以促进单项技术的发展，也可以产生集成性创新。正如前文所述，EPC/RFID 仅仅是物联网的"物导向"视角。从广义上讲，物联网包含全球 EPC 系统，在该系统中唯一的对象就是 RFID 标签；它们只是物联网的一部分。同样，唯一的、普遍的、无处不在的识别码架构，其主要理念依旧是从物联网的角度发展全球物体可见性的解决方案。物体跟踪和可寻址能力是 RFID 技术强调的主要方面，是物联网解决方案的中心。但物联网一词比物体识别的理念更广。RFID 仍然处于技术最前沿，这是 RFID 技术成熟的结果：低成本，并得到业界的普遍支持。然而设备、网络和服务的广泛组合将最终构建物联网。仅仅将物联网等同于 EPC/RFID，这种视野过于狭窄，应强调技术的聚合和包容性。在已有的技术基础之上，不断地吸收其他相关技术是技术进化的客观规律。

三、无线传感器网和物联网

无线传感器网（wireless sensor networks，WSN）是一种重要的监测和观察世界的新技术。无线传感器网的基本构建模块是很多细小的集成的微处理器或多个微机电系统（micro-electro mechanical system，MEMS）、传感器、执行器（actuator）和无线执行器，这些设备可以嵌入或分散在广阔的物理空间，它们可以自动组成多条自组织的无线网络，让我们以一种前所未有的时间和空间上的分辨力（resolution）去观察、监测世界。无线传感器网络改变了人类与自然界的交互方式，将数字世界和物理世界融合在一起。从技术上说，无线传感器网络主要由四个单元构成：传感单元、处理单元、通信单元、能量单元。按照分工不同，传感器网络可分为末梢节点层和接入层。末梢节点层由各种类型的采集和控制模块组成，比如 RFID 传感器、温度感应器、光线感应器、声音感应器、压力感应器、振动感应器等。接入层由基站节点和接入网关组成，实现末梢节点信息的组网控制和信息汇集，或者向末梢节点下发信息的转发、指令功能。无线传感器网络可大量应用于科学、商业和军事方面，比如智能家庭环境、入侵监测、动物活动和行为的跟踪、大规模的环境监测、设备维护、灾害管理、应急响应、生态治理、医疗护理等。学术界和业界已提出许多实验原型。但是无线传感器网络存在两大挑战：低功耗和低带宽。无线传感器网络的很多研究都是围绕数据采集和信息处理展开的，包括能量感知路由和调度、内网汇聚、查询处理、数据存储管理等（Culler, et al. 2004；Pottie, et al. 2000；Mainwaring, et al. 2002）。

一个典型的无线传感器网络至少由无线传感器节点、网络协调器和中央控制点构成。无线传感器网有数据链路层保证节点之间的通信连接。在无线传感网的网络层中，路由协议非常重要，每个传感器节点收集的环境信息，如温度、光线、湿度等，都需要通过路由协议收集到汇聚节点上。网络管理员也通过路由协议将配置网络参数或更新的代码等传递到每个节点。虽然无线传感器网络具有网络之名，但是它仅仅是基于无线通信协议的网络架构,并没有包括互联网,因而难以无处不在。无线传感器网络只有接入互联网之后才能提供无处不在的服务,这才是真正的物联网。所以,无线传感器网络是物联网的子集。

国际电信联盟在2008年技术跟踪简报中提出"泛在传感器网"(ubiquitous sensor network,USN),它是融传感器、标签、通信/处理能力于一体的未来网络,等同于"泛在计算"(ubiquitous computing)、"环境智能"(ambient intelligence)和"物联网"(internet of things),用来描述由智能传感器构建的泛在网络。如果说国际电信联盟在2005年提出的"物联网"只是一种构想,那么它2008年提出的USN就是更成熟、具体化的原型。泛在计算并不是一种更广阔的、未来的网络,该方案的目的是规模大的、分散的、快速的无线网络和面向用户的服务。从技术上讲,泛在计算并没有脱离基于TCP/IP的架构,它最终只有接入互联网才能更充分地实现其应用价值和功能。物联网就是三网(电信网、互联网、电视网)、有线和无线的融合而实现的无处不在的应用和服务。

综上所述,物联网是新的网络形态。物联网不能归化互联网、RFID、无线传感器网络或其他技术,更不是某一技术应用的拓展。物联网包括各种技术解决方案,比如RFID、感知网络、执行器、TCP/IP、移动技术、编程技术等,这些技术不仅能识别物体,还可以收集、存储、处理和传递信息。

第三节　物联网的基本性质

由于任何事物都会有其内容,分析和重新认识该内容的方法是认识其属性。属性决定事物的存在。特别是当一个事物的属性有别于其他事物时,该属性就能有效解释该事物。本节主要从技术层面解析物联网技术的基本性质:逻辑架构、基石、进化和面临的挑战问题。

一、物联网的技术架构

物联网的技术架构可以分为四个层次：感知层、网络层、中间件层和应用和服务层。

（一）感知层

随着电子通信技术的发展，无线电设备规模、重量、能源消耗和成本的减少将把我们带向 21 世纪，无线电设备呈数量级递增。我们可以将无线电设备集成到几乎所有的物体里，这导致物物通信的物联网概念。

感知层是物联网的感觉器官，它负责信息采集、捕获、记录、提交或直接对信息产生反应，以及物体定位、识别等。感知层的重要组件如下。

（1）RFID 系统。它由一个或多个读取器和 RFID 标签组成。标签以唯一标识符为特征，并应用到物体（人或动物）上。读写器通过产生合适的信号触发标签进行信息传输。因此，RFID 系统可以用来实时监测物体，无须实地观测；它允许将真实世界映射到虚拟世界。

（2）传感器。它是信息提取的关键器件，它能检测被感知的信息，并将信息转换成电信号或其他所需形式的信息输出。

（3）嵌入式系统。它以微处理器、控制器再加上存储器和操作系统为特征，旨在处理和解释感知器信息，或者赋予产品如何被使用的"记忆"。

（4）执行器。带有执行器的物体能操纵其环境。比如，通过转换电子信号执行机械行动。通过网络，该执行器能用来远程控制现实世界的进程。

（二）网络层

在物联网中，网络层负责在感知层获取的数据能够高性能、可靠、安全地传输，在不同层面上实现双向通信。物联网的网络层可分为末梢网络、承载网络，也可分为无线低速网络（包括无线传感器网络）、无线宽带网络、移动通信网络、互联网。无线传感器网络在物联网中也发挥着至关重要的作用。它们可以与 RFID 系统合作以更好地跟踪物的状态,即它们的位置、温度、运动等。因此,它们可以增强对某种环境的感知,进一步成为物理世界和现实世界沟通的桥梁。传感器网络由一定数量(可以是很多)的、以无线多跳(multi-hop)方式通信的传感器节点组成。通常情况下,节点把感知的结果汇报给少数特殊的节点(称为汇聚节点)。很多研究聚焦于传感器网络以解决协议栈层的问题,其设计目标是能源效率、扩展性、可靠性和健壮性。大多数商业无线传感器网络解决方案基于 IEEE 802.15.4 标准。协议栈是传感器无缝集成到互联网的必经之路。物联网网络层将融合 IPv6、3G/4G/5G、Wi-Fi 等通信技术,实现多网合一的泛在通信。

(三) 中间件层

如果把物联网比作一个人体,感知层是人体的感受器,网络层是人的神经组织,应用层是人体的大脑,中间件层就是血液和组织进行物质交换的人体血管。在物联网中,中间件是一种独立的系统软件或服务程序,它连接两个独立应用程序或独立系统的软件,主要功能是使得相连接的系统即使具有不同的接口,也能相互交流信息。中间件技术可以实现多个系统和多种技术之间的资源共享。中间件的主要特点包括:满足大量应用的需要;运行于多种硬件和操作系统(operating system,OS)平台;支持分布式计算,提供跨网络、硬件和 OS 平台的透明的应用或服务的交互;支持标准协议;支持标准接口。由于标准接口对于可移植性和标准协议对于互操作性的重要性,中间件已成为许多标准化工作的主要部分。中间件提供的程序接口定义了一个相对稳定的高层应用环境,不管底层的计算机硬件和系统软件如何更新换代,只要将中间件升级,并保持中间件对外的接口定义不变,应用软件几乎不需要做任何修改,从而减少开发和维护成本。有学者认为中间件是占领物联网制高点的关键(周洪波 2010)。

中间件层是介于技术层和应用层之间的软件层或系列子层。它隐藏有不同的技术细节,能把程序员从他/她不直接关注的物联网基础设施所支撑的具体应用发展问题中解脱出来。由于在简化新服务开发以及将传统技术融入新的技术中所起的主要作用，中间件获得越来越多的重要性。这将程序员从各种更低层所采用技术的精确知识中解脱出来。物联网中间件架构往往采取面向服务的架构（service oriented architecture，SOA）方法。SOA 允许将复杂和庞大的系统分解成由更简单和精确定义的组件构成的应用。由 SOA 支撑的业务流程的开发是协调服务设计流程过程的结果，它最终关联到物体的行动上。这有利于企业各部门之间的互动，并允许减少适应市场发展变化所需的时间。SOA 还可以允许软件和硬件的重复使用，因为它不会给服务设施强加具体的技术。大多数研究文献认为 SOA 的优点是物联网中间件解决方案。虽然缺少普遍接受的分层架构，建议的解决方案基本上共同面临抽象的设备功能和通信能力问题，以及提供一套通用的服务和服务组件的环境问题。

（四）应用和服务层

物联网应用居于架构的顶层，将系统所有的功能输出给最终用户。事实上，该层不是中间件部分，而是利用中间件层所有的功能。通过使用标准网络服务协议和服务组件技术，应用程序可以实现分布式系统和应用程序之间完美的集成。

应用和服务层是一个基于 SOA 中间件架构之上的共同层。它为网络化物体提供的旨在构建具体应用的单一服务提供各种功能。这一层没有设备的概念，唯一可见的资产是服务。对于服务场景的重要洞见是建立当前所有连接的服务实例数据库，实例数据库在运行期间执行以构建组合服务。复杂服务的创建和管理背后的逻辑可以使用工作流语言表达为业务流程工作流。在这种情况下，经常性的选择是采用标准语言，比如业务流程执行语言（business process execution language，BPEL）。工作流语言定义业务流程，业务流程通过网络服务操作与外部实体互动，而网络服务操作由网络服务定义语言所定义。工作流可以是嵌套的，因此可以从内部其他工作流调用某工作流。复杂过程的创建可以表示为单一组件执行所产生的协调行动的结果。

服务层还包括服务管理，该功能有望为每个物体所用，并允许在物联网场景中对其进行管理。基本的系列服务包括：对象动态发现、状态监测和服务配置。在该层面，一些中间件方案包括服务质量（quality of service，QoS）管理和锁定管理及一些语义功能（例如策略和上下文管理）相关的系列扩展功能。为了满足应用需求，该层可以支持远程部署新服务。服务存储库建立在该层，以致能知道与网络中每个物体相关联的服务目录。通过加入本层提供的服务，再上一层可以组建复杂的服务。

二、物联网技术的基石

感知是物联网最首要的功能，RFID标签等传感设备所代表的传感技术是物联网技术的基石。它有利于实现人类在不同时间、空间的个性化的控制目的。

（一）手动近场触发

手动近场触发是物联网技术的初级应用。它的技术理路是：当智能物接近附近传感器（比如天线或摄像头）所能覆盖的空间时，以手动方式触发传感器，智能物以一种强大的、快速的、便利的方式传送其标识（其独特的识别符）从而达到识别的目的。它的技术理念是交易迅速、精确和便利，让用户能自我服务、自我控制和自我管理。手动近场传感也是最为基本的应用，并且是诸多应用的一部分，比如自我检查、图书馆盘点、建筑物和运动设施的入口控制、付款，甚至宠物跟踪。在节约时间、提高效率的同时，获得自我服务的独立性，最终增加用户的便利感、获得感和尊严。

手动近场触发技术正在被集成到无处不在的便携式设备（比如移动手机）。移动手机能读取线性条码和矩阵码，也能读取近场通信标签。有些智能手机软件能够实现上述功能，比如一款名为"红激光"（Red Laser）的手机软件能被用来扫描产品和检索价格信息以及产品信息。作为手动近场触发技术之一的NFC标签是一把打开物联网大门的钥匙，通过"触碰"

这个动作可以实现各种各样的功能。例如实现场景的快速切换（例如触碰打开"飞行模式""勿扰模式"，发送"电子名片"等）、自动抄表（如电表水表的信息通过 NFC 标签自动抄表到后台）、出入门禁的身份证明［如医院带有 NFC 功能的手腕带（不仅医院的工作人员可以查看手腕带的 NFC 信息，病患者本人也可以通过手机查询其病况），以及门禁、会员卡等］、防伪识别、（在线或离线）支付等功能。以蜂窝电话为形式的移动读取器具有下列优势：网络连接、紧凑型的显示器和直观的图形化用户界面，并且集成评论、社交、扫描二维码等功能。除了个人智能手机集成读取器外，大量的固定读取器也被安装在一些公共场所（比如工厂、飞机场、火车站、地铁站等入口处）以监督操作、跟踪资产和安全检测。

从本质上讲，手动近场触发技术是人手（或身体其他器官）的"简单"延长或投影，起到简化操作步骤，提高行为效率的作用。所以手动近场触发技术并没有脱离人的选择。人类借助手动近场触发技术把接触实践具身化，手动近场触发技术只是工具性的中介。

（二）自动近场触发

自动近场触发比手动近场触发多出一个重要的机能：触发自动化。自动近场触发中的"自动"是为省手动近场触发的劲而费的劲。只要智能物体和其他能感知到的智能物保持在一段距离内，任务就自动触发（比如更新账簿记录、启动补给任务或者拉响警铃）。例如，顾客购物未付款而走出商店大门时，系统就自动报警。自动近场触发是物联网最重要的技术之一，对于企业生产和管理来说至关重要。自动近场触发技术在速度、准确性和便利性等方面大为提高，可以减少欺诈成本、流程失效成本、劳动成本，可以改善流程的高颗粒度数据。生产和供应链管理中的很多商业应用都来源于这一技术设计，比如电子不停车收费系统（electronic toll collection，ETC）、资产跟踪、图书馆盘点、盗窃防止、智能汽车钥匙、智能建筑和智能家居等。

此外，自动近场触发技术还通过提供大量新的数据，可用来不断改善进程。汽车、飞机制造商和电脑组装部门正在研发通过增强现实应用

（augmented reality applications）将信息提供与车间物理世界联系起来（Ong, et al. 2008；Regenbrecht, et al. 2005）。自动近场触发技术可以用来给工人提供工作指南、装配计划和其他他们需要执行的当前工作的信息。甚至装配步骤可以被自动地记录，几乎能够消除车间的任何手工信息处理。

自动近场触发技术开始具有初步的阅读特征，在技术与世界之间建立一种基于阅读的解释关系，技术的自主性增强。从工程哲学层面看，作为中观层面的自动近场触发技术在经历第一阶段的概念物化过程后，最有可能成为物联网技术的合适的应用解决方案。所以要考虑到技术建构的兼容性。一方面力求"能通"，另一方面也"可行"。给所有物体都安装上传感器不仅不现实，也不符合经济原则。所以在关键物体上应用自动近场触发技术最能满足普适性需求和产业化要求。就智能建筑和智能家居而言，自动近场触发传感技术的市场需求巨大，最容易产业化。例如，北京西门子中国总部所有灯光都是智能控制的，当员工进入办公室后，照明灯自动打开，离开办公室后，照明灯自动关闭，从而最大限度地节电。

（三）自动传感触发

自动传感触发技术比自动传感技术多了一个命令和任务执行的智能环节，这是物联网技术的高阶形式，也是目前科普文本所许诺的最流行的物联网愿景。自动传感触发技术通过智能物传感器收集的信息（例如温度、加速度、定位、方向、振动、亮度、湿度、噪声、气味、视觉、化学成分和生命信号），并通过执行器执行任务和命令，实现自动化决策。该项技术允许智能物不断地感知相关运动的状态和环境，并基于预编程规则启动行为。例如智能便携式终端（比如手机等）能很好地成为家里的与互联网连接的电器、物体和网络之间的连接设备。将智能便携式终端和冰箱连接，就能较好地控制个人饮食习惯。

所以自动传感触发技术具有自主性，以自主的形态与世界交互。以日常生活为例，当你拿起一块巧克力条，在你将要关上冰箱的时候，你的智能便携式终端发出鸣叫声。它的饮食管理管理软件自动打开，正闪烁着信息："喂，伙计，你今天已经摄入过多的热量，把它放回去！"在你把巧克力条放回冰箱，拿起草莓薄片那一刻，你回头一瞥智能便携式终端时，屏幕上显示一个绿色的对号。

自动传感器能支持本地决策制定。它们大大提升了流程的质量，其结果导致更有效率（更好的输入/输出关系）和更有效地处理事情。物联网为精准农业提供更为环境友好的用水模式，严密的进程控制将消除不必要的灌溉操作，植物浇水将是最佳实践（Wark，et al. 2007）。

自动身份识别是自动传感触发的重要方面。自动传感触发驱动因素能以合理的成本细致地测量世界。物联网作为传感器网络，其感知能力远远超过人类。它可以不断地以极高的分辨力在全球范围内应用。自动传感触发应用领域是多方面的：从整个供应链的状态监控到联网的私宅烟雾监测，从易腐物管理到甜型葡萄酒的生产，从人工建设的监管到森林火灾或地震预警系统，从提高电网效率的智能电表到监管医院和家庭里病人的生命信号。以供应链管理为例，帮助改进需求管理、客制化服务、无库存的自动补充、减少库存和物流成本，以及阻止名牌产品的伪造。

三、物联网技术的进化

进化论是对技术进行哲学思考的重要主题。佩卓斯基（1999）认为人造器具如同生物，基于大自然的奥秘而随时演化。"像生物物种一样，人造的器具也具有进化的特征"，"倾向于按自己独立的复杂节奏运行"（Harms，et al. 2004）。齐曼（2002）提出技术创新进化论，"技术创新的长期历史用实例证实了最宏观的进化现象"。波普尔（1987）从具身性逻辑径路解释技术进化，认为工具等是人类的新器官，新器官的进化构成了人的进化，而新器官的进化就是技术的进化。技术进化是否是自我生成的过程？有两种代表性观点：一种认为技术是社会化的产物，但在实践中本质上沿着独立的路线前行（Dubos 1968）；一种认为技术具有自主性和自生力，掌握着自身的进程、速度和目的（温纳 2014；凯利 2016）。二者没有否认技术的进化本质。相对互联网而言，物联网技术在感知、测量、通信和数据分析等方面实现了选择和建构的融合式进化。

(一）万物感知

感知能力是人工智能的逻辑前提。只有产生数据，才有数据分析。物联网是以感知客观世界为目的的综合信息系统，物联网首先提供的是感知服务。物联网感知具有如下特征。

（1）时空上的泛在性。物联网是由数量庞大、不同类型和能力的感知节点组成，传感器具有大规模、高密度的特点，其数量级远远大于互联网中的节点数。传感器无处不在、无时不有，无论社会生产还是个人生活都被传感器包围。传感器可以运用到军事战场、城市交通、建筑家居、环境监测和个人保健等环境。几乎任何电子产品都嵌入传感器，传感器又被称为物联网的神经末梢，极为丰富，甚至感觉不到其存在。

（2）组织上的协同性。在物联网中，由于感知节点在自身功能、布设位置、执行目标、外部需求、依存环境等方面有诸多差异，需要传感器节点之间根据其性能和环境来分工协同以应对复杂的任务。所以需要从联系的角度，耦合时域、空域、频域及其他场域之间的关联，传感器节点分工合理有效，从而将任务最优化地分解。传感器的分层分级架构和系统集成共同构建了网络社会化体系。

（3）数据上的庞大性。在互联网时代，网络是人与人之间的信息通信。而物联网是物与物、人与物、人与人之间的通信。物联网数据量呈爆炸式增长，数据结构类型更为复杂。从打卡、键盘输入、扫码到各种传感器采集生成的数据，从文字、图片、位置、设备到环境感知，世间万物都在数据化。大数据是万物感知的必然结果。

（4）感知上的常态性。当万物都在感知和数据化时，物联网将大幅提高生产率，基于普遍需求，使很多商品或服务的边际生产成本及交易成本趋近于零。这会产生一个反弹效应：当感知事件的价格下降时，感知常态化就变得更有吸引力。此时，物联网社会被称为感知社会，物联网经济变为感知经济。

（5）分辨力上的精确性。不同的应用都体现从低分辨力向高分辨力演进的感知过程。首先，当现实世界感知的交易成本很高时，精确感知成为一种偶然的现象。感知只在生产或服务的重要领域发生。其次，当感知成本降低时，对物的感知就会延伸到次级重要项目或过程。最后，随着感知成本进一步下降而普遍接受时，对物的感知常态化。其结果导致对高分辨力数据的追求。

（二）全真测量

测量无疑是获取直观认识以及数据的有效途径。新的测量技术推进了学科的发展。人类进步的历史，往往是一部测量技术发展史。很多诺贝尔奖被授予那些发明突破性测量仪器的人，比如伦琴（W. C. Röntgen，发明X射线仪器）、保罗·劳特布尔（Paul Lauterbur，发明磁共振成像技术）、海因里希·罗雷尔和格尔德·宾宁（Heinrich Rohrer and Gerd Binnig，发明扫描隧道显微镜）。有了这些新的测量技术和方法，就会看到以前不能看到的很多现象，从而产生新的连接，衍生出新的诊断，尝试新的疗法等。在经典物理时代，测量主要受到测量工具以及测量方法设计的限制，误差难以避免。即使到了互联网信息时代，测量仍然面临着同样的哲学问题：如何保证测量的可靠性，即所测对象是否确切为我们的目标对象，所要测量的目标对象是否具有可被测量性，如何能确保所采用的测量手段能够确切实施到被测对象？因而测量的可靠性往往不仅取决于被测对象及测量工具，还要受到测量方法、步骤设计的影响。并且，如果最初假定的前提条件有误，那么，即使测量途径精准，测量步骤设置合理，最后的结果也是错误的。就物联网而言，可以有效地解决测量对象、测量工具的确定性和有效性问题，因而具有以下两个特征。

（1）真实性。物联网传感器测量不仅导致数据分辨力提高，还导致数据更为"真实"。新材料、新工艺、新能源、新机理的融合催生大量高灵敏度的传感器，为捕获人类感官无法直接获取的对象及其信息提供确切保证。在应用层面，作为物联网测量工具的传感器不易受到外部影响，能够全方位、全天候、持续、保真地收集到数据。编码、标识、解析、安全、通信、中间件、大数据等数学语言语义工具、计算方法为数据无损传输和处理提供更为规则化、精确化、合理化的规则。物联网测量能够真实地获取事物或过程的数据。

（2）可信性。物联网数据的采集、传输处于同质媒介之中，排除人为的干扰。雇员和用户不能刻意选择感知事件的时间和地点，当业务流程在执行时，这些都静悄悄地发生了。比如，当车间的工作进程评估移向下一个机床，或当包裹被传递时，就同时产生数据。虽然静默监测会以牺牲隐私为代价，但是其对价是产生更为值得信赖的数据。例如，与基于问卷调查的数据（如从卡车司机那里收集来的报表，调查他们是否按时到达）相比，零售商可能更相信传感器收集的物流数据。事实上，可信数据的力量甚至可能把零售商和物流业务关系修改成基于传感器数据的质量控制和报酬给付。从测量角度看，物联网将测量从局域网络推向全球传感器网络，从外部深入到内部，从宏观迈向微观，测量的颗粒度更为精致和饱满，从而减少甚至排除人的意向形式。

（三）无缝连接

信息的转移需要媒介，而媒介的不断更迭加剧了信息转移成本，使效率降低。在物联网社会以前，无论是从口述、笔墨抄写还是键盘输入，信息媒介不断地转移，都容易产生信息遗失。直到计算机、互联网等信息系统产生，媒介间断才会慢慢地减少。无纸化操作一统媒介平台，无须从一种媒介（比如纸质）转移到另一异质结构的媒介。物联网通过传感器等智能设备、通信协议、云平台和终端，实现"人、物、事"的无缝连接。物联网无缝连接具有如下特征。

（1）实时性。物联网自动桥接互联网和物理世界，实现物理世界和虚拟世界的平滑过渡。数据从采集、传输到处理，利用符号化、电子化操作实现万事万物之间的即时、快速、无障碍的连接，从而避免媒介中断。另外，物联网出色的并行处理能力为快速的数据采集、传输和分析提供保障。

（2）直接性。无缝连接需要减少中间操作环节和界面切换频率，因而需要节约界面空间,甚至实现去界面化,以空间置换时间。所以物联网凸显硬件、软件的集成、精简和节约理念。现在芯片、传感器(比如"智能尘埃")等设备尺寸越来越小,制程工艺精度越来越高,功能却越来越强大,甚至能够内置于人体。从有形界面慢慢向微界面、无形界面转化,其结果必然产生虚拟世界、数据世界和现实世界的无缝连接。

(3)一致性。无缝连接包括无缝切换和协同两方面内容,保证用户在跨越同构和异构媒介时的连续性和一致性。媒介间断通常需要人来解决。但是容易犯错误是人固有的属性和进化成本,即使从事简单、重复的工作,比如每天几千次地键入数据,人也一定会犯错误,准确性仅有70%(Horatius, et al. 2008)。人并不善于处理媒介间断,这就容易导致错误及缓慢而高成本的程序。物联网的无缝切换和协同弥补了人类这一缺陷。

(4)沉浸性。虚拟现实在互联网社会初显端倪,在物联网社会进一步强化,沉浸性有可能成为物联网社会最鲜明的特征。在物联网社会进化到一定阶段时,可达到虚实合一、身心合一。物联网"巫师"能重塑具身认知,甚至能让个人无法判断出虚拟和现实的界线,让虚拟和现实相互交融;通过在虚拟环境中操纵各种物件,个人完全浸没在虚拟世界的幻觉之中。这将会对人的大脑进化、学习能力、个人自觉和物联网技术伦理提出严峻的挑战。

(四)人工智能

网络化和智能化是物联网的基础支撑技术。物体智能化表现在三个方面:一是能够通信,二是能够发出指令、接收指令和执行指令,三是自动化。由于成本等因素,并不是每件物体都具有完全智能的特征的。在物联网以前,通信往往是人类独有的专利。但是物联网改变世界,物与物之间也开始自动通信。之前的物与物之间的通信是在人的行为介入下的外在表现,而智能物联网语境下,物与物之间的通信是自发的、自动的、无须人为干预,是去人化的。智能物体创造丰富而又隐藏的功能,这些功能可以为供应链的任何一方服务,包括生产者、消费者、运输、海关、维修中心或金融服务提供商。由于万物变得智能，因此它们成为各种服务的物理性基石。物联网人工智能具有如下特征。

（1）自组织性。由于物联网是动态的，其边界条件不可预知，另外用户的需求也是不断变化的，因此需要对环境的变化做出快速的应对。物联网无须外界特定干预就可完成时间、空间或功能的结构性调整，比如自配置、自学习、自修复、自完善等适应性行为。除了单个节点的自学习之外，节点之间也通过组织学习和社会化的方式相互学习、交流。

（2）强健性。万物互联、智能，外部环境的任何一个差错、异常或危险情况都有可能成为引发物联网多米诺骨牌灾难效应的第一张牌。因此强健性是物联网无缝连接的应然属性。物联网可通过自组织学习提高自身的容错能力。

（3）易用性。物联网人工智能的易用性有利于吸附、维持、增益感情黏合力。例如，在功能层面上，它能产生新的信息：产品质量、真实性、评价和价格。在设计层面，例如一个智能瓶子能够展示其最新的经济效用，或当瓶子被打开或关闭时，可随着温度改变其颜色。最为重要的是，它可以以一种相对不显眼的方式来完成：瓶子仍然可以突变为精益设计，大多数新增功能基于用户、人或机器的意志，通过魔杖般的便携式设备（比如手机）潜入生活。

（4）有用性。有用性是物联网技术产业化的接入点和价值爆发点，互联智能则是物联网进化的点睛之笔。物联网创新临近人工智能的新奇点，万物感知、全真测量产生大数据，无缝连接实现虚拟现实一体化。人工智能则创造了服务和应用，直接转化为生产效益和社会效益，从认识世界转向改造世界。

四、物联网技术的挑战

就物联网技术的应用而言，依然存在很多挑战。然而，任何一种挑战都构成物联网产业发展的新风口、新机遇。

1. 异构性（heterogeneity）

具有不同目的和功能的（传感器、RFID 标签、手机等）系统、（软硬件）平台相互连接。

2. 可扩展性（scalability）

与传统的主机通信相比，物联网已有更大的应用范围。物与物、物与人或人与人之间无缝通信。每个物可能提供不同的服务。物体在当地环境里相互协作。无论在大规模的环境还是小规模的环境，其基本的功能（比如通信和服务发现）都需要公平有效地运行。

3. 软件复杂性（software complexity）

智能物体里的软件系统必须低能耗地运行，如传统的嵌入式系统。为了管理智能物体，需要提供服务以支持这些智能物体，需要一个更具扩展性的有关网络和后台服务的软件架构。

4. 互操作性（interoperability）

因为物理世界是极为多元的，在物联网中，每一种智能物体都可能有不同的信息处理能力和通信能力。不同的智能物体也将受到不同条件的限制，比如能量和通信带宽。为了促进通信和合作，需要共同的行为和标准。这在对象寻址方面尤为重要。

5. 发现（discovery）

在动态环境里，物体必须自动地识别合适的服务，这就需要合适的语义描述它们的功能。用户想要收到产品相关的信息，就必须使用搜索引擎来发现物体或提供有关物体状态的信息。

6. 到达和运行（arrive and operate）

智能的日常物体不应被视为计算机。计算机需要用户来配置，并把它们调配到特定的环境中。移动的物体需要自发地建立连接，通过组织和调配来适应特别的环境。

7. 理解（understanding）和推理（reasoning）

物体需要理解周边环境，并具有一定的决策能力，这就需要改变嵌入式系统的思维方式、设计和执行。

8. 数据解释（data interpretation）和语义学（semantics）

为了给用户提供更好的应用和服务，必须精确地解释由感知器测定的本地上下文。为了从所产生的异构性的数据中获益，必须能够解释传感器数据，从中得出一般的结论。这需要进一步从原始数据中挖掘有益的信息。

9. 数据量（data volumes）

传感器网络、物流和大规模的"实时感知"等场景必然将产生大量同质、异质结构的数据。

10. 数据可信性（data integrity）与区块链（Blockchain）

维护产品生产、流通、修改、保修细节和产品寿命终结信息的安全、完整性。区块链技术应用于物联网为可信数据库创造了可能性。智能设备能够检测组件故障，检查区块链中的保修状态，向签约的服务提供商下服务订单，并且让服务提供商独立地验证保修申请，这些都可以自主实现。

11. 安全和个人隐私（security and personal privacy）

除了互联网的安全和防护方面（比如通信秘密、通信伙伴的真实和可信赖性及信息完整），其他方面对于物联网来说也至关重要：比如让物体仅仅选择访问某种服务或个人信息，或控制物体在特定的时空通信及防止个人信息泄露等。

12. 容错（fault tolerance）

随着上下文的迅速改变和改变方式的不可预期，物理世界比计算机世界更为动态。如果让物体适当地运行，以一种不需要维护的、稳健和可信的方式构建的物联网，需要一种自动适应已改变条件、环境的能力。

13. 互动和短距离通信（interaction and short-range communications）

近距通信耗能低、寻址简单、安全风险小。同RFID一样，它使用电感耦合。在通信过程中，一方处于主动模式，另一方就会处于被动模式。

主动的 NFC 单元非常小，可以用在移动手机上，被动单元就像 RFID 应答器，更小、更便宜，自身也不需要能量源，但其工艺和材料更为复杂。

14. 无线通信（wireless communications）

从能量的角度看，已确立的无线技术，比如全球移动通信系统（global system for mobile communications，GSM）、通用移动通信系统（universal mobile telecommunications system，UMTS）、无线局域网（Wi-Fi）、蓝牙（bluetooth）等远远不能满足低能量消耗的通信需求。紫蜂（Zig Bee）和其他技术仍在发展之中，它们可能需要更窄的带宽，使用更小的能量。从传输速度、稳定性、高频传输方面看，则需要更先进的无线网络通信技术，比如 5G。

15. 网络规模（network size）

数十亿设备以不同的方式连接到互联网，这么庞大的物联网规模难以预测。

16. 能量供应（power supply）

在物联网中物的范围很广，物体到处移动，很难在任何时候都连接到能量供给。因此，它们需要自给自足的能量来源。尽管被动 RFID 应答器不需要它们自己的能量源，但是它们的功能性和通信范围十分有限。在很多场景中，电池和电源组是成问题的，原因在于它们的尺寸和重量，特别是因为它们的维护要求。目前能量采集技术依旧不能提供足够的能源以满足当前电力系统在很多应用场景的能源要求。发展低能耗处理器和嵌入式系统的通信单元是一种替代方案。已有一些不需要电池的无线感知器，它们能把所读取的信息发射到几米之外的距离。像 RFID 系统，它们能够从远处或者从其自身（比如使用压电或焦热电材料）获得它们所需要的能量。

17. 物联网架构（Internet of Things architecture）

理论上讲 IPv6 能为每一个设备分配唯一的地址，考虑到处理器、内存和带宽资源有限，数量巨大的传感器、执行器及各种设备很难承载繁冗的

IP 协议栈；传统的 IP 协议组网需要获取设备制造信息，如果缺少足够的媒体访问控制地址（media access control address，MACA）和相应的端到端管理，IP 协议会完全失效；物联网的数据需要和传统互联网完全不同，物联网通信是一种非对称式 M2M 信息交互的通信方式，当物联网产生实时感知与响应的业务需要时，传统网络的往返控制环架构也会造成很多不确定的因素；传统的 IP 对等网络（peer-to-peer，P2P）架构可能会将物联网中的众多潜在资源拒之门外。基于上述挑战，有学者提出"发布/订阅"架构（达科斯塔，2016）。

第二章 物联网社会与治理逻辑

我们生活在什么样的社会，从哪儿来，又往哪儿去？它就像哲学三大终极命题一样让人困惑。不同的人、不同的时代有不同的回答。当ICT对人类社会的影响越来越显著时，人们试图努力地用合适的术语来描述当代社会的特征，诸如"信息社会""互联网社会""网络社会"等标签纷纷出现。多数学者冗长地描述其特征，却对操作标准含糊其词，而往往在经济生产、社会交往的新方式和生产进程的革新等方面展开解释。要么突出某一方面，要么事后马后炮般地推论（韦伯斯特 2011）。曼纽尔·卡斯特（Manuel Castells）在其三部曲，即《网络社会的崛起》（*The Rise of the Network Society*）、《认同的力量》（*The Power of Identity*）和《千年终结》（*End of Millennium*）中，从信息技术引发社会变革的视角提出了网络社会这一新的社会形态。但是他一方面承认网络是社会基本力量的普遍存在，另一方面又以ICT出现之前社会的网络效力低而否认网络社会的属性。理解网络社会的关键是科学地理解网络。巴拉巴西（2007）等学者从客观的自然主义视角研究网络的出现、模样及其演变规律，这为网络社会的研究提供了有益的参考思路。本章从自然主义的网络进化视角出发，辩证地分析物联网社会的合法性：为什么是物联网社会？物联网社会如何治理？

第一节　从网络到物联网社会

网络是世界万事万物存在的普遍方式，网络社会是客观存在的、虚拟的，又是实践的。从自然网络、互联网到物联网，网络进程在放大和演化：从物物互联、计算机互联到任何人与人、人与物、物与物的互联。基于物联网的社会结构被称为物联网社会。

一、网络的生成与建构

世界万事万物相互联系。联系是普遍的、客观的、多样的，都处在因果关系之中又相互制约、相互作用。没有任何事件是在独立的环境中发生的。在南美洲亚马孙河流域热带雨林中，一只蝴蝶漫不经心地扇动了几下翅膀，可能在两周后引起美国得克萨斯一场灾难性的风暴。联系的自然法则控制着万事万物网络结构的演化。基于唯物主义视角，牛津英汉双解大词典（英国DK公司2005）对网络（network）的解释是：①由平行的或垂直的线路相互交叉所形成的布局安排，比如网络结构；②（铁路、公路、运河等复杂的）网状系统；③以职业或社交信息交换为目的形成的交际网、关系网；④计算机、机器或操作系统互联形成的互联网；⑤电网；⑥广播网。总之，网络是由复杂的相互联结的人或物所形成的组群关系、结构或系统。所以，网络由若干节点链接而成，从细胞的微观世界、浩瀚的宇宙星系到虚无缥缈的互联网，网络无处不在，无时不有。网络是世界万物普遍的联系形式。

网络是自然界的存在形式。自从开天辟地、鸿蒙初开之际，宇宙就弥散着信息，动物与动物之间，植物与植物之间，人与人之间，人与物之间就通过各种信息交流。以植物为例，尽管植物没有处理信号的神经中枢，但是它们仍旧能够传送、接收并分析信号。美国内华达山脉北部地区，长满了一种叫山艾的植物，它们在斜坡上彼此交流，虽然没有人知道它们在说什么。植物间的合作、交流的确存在。糖枫可彼此通信，例如，当一棵树上爬满饥饿的虫子时，临近的树木就会释放出防虫化学物质以避免毛虫攻击。信息分享不仅发生在植物间，还可表现在植物和昆虫间。植物也可以与昆虫进行交流，它们会向捕食性昆虫释放求救信号，从而促使这些昆虫来猎杀植食性昆虫。例如，当玉米遭到甜菜黏虫侵袭时，会释放吸引黄蜂的化学物质，从而招引黄蜂过来在毛毛虫体内产卵。依次演绎，植物、植食性昆虫、捕食性昆虫、食草动物、食肉动物生活在一个芳香四溢而又充满化学信息的世界里，生成一张让人类难以想象的自然网络。

人类社会也是一个网络社会。人类社会是由单个人这个节点互链而生成的巨大的无尺度拓扑结构的社会网络。网络对于所有生活都是很普通的一种模式，哪里有生活，哪里就有网络（Capra 2002）。人类产生之初，人类就通过各种信息技术、通信技术及运输技术致力于社会网络的构建和管理，以突破时间、空间的制约。比如，古代社会的人类靠烽火构建区域军事通信网络，靠风力的船只组织远洋贸易。工业革命产生分布式能量网络，铁路、轮船、电报等基础设施将社会网络进一步扩展为全球网络。铁路网、电报网等也随之而生。电力革命形成电力网络、航空网络、广播网络、电信网络、有线电视网络及四通八达的公路网。基于微电子革新的ICT形成以计算机为终端的互联网。以计算机为代表的设备可以提供普遍的无线通信和计算能力，这使得社会单元能即时进行交互活动。人类通过信息技术与数字化革命，建构网络空间。

二、网络社会的结构模态

网络社会是一种客观存在，这种客观实在性源于人的自然属性和社会属性。作为生命体的人是网络的、客观的。在微观世界，细胞的交互网络通过它们的代码而非孤立的指令进行通信，因而突发性特征与基因网络有关，被模拟模型识别并被临床试验证实。从宏观上看，神经系统、血管系统、体液流通系统、人体能量传递路线等构成人体网络系统。人的社会实践和过程也是客观的。人的本质是一切社会关系的总和。社会由人组成，人与人之间产生血缘、地缘、业缘等各种复杂的社会关系网络和联系。这种社会关系网络不仅包括个人之间的关系网、个人与集体之间的关系网、个人与国家之间的关系网，还包括集体与集体之间的关系网、集体与国家之间的关系网。整个人类社会是网络化的客观存在。构成物质资料生产方式的生产力和生产关系是客观的，因而人类社会的产生、存在、发展和客观规律都是客观的。生产力决定生产关系，有什么样的生产力就有什么样的社会形态与之相适应，这一点也是客观的。

网络社会也是虚拟性存在。人类与其他生物最大的区别在于人类实践是有意识、有目的的能动性的活动。"蜜蜂建筑蜂房的本领使人间的许多建筑师感到惭愧。但是，最蹩脚的建筑师从一开始就比最灵巧的蜜蜂高明的地方，是他在用蜂蜡建筑蜂房以前，已经在自己的头脑中把它建成了"（马克思，恩格斯 2009）。人类自有意识开始，就通过感觉、知觉将外部客观世界甚至自我不断地虚无化，各种信息被感觉系统有选择性地分离、打碎、重组乃至重构。时间、空间、运动也成为主体加工、整理感性材料的"形式"。所以，虚拟世界是对现实世界的抽离、减压、虚无化和拟制。在信息和通信技术语境下，网络空间暗示着一种由计算机生成的维度，在这里我们把信息移来移去，我们围绕数据寻找出路。网络空间表示一种再现的或人工的世界，一个由我们的系统所产生的信息和我们反馈到系统中的信息所构成的世界（海姆 2000）。网络空间能够拟制出"身体缺场""重塑自我"的虚拟场域。这一描述意味着网络空间是一种与现实世界对立统一、相互纠缠的虚拟的人工世界。

从规模、结构和动力来分析，网络社会具有实践性，即全球性、动态性和参与性（卡斯特 2009）。其一，它是自我重新配置网络的一个全球体系结构，不断地为来自各个方面的力量进行编写和重新编写；其二，它是网络的各种布局和排列之间相互作用的结果，包含的核心行为塑造了社会生活和工作；其三，它是这些主导网络保留在全球联网逻辑之外的社会形式的非联系布局和排列之间交互作用的结果。人是网络空间的主体，互联网以一种前所未有的渗透性方式将社会主体联结在一起，深刻地改变人类生产、生活方式的时候，就产生了基于互联网技术的网络社会。

随着纳米技术的出现，微电子与生物之间的物质材料趋同，人类生活和机器生活之间的界限模糊了。这就使网络超越时间和空间的界限，并将它们的交互作用从我们的内部自我扩展到了人类活动的整个领域（卡斯特 2009）。由于传感器、RFID、移动通信等技术的规模性应用，一般的物体也具有通信能力，通信能力不仅限于社会单元和计算机等设备。任何人、任何物在任何时间和任何地点以人类能理解的、可以控制的信息进行互联和通信。

三、物联网社会的崛起

物联网社会的形成是自然界和人类社会协同进化的结果，也是人类实践的客观产物，而不是社会科学先入为主的主观定义。从原子的微观世界、人与人之间的网络社会、比特横流的虚拟空间到无处不在的物联网社会，世界万物的联系形式不断地在发生演化。技术之间也形成网络，且越来越复杂，彼此融合而又创造新的节点。网络节点成为网络效益的关键性因素。每次技术革新通过增加节点、优化节点而给人类生活带来便利、社会繁荣。如果想描绘物联网社会，我们就必须弄清楚物联网社会网络链接相互的动态作用。通过观察、分析节点和链接，才有可能把握物联网社会复杂系统的组织、运行和管理规则。

建立在微电子基础上的ICT的发展进一步激活了网络节点和释放了网络能量。以计算机为基础的网络内容和性质也在经历一些演变：第一阶段是互联、共享的计算机数据互联网（Internet of data）；第二阶段是以互联、共享的文件和网页信息为内容的互联网（Internet of content）；第三阶段是与他人互联、分享的"人联网"（Internet of people）。在上述三个阶段中，尽管互联网发展趋势令人鼓舞，但是互联网架构正面临着与互联网扩展性有关的复杂挑战，比如用户和连接互联网的设备数量激增，服务种类和软件繁多，复杂的上下文和环境等。如果不只考虑机器与机器之间的通信，还考虑到所有物体之间的通信,那么连接互联网物体的数量将会达到万亿,甚至更多。为此,近年来欧洲致力于引领探索未来互联网的愿景,以符合基础网络(underlying network)和服务架构。随着互联网利润率的下降和全球经济增长放缓,这标志着互联网经济成熟期的到来和转型,互联网正向网络的第四个阶段:物联网(Internet of Things)转变。在物联网这个新范式中,丰富的网络化物体模糊了比特和原子之间的界线。描述物联网范式的新概念有:博物(Blogjects),形容连接到博客的物体;史派(Spimes),用来说明那些有地点感知、环境感知、自我记录能力的物体(Sterling 2005);信息影子,用来界定网络化的物体;泛在网络(pervasive network),无处不在的、无缝、高速、低成本连接。

形象地讲,如果说网络发展是一部电影,那么互联网依旧处于电影的片头阶段,互联网仍然有更广泛的发展空间。通过各种智能设备,整个世界将会获得互联网上的各种服务。感知器技术、微电子技术、纳米技术等为计算智能嵌入到物体创造更多机会,越来越多的设备连接到互联网,广泛互联的、智能的世界将会极大地改善人们的生活。一切互联、一切智能,这就产生了物联网社会。也就是说,"物联网社会"是一个互联、智能的世界,其终极形式,将是基于泛在智能的、万物互联的"天网"。

第二节 物联网社会的特征

物联网社会是一个以通信、计算、人工智能、多媒体、纳米等多种技术相互融合的、虚拟和现实交互的、以人为本的社会。同时,物联网社会是一个感知、智能、有序、共享的社会。

一、物联网社会的技术特征

物联网并不是单一的技术创新的产物,而是多技术的重构和融合,为的是提供沟通虚拟世界和现实世界之间的桥梁。

1. 从技术内容上讲，物联网技术具有融合性

主要包括以下几方面。

（1）通信和协作：物体具有连接互联网资源或彼此连接的能力，利用数据和服务，升级它们的状态。无线技术，比如 GSM、UMTS、Wi-Fi、bluetooth、ZigBee 以及个域网（wireless personal area networks）等通信技术。

（2）寻址能力：在物联网中，通过发现、检索命名服务，对物联网末端物品及其编码进行标识，并能远程访问和配置。

（3）身份识别：物体身份唯一，且能被识别和确认。RFID、NFC 和光学可读条码是该技术的范例。凭借这一技术，即使没有内置能源的无源物体也能被识别（在中间件的帮助下，比如 RFID 读取器或手机）。在特殊物体的帮助下，身份认证能让物体与信息相连。只要中间件连接上网络，就能从服务器检索到该信息。

（4）感知：物体感知并收集周边信息，记录、提交或监测信息。

（5）执行（actuation）：对象可以被动地与物理环境进行交互（执行感测操作）或主动地与物理环境进行交互（执行动作），这两个维度代表了在数字领域和物理领域之间的接口和耦合的两个基本操作。二者的主要区别在于嵌入执行器的对象本身是主动地感知本地环境并对其执行操作，还是先验地绑定到单个任务或应用程序。执行的主动性是物联网未来的愿景。

（6）嵌入式信息处理：智能物体嵌入处理器或微控制器及存储器。处理、挖掘和解释感知器的信息，或者使用产品存储的信息。

（7）定位：智能物体能意识到其物理位置，或能被定位。GPS 或移动手机网络是合适的实现该种功能的技术。此外，还有超音波飞行时间检测（ultrasound time-of-flight measurements）技术、超宽频带（ultra-wide band）、无线信号（radio beacons）（比如无线局域网基站或有已知位置坐标的 RFID 读取器）和光学技术。

（8）用户界面：智能物体能和人们以一种合适的方式（无论直接还是间接，比如通过一个智能手机）通信。产生革新的交互范式，比如可触摸的用户界面、灵活的高分子显示屏和声音、图像或者手势认识方式。

（9）区块链：非集中化金融系统的基础技术平台。区块链的完整副本保留网络中完成的每个交易的记录，这使得区块能够追溯到第一个区块。区块一旦创建，修改极为困难，所有参与者都尽可能采用最长的链条。

2. 从技术分类和功能上讲，物联网技术具有互联、感知、智能的特征

物联网技术主要分为感知技术（RFID、红外感应、激光扫描、人工智能、遥感遥测等）、传输技术（有线网络、无线网络等）、支撑技术（计算技术、智能技术、通信技术、微电子技术等）、应用技术（数据存储技术、信息检索和服务技术、多媒体技术等）。物联网是通信、计算、人工智能、多媒体等多种技术的集成和模块化。从技术的递归性角度，物联网社会的技术特征包括：（1）智能环境；（2）无处不在的通信；（3）计算技术：无处不在的计算（ubiquitous computing, pervasive computing）、云计算（cloud computing）。环境智能意味着物体感知、记录物理环境的能力增强，并在这个过程中积极地与人发生交互作用。无处不在、无时不有的通信意味着物体的泛在通信（任何时间、任何地点）能力，数据从物体到后台成为可能；普适计算意味着物体和后台数据处理能力的增强，能够为物联网社会提供各种应用服务。

3. 从技术规律上讲，物联网技术呈现系统的层级结构和进化特征

从技术规律上讲，物联网技术遵循"虚拟—现实—再虚拟—再现实"这一认知的螺旋式上升规律，所以物联网技术呈现系统的层级结构和进化特征。物联网将世界上所有和人类的社会生活相关的物进行网络连接，以便及时获取信息，实时实施管理。物联网将网络扩展到物体对象，使人类生活于智能、普遍网络连接的社会，其中最为方便的互动是物体信息的传感。只有当物体普遍智能化、普惠化，物联网社会才会真正成熟并成为触手可及的现实。物联网技术的雪球式滚动进化和融合特征决定

物联网社会从初级到高级的进阶过程。从互联网社会到物联网社会是技术逻辑的必然趋势，这也暗示着物联网社会选择和建构的长期性、复杂性。

4. 从物联网架构上讲，物联网技术具有自主和集中制特征

物联网大部分终端设备简单且自治，自行收发数据，无须不断配置、管理和其他干预行为。海量设备无缝交互，使得物联网摆脱集中式控制的局限。区块链技术的突破，从本质上改变了我们对中心化机构的理解。每个区块链管理自己的角色和行为，这样就会形成一个"去中心化的自治物联网"，从而实现数字世界的开放式参与。由于大多数物联网通信采取M2M模式，整个网络架构是"自下而上"的，每一个独立节点都有能力与其他节点进行沟通、协商。转发节点必须能够做到独立构建合理有效的网络架构，这就需要每个转发节点充分利用智能特性，在自主与协调之间寻找平衡，创建无环结构化路径。从服务层来讲，物联网治理同时还是"自上而下"的集中制。服务器从云端对传感器、执行器、软件代理等设备对象执行查询、指令和配置等行为。

二、物联网社会的结构特征

如果要清楚地认识到物联网功能上的进化，就必须了解互联网的局限性。互联网是有向性网络，从而适航和便于浏览。基于有向性，互联网被分割成几个大陆。在中央处，每个节点都能从其他节点链接到。处于"入"（IN）大陆的节点的特点在于，从中央大陆出发无法回到IN大陆，但通过链接IN大陆的节点可以回到中央大陆。处于"出"（OUT）大陆的节点能从中央出发链接到，然而当到达OUT大陆后，无法找到回中央大陆的链接。在OUT大陆和IN大陆之间，有管道连接。而处于触须上的节点，只和IN大陆或OUT大陆连接。少数节点形成孤岛，无法从任何节点链接到。所以互联网中的孤岛和IN大陆处于隔离状态，无法被搜索引擎和网络机器人检索到。所以有向性并不是一种从根本上全新的网络类型，无论网

络是无尺度的还是随机的，其链接既可能是有向的，也可能是非有向的。即使互联网网络是有向的，信息孤岛像冰山以下那部分一样深不可见，例如暗网。互联网上的搜索服务像是在地球的海洋表面拉起一个大网的搜索，大量的表面信息固然可以通过这种方式被查找得到，但是没有被任何搜索引擎编列索引的信息及故意隐藏或加密的信息就被隐藏了。除非主动将链接提交给搜索引擎，否则无法发现这些信息孤岛。大多数网络，从社会网络到蛋白质细胞网络，都是非有向的，从而产生碎片化的、有限通约的系统。

在物联网架构下，万物主动提供信息，形成开放的信息系统。通过物联网技术，从感知层到网络层再到应用层，感知、传输、计算和各种应用将真实的物理世界、数字世界和虚拟世界无缝连接。人类通常对两种世界感兴趣：其一是日常感知的世界，其二是可以通过想象来不停地创造的世界，即所谓的虚拟世界。虚拟世界的概念并不新颖。事实上，自从人类开始做梦时起，虚拟世界就存在着。虚拟世界在文学和电影领域发挥重要作用，并逐渐现实化。虚拟世界的出现为人们的社会行动开拓了一个新的社会生活领域。这一领域的出现不仅极大地延展了人类的社会生活空间，而且改变了人类社会生活的面貌。吉布森在其小说《巫师》（Gibson 1984）中将计算机化的、虚拟的世界称为"赛博空间"。格林特（Gelernter 1992）将虚拟世界称为"镜像世界"。镜像世界是真实物理世界的计算机软件模型。镜像世界采集各种信息，对真实世界建模。镜像世界试图模拟真实世界所有行动者真实的、复杂的互动行为。镜像世界依赖于数据流，建立在数字世界之上。数据包括计算数据、互联网数据、RFID 数据、传感器数据等。镜像世界使用基于计算机的智能代理作为行动者。在镜像世界中，代理被内置一定的规则以模拟和缩放真实世界。然而，镜像世界可以超越"缩放"的真实世界。通过虚拟现实技术，"镜像"世界可以变成"真实"的世界，实现镜像世界和真实世界的融合。虚拟现实技术模仿人的视觉、听觉、触觉等感知功能的能力，构造一种人工环境，使人可以亲身体验沉浸在虚拟环境中并与之互动。人的特殊功能不仅包括感受系统和反应系统，还包括符号系统，符号系统使人从动物的物理世界进入更为宽广的世界——数字世界和虚拟世界。交流的主体从人到人，发展到人与物、物与物之间的交流。

真实的物理世界与数字世界之间存在物的集成关系；数字世界与虚拟世界之间存在着数据集成关系；物理世界与虚拟世界之间存在描述物与活动之间的语义集成关系。传感器等感知智能物件对于感知系统模型的建立至关重要，它们收集、获取对象信息，建立数字世界；然后通过无线网络将信息传入到服务器，服务器通过计算、加工、处理信息，反馈指令给传感器，远程执行命令，以控制物理对象；另外服务器还可以通过互联网提供网络服务，通过各种硬件系统和软件工具对数据进行分析，创建网络虚拟世界。或者通过互联网社区进行信息咨询、查询、分析、利用，寻找问题解决方法等，逐步解决问题（见图2.1）。

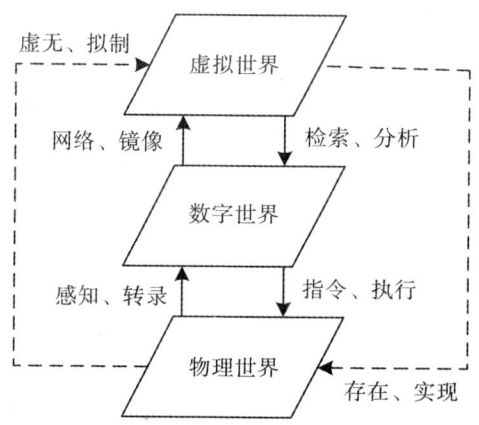

图 2.1　物联网社会结构图

数字技术的交互建立在虚拟世界的基础之上。这个特性赋予数字世界两大应用特征：一是无成本复制，二是无距离传输。在物联网世界中，不是通过网络制造原子，而是通过虚拟网络来控制原子，因而物联网社会具有便捷、即时、交互等功能特征。物联网技术使三个世界之间的接口呈现模糊性。从物理世界到数字世界、虚拟世界再回到实在物理世界，物联网技术改变社会网络结构，创造一种全息、全真的物联网世界。

三、物联网社会的本质特征

哲学的中心问题是人的问题，即人的本性及其在宇宙中的地位问题。过去的哲学家把人看作是政治动物、理性动物、制作工具的动物。"以人为本"始终是马克思的理论的价值取向（赵敦华 2000）。人的一切活动都以人自身的价值判断为基准、根本，亦以人的根本利益为最后归属，以是否符合人的整体利益和长远利益为最高准则。

物联网社会以人为本，形成共生共长的和谐环境。以人为本的价值论是回答真、善、美问题的，是人们处理和解决问题时的态度、方式和方法。它要求以人为根本出发点和归属，人是目的而不是手段；要求尊重人、善待人；旨在实现人人平等、全面发展、公平、自由、秩序等价值目标。马克思高度重视人的价值，以人为本始终是他的理论的价值取向。

人类的发明始终围绕人的生存和发展这个本质。发明使人类的手、脚、嘴、眼、耳等基本器官的功能得到进一步扩大。技术放大人体器官功能的同时，又回归到人。历史并不是绝对观念的必然展开，而是人类迎接各种挑战，不断地诠释、祛魅，通过技术实现空间、时间上的殖民开拓。所以技术的最终目的是人类获得解放、自由、平等和尊严。

物联网让物质生产更有效率，成为人类认识世界和改造世界的强大工具。物联网有效解决如何科学发展这个最大的问题。物联网有利于提高劳动生产率，转变经济增长方式，调整产业结构，推进经济创新驱动。物联网通过网络层和应用层，能对整个网络内的人、物进行实时管理和控制，能以更为精细、动态的方式管理生产，提高资源利用效率和生产率水平，实现智慧的生产和产业范式的转换（比如智能物流、智能交通、商业管理、智能生活、E 健康、环境观察和预报、电力监督和能量追踪、城市安防、政务管理、教育娱乐、国防军事等方面）。所以物联网不仅提高了生产和流通领域的经济效益，还加速了经济发展，增强了人在物质世界的主体地位。

物联网让人生活更自由。物联网实现了任何人、任何物可以自由地在任何时间、任何地点做任何事情（见图2.2），这种自由无处不在、无时不有。随着人工智能等技术的融入，物联网技术日益成熟。特别是，人工智能为感知网、互联网提供了强大的技术支撑，为人们提供了帮助服务，形成环境智能，并为年长者和残疾人提供了有人格尊严、独立自由的辅助生活智能环境（ambient assisted living，AAL）。这些都是以人为出发点，为人的生存和发展提供服务的。人在物联网技术进步中，获得平等的学习和全面发展的机会。因为生产和工作效率的提高，所以人们从劳动中解放出来，有更多的休闲时间投身到学习、交流和创新之中。

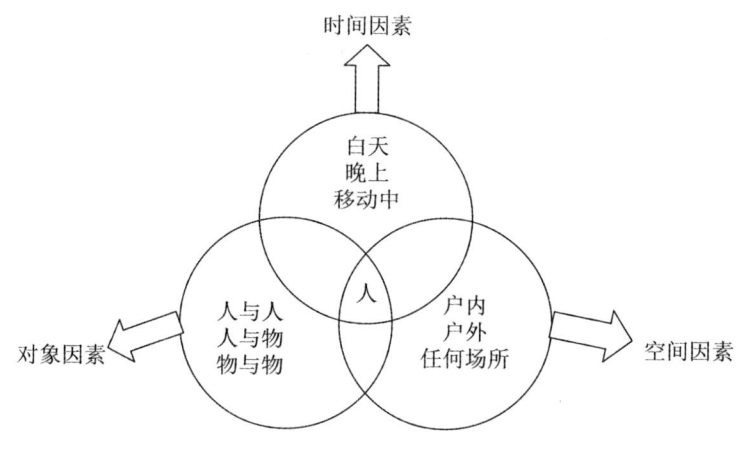

图2.2　以人为本模型图

物联网让社会生活更智能，更美好。物联网可以让人们更好地实现对一切智能物件的远程管理，真正做到"运筹帷幄之中，决胜千里之外"。移动互联，以手机移动终端为代表的网络，将会引领物联网的新时代发展，将会导致人们生活方式、思维习惯、行为方式的改变。近些年，移动电话已成为成熟的多媒体计算机，能用作灵活的与用户环境交互作用的物件。除了明显的电话通信能力，移动电话集摄影、摄像和网络通信于一体。人们习惯于他们自己的移动通信物件并随身携带，移动通信物件和电话号码一起绑定于特定人，让生活更便利。物联网将会使我们的生活更加智能化、智慧化，塑造一个高效、节能、安全、环保、共享、和谐的社会。所以物联网的本质是以人为本,物联网将所有与人有关的生产、生活等活动,将物、人、社会融为有机的整体,形成人、技术、经济、社会、自然环境的可持续发展。

四、物联网社会的异化特征

物联网隐含着技术是人体延伸的人造物的本体论理论。物联网技术在高度普遍意义上就是人自身本质的最重要的部分。物联网技术是各种技术的聚合。在自动化中,物联网技术达到方法上的完善。而在感知、通信、大数据、云服务阶段,物联网技术真正地反映了人类:无时不在、无处不在的感知、通信,就像人自身一样聪明和智慧。因而物联网技术像人一样形成了人为的自主特征。劳动客体化最终的结果赋予物以"智慧",人和物的关系变得日趋模糊,甚至同一。

1. 主体异化

人难以维持"主人"的本体地位,人处于主体和客体交互的状态。人是网络节点的创造者,同时又是网络节点本身。人甚至可以主动分享网络热点,在那些核心基础设施缺少网络覆盖的地方参与扩展通信网络。网络的本质在于吞噬性的对象化,当人也被网络对象化、物化的时候,人自身也是物联网的一部分。人既可以被动地接受感兴趣的信息,也可以积极地产生、提供信息及交换各种信息。在传统社会中,人是交往行动的主体。在物联网社会,人丧失了自身特性,无意识地被技术理性奴役。媒介是人的延伸,而人又受到媒介的控制和操纵。人既是信息,又是媒介。

2. 阶层异化

物联网社会的最大特点,是随着智能机器人组合成的新型生产力的崛起。随着人工智能产业的深入,智本取代资本的趋势逐步明晰,传统工业时代人工决策、机器执行的模式逐步会过渡到机器辅助决策、机器执行的模式。一些典型的低端工作机会正在逐渐被机器替代,代驾司机将会被无人驾驶汽车取代，工厂工人将会被自动化机器取代，收银员将会被无人结账系统取代。无人机、无人商店等新事物开始出现。旧的资本家、产业工人、农民工、个体农民将陆续退出历史舞台。智本家（或知本家）等技术精英亲自控制机器人进行生产、销售，并持续稳定地工作。因此我们需要增进人类自身的学习能力和教育，在知识创造、创新上掌握主动权。

3. 时空异化

物联网社会确立新的时空知觉，具有去时空性和它异性特征。现代工业时代，钟表至上，钟表改变时间计算的变量方式。人类活动开始部分脱离"自然"的自主性，独立地构建技术的时间观。人类不再需要观测星空来确定时间，慢慢废除自然的节奏。随着时间颗粒的不断再分和精细化，人类确立自己的契约法则和社会秩序。自动化却使人类逐渐丧失了对时间的控制，人类不需要钟表等计时工具来感知时间。钟表等计时工具开始从手腕或墙壁上慢慢消失。当物—物互联、人—物互联、人—人互联时，物联网自定时间法则，自立时序。四季、昼夜更趋向于约定的概念。个人服从于自动化机器，时间自行概定，人类不由自主。当万物互联、万物同步时，人类就成了万物互联的一颗纽扣。同时物联网在空间上实现了一种新的诠释学转换。人类对空间的认知从平面几何转向立体几何，从直接现实转向间接虚拟。物联网可以完全取代人的感觉和知觉，甚至有过之而无不及。人类不需要亲自涉足未知空间即可精确地、全方位地解读空间。虚拟实践可以脱离场景和去场景化。在物联网社会，一切互联，导航系统、支付系统、身份识别系统等集成于手机等微型终端，手机成为身份和行为的聚合物。在物联网社会，空间可以颠倒，物联网解构微缩技术可使宏观世界微观化，同时物联网结构放大技术可使微观世界宏观化。地球任何角落都可以在移动终端设备完美呈现，微型芯片可以融入任何事物内部，透露其结构的秘密。所以，对于物联网世界的人类来说，银河星系和变形虫一样，其影像尺寸可以无限地放大或缩小。在物联网社会，技术与人之间的具身关系、诠释关系向它异关系和背景关系演化，影像成为物联网技术可视化的主导路径。物联网空间观的转化折射出人是工具指向的对象。人类对物联网世界的认识和改造程度取决于物联网技术对物质世界的翻译水平。

4. 价值异化

技术价值有两种理解（肖峰 2007）：一是"有用性"，二是"价值偏向或价值负载"。就有用性而言，有用性存在主体认知差异性，在社会秩序中处于不同地位的群体，喜欢不同的技术。有限的技术功能无法满足多样性的社会需求，需求冲突产生价值冲突。在利益博弈和协商过程中产生技术价值异化。就价值负载而言，存在中立论和否定中立论两种观点。从静态来看，这两种观点表面上有本质区别。从动态来看，二者都统摄于价值的社会形成。无论技术价值形成于前置的设计阶段和后置的应用阶段，都因技术进化而产生价值异化。社会网络空间的特征是建构，渗透利益相关者的意志。任何代码、算法都隐含特定的价值预设。物联网技术的价值在于以人为本，让生活更美好。但是物联网的关键特征之一是对世界的无极限感知和数据的最大化获取，使得人工智能成为可能。采集什么数据，向什么对象采集，如何处理数据，是否存在附加条件等，都具有"固有政治性"（inherently political）。物联网、人工智能与个体的隐私权利直接对立。为应对外部不确定性的威胁，官僚体制采取从行政吸纳、管制再到禁止等由半开放到完全封闭的内部化方式。实际上，如果没有技术专家和精英的参与，就不可能实现社会健康有序的发展。在国家治理中，技术开发者赋予国家制定规则的权力，国家能够在技术平台的后台完成对用户的日常监控，用户必须遵守技术平台的规则，而个体的力量很难改变规则。技术专家是人，也存在人性上的缺陷，极权、垄断性权力的风险无法消除。在无法形成整合利益或达成协商一致的情况下，强势利益方最终对技术价值起决定性作用。西方国家也从未停止通过物联网技术进化对网络社会的实时监控和个人隐私的侵害，也未曾停止将国家权力滥用到虚拟现实空间。物联网技术衍生的价值异化远远超出国家的想象和控制。

第三节　物联网社会的治理逻辑

科学技术创新推动社会变迁与发展，同时引发了各种复杂的、不确定的问题。长期以来，人们都在寄希望于技术创新解决旧的社会问题，消减技术创新所衍生的负面的社会影响，此即"技术治理"。对于技术治理，有乐观主义和悲观主义两种不同的观点。乐观派强调技术在增进社会福祉方面的功能作用，悲观派则从宏观层面审视技术治理的风险。乐观主义者相信信息通信技术、控制论以及生物科学技术的进步将会解决在过去两个世纪里困扰着人类的很多社会和经济问题。通过扩大对物理环境和社会环境的控制，技术变革将会最终消除源于阶级和意识形态差异的贫困、疾病、文盲和社会冲突。悲观主义认识到技术发展的令人担忧的后果：日益复杂的武器系统和日益扩张的企业能力导致的空气、水污染。更可怕的是，这些系统由技术专家精心设计和熟练操控，并通过大量媒介和大数据来调节人类行为。悲观主义者将技术社会描绘成奥威尔式（Orwellian）的系统。在该系统中，个人自由、隐私成为追求更高效率和一致性的牺牲品。

关于"单一子弹式"的"技术治理"的解决方案，多数学者持批评性意见。马尔库塞、哈贝马斯、芒福德、贝尔（Daniel Bell）、古德曼（P. Goodman）、约纳斯、梅塞纳（E. Mesthene）、弗尔基斯（V. Ferkiss）、伯格（P. Berger）、温纳（L. Winner）、芬伯格（A. Feenberg）等学者提供了可索引的方案，即精英治理、技术官僚治理、多元主体治理、民主协商、科技政策等。总体而言，社会治理路径可分为两种：技术疗法和外部疗法。外部疗法即是借助"民主、文化、政策、伦理"等路径进行治理。

一、主体：谁来治理

（一）技术精英

精英治理理念认为后工业社会是一种以技术精英为基础的公正的社会等级结构。为了避免技术对社会造成的灾难，必须召唤技术精英，并配备有全新的世界观，以取代资产阶级领袖。该世界观要求人视自己为世界的一部分，事实上是一个高级的部分，世界上所有元素是相互联系和自发产生的。自然的、社会的、生物的、物理的所有方面都紧密联系，人作为自然的不可分割的部分，一定要谨慎地协调所有部分。

精英治理理论认为（Ellul 1963），虽然技术导致某些社会冲突，但是其根本原因在于人类束缚于某些保守的政治意识形态和道德体系。技术进步战无不胜，这些虚假的价值、脆弱的情感以及过时的观念必然遭到淘汰。如果将权力交到技术员手中，他们能独自全面地控制技术，并使之变成为人类服务的积极工具。那么随着技术的发展，所有难题必然得以解决。赋予技术精英以普遍的权力，使他们成为专家统治者，就能够在不破坏人类社会的情况下使用技术整体，并为社会问题的解决提供十分迅捷的解决方案。

凡勃伦（Veblen 1904）进一步指出，技术治理运动取得胜利后，整个社会的领导权应该交给由工程师组成的"技术人员的苏维埃"来管理。"工程师"不仅包括科技人员、技术专家，还包括工业经济学家、工业管理专家等将管理技术、社会技术用于工业与生产之中的专家。

就物联网社会而言，领导权将部分被技术专家所掌握。泛在社会治理如果没有技术专家的参与，难以避免低效乃至混乱（刘永谋 2016）。由于社会治理的需要，经济学家、管理学家、心理学家和与公共决策相关的政策专家等迅速崛起，新类型的专家如数据挖掘专家、信息分析专家等不断出现。与技术善恶密切关联的是技术精英行动者在某一类场景的自我规制。技术精英行动者的自我规则决定了技术创新与应用的社会后果，其中之一便是技术作恶（邱泽奇 2019）。所以世界各国政府纷纷设置专门的专业技术岗位，并且注重各种科技智库在参政施政中的作用，这是技术专家在社会治理中地位日益突出的体现。

但是专家治理也一直受到批评。如费耶阿本德认为（刘大椿，等 2010）：①专家意见往往不一致，专家甚至可以证明任何观念；②专家往往只能从狭窄的专业框架出发理解没有任何体验的问题；③根本无法证明专家决策比外行好。另外，专家在决策时受到诸多主观因素的影响，如受到利益诱惑、权力压力等，很难完全客观地进行决策。在物联网社会，随着基于物联网的专家控制系统的完善，专家治理受到弱化。

（二）技术官僚

梅诺德（Meynaud 1969）在技术官僚治理方面有深入的研究。他试图证明技术官僚并没有垄断政治，并且技术官僚对公共政策的制定施加相当大的影响。那么谁是技术官僚？梅诺德没有明确地解释，他仅仅说明技术官僚是那些对技术精英产生影响的人，来自政府高层的公务员及在军事部门或科学共同体中有一定影响力的人员。在推动政策制定的过程中，技术官僚面临多重障碍：政策的选择和跨部门的竞争削弱了技术官僚的影响力。政党和利益集团对不受欢迎的技术官僚施加压力，公众意见和知识分子对技术官僚的敌视，使得那些产生明显失误的技术官僚窘迫为难。

在认识到技术官僚权力的缺陷时，梅诺德承认，近些年来技术官僚对传统的政治体制改革取得重要的进展。虽然技术官僚还没有完全取得政治上的主导地位，但是他们已经相当大地扩展了他们的政治作用。梅诺德认为，为数不多的技术官僚（作为制定防务政策及社会和经济规划的主要力量）已经取代政客。通过政策的协调和执行，他们已经削弱了政治家的权力。

技术官僚获取更多的政治影响力，公共政策的制定将会变得越来越具有政治性而非技术性。事实上，是技术官僚而不是政客在指定或制定参考标准。但是技术官僚仅仅支持现行的价值体系，他们缺乏无形的"政治意识"。这种"政治意识"允许政客达成为大多数公民所接受的决议而不会引起无法容忍的社会紧张。

但是梅诺德没有充分重视近年来技术对政客"政治意识"的作用。测量技术在相当大程度上将个人和无形的"政治意识"转化成精确的和客观的工具。政客通过信息分析技术准确地把握事物之间普遍的、多样的联系，进而做出猜测，而猜测曾被认为是敏锐的"政治意识"。政客不再依赖某种天生的资质评估其行为和政策选择的影响。如今他们可以，并且能够依赖成熟的民意调查技术来测试公众对任何政策的反应，利用媒介最大化地提高公众遵从的机会。维护权力的政治目标决定政客在无数实际问题上的价值选择。在技术的帮助下，政客能够评估其决定对公众意见所产生的影响。民主的政客可能采取政策联盟，这将产生最大范围的公众支持，舍弃其特定的价值取向。当然，政客可以对公众意见产生影响而不是被动地回应公众意见。

通过信息化技术进行挖掘、处理、分析，可以明晰地反映政策对各相关领域及利益相关者的影响，在此基础上政府可以对政策进行改进，从而实现政策效益最大化。虽然物联网、大数据有利于政客的决策，但是如果没有多元主体的协商参与，就为道德失范与权力滥用保留了空间，势必损害社会的公平正义，导致新的多元的深层次威胁。

（三）多元主体

从技术层面上讲，多元主义的兴起是信息革命的产物。布鲁斯·宾格（2010）通过技术在政治权力演化中的作用的研究确证多元主义的技术必然性。以美国近现代多元主义的发展为例，以现代邮政、报纸、电报等技术为代表的第一次信息通信革命建立了全国范围的政治信息系统，滋养了民主的发展：意识形态和身份意识，国家政治议程和公众意愿的建立，使白人男性公民参与政治的热情空前高涨。随着工业革命的发展，政治信息的结构、通信的机会和限制都开始改变。工业化带来机械化、生产社会化、城市化和人口大规模迁徙，社会组织规模、通信形式也急剧变化以适应更大规模的社会活动。电话、传真、计算机通信等技术使多元化进一步稳固了。广播媒体和电视媒体的崛起使得多元主义的多样性更加分散化和动态化。互联网产生的第四次信息革命，让信息更加丰富、廉价，易于传播和保存。政治组织呈现后科层多元主义的特征：为组织能力较弱的社团提供采取积极行动的可能性；政治组织的结构刚性变弱，非正式的、灵活的结果所呈现出的重要性越来越具实质性；信息丰富意味着政治成员在科层制的选择上有更大的自由裁量权；但是信息丰富需要与大众传媒、公众注意力的动力学联系在一起，政府机构需要对市民的通信进行响应，需要以信任和熟悉为基础的个人关系，需要在事件和过程中保持可持续的运作，这些都抵消了廉价信息的价值。

从社会生活和实践来看，人们往往根据自身的利益、价值观念、社会习俗、道德观念、个体情感、行为方式、兴趣爱好和认知出发，进行社会交往，通过选择与自决，构建不同的社会组织与共同体，从而使社会变成一个多元组合的集体。个体化存在与社会的多元组合，使现代社会不可避免地朝向多元化发展。

基于多元主义事实的存在，在面临各种分歧、冲突时，多元主体参与最有可能实现公正、智慧的解决方案。首先，在机会公平的多元视角下，任何人都有可能提出利益诉求，多元个体的人格得到尊重，心理获得感增加；其次，在互动协商过程中，通过倾听和理性辩论等经验、知识交流，使得权力和信息对称；最后，兼听则明，集体决策必然回应修正的公共利益。所以多元主体参与的多元主义在价值上具有主体包容性、程序理性和结果责任性。

多元主体参与治理是一种理想，不是灵丹妙药，如何参与治理才是关键。技术进步催生了多元主义，但能否实现程序理性和结果责任性，依然存疑。宾格通过数据分析发现：第一次信息革命大大增加了公众的政治参与，但是第二、第三次信息革命对政治参与的水平并没有产生正面的影响，事实上，政治参与度下降了。第四次信息革命虽然呈现出微弱的影响，但是不能作为有力的解释依据。在物联网社会，通过大数据分析干扰、影响公众认知，并操纵公众参与行为的恶性事件多有发生。

二、路径：怎样治理

（一）技术路径

技术疗法主张者认为，技术问题最好通过更进一步的技术进步来解决。技术具有自主性，以技术来控制技术，技术问题的解决维系技术本身。技术自疗法的信念是：技术具有自主性，脱离人类控制，人类不能决定技术，只能跟随技术。人类对技术势在必行的内在逻辑不能说不。因此，当技术统治人类社会生活和政治生活的时候，人类就成了技术的傀儡。人类被降低到催化剂的层面。更妙的是，人类就像插到老虎机上的插头：在不参与的情况下，他就开始运转（Ellul 1964）。

作为技术疗法的代表人物，埃吕尔对技术不确定性持有本能的拒绝态度，埃吕尔相信技术能解决技术带来的社会问题。埃吕尔拒绝狭隘地将技术等同于机器、科学知识或工程专利这种观念。他提出了一个更广的技术概念：技术是指实现特定目标的最好手段，人类行为都是技术的。与科学或技术知识的目的相比较，埃吕尔对技术手段更有兴趣和信心。虽然人类陷于他所追求的理想的技术，这些理想的技术可能没有出现，但是人类至少相信技术解决方案是可能的和可取的。

除此之外，埃吕尔提出非技术（atechnical）这个概念。他认为技术之所以不同于非技术，是因为技术可以很容易地被转移，从个人到个人，从社会到社会。技术手段是无处不在的、具体的、有形的、可测量的和客观的；而非技术方法是难以捉摸的、不可测量的和主观的。在埃吕尔的技术社会中，人类顽强地搜寻实现特定目标的最有效率的手段，发现每个问题的"绝对最佳"解决方案才满足。人类最大限度地争取安全、财富、舒适和快乐，同时最大限度地减少成本、风险、痛苦和不便。

在物联网社会中，由于万物互联、万物智能，这为高效的社会治理奠定技术基础。物联网在技术治理中的作用较为突出。例如，王谦（2015）认为物联网通过有效运用能作用于组织规模的调试和控制，有助于发挥组织瘦身的功效；能巧妙地避免组织系统与外部系统的摩擦；能提高资源结构调整与数量调配的效率；能提升组织预决策的信息准度与信息效度。也有学者（李一男 2015）指出借助大数据和物联网技术，政府有能力识别核心公共价值，并对相互冲突的价值需求进行调解，进而将理论模型可操作化，在具体执行中实现公共价值的促生。但就物联网技术治理场域，仍然需要进一步探索和梳理。

技术是一柄双面刃，给生活带来美好的同时，也会产生社会风险。所以，物联网技术疗法并不能解决自身的逻辑闭环问题，难免陷于风险多米诺骨牌效应之中。毫无疑问，物联网技术疗法为物联网社会发展提供了新的路径。

（二）经济路径

经济路径并没有否认技术疗法，相反还支持技术问题要依赖技术本身来解决这种观点。无论在什么样的情况或环境下，技术天生都具有吸引力，人类没有拒绝技术的选择。如何让技术朝向有利于社会进步的方向发展呢？仅靠盲人摸象是不行的，鲍尔（Bauer, et al. 1969）提出摸着石头过河的渐进式策略：大致决定往哪儿走，再往该方向上迈一步，重新评估结果，重新评估目标和方法，然后再迈进一步，如此循环。该步骤并不依赖于任何明确的理论或定义明确的理论，而是依赖于管理者对最实用的、合理的选择政策方案的意识。弗莱堡学派或秩序自由主义、新自由主义学派在纯粹的经济理论和纯粹的经济政策之外，界定出一种经济治理技艺，一种以经济方式在治理中的技艺。这种经济治理技艺要在社会自身的网络和深度上对社会进行干预。治理干预能够实现它的目标，即建立市场对社会的普遍调节器，政府要对社会进行干预以使得竞争机制在每一时刻及社会深度的每一个点上都能发挥调节作用。这种经济治理的实质是社会治理的一种社会政策，是国家公共权力对经济的干预。

科学、技术政策是经济治理的重要表现形式。吉尔平（Gilpin 1968）通过对科技管理政策的研究发现：美国在自然科学方面成就卓著，在相当程度上，归功于科学组织活动的方式。例如，美国政府充分利用大学、企业、国防资源推进国家研究活动。它也通过将很多不同学科的科学家和技术专家集合起来协同研究特定的项目，并通过合同疏导其财政资源，给予科学家和政府相当大的灵活性。基于这些理由，美国科学共同体是探索人力、物力和财政资源的有效模式。吉尔平认为，法国科学活动在过去有不足之处，归因于法国没有像美国那样有效的科技管理模式。吉尔平以美国科技管理体制为标准来评价法国科学共同体组织的改革。虽然他赞扬法国政府将活动范围延伸到科学领域，但是他抱怨法国各个科学部门之间还没有充分协作。科技管理体制是科学技术活动成功的前置条件。对任何现代科学技术的发展来说，它们是必不可少的。在强调科学技术重要性的同时，也不应该忽视下列事实：现代科学技术研究和发展从本质上强加给社会某些不可避免的管理制度。法国科学机构的改革主要从现代科学和技术的内在逻辑来进行，而非仅仅复制美国经验。

自20世纪90年代以来，科学技术进入了一个新的历史时期，信息技术、生物技术和材料技术突飞猛进，并且以难以想象的方式对社会生产、生活和思维方式产生了巨大的影响。科学技术是第一生产力，而且是先进生产力的集中体现和主要标志。随着人们对科技与经济关系的认识不断深化，以及国家调控科技与创新活动的新方法的出现，政策的重点从科学、技术政策向创新政策演变（伍蓓，等2007）。创新政策是经济政策（产业政策）和科学技术政策相互协调的产物，它鼓励企业创新，支持创新者，推动创新（陈劲2013）。创新政策的本质是技术创新的政府激励，即政府通过对技术行为的影响来促进或影响技术创新过程，采用政策措施促进技术创新的产生及其扩散。创新政策分为三类：供给面政策、需求面政策和环境面政策。

近几年，与经济治理问题紧密相关的是我国的科技体制改革，该问题引起科技政策与创新政策研究领域学者的高度关注和广泛讨论。方新（2012）认为，深化科研院所和高等院校体制改革重在能力建设和制度建设等。王元（2012）强调创新是多种要素的集合，它必须在管理、组织和政策层面加强部门之间，以及中央与地方之间的协同。穆荣平（2014）指出创新系统的主要功能是创造新的价值，包括科学价值、技术价值、经济价值、社会价值和文化价值。柳卸林（2015）提议决策部门应从创新生态的角度重新思考我国的科技管理模式，从培育更具竞争力的创新生态系统着手，提高国家科技管理的效率和产业创新的能力。这些观点从不同方面有助于科学、深入地认识我国的经济治理问题。但是市场、政府和科研组织存在制度逻辑不一致，再加上内生的政治结构的不确定性，使得创新体系效率受到限制。对于物联网社会的经济治理而言，应结合技术进化、演化经济学理论和产业实践，制定科学的创新政策。

（三）文化路径

文化[①]是社会学、政治学等学科解释社会变迁和治理的重要路径。[②] 安东尼·吉登斯确信《新教伦理与资本主义精神》是声誉最为卓著而且最受争议的现代社会科学著作之一（韦伯 2016）。韦伯在其著作中将理性资本主义的原动力归为清教伦理。虽然韦伯对宗教的理解存在争议，其论证也被视为"非科学"，但是其有重要的启迪性意义。在 20 世纪 20 年代，奥

---

① 文化一词在不同的学科和不同的背景下有不同的解释。对文化的解释必须有所限定，因此有必要对文化进行限制性解释："文化若无所不包，就什么也说明不了"（亨廷顿，等 2010）。一般来说，文化有两个层面：从内涵上讲，文化是指一个社会的价值观、态度、取向及人们普遍持有的见解；从形式上讲，文化是指社会的知识、音乐、艺术、习俗和文学作品等。亨廷顿主要从纯主观的、内涵的角度界定文化。卡斯特在《网络星河》中指出文化是一套指导行为的价值观和信仰。

② 英格尔哈特在追溯现代政治文化研究的历史渊源时，列举了系列里程碑式的代表作，例如亚里士多德的《政治学》、孟德斯鸠的《论法的精神》、托克维尔的《论美国民主》、阿道尔诺的《威权人格》、拉斯韦尔的《民主性格》、罗基奇的《开放和封闭的精神——对信仰和人格系统性质的调查》等。1934 年本尼迪克特的《文化模式》影响深远。从 20 世纪 80 年代起，政治文化研究复兴，出现一批有重大原创性贡献的成果：英格尔哈特的《发达工业社会的文化转型》《现代化与后现代化：43 个国家的文化、经济与政治变迁》《神圣与世俗——世界范围的宗教与政治》，英格尔斯的《国民性》，尤斯拉纳的《信任的道德基础》，普特南的《流动中的民主政体——当代社会中社会资本的演变》《独自打保龄球：美国社区的衰落与复兴》《使民主运转起来——现代意大利的公民传统》，布林特的《政治文化的谱系》，狄百瑞的《亚洲价值与人权：儒家社群主义的视角》，达尔蒙德的《发展中国家的政治文化与民主》；等等。

格本就"社会变迁"提出文化滞后假设。李约瑟从文化角度理解社会之间的差别，提出"李约瑟难题"：为什么近代科学没有在中国产生，而是在17世纪的西方，特别是文艺复兴之后的欧洲产生？李约瑟认为，中国文化比西方价值观更倾向于要求人与自然的和谐，这不利于快速的技术创新。戈德斯通（2011）所见略同，他认为创新的风气和文化是工业革命发源于英国乃至欧洲的重要原因之一。文化因素影响人类社会的进步、经济发展乃至政治民主。"对一个社会的成功起决定作用的是文化，而不是政治。"（亨廷顿，等 2010）。

有什么样的文化就有什么样的社会。瓦尔迪（Volti 2014）在讨论技术与社会治理中指出，技术跑在前头，习惯、思想、社会安排等都落在后面，进而造成了技术对社会的决定性影响。文化是具体的，是一个集体性的建筑物，超越了个人偏好，影响了人的实践活动。一个社会的普遍的或扩散的价值复合体可以包含对文化变革的含蓄或坦白承认的各种态度（默顿 2000）。

埃通加·曼格尔曾言："文化是制度之母"。绝大多数西方学者通过文化价值观、性格与社会进步之间的联系的研究，主观上为资本主义制度合法性辩护，并试图在全球化浪潮中推广西方价值观念，然而，西方文化和价值观并不具有普适性和客观性。法兰克福学派的阿多诺、马尔库塞等人的批判理论，哈贝马斯的公共空间理论，都将文化视为一种批判和抵抗的，带有超越性的他者存在。到了威廉斯，他强调文化和社会的统一，其著作《文化与社会》通过文化的变迁来思考社会和历史。本尼特（2007）则赋予文化更多的治理性内涵，认为"文化是一套系统的知识、技术和组织，它通过与权力技术相关的符号技术系统所发挥的作用以及通过自我技术的机制的运作——以一种独特的方式对社会交往起作用，并在这种关系中与其结合"。

文化治理应该成为治理理论和治理实践的关注重点。在技术化的社会，文化治理取决于生产力的进步，要让技术知识和专门技术等具体文化形式的发展而产生的各种文化手段作用于社会实践。在物联网社会，如何从宏观层面倡导积极的精神文化气质，从中观层面弘扬多元主体互动的、共享协作的治理模式，从微观层面形成自觉的健康的文化实践和灵魂治理，这将是值得研究的问题。

（四）协商民主

具有差异性的多元主体参与能否在某种意义上导致"共善"？自由主义民主（也有学者称之为"竞争式民主"）理论认为民主只是一种确保公民个人自由或少数集团利益的制度和方法，而不是实现"共善"的充分条件。霍布斯、洛克、熊彼特、达尔等自由主义理论家持有此观点。自由主义理论的核心是假设绝大多数人是受个人利益而不是共同利益的驱动的。自由主义民主关心的是如何限制公共权力以确保市民社会中的个人拥有不被侵犯的合法权利，公共参与则是次要的。以熊彼特的理论为例，熊彼特从批判经典民主理论的价值基础开始，对经典民主理论进行"修正"，提出民主的精英主义理论。他认为"共善"理论上和实践上都不可能。他进一步指出公众通常软弱无能，易受情感冲动支配，不能理智地独立做出决定，易受外部势力左右，"大众意志"本质是虚假的。所以"治理"最好是由精英支配。

共和主义民主作为另一种民主传统由来已久，最早可以追溯到亚里士多德的共和思想，后经卢梭、汉娜·阿伦特复兴。卢梭宣称现代社会的权力合法性来自人民的同意、公共意志。民主社会就是所有成员共同参与，按照公共意志的指引，决定公共事务。阿伦特认为只有通过在公共领域的公开讨论才能形成真实的意见，而不是通过民意代表。1960年，阿诺德·考夫曼首次提出"参与民主"的概念。1970年，卡罗尔·佩特曼系统阐述了参与和民主理论之间的关系，提出一种新的参与民主理论。巴伯贡献了"强民主"方案，以扩大人民对政治的直接参与为核心，以"社群""共识"等理念为特征，将市场社会中的个人重新连接在一起。参与民主理论得到社群主义理论的积极回应。

西方协商民主理论继承了共和主义民主理论所强调的政治参与的核心价值，将公民政治参与的过程和路径具体化，从而走向交往理性。所以"共善"并不是预设的，而是协商讨论过程的产物。

哈贝马斯（2004）认为技术扩张所导致的问题已经涉及人类社会的政治、经济、文化等各个层面，技术进步本身不能解决技术自身不断衍生的问题，必须在整个社会系统内加以考察。他将技术纳入民主之中，摒弃目的合理化而实现交往合理化。他主张构建普通语用学，藉此在技术领域内推行话语民主理论，在科学技术专家和政治家之间建立民主平等的对话机制。芬伯格（Feenberg 1995）看到了哈贝马斯"民主"的狭隘性，将视野进一步扩大到普通民众。他认为公众参与是技术领域推行民主的关键所在。他提出三种实现技术民主的路径：不同利益群体之间的辩论、公众参与技术设计、用户对技术的再发明和改造。温纳也强调对话和普通民众在技术决策中的重要性。她认为，"无论是技术评价还是培育关注技术选择的永恒美德都必须产生于现实社会中特别情景的对话。就技术决策而言，真正的挑战并不是提出用自由主义形而上学来解释的、普适的评价标准，而是如何扩展社会和政治空间：普通民众事先在对其有影响技术的决策中发挥作用"（Winner 1994）。温纳特别推崇"协商会议"和"剧情讨论会"这两种技术选择的民主参与模式。

（五）伦理路径

技术、经济、文化、协商路径并没有说明人性化问题。在技术化社会的治理中，技术以何种方式、在何种程度上促进或阻碍人性的实现？技术的异化使人失去自由。技术力量的每一次增长，都加重了人类对技术需要承担的责任。关于技术的人类意义的任何讨论最终都要预设技术和人性的看法，这就产生了技术化社会治理的伦理学路径。

美国是最早通过伦理治理技术与工程所带来的社会问题的国家之一。美国政府和企业的基金积极支持大学开展工程伦理教育及其相关研究。美国学者鲍姆（R. Baum）承担了由美国国家科学基金（National Science Foundation，NSF）和人文基金（National Endowment for the Humanities，NEH）资助的"哲学与工程伦理"1978—1980年间的国家项目，从哲学、工程学、社会科学、法律和管理科学的"跨学科性学科"角度研究工程伦理。1992年，NSF资助了两项工程伦理研究："将伦理案例研究引入大学工程必修课程中"和"讲授工程伦理：案例研究方法"。美国电气与电子工程师协会（Institute of Electrical and Electronics Engineers，IEEE）在其建立之初，就意识到了设立行业伦理规范的重要性。它设立基金以表彰在工程伦理实践和研究中做出突出贡献的人物，创办《IEEE 技术与社会》（*IEEE Technology and Society*）等刊物，并资助出版了大量相关的学术著作。美国化学会（American Chemical Society，ACS）设立"超级基金"来支持对由于化学工业污染所造成的工程伦理问题的处理和研究。在美国，各种专业工程协会负责制定相应的伦理规范，制定和采用伦理规范已经成为工程协会章程的一个必要条件和重要标志。20 世纪 80 年代以来，美国工程与技术认证委员会（Accreditation Board for Engineering and Technology，ABET）要求凡欲通过认证的工程教育计划，都必须包括伦理教育的内容。从 1996 年开始，美国注册工程师们的"工程基础"考试也包括工程伦理科目的内容。大学工程伦理教育体系不断完善，不同学科背景的专家学者共同参与到工程伦理学的教学和研究当中。美国工程伦理学著作出版数量和更新频率在世界首屈一指。①

隐私保护是工程和技术伦理研究的重要的主题之一。隐私是最重要的人权之一，几乎世界上所有国家的宪法里都包含隐私权条款。联合国《世界人权宣言》第十二条规定："任何人的私生活、家庭、住宅和通信不得任意干涉，他的荣誉和名誉不得加以攻击。人人有权享受法律保护，以免

---

① 例如拜纳姆（T. W. Bynum）和罗杰森（S. Rogerson）的《计算机伦理与专业责任》（*Computer Ethics & Professional Responsibility*）系统梳理了 2000 年以前计算机和信息伦理的发展。诺伯特·维纳（Norbert Wiener）的《人有人的用处》（*The Human Use of Human Beings*）最早追问了信息技术对生命、健康、快乐、能力等人类核心价值的意义，并提出"伟大的公正原则"应成为信息伦理的基石。20 世纪 60 年代，计算机学者唐·帕克（Donn B. Parker）开始收集计算机专业人员利用高科技犯罪和从事不道德行为的案例，为美国计算机学会（Association for Computing Machinery，ACM）起草计算机工程师执业伦理规范。20 世纪 70 年代末，瓦尔特·曼纳（Walter Manner）首次使用"计算机伦理学"（computer ethics）一词，并出版相关教材。1985 年，詹姆斯·穆尔（James Moor）发表论文《何谓计算机伦理学?》（*What is Computer Ethics?*）德博拉·约翰逊（Deborah Johnson）撰写有关计算机伦理学的经典教材。

受这种干涉或攻击"。《欧洲联盟基本权利宪章》第七条是关于隐私和家庭生活权利的:"人人有权享有使自己的私人和家庭生活,家庭和通信得到尊重的权利",第八条则赋予个人数据受到保护的权利。社会文明程度越高,公众越注重个人隐私保护。

尽管如此,隐私仍离个人渐行渐远。随着相机的发明和报纸媒介的盛行,个人隐私就已经被曝光在新闻媒体上。互联网产生之后,自从毫无防备地敲下键盘的那一刻开始,个人已经没有隐私了。物联网、大数据等信息通信技术兴起后,这一问题再次成为社会的焦点。现在销售的每一部电池不可拆卸的智能手机,都是一台定位跟踪器和窥探器,随时都可以被安全部门接入,查看电子邮件、短信、通信录和地理位置。通过入口和规模的控制,个人网络云存储也成为运营商的私家园地,随时检查任何个人资料。总之,只要个人客户端设备(无论是个人电脑、手机汽车、咖啡机还是纽扣)联网,政府、黑客、网络运营商都可以在线跟踪你。在公共空间,个人的生物识别特征也随时会被提取并用作不法用途。智能家居如果被居心叵测者利用,私密的家居生活将成为网络直播。在物联网社会,个人隐私风险应成为重要的、不言自明的伦理治理对象。

伦理治理路径存在非强制性局限,伦理主要依靠社会舆论、人们的内心信念和传统习惯来调节技术与人类、人与自然、人类自身之间的伦理关系。所以伦理治理需要走向政治,通过制度性的力量,保证技术正价值的实现,抑制技术负价值的产生。同时,法律与伦理的价值取向在控制技术时是基本一致的。

三、架构:生态治理

(一) 治理的困境

技术进步路径并不能解决所有社会问题,也不能解决技术熵增带来的新困境,不免陷于封闭的循环论证。技术治理本质上是一种技术迷信:技术乌托邦式的拜物教,它暗含着自然主义进化论的观点,社会治理屈服于技术的神话。技术精英治理的路径开始将人作为新的变量引入系统之中，折射出技术的社会特征：人不再是一种单纯的技术生产者，还是技术的治理者。技术精英理论对技术进步疗法颇有微词。其理由是：如果技术确实有效，为什么人类还不能够利用技术和科学知识来解决长期存在的问题，诸如贫困、城市衰败、污染和隐私安全风险？这些普遍存在的问题表明，技术尚未胜利，人类的价值、兴趣和偏见依旧在确定社会优先事项和决定哪些事项完成和尚未完成中发挥重要作用。就技术官僚而言，他也仅仅是社会系统的一类分子，其自身并不是政治精英，技术官僚治理将技术官僚和政客联合在一起，但是二者并非总是和谐一致的。虽然技术精英拥有技术权力，但是技术官僚先天性地缺乏"政治意识"，真正起决定性作用的是政客。而政治精英又受到阶层竞争性利益、政治审美疲劳、民粹主义等局限。最终，技术社会治理的应对路径转向了政治。当技术方法渗透到政治的时候，技术已成为政客决策和影响公众的有力工具。公众被技术所"绑架"或"欺骗"，技术成为少数人或利益集团"窃取私利"的工具。在法律不可及的领域或滞后的情境下，伦理治理应运而生并融入政治，以实现政治的道德基础和政治的道德目的的现实统一。科技政策路径纳入经济制度要素，实质上体现了国家意志这一政治要素，即国家对科学技术经济活动进行组织和治理。根据唯物史观，历史过程的决定因素归根到底是现实生活的生产和再生产，由生产力的状态所决定。科技政策治理路径必须基于技术进化和经济发展规律。

从实践层面来看，协商民主存在多重局限性：其一，协商民主的主体前提是公民理性，但现实中公民理性水平不均衡，协商过程中容易受外在环境、心理、情绪等因素的感染，从而导致低质量的、形式民主而实质不民主的结果，甚至产生苏格拉底式的"暴民政治"的悲剧；其二，协商民主的系统前提是生态，信息必须充分、开放、纯净，否则会产生诱导性、欺骗式认同；其三，协商民主的理想结果是双赢，排除了"零和"博弈，但是事实上基于个体的自私等伦理偏度，往往出现利益不可通约而无法达成共识的局面。协商民主具有抽象的乌托邦情怀，需要具体问题具体分析才能落地生根。

(二) 治理的出路

概念是理性思维的起点。理论界对"治理"有两种不同的基本认识（蓝志勇 2016）。一种认为多元治理和合作离不开政府的领导，应该以政府组织为主干，政策法规为规范，文化传承为环境，领导和激励社会多主体参与合作。另一种认为社会治理应该以民间力量和社会组织为主体，政府只要做出规范，让社会自己管理自己的事情。然而德国高效率的社会市场经济体制是成功的，全球性金融危机和各国救市等重大历史事件，再次说明政府和公共政策在国家治理中发挥的重要作用。虽然政府是社会治理的第一责任主体，基于政府失灵、公益慈善、自利因素，政府需要社会组织来协助管理社会，弥补政府工作和服务的不足。社会治理和国家治理与政府治理之间是包容和交集的关系。社会治理追求的是国家治理的目标，社会治理自然渗透着国家治理的理念。社会治理的制度体系自然包括国家治理的理念、政府机构、法律规范、政策制度、社会文化和社会组织。

对治理的反思在理论上和实践上无法绕避文化、主体等要素中的原始代码——人性，要通过修身来修正、完善文化和主体要素，取得个人治理—社会治理的内圣外王的逻辑一致性，将修身、灵魂治理作为分析单元和中心线索贯穿社会治理的全域。基于此，治理可以区分为两大策略：一是通过诸如宗教信仰、意识形态、文化价值等思想教育和道德训练，使人们关注自己的灵魂，将"理性人"，改造为"哲学人"，过德性的生活，过不受任何激情、无节制的欲望和错误的观点影响的生活，自然地扎根、融合于社会，形成人与人之间相互合作、团结协作的和谐关系，而不是冰冷的、冷漠的、计量的竞争张力；二是引入国家治理的制度和政策预设，通过政府治理（即执政党领导、政府组织和主导），明晰权利义务边界，监督"理性人"的自由选择，在客观上预防、规训有损于公共利益的自利行为，或者通过制度和政策激励，促进社会成员采取有利于社会利益的行动，打破公益事业的"集体行动困境"。

治理所缺失的不是国家理论对社会治理中治理合理性的界定，而是缺少对治理目标、主体、路径和要素之间进行合理的衡量和配置，即缺少治理逻辑及其最佳实践。社会治理的逻辑，其完整的定义应该包括四个方面：为什么治理？谁来治理？治理什么？如何治理？其中，"为什么治理"主要回答治理的合法性依据，即背景和针对性的问题；"谁来治理"主要回答治理主体的问题；"治理什么"主要讨论治理对象的问题；"如何治理"主要讨论治理主体凭借什么手段，采用何种方式来治理的问题。所以物联网社会的治理应该是一个综合的开放系统。

从互联网社会到物联网社会，这是一个大变革的新时代。物联网社会的治理不仅仅要承担执行解决社会疑难问题的医疗职能，还应该是释放社会生产力，增进社会发展的方式。治理的主体应是政府、社会组织、社区、企业、个人等，所有的利益相关者共同参与，实现国家治理、政府治理、社会治理和个人治理的交互融合，达到开放式治理的状态。治理的内容包括物质、精神和生活方面。治理的解决方案包括技术治理、经济治理、文化治理、风险治理和开放治理等方面的辩证统一。技术仅仅是社会发展的要素之一，与自然界、人口、物质生产方式、日常生活方式、意识形态和制度框架等要素整体性地联系在一起。这些要素既相互独立，又相互关联，强调任何一个要素，使任何一个要素僵化或固化都会阻碍社会发展和治理的进程。不同的社会力量和要素应得到有效整合，人尽其才，地尽其利，物尽其用，货畅其流。所以物联网社会的治理呈现复杂的群落特征，需要生态的、开放的治理创新。

第三章 物联网社会的技术和经济治理

随着物联网社会新时代的到来，物联网技术正成为物联网社会发展的强大推动力。技术和经济治理强调在社会治理中对科学原理、技术方法的应用，其核心理念之一是用科学原理、技术方法、科技和创新政策来治理社会。本章通对物联网社会技术治理的哲学追问和场域的归纳综合，探究物联网技术治理的工程原理和治理场域；从演化经济学和技术预测角度分析物联网技术经济的新范式、产业创新规律和产业政策。

第一节 物联网社会的技术治理原理

物联网社会的技术治理必须依赖其技术原理的合法性。技术哲学学界对"技术原理"的概念是否成立，有一定的争议。多数学者否认技术原理的存在，认为原理只与科学相关，只有科学才讲原理，而技术手段、技术工艺、技术过程都只是对科学原理的解释和说明。主张技术原理的学者认为，技术上的原理不能都归结为科学上的道理，技术原理包含有科学原理，但又不限于科学原理。日本技术哲学家星野芳郎持此主张，为达到一定技术目的的技术方法所依据的各种原理，都是技术原理。

为了回答这个问题，我们必须澄清什么样的技术才算新技术。因此当新技术出现时，必须接受认识论和方法论的审视。新技术、新工具能够带来哪些力量？新技术、新工具如何改变行为模式和解决问题的方式？新技术是针对现有目的而采用一个新的或不同的原理来实现的技术（阿瑟 2014）。原理就是做某件事情的操作方法，使某事运作的基本方式，用来实现目的的过程。发明则是发现合适的可行性解决方案，即"看见"合适的工作原理。所以，要存在技术原理的话，就存在技术设定的目标、构思的方法、规则的确立等共性、类型和本质问题。就物联网技术而言，它代表一种高效解决方案：利用传感器大数据能力来提高可见度和创造卓越的工程作业过程。

一、目标治理：简化问题

1. 设定目标

物联网是为处理不确定的、复杂的问题而生的，将目标的不确定变为确定，简化问题。所以目标治理是一种计划、预测和控制策略。只有"治理什么"这一点明确后，"治理谁、如何治理、何时治理、何地治理"才会逐步明确。目标治理就是要将这些不确定的因素变为确定的因素。

2. 构思方法

物联网用社会—技术系统来思考时，问题就变得简单了。现实世界中的物是物联网观察、跟踪、定位的目标和关注的焦点。因而物联网的感知具有针对性。物联网目标驱动网络具有高度灵活性和自适应性，以应对目标行为不确定性的要求。物联网技术通过少数可靠节点来控制整个系统。例如，大规模的生产设施仅仅由少数稳定的机床运行，机床被完全自动的传送带连接。在这个案例中，简单的规则和管理工具是最有效的控制问题的方法。如果问题中节点数较多，并且节点的行为不确定，整个系统的复杂性就爆发了。

3. 确立规则

每个行业都有复杂的问题，所以工程项目要做的第一件事情就是避免不确定性和复杂性，比如减少产品的数量。以纺织品零售链管理为例，每家商店每天大约有十几个销售助理为几百个顾客服务，每天移动着数千件衣服。没有强大的组织能力，零售链将在几天内以混乱结束。但是，一个公司如果想为客户提供丰富的个性化产品、服务或体验，就需要加强对目标的管理和控制能力。增加管理能力的一种方法是利用基于动态感知的传感器数据。这些传感器帮助管理系统简化复杂性，产生更高效和更有效的结果。比如顾客目标靠近商品时，传感器通过反馈其行为举措、表情到后台，后台系统再分析其购买的可能性，然后将结果发送给管理人员。

二、质量治理：搜寻盲点

1. 设定目标

质量和生产效率已成为当今企业成败的主要决定因素，并成为组织管理中的核心问题。但是提高质量并非容易的事情，新技术对于提高质量很有价值。当需要解决的问题部分未知时，盲点现象就成为难以计算投资回报的重要障碍。物联网技术通过对离散信息的读取，整合信息来搜寻盲点，进而控制、提高产品质量。

2. 构思方法

物联网强大的读写能力可以获取高颗粒的精细的信息。如果产品质量依赖于时间或环境，那么有源标签可以检测环境或时间的变化，并激活算法以评估上述变化对产品质量或价格变化的影响。当标签被读取时，更新的信息可以反馈到用户或购买者。标签通过嵌入微型计算系统，就能携带产品信息而不需要人工或机器的干预，这就增加了检测的完整度。这种精确的数据采集如同磁共振技术，高分辨力数据使问题变得清晰可见。

3. 确立规则

追踪和跟踪数据的分析可以避免检测盲点，预防欺诈。比如，物联网在不同地点同一时间检测到大量复制身份，就会发出警告，甚至通过收集可追溯性信息，以提供强大的终端到终端的谱系记录，以证明高度管制物品的安全保管链（比如药品或飞机零部件）的有效性。

例如，物联网技术可以运用到汽车装配的过程中。将流水线上的汽车贴上标签可以更好地控制交货时间，同时有问题的汽车会被送上搁置轨道。在物流运输中，物品和运输的整个过程都能被跟踪，因而可以对实时数据进行分析，预测下一批货物将会在何时何地到达，在预定目的地出货延迟的概率。

三、过程治理：矫正和优化

1. 设定目标

物联网技术还有助于过程治理。从治理的视角看，工作流程可以得到完善，避免安全隐患、发现未知问题、节省成本、提高生产效率。

2. 构思方法

通过大量部署小巧的传感器，获取实时数据，从而能够对众多设备的数据流进行更全面的推理分析，迅速做出决策。例如，组装单元需要通过质量检测。通过读取器，RFID标签芯片可以与组装部件通信。物联网技术可以应用于计分卡或仪表板，并为工作人员和生产线绘制出可视的趋势图。通过网络，员工可在异地看到这些趋势图。该信息对可见工厂有帮助，为员工提供实时参与感和成就感。业绩检测的可视化为不可观测的操作提供治理样本。

3. 确立规则

某些公司利用物联网技术作为诊断工具。比如使用大量传感器数据结果来改善流程，易腐产品（比如食物、药品）的存货周转能得到更为有效的管理，减少产品由于过期而产生的浪费。把自动身份识别数据和感知器数据结合起来，监测易腐产品在运输中的状态，能大大减少食品变质；通过确保不运送不符合销售条件的货物，也能减少物流运作中的碳排放。在零售商店，当它们需要补充或重新排序时，销售区和后房仓库上的智能货架能报告。通过消除人工检查，可以减少库存、节省劳动时间和劳动成本。放错地方的产品能被检测到，并归还到正确的位置。再比如零售公司衡量不同类型的产品介绍对销售的影响。举例来说，零售商把附有传感器的裤子挂在衣架上而不是放在货架上时，通过数据对比发现挂着的裤子卖得很好（Thiesse, et al. 2009）。在吸取类似的教训之后，零售商仅仅需要改变流程，而不需要让物联网系统一直运行，这样可以节省成本。还可以将设备参数限制在一定的容差范围内，避免渗漏或溢出，从而减少对环境的影响，减少事故造成的公共安全问题和政府罚款。

四、作业控制：自动化

1. 设定目标

有效运营治理的一个核心要素是技术。自动化极大地有助于提高产品和服务的质量。自动化依赖于反馈、信息、传感器和控制装置。物联网通过将RFID标签大规模部署到产品零部件，智能环境有助于提高工厂的自动化。

2. 构思方法

使用物联网技术作为产业自动化的工具：自动化取代了手工任务（比如签收货物、更新库存记录、启动补货流程、检查故障、发送通知），因此消除了以前由人来完成的协调工作。物联网技术大大减少了经营治理三个步骤的周期时间："做"（执行任务），"检查"（将任务结果和预期值相比较），通过自动"检查"步骤（比如检查车胎气压）来"行动"（如果需要，就引入修正）。自动"检查"步骤也往往是"行动"步骤（比如发送通知），物联网允许实际值和期望值之间可持续地比较。较早地发现偏差对于保持尽可能小的错误影响至关重要（错误的影响在未被发现的时间里往往呈指数增长）。

3. 确立规则

在一般情况下，当产品零部件到达加工点时，标签就被读取器读取。读取器产生事件和所有必要的数据，并存储在网络上。机器/机器人得到事件通知（因为它已经订购该服务），挑拣该产品零部件。通过将 RFID 标签和企业系统数据匹配，机器/机器人知道如何进一步加工零部件。同时，安装在机器上的无线传感器监控震动，如果它超出特定阈值，立即引发事件，停止加工（质量控制）。一旦紧急事件被传输，使用该事件的设备就做出相应的反应。治理员会立即看到该状态：企业资源规划（enterprise resource planning，ERP）订单、生产进程、设备状态及所有因素。因而治理员具有一种全局性视野，能够及时评估车间设备故障造成的生产线迟延所带来的可能负面效果。

使用身份自动识别，可以追踪所有产品经营的路径，匹配所有缺陷产品，因此支持召回进程。同样，可以追踪各个零售店滞销的商品，以最少的成本归还给制造商。任何供应链治理的基本特征是根据改变的条件监视和采取相应的措施。

基于传感器的不断检查最终使得信息系统能够自动检测相关的现实世界的事件，并建立例外操作治理的基础。在例外操作管理中，所安装的信息系统和例程处理自己所能遇见的情况。仅当它们检测到未知事件时，它们才呼叫治理员寻求帮助。

五、供应链治理：库存监控

1. 设定目标

库存控制又被称为物料控制，它是运营治理的基础。库存控制主要分为原材料库存、在制品库存、制成品库存和在途库存。近年来库存治理的一大突破是准时制，它大大降低了库存空间和实际库存投资。物联网技术最明显的优势是供应链库存监控治理。

2. 构思方法

在库存管理中，以前容易出现人为错误。现在，物联网 RFID 技术能为公司节省大量成本，带来巨额利益。因为 RFID 技术能解除库存监控的人工统计任务。如果每个单元的货物处于不友好的环境中，人工计数不仅相当慢而且容易出错。库存治理对计数有着严格的要求，RFID 技术能够比人为计数提供更好的监控能力。

3. 确立规则

相对于条形码技术，RFID 标签的及时和实时信息能力具有明显优势。即使这些材料是成品的零件部分，物联网技术支持也可以对移动中的材料进行监测。电子标签可以被安置在产品线上的读取器读取。然后读取器将信息反馈到数据库，数据库授权添加来自原材料库里的材料。这就像准时制生产（just-in-time，JIT）的拉动系统。通过与自动化采购订单系统通信，电子传输可能是识别零件编号的最佳方式。

例如，只要将 RFID 芯片嵌入到货物箱或运输托盘，不需要叉车操作员移动货物，读取器就可以自动读取这些标签。但是条形码技术需要目测，更糟的是，如果条码板撕毁或弯曲就不能被读取。对于移动中的存货的监控，RFID 计数的优势就更为明显。由于减少了库存延误和侵扰性的检查，所以实现了成本节约。

六、认知改变：促进创新

1. 设定目标

企业使用物联网技术不仅仅是为了诊断和低层次的自动化。物联网的本质就是合作性和开放性。通过"社交网络"汇聚更有价值的信息。

2. 构思方法

物联网不仅发生在物与物之间，而且发生在人与物之间。数据产生新的效用，促进认知改变——商业创新：把物联网技术整合到提供的产品或服务之中，并促成商业模式创新。

3. 确立规则

（1）促进产品创新。通过物联效应，产生新的功能需求和新的产品供给。让原来毫无生气的产品变得智能，让它充满决策智慧。例如嵌入 RFID 芯片的网球拍。该芯片详细说明了球拍制作材料，哪家工厂生产的，生产日期，与其他型号相比它的特点在哪里，等等。当球拍被购买时，芯片跟踪球拍的实时使用状况。它将监测损坏和磨损，拉紧线和换线的频率等。它也可以发送和接收网球场、网球俱乐部、其他选手球拍等计算芯片的信息，自动跟踪它的主人参加的竞技和比赛。它也可以检查你的球场，或者当你在网球比赛中击败你的对手时，网球拍可更新你的社交主页。或者当它需要将线拉紧时，网球拍会在社交上给你投递广告。

（2）促进商业模式创新。例如，对重要的物品进行可视化跟踪，就能从销售产品向按需付费的租赁产品转变，这对供应商和顾客产生巨大的影响。另外，通过开放式物联网平台，可以有效地吸附更多的用户数量，从而有效地降低用户使用成本。用户人气的集聚和粘度的提升，反过来可以成为商业机构"振臂一呼，应者云集"的战略支点，促进开放式创新和共享经济的培育。

第二节 物联网社会的技术治理场域

技术治理创新首先选择某个或某些作用域开始，从而产生技术治理的进步。域是某种具有共性的外在形式，或者是可以使共同工作成为可能而共同固有的能力，可以定义为一个技术集群（阿瑟 2014）。技术治理原理的设计通过作用域而实现其目的，这个选择"域"的过程就是域定。域由不同创新要素构成，从中可以产生设备和方法的集群，以及产生这些设备和方法所必需的实践、知识、组合规则及思维等集合。当相互支撑的装置由生产它们的公司来表现时，它就界定了一个产业。物联网可嵌入地球上每个人的生活和各行各业的业务流程。

一、产品监管

民以食为天。疯牛病、口蹄疫、苏丹红、瘦肉精、毒奶粉、假药、农药残留等食品安全问题引起全社会的关注。人们关注的内容也日益广泛，不仅涉及食品安全、食品卫生、食品营养控制，还涉及伪劣食品。食品监管技术也日趋高科技化，监管内容从食品生产到食品储存、食品流通。监管范围从生产的源头延伸到消费的餐桌。国际食品法典委员会在1997年公布食品安全卫生管理规则"危害分析的临界控制点"（hazard analysis critical control point，HACCP），确定七大监管内容：危害分析，确认关键控制点，建立管制界线，执行管制点监测，建立失控时的矫正措施，建立相关记录系统，系统确认。食品的每一过程与环节都会产生系列数据，并为生产者和消费者查询。所以物物互联的数据记录、通信交换体制和查证系统成为物联网技术的域。

RFID技术已经在零售业中广泛使用：通过原产地证明，产品系谱设计防范仿冒，防止假药，增加运输效率，以及实现智能物流管理的可追溯等，确保消费者可以控制所购买的产品来源。基于区块链的非集中化物联网可成为设备间交易处理的真正革命性的方法。

1. 产品谱系

物联网技术使得新鲜食品的运输和跟踪成为可能。产品谱系是指从生产、销售、消费都建立可追踪的记录。食品跟踪有助于帮助用户确认食品的来源，从而维护农业生产方式的多样性和原生态的健康生活方式。而且，有关原产地、化学药剂使用等信息可以阻止因食品造成的疾病。早期预警有助于帮助用户决定是否购买该食物，确定他们所要购买的食物是否来源于原产地。食物的质量控制可以从农家庄园、超市、公共机构延伸到餐桌，自动保护人们远离传染性疾病。此外，在检查到食品感染的情况下，可以更好、更快地跟踪和控制感染源头。目前较为成熟的产品谱系架构如下：①生产商（包括农户）进入产销谱系系统登记生产记录；②产品包装后打印追溯码，上传至官方产品安全追溯信息网，建立摘要谱系；③官方产品安全追溯信息网自动上传追溯码和摘要履历信息到管理机构服务器，自动取得、保存由管理机构服务器生成的二维验证条形码；④官方产品安全追溯信息网将而为验证条形码传回产销履历登录系统；⑤生产商打印条形码，贴附在产品上；⑥消费者扫描二维验证条形码即可获得产品相关信息。产品跟踪也可以将市场信息反馈给生产者。生产者从而能够提前预测市场行情，并控制产品数量和生产进程，实现柔性生产。全球食品危机说明当前食品信息反馈机制出现问题，导致食品过量生产和短缺。凭借物联网技术，我们可以轻松做出生产预测。物联网技术允许农户计划农产品生产，并根据市场调整其生产。

2. 禁止产品仿冒

通过物联网技术详细地追溯信息能为购买到真实和安全的产品提供保障。访问控制是禁止产品仿冒的技术路径之一，配置有安全技术（比如加密）的微型计算机芯片保护着物体。智能物体或用户通过查询其实施方法来检测其有效性。例如，访问—应答操作，它是自动取款机（automatic teller machine，ATM）卡或汽车钥匙的关键技术，但是需要昂贵和高能耗的计算资源。除此之外，它往往需要高成本的数字键盘处理技术，这是该方法仅限于高价值和高风险应用的原因之一。对于不昂贵的大众产品而言，另一种方法凸显出价值：智能物体和数字代理之间的互动，智能物体能提供一些派生的安全层面。可以想象，每一个智能物体都有它自己的主页（数字代理），只要物理器件触发上述行为，该主页就不断升级。该主页看起来非常像简历或谱系，无论所调查的物是否是主页的正确主人，它都能有信心地获取。例如，如果两个产品指向同一个主页，其中一个必定是假的（Staake, et al. 2008）。在上述两种情形中，计算机能自动检查产品的有效性，不需要人为介入。鉴于第一种方法具有高成本特征，它内置在物联网神经终端的硬件中。第二种方法通过利用网络着手安全问题，即它不断地收集和升级来自物联网的数据，然后基于请求，使用软件来计算产品被仿冒的可能性。第二种基于网络的方法比第一种基于硬件的方法更为模糊，因为价格低廉，所以能应用于任何物，能在稳定的基础上进行检查，其结果是提升了安全级别。如果每辆卡车、货架、销售代表和消费者都能够检查每种药物真实性，仿冒者的业务量将会剧减。对于用户来说，唯一的产品身份成为产品保修的合法根据。在偷盗、丢失的情况下，也能成为所有权登记的合法来源。

从各国实践来看，防止假冒伪劣商品的方案是利用物联网建立产品资源库系统。韩国"有害产品自动阻隔系统"是典型的设计之一。韩国环境部、食品医药品安全厅、技术标准院等机构每年开展商品质量安全监测，将判定为危害健康的产品的信息输入数据库，传入官方平台。平台收到有害人体健康的商品信息后，就将此信息实时发送到各商业机构销售渠道总部，然后通过商业机构系统再将信息发送到分支机构，并将信息加载到前台。前台通过 RFID 技术扫描商品条形码或自动近场触发，商品与数据库黑名单自动检校，从而有效阻隔有害商品的流通。

二、进程控制

进程控制是精准生产的必然要求：对生产过程中每一个环节的数据都要精确记录，并与目标计划进行比较，从而控制生产进程。因此，须使用物联网技术进行自动识别，通过对人（作业人员）、事（作业区域和过程）和物（加工设备、重要装置、空间结构、生产对象）的统一控制，保证生产按照预设的目的安全稳定运行，并针对不吻合的细节采取调整措施，实现安全生产和高效生产。具体而言，物联网进程控制主要体现在工业、农业生产过程中的对象跟踪、环境感知、设备维护、传感驱动决策、自动控制等方面。

工程设计的思路是将具有环境感知能力的各类传感器、移动通信、云计算等融入工业、农业生产流程中，提高生产效率、产品质量和安全水平，降低产品成本和资源消耗，实现智能工业和精准农业生产，主要域定在生产对象跟踪及进程优化和生产设备维护等方面。

1. 生产对象跟踪及进程优化

利用传感器采集数据，可对作业进程进行控制、记录、比较和调整，从而降低损耗，节约人力成本，大幅度提高生产力。生产线加工设备和产品中嵌入传感器，系统就会实时跟踪物件移动。关键零部件内置RFID或智能芯片，通过局域网、互联网等网络，实现对其运行的实时动态跟踪。物联网还可以实现工艺进程优化，在精密制造业（例如光纤、芯片制造）中运用尤为广泛。传感器将监测数据传入平台终端进行分析，然后向执行装置发送指令，对工艺流程进行调整。例如，当加工物件沿着装配线流水作业时，传感器和制动器可将其调整到精确的位置。在工厂，物联网技术可实现机床和设备控制及生产设施的优化利用。它在制造期间自动采集信息，取代人工计数，自动扫描和采集数据，控制操作，并且，它能让用户控制生产过程，实现价值创造链与其他接口步骤同步。这也能减少因缺少装卸设备造成的浪费和生产停顿，从而节约物料。

2. 智能物流

传统的物流配送，受人和时间的因素影响较大。因为人的行为有不确定性，容易产生错误。现代物流的理念是从任何一种原材料的采购、生产、运输的末梢神经到整个系统的运行过程都实现网络化、自动化。物联网进一步深化、完善了该进程，实现全程实时监控和实时决策。当物流系统的神经末梢收到需求信息时，智能系统都可以在极短的时间内做出快速反应，并可以拟订详细的配送计划，通知各环节。现代工业生产甚至监测设备与仪器互动仓库存储都可利用传感器跟踪安置有RFID标签的货物，这样可以改进库存管理，降低运营资金和物流成本，实现"零库存"与"准时制"。智能物流在药品、食品保质运输过程中可实现其新价值，通过传感器对包裹、集装箱等设备全程实时监测，监视温度、位置、光线等物理、化学特征，以及何时打开，是否在路上掉包等状态，实现进程透明化、实时化和最佳状态管理。全球电源和自动设备制造商艾波比集团公司

（Asea Brown Boveri，ABB）在芬兰赫尔辛基的工厂利用 RFID 系统提高货物运输的跟踪能力，可靠地记录货物运输日期，减少物流和仓储任务外包的风险。

3. 设备、资产维护管理

物联网可以在设备突发性故障和产品不可预知性问题方面提供解决方案。传感器成为预测性维护、结构性监测的关键组成部分。利用物联网构建智能维护系统，实时动态地对设备和产品性能状态进行监测、预判和评估，并按照制订的维修计划，提前防止其因故障而失效。传统诊断维修主要集中在信号及数据处理、智能算法及远程监控方面，具有被动特点。而智能维修技术基于主动维修模式，重点在于数据分析、性能衰退过程预测、维护优化、应需式监测技术的开发和应用，重点在预防。所以基于物联网技术的智能维修系统能使产品或设备达到几近于零故障的性能。例如在航空制造业中，飞机制造商在机身嵌入传感器即可感知发动机、机身等重要零部件的工作状态，不需要拆装进行检查，通过向平台终端发送实时状态数据，自动识别飞机在正常的定期维护间隔中因为疲劳、腐蚀或者意外引起的所有类型的结构性损伤，节省故障排查时间，更有效地降低成本。发动机的自我监测诊断系统与地面分析系统相结合，大大降低了意外事故的发生，如航班误点、航班取消、发动机故障等。在智能电网域中，输变电监测与监控是一项重要的应用。传统的设备监测和维护存在检修过度和检修不足的弊端，造成人力、物力、财力浪费或不能发现故障隐患。基于物联网的状态检修可以实时监测电网设备的运行状态，提高检修的针对性和设备的使用效率，减少停机时间和开停机次数，延长设备的使用寿命。

4. 精准农业

农田信息采集和智能农机具采用物联网无线传感器技术。通过传感器实时获取土壤水分、成分、肥力、温度、病虫害状况等实时信息，从而实现根据土壤水分与植物生长状态进行的分布式远程精准灌溉与根据植物生长需求变化进行的精准施肥。RFID 技术、无线传感器网络等物联网技术也可以应用于畜、禽、水产设施养殖中动物个体识别、精准养殖基础数据的获取等方面。世界各国都在研究无线传感器网络在现代农业领域中的应用（例如大规模温室等农业设施），其中农业生产过程的监控成为研究的热点之一。以色列一家公司设计出一种星形结构的无线传感器网络，用于气象信息、土壤信息的作物监控系统。美国加州葡萄网络公司（Grape Networks, San Ramo, CA）构造大型农业无线传感器网络系统监控葡萄园葡萄生长的过程。韩国济州岛U-Fishfarm示范渔场项目采用RFID标识鱼池与饲料，记录鱼池的编号、鱼龄、饲料信息。只有饲料与RFID记录数据一致时才可以投放。鱼池的传感器对鱼生长有关的水温、水位、水中的氧气含量、日照等参数进行实时采集，控制鱼池的状况。我国台湾省的大山鸡场利用环境感测系统、光纤、自控设备、RFID、GPS等物联网技术实现数据化养鸡。鸡舍内外安装多种传感器，持续监控影响鸡蛋质量的各种因素，同时结合使用RFID跟踪管理饲料中的原料质量、饲养员作业流程和效率，结合GPS改善鸡蛋运输作业流程。

5. 配用电管理、实时电力调度

智能电表以智能芯片为核心，集成应用计算机技术和通信技术等，具有自动计量计费、数据传输、过载断电、用电管理等功能。先进的智能电表不仅能够在控制中心对电表实施远程管理、控制收费，还能够显示电力信息、气象信息等，提供各种增值服务，是一个双向多用的网络终端。智能调度应用物联网技术，将自动发电控制、广域监控预警系统、经济调度、能量管理系统等子系统连接、集成，通过信息共享，建立综合的管理决策系统，基于网络化管理实现现有实时调度系统的全面升级。

三、环境监测

20世纪以来，经济社会高速发展的同时，也带来资源过度消耗、环境污染、生态恶化等问题。在城市，工业和生活排放物造成河道污秽不堪；陆地水体水质恶化和富营养化；企业急功近利造成地下水永久性污染。饮用水源的质量普遍下降和大气污染产生的雾霾、酸雨和臭氧层的破坏严重威胁到每个人的身心健康。能源（包括水资源）短缺、水灾频发、水土流失、泥石流加剧了生态资源的威胁，自然灾害预报、防灾救灾也是事关经济和社会发展全局的一项重大工作。这些问题严重影响了人类的生存和发展。党的十九大以来，社会主要矛盾发生变化，环境问题、生态文明建设提上重要日程。在物联网语境中，环境监测是运用传感技术、自动测量技术、自动控制技术、计算机应用技术、云计算、大数据和通信网络组成的一个综合性的在线自动监测体系。根据获取的环境数据进行污染预测、节约能源、防灾救灾、军事侦察、节能建筑等势域治理。

环境监测的工程设计思路如下。目前传统环境监测技术的接入方式主要利用局域网和短波无线等信道。有线网络应用范围有限，短波无线虽然能够克服有线布线传输的局限，但是部署成本高、线路复杂、能耗大、布线困难、成本较高、人工需求大，需要经常更换电池，在极端的环境下容易丧失信号、定位不准，存在不易大面积部署、维修困难等问题。因此无线传感网络的覆盖面积广、布线方便、自组织等优势凸现，它更有利于动态、准确、实时的主动监测。环境监测应用的技术包括视频监控、远程监控、GIS、数据库、GPS、遥感、数据采集与监视控制系统（supervisory control and data acquisition，SCADA）等。

1. 防灾救灾

采用近距传感器系统监控，重点场地、重点装置、构件、工位、受力面等均可成为监测对象。监测对象分组或分群，按照一定的数量规模分散部署，组成近端无线传感器网络。煤矿安全监控系统通过对井下复杂巷道布置各类传感器，利用近距无线模块组成监测网络，解决井下通信困难问题，再利用移动通信网络实现数据远程无线传输，终端即可实时、泛在监测井下安全状况。森林和草原火灾监测通常需要对各地点的风速、温度、湿度等参数进行检测，以及对灾害地点进行精确测量。防汛抗旱利用遥感测绘与GIS技术、传感技术、视频监控技术，通过无线传感器网络、互联网、无线网络，建立泛在水土监测系统，通过数据挖掘、专家系统与计算机仿真技术、数值预报技术，实现对防汛抗旱信息（例如坝体、坝基、坝肩等重要水利基础设施）的自动采集、传输、处理、存储、查询和集成，做到信息传递及时、预报准确、调度指挥优化、防汛抗灾可视化。在泥石流多发地带，可在山体、边坡安置传感器，组成无线传感器网络，通过数据采集，利用卫星通信信道发送到控制中心，随时掌握山体与边坡的状态信息，当出现滑坡与泥石流危险时，系统会发出警报，管理人员即可启动应急预案。该系统也可以应用于桥梁、高架桥、高速公路等道路环境的监控，从而减少生命财产的损失。在减灾应急处置方面，我国自主研制了"环境与灾害监测预报小卫星星座系统""无人机应急监测与快速响应支持系统""国家灾害应急通信保障平台"和"中国陆地构造环境监测网络"等物联网技术系统。

2. 污染防治

将传感器部署在被监测的区域，建立定时、实时、自动、快速的无线传感器网络，实现水质的连续监测和远程监控，即可掌握水体的水质状况，预警预报水质污染事故，解决跨区域水污染纠纷，监督环境政策落实情况。通过大气环境无线监测系统，可以自动采集大气的温度、气压、颗粒物及各项气体含量等参数，对大气环境进行实时泛在监测。除此之外还有噪声自动监控系统，通过传感器实时对噪声进行监控，测量结果包括昼夜或任意时段的统计声级、等效连续声级等。在实践层面，已有一些环境监测的物联网应用，比如南京秦淮河水质监控系统、北京奥运会空气质量自动监测系统、苏州环境噪声监控系统、上海污染废水在线监控系统、武汉环境监控系统等。

3. 节能建筑

美国智能建筑学会（American Intelligent Building Institute，AIBI）给出了智能建筑的定义：将结构、系统、服务、运营及其相互联系进行全面综合，并达到最佳的组合效果，获得高效率、高功能和高舒适的建筑物。对于建筑行业而言，采用智能建筑方案可以实现节能减排。节能建筑是未来智能建筑发展的核心。在城市规划、设计和施工中，未来智能建筑应该从健康、节电、节水、循环利用等角度实现建筑的节能。我国推广建筑节能政策，广泛应用节能新工艺、新材料，出现了绿色建筑、低碳生活、零排放等概念。智能建筑主要采用楼宇自动化系统、通信自动化系统和办公自动化系统架构，将各种设备和要素（比如传感器、GPS、RFID、移动通信网络）集成到相互关联、统一协调的物联网应用系统之中，从而使建筑达到高效、有序、优化运行的目的，节约投资成本和能源消耗。楼宇自动化系统是智能建筑最重要的部分，该系统对智能建筑中的暖通、电力、照明、给排水、消防、电梯、停车场、废物处理、安保、公共广播和背景音乐系统、多媒体音像系统等进行综合协调、科学管理和维护保养，监测以及显示其运行参数，监视、监控其工作状态，并能够根据外界条件、环境因素、负载变化情况自动调节各种设备的运行，使其处于最佳运行状态。智能建筑的关键技术必须具有人机交互能力和多维信息处理能力。在技术上重点发展虚拟技术、协同工作、可视化技术，在应用上结合需要综合集成。物联网传感技术在智能卡、家庭智能化、无线局域网等方面将会得到广泛的应用。物联网技术可以帮助他们最大限度地利用基础设施。比如在博物馆，建筑物内的陈列物可能需要各种不同历史时期气候条件的参数，建筑物根据需要自动配置。

4. 智能电网

随着经济的日益发展，对电力的需求和依赖程度也逐渐增强。20 世纪以来，电网依然以单向通信、辐射式拓普网络为主。随着用电负荷的不断增加，电力网络日渐复杂，电网安全事故频繁发生，电网安全问题突出，与用户的交互及电力网络智能化成为亟待解决的问题。进入 21 世纪，全球能源问题进一步凸现。各国能源战略主要有两个发展方向：一是鼓励开发替代石化的新能源；二是节能减耗，致力于研发节能技术。美国、欧洲、日本和中国等启动"智能电网"计划，在发电、输电、变电、配电、用电等环节应用大量的传感器、数据交互、反馈控制等新技术，实现用电优化配置和节能减排。智能电网的真正效用，一方面是进程控制，另一方面是能够将具备智能判断与自适应能力的能源统一接入到网络之中，并对其进行分布式管理。这正是基于物联网的典型应用。通过物联网技术，可以对电网和用户的信息进行实时监控、采集、传输和处理，并可将已嵌入智能模块的各供电、输电和用电设备连为一体，实现设备联网，通过智能化、信息化、网络化的管理达到对电能的优化配置和节能降耗的目的。家庭太阳板、风电设备、电动汽车等设备，均可连入网络，利用大数据和云计算，实现分布式电能供给，用户可以将多余的电能通过电力网络卖给电力系统中的其他用户。从环境监测而言，智能电网的域定在电网安全。传感器网络在电网建设、电网安全生产管理、运行维护、信息采集、安全监控、计量以及用户交互等方面均发挥着巨大作用。可以从深度、广度全方位地提高智能电网各个环节的信息感知，为实现电力系统的智能化及信息流、业务量、电力流提供重要支撑。

除此之外，物联网技术还应用于现代军事战争。作为一种重要的军事侦察手段，物联网无线传感技术具有成本低、自组织、可大面积布置、无限接近观测对象、减少噪声干扰、观测准确等特点。美国先后开发出无人值守地面传感器系统、远程战场监控传感器系统及多跳自组织网络等技术。物联网技术也应用于狙击战中的枪声定位、反恐生化武器的监测、军事物流、穿戴设备和海陆空机器人等项目中。

四、生活服务

物联网技术将感知、互动元素应用于生活领域，产生参与式互动，推进的领域仍然在信息服务、体验改善、业务扩展与智能化管理等方面。物联网社会的本质是以人为本，而人本的关键是回归生活，以生活为目的，以消费需求为导向。企业通过建立新的渠道来保持与消费者的联系，提供新的服务，获取消费者的关注，以创造商业利润。(Allmendinger, et al. 2005) 产品评级、价格比较服务，这些都不过是广告包装，所以谷歌大胆地将安卓作为它的手机计算平台。消费者从中获利：在合适的地点（比如便利商店）、合适的时间，以一种非常简单、快速（不必启动计算机、浏览器，搜索生产者主页、攫取他们想要的信息）的方式，访问个性化的服务（手机可能知道他们是谁）。

改善生活的技术设计思路来源于对物理世界和虚拟世界结合的关注：云计算提高了人们的生活水平。尽管很多人在电视机、游戏机或者互联网前花了很多时间，但是大多数人仍然将其生命的大多数时间耗费在物理世界。物理世界仍然是生活的最终归属。物理体验，比如触摸精心设计的物体，或高品质的物质生活享受，让人产生幸福和愉快。当微型计算机嵌入物理物体时，即当计算机和互联网成为物理神经终端时，物联网应用将成为虚拟和现实的结合点，并成为物联网应用域的发力点。无论提供公共服务还是私人定制，企业都用人性化的方式设计其新产品，以期商业目标和消费者保持一致。

1. 智能家居

智能家居利用计算机技术、网络通信技术、自动控制技术和综合布线技术等，将家居生活有关的家庭安全防护系统、网络服务系统和家庭自动化系统等各种子系统有机地组合成家庭综合服务与管理集成系统。与普通家居生活相比，智能家居提供更为安全、舒适、高品质和宜人的家庭生活。家居设施由静止结构转变为能动的智能工具，提供全方位的信息交换功能，帮助家与外部信息的交流，优化生活方式，帮助人们更有效地安排时间、增强家居生活安全性。20 世纪 90 年代到 21 世纪初，随着互联网应用的普及，智能家居域定在下列方面：泛在网络服务、智能安防预警、网络视频实时监控、日程集成管理、智能照明、居家设备远程控制、交互式智能控制、环境自动控制、全方位家庭娱乐、智能厨卫环境、家庭信息服务、家庭理财服务、自动维修服务。物联网时代智能家居将会朝向集成性、泛在性、交互性的方向进化。智能家庭设备构成家庭传感器网络与各种应用系统的连接，通过标准化的接口协议请求服务，并逐渐普及化。例如，与浴室镜子上漫画人物互动的牙刷，用以鼓励儿童和大人认真对待他们的牙齿。基于智能表的应用，可以显示给消费者用了多少电量、水，消费了多少啤酒,对资源消费者所做的不仅在于增加他们的花费,还提高他们的生态意识。当存储的食物消耗完时,智能冰箱会自动准备购物清单,顾客的日常生活也可能改变。为了应对物联网的通信技术瓶颈,手机提供了一种网关服务,它将智能物与网页或互联网上的其他资源联系起来。其应用域多种多样,比如内置有附加信息(生产商、经销商、葡萄酒鉴赏家、葡萄酒指南或消费者论坛)的葡萄酒(Heijden, et al. 2006)。随着人们生活水平不断提高和居家生活在社交中的重要性日益显现,人们越来越注重家庭生活品质,智能家居将会是物联网重要的应用域。

2. 智能医疗

医疗健康是关系到民生问题中生老病死的头等大事。推动医疗领域智能化,构建以人为本的医疗服务体系,已成为政府、医疗单位和相关行业共同致力的方向。智能医疗可在服务成本、服务质量和服务可及性三方面取得平衡,能够解决当前看病难、病例记录丢失、重复诊断、疾病控制滞后、医疗数据无法共享、资源浪费、隐私等问题,实现快捷、协作、经济、普及、预防、可靠的医疗服务,有助于完善新医改方案和医疗体系。目前各大医院普遍采用管理信息系统,一定程度上实现了信息化,但也存在很多不足之处,如医疗信息需人工录入、信息点固定、组网方式固定、功能单一、各科室之间相对独立等,使管理信息系统作用的发挥受到了制约。物联网技术以其终端可移动性、接入灵活方便等特点彻底突破了这些局限性,使医院能够更有效地提高整体信息化水平和服务能力。

医疗物联网基于物联网技术将患者、医护人员、药品及各种医疗设备和设施互联,支持医疗数据的自动识别、定位、采集、跟踪、管理、共享,从而实现对人的智能化医疗和对物的智能化管理。患者可通过手持终端设备实时监测自身的各项身体指标,数据实时传输到电子信息档案库,负责医师可根据实时数据进行诊断,这种周边智能技术对于未来老龄化社会是一大利好。电子医疗系统可以节省患者就诊的时间和路费成本,可以对财务负担有明确的预测,对用药进行选择,医师也可以根据患者的药费负担,开出药品清单。通过共建、共享的医疗信息库,实时获取专家的远程医疗建议、疾病预防和联席诊断。智能医疗方案包括智能医药、医疗物联网(包括医疗保健、医疗物资管理、医疗过程管理)等。医疗物联网对于电子通信制造业的过剩产能转移、医院基础设施的换代升级具有重要的实践价值。智能医药代表未来生物制药的新方向,在药物中植入可吸收的传感器,该传感器中的电极通过与胃酸反应获得电力,配合贴在皮肤上的贴片,将患者的服药信息(如确切的服药时间、服药用量)及各项体征信息(如心率、体温、呼吸、睡眠等)传向患者智能手机中的软件。这种药片就像 Siri 一样"会说话"。在患者允许的情况下,看护人和医师也可以通过个人移动设备获取这个信息。从可吸收传感药品的临床应用价值来看,它不仅仅是提醒用药,还可以提供最准确的用药监控信息,确保患者坚持按方、定时、按量服药,增强患者的服药依从性;同时也方便医生了解患者的机体情况,监控服药过程和服药反应,进而制订个性化的医疗方案。对整个卫生体系来讲,可以降低因非依从服药导致的医疗成本浪费,减轻患者和社会的负担。

3. 智能生活

民生无小事,民生不仅包括生老病死,还包括衣食住行。目前较为成熟的领域是智能商务和智能旅游。零售业一直是各种新技术、新理念最先导入的领域。从销售终端机(point of sales,POS)到自动售货机,从一维条形码到二维条形码和 RFID 标识,从实体商店到网上虚拟商店再到无人值守的实体店,从定型商品到量身定制商品,从现金结算到刷卡结算、手机支付、离线支付,从柜台支付到统一通关再到无通关结算,从客户逐一查看每种商品文字说明,到手机感应检索查询并比较多种商品,从简单的价格、保质期数据到产地、生产过程与安全溯源等相关信息,智能商务的进化动力在于洞悉消费者需求,并可实时调整与改进。基于物联网技术的真实互动所产生的真实数据对于商业变革来说尤为重要。商品智能标签、智能购物车、无障碍通关、手机结算、智能试衣间等虚拟现实场景为消费者提供了各种智能服务，这些智能服务的本质是为商家于无声处获取消费者的各种数据，从而提供更具有人性化、更适宜的商品或服务。因此商家引进物联网技术从移动终端平台客户端、物品感知、数据采集、数据分析等方面建立系统的数据感知、分析和处理模式，服务包括现货价格比较、政府采购建议、过敏和健康警告或产品评级（Reischach, et al. 2009）。应用域覆盖生产过程的溯源、安全与合格证明、同类商品选择、购物提醒、电子支付、征信证明、缩短结算时间、智能商品包装、智能卡、智能商场导航、客户评价等方面。在一些城市和博物馆中，人们正利用物联网增强现实技术，创造个性化的旅游服务。例如展览馆艺术品通过 RFID 连接到客户手机，将声音和视频数据流传输给感兴趣的游客。

五、智慧城市

智慧城市是物联网技术的系统应用。数字城市基于大量信息系统及网络应用，智能城市基于环境智能和知识库，而智慧城市则是建立在物联网技术基础上并融合各种相关技术所形成的物理城市、数字城市和虚拟城市的交集，它的最大特点是互联互动，而不拘泥于某一方面。应该说智慧城市是数字城市、智能城市的发展。智能只能表明物的自动化，智慧城市则强调智慧。

物联网技术是实现城市智慧化的重要手段，传统的信息化城市嬗变为智慧城市。物联网是智慧城市的一个集中体现。物联网技术为城市交通拥挤、安全隐患、人口膨胀、环境污染等各种城市问题提供解决之道。智慧城市通过配置无数的传感器（包括人）和执行器，监测和分析城市发生的一切事件，因此做出更好的决策，并为城市居民提供合适的信息和服务。智慧城市充分借助物联网、传感网等技术，实现智慧社会治理。智慧社会治理应用域主要定于智慧政务、智慧城市安全、智慧交通。技术域定于三方面：监测（利用传感技术从各种资源中捕获、筛选数据）、互联（任何人、任何物、任何时候、任何地点都可以与城市系统相互连接）、智能

(能够实时根据环境做出相应反应,识别预期模式,并做出调整,有助于决策)。

1. 智慧政务

打铁还需自身硬,政府治理创新首先要创新智慧政务。智慧政务的作用域主要体现在四方面。①智慧政府政务办公平台。建立共同的政府政务运作平台,实现电子化办公,支持政府各种需要的应用及服务,比如应急指挥系统、智慧警务、智慧工商、智慧质监、智慧司法等。通过该平台为政府政务提供安全的网络浏览、文件传输、电子邮件及各种网络服务。不同政府部门之间共享信息资源。②智慧信息外部系统。市民可以通过互联网、无线网络、电话呼叫中心、公用咨询服务站等方式获取政府信息,发表意见和看法,形成信息互动。③智慧服务系统。比如智慧福利支付系统,直接将政府的各种福利支付给受益人,减少中间环节、降低成本、提高效率、预防权力寻租。智慧纳税申报和交税处理系统,为公众提供单一窗口的、一站式的申请渠道。市民通过各种终端,随时随地、便捷、有效地进行纳税申报和交税。④智慧政务办公环境。通过物联网技术可以实现政务办公环境智能。各种传感器可以对政务办公环境进行测量、分析,将光线、温度、湿度、空气质量等调节到最佳状态,形成合适的、高效的、节能的办公环境;可以通过面部表情识别等技术来改善政务人员情绪和心理状态;可以通过物联网技术自动监控、搜集、分析、递送和存储政务信息。

智慧政务的价值向度主要表现为以下六个方面:①促进在线与市民互动;②促进在线与企业互动;③改善服务和管理;④促进信息提供和传播;⑤有效组织和控制地方政府职能;⑥增进社区意识和扩大民主参与。

2. 智慧城市安全

安全是城市社会治理的首要问题。城市安全是一个技术性命题。信息的获取、传输和处理是实现城市安全的关键因素,因而利用先进的 ICT 构建高效、智慧的安全信息平台和决策系统对于城市安全至关重要。传感器技术、RFID 技术、网络技术等成为智慧安全的核心。

智慧安全的作用域主要有五个方面。①交通安全。道路和铁轨上配置有传感器、执行器和处理器的汽车、火车和公共汽车可以给司机或乘客提供重要的信息以实现更好的导航和安全。防撞系统和有害物质运输监控系统是两种典型的范例功能。物联网技术也有效监控交通状况，比如利用 RFID 技术的简易酒精测定器，能精确地监测驾驶者的状态。②公共安全。在飞机场、建筑物入口等安置先进的传感器以探测周边环境，例如利用质子转移反应质谱测定机的炸弹气味传感器可迅速检测公共场合下的危险物质。③城市基础设施安全。比如饮用水安全、管道安全等。以饮用水为例，饮用水在世界各地越来越成为宝贵的资源，当城市越来越大时，饮用水的配送就成为重要问题。现有的基础设施老化，水管故障是很常见的事情，比如泄漏、爆裂等。系统运行和管理本身效率低下，饮用水往往被生物或化学物质污染。从财政上讲，对水管的投资巨大而效率低下，水管爆裂往往耗费大量的维修费，这影响了政府在公众心目中的形象。最重要的是公共卫生问题，当饮用水短缺时，水供应的耗费就爆炸式增长。供水系统的数据在时间和空间上的解决能力十分欠缺，我们只知道有水管泄漏，但不知道哪儿有泄漏，什么时候发生的。因此需要新的更好的水管理方案。新加坡"智慧饮水管理"项目通过在饮水供应系统中配置传感器来实时监测饮水动态。几乎可以检测管道内部各种状况，比如压力、温度，并分析饮水的化学和生物成分以及时发现异常情况。首先，本地水管泄漏、爆裂的监测能力有助于迅速做出反应，以减少饮水损失、中断时间和维修成本等。其次，在线饮水系统的液压模拟和校正能够给出准确的、最新状态的液压系统状态，并评估供水系统的消费和需求模式。④人身安全。将 RFID 电子标签安置在学校学生或教职工的随身物品上，就可以实时监测个人的位置状态，保障其安全。通过视频网络监控，以便携式设备为终端，随时了解人身状态，还可以远程协助处理突发事件。⑤物品安全。物体搜索引擎是一种帮助寻找我们不知道放置在何处的物体的工具。基于网络的 RFID 技术的最简单的软件是物体搜索引擎，它让用户查看他们贴上标签的物体的过去记录地点，或搜索具体的物体地点。当最后记录的物体地点与某些条件匹配时，一个更积极的应用扩展就利用用户定义事件来通知用户。该应用允许用户知道某些物体是否从受限地方（业主家里或办公室）被移动，这将暗示物体正被偷窃。在这种情况下，事件会立即被通知给所有人和/或警卫。例如，当被偷窃的物体在没有授权的情况下离开建筑物（比如笔记本电脑、钱包或装饰品）时，软件就可以发送一个即时信息给用户。

智慧城市安全治理的价值向度包括以下四个方面：①提高城市的生存和可持续发展的能力；②有利于维护城市的稳定和社会和谐；③检验政府运作效率；④衡量城市软实力。

3. 智慧交通

智慧交通是针对传统的交通堵塞等问题提出的，利用 ICT、传感器技术、物联网技术、系统工程技术等对传统交通系统进行改造而形成的一种信息化、社会化、智能化的交通理念。

由于各国的人口数量、人口密度、国土面积、汽车数量、人均道路拥有量、生活与工作出行习惯均不尽相同，各国在智慧交通的理解和实践方面也不尽相同。以美国和日本为例。美国将智慧交通作用域定位为以下几方面。①车辆控制和安全系统。该系统运用传感、通信和自动控制技术，为驾驶员提供各种形式的安全保障措施。②应急管理系统。该系统用来提高突发交通实践的报警和反应能力，改善应急反应的资源配置。③出行与运输管理系统。该系统包括城市道路信号控制、高速公路交通监控、交通事故处理等公路交通管理的各种功能，还包括用来研究和评价交通控制系统运行功能与效果的三维交通模拟系统。④出行需求管理系统。该系统向用户提供有关出行信息，改善交通需求管理。⑤公共交通运营系统。该系统用来提高公共交通的安全性、可靠性和效率。

该系统包括交通标志先占权（高承载率车辆专用车道的设置）、车辆定位和跟踪系统、语音和数据传输系统。⑥商用车辆运营系统。该系统能在州际运输管理中自动询问和接受各种交通信息，进行合理调度，包括为驾驶员提供一些特殊的公路信息。⑦电子收费系统。该系统通过电子或电子标签由计算机实现自动收费，实现收费车道无人管理，不停车，不用票据的自动收费，以减少用现金收费所产生的延误，提高道路的通行能力和运行效率，并可为系统管理提供准确的交通数据。日本将智慧交通系统分为 8 个支撑系统：先进车辆信息系统、公交车优先系统、车辆运行管理系统、动态路线引导系统、紧急救援与公众安全系统、环境保护管理系统、安全驾驶支持系统、智能图像处理系统。这 8 个支撑系统是多种物联网技术的综合应用和集成。

智慧交通的价值向度主要包括四个方面：①提高营运效率；②改善环境污染；③节约城市空间资源；④刺激经济发展。智慧交通激活经济增长点。相对于基础设施的投资，智慧交通的投资相对较小而又能达到四两拨千斤的拉动经济的效果，这也是各国解决经济危机的重要突破口之一。

第三节　物联网技术革命与经济治理

何谓"技术革命"，经济学家、历史学家、社会学家之间很难达成共识。技术史表明，技术革命具有普遍性和示范性：前者是指技术革命贯穿人类活动的所有领域，影响人类生产、生活的方方面面；后者是指技术革命产生公信力，公众确信技术革命不仅可能，而且正成为现实。新产品、新工艺的创新和扩散不是孤立的事件，它们和原材料状况、能源供应、生产要素、劳动技能、基础设施等联系在一起。物联网技术起源于 20 世纪 40 年代，而它的宏观经济效应直到 20 世纪后半叶才显现出来。21 世纪初，物联网技术将在世界范围内扩散并影响所有国家及其各个经济部门。物联网技术系统一旦渗透到社会生活的各个领域，将支配整个经济运行达数十年，并对社会和政治变化也具有重大影响，引发物联网技术革命。

一、技术革命和产业的关系

技术革命对社会经济的直接影响反映在产业结构的调整方面。支柱产业是指在国民经济中发展速度较快，对整个经济起引导和推动作用的先导性产业。支柱产业具有较强的连锁效应，诱导新产业崛起；对为其提供生产资料的各部门、所处地区的经济结构和发展变化，有深刻而广泛的影响。弗里曼（2007）认为第一次技术革命的支柱产业是铁路，核心产业是煤和铁；第二次技术革命的支柱产业是电力，核心产业是钢。但是弗里曼并没有界定第三次技术革命——信息革命的支柱产业，只是将芯片制造作为核心产业。

无论第一次技术革命还是第二次技术革命，交通运输和能源都是至关重要的产业，二者相辅相成。第一次技术革命主要以煤为能源，第二次技术革命以电力为主要能源，第三次技术革命的能源则多样化，但主要依靠电力。能源是技术革命的催化剂。第一次技术革命以蒸汽机为动力，采矿业、纺织业、冶铁业、交通运输业甚至农业都出现迅猛的发展。上述所有部门都离不开蒸汽机制造业，蒸汽机制造业成为经济的支柱产业，它为其他产业提供机械化的基础。因为矿井排水的需要，蒸汽机首先得到应用。蒸汽机又为不断增长的煤、铁矿石提供强劲的牵引动力，从而刺激铁路作为基础设施的运输业，以及以轮船为基础的河运和海运，以军舰为工具的海外殖民扩展。以英国17世纪的轮船运输业为例，在共和政体时期，轮船，特别是大吨位轮船的数目迅速地增加。1688年英格兰商船的总吨位比1666年增加了一倍（默顿2000）。因此，弗里曼将铁路作为第一次技术革命的支柱产业有失偏颇。第二次技术革命的支柱应该是发电和输电网络所需的机器设备制造业和其他网络终端设备，比如汽车、飞机、卫星、电视机等新机器、设备和工具的制造业。第三次技术革命的支柱产业应该说是计算机产业。从真空管、晶体管、集成电路、软件到互联网的产生，不断演进的蜂聚性创新导致计算机技术革命，以计算机为终端的互联网创造了虚拟世界，并融会到现实世界中。第四次技术革命即以万物互联、智能和分布式能源为特征的物联网技术。

从技术发展史来看，前三次技术革命的支柱产业都与网络节点的终端设备制造有密切关联，而核心产业则为支柱产业提供重要支撑：能源或材料。能源的需求与网络节点的增长成正比。虽然服务产业慢慢凸显其重要性，但是制造业仍然具有无与伦比的重要性，它是基础性的产业。

二、物联网经济的支柱产业

从结构上讲，物联网社会经济的支柱产业是物联网的底层硬件和智能终端制造业，关键要素包括芯片、微型机电系统（micro-electro-mechanical system，MEMS）、传感器、执行器、RFID 设备、通信传输设备、智能设备和终端设备等物质硬件。国外技术界肯定 RFID 标签是物联网首先应该具备的条件（国家知识产权局规划发展司 2011）。

一般来说，RFID 系统的硬件包括 RFID 标签、阅读器和天线。RFID 标签是一个微型的无线收发装置。RFID 标签可以分为有芯片、无芯片标签，有源、无源和仅在集成电路操作时需要电池供电的标签，只读、可写一次和可读可写标签。RFID 的技术特点是利用无线电波来传送识别信息，不受空间限制，可快速地进行物体追踪和数据交换，可实现对各种对象在不同状态下的自动识别，从而实现对物或人的自动化管理和控制。RFID 标签技术可以免除人在对物体跟踪过程中的主动干预，因而在节省人力的同时大大提高效率和经济效益。因而 RFID 在日常生活、生产中得到广泛的应用：物流和供应链管理，电子商品监视，门禁控制，对儿童、老年人或残疾人的监护、环境监控、电子付费、电子票务、工业自动化、安全管理、物品跟踪、文件认证等方面。随着 RFID 技术的不断发展和标准的不断完善，RFID产业链从硬件制造技术、中间件到系统集成应用等各环节都将得到提升和发展。RFID技术与传感器、生物识别、GPS、纳米材料等技术结合将衍生更多的多样化产品，满足不同个性化的定制需求。

得益于RFID技术的扩散，RFID产业和其他产业逐渐融合，产生了创新集群，形成了产业集群，实现了跨地区、跨行业应用。2010年我国物联网市场规模接近2000亿元人民币，其中RFID市场规模超过1100亿元，传感器市场规模超过900亿元（邱善勤2011）。RFID已经成为物联网市场中使用最为广泛的应用，是全球第三大应用市场。RFID产业发展大致需要经过四个阶段：2006年之前的培育期，2006—2010年的初创期，2011—2015年的高速成长阶段，2015年以后的成熟期。RFID产业成熟以后，芯片和传感器将成为上游产业链的主导产业，投资这两个领域将获得稳定收益，由RFID技术催生新商业模式的企业则会出现高速增长。

作为信息采集的唯一功能器件，传感器和执行器在物联网发展过程中，发挥着无可替代的重要作用。传感器在军事监测、智能楼宇、医疗监控等方面得到广泛应用，它极大地提高了人类认识世界和改造世界的能力。RFID与传感器节点相结合，扩大了感知的能力和范围；不仅可以对物进行监控，还可以记录物所发生的事情，赋予物"智能"的初步特征。

芯片是物联网产业的支柱。无论MEMS、传感器、执行器、RFID系统、智能设备等硬件，都依赖于芯片提供基础支撑。芯片设计、工艺（制造、封测等）体现了发达国家上百年来的工业技术和产业体系优势的积累。美国、日本、英国等发达国家在芯片产业方面具有绝对的优势。以生产设备为例，全球三大巨头应用材料、泛林和先进半导体材料光刻控股有限公司（Advanced Semiconductor Material Lithography Holding N. V, ASML），美国独占前两席，而且应用材料在除光刻机以外的几乎所有领域都领先，包括蚀刻、薄膜沉积等。全球三大EDA（电子设计自动化，electronic design automation）软件（用于芯片设计）巨头铿腾、明导和新思，均为美国企业。芯片的三大架构——X86、MIPS和ARM，前两者都属于美国。日本在材料和传感器方面全球领先。我国芯片产业与国际先进水平存在较大差距（张百尚，商惠敏 2019），主要体现在：在芯片设计方面，关键 IP 核（知识产权核，intellectual property core）自主设计能力不足，SoC（系统级芯片，system on chip）设计等依赖第三方 IP 核，芯片设计 EDA 工具等基本由国外厂商垄断；在制造领域，生产线主要集中在中低端领域，在封测领域，芯片封装相对落后，主要生产中低端芯片，更没有形成规模优势。在制造设备和关键材料的领域，仅有少数企业在金属有机化合物化学气相沉淀（metal-organic chemical vapor deposition，MOCVD）生长设备、薄膜生长设备等具备一定的产能优势，整体水平亟待提升；自主产业生态体系尚未建立，产业配套体系不够完整、产业协同效应不显著。

三、物联网经济的核心产业

物联网以人为本，人作为一种本体性的存在，其自身就是物联网不可或缺的传感器载体。人的智能化程度远非一般物所能替代和模仿，并且人能借助物进行有目的的感知和通信。其他物联网终端设备，比如智能仪表、便携式设备、手机等，这些便携式设备和人紧密结合，形成了一种人与人、人与物、物与物相互通信的互动的物联网世界。与人紧密联系的便携式设备制造将是物联网社会经济的核心产业。这些便携式设备将面向微型化、网络化、智能化、多功能化发展。它们集成多种技术，更适合于综合性创新和微创新。手机等便携式设备可能成为使用最广泛的读写器，如果运营商之间及运营商与其他利益相关方协调一致，统一标准，提供移动增值服务的企业将出现爆发式增长。

手机的高渗透率对经济增长作用巨大。威夫曼等学者通过对自 1982 年以来 92 个发达和发展中国家手机对经济的影响的观察发现，如果手机的渗透率以 10% 的速度递增将使 GDP 增长 0.3%，并且手机对发展中国家经济的影响是发达国家的两倍之大。2004 年欧盟 15 个国家手机服务产生 1050 亿欧元收入，相当于欧盟 GDP 的 1.1%。在委内瑞拉，通信部门产值占

GDP 的 16%。① 手机能带来四大益处。一是递增收益，给人们提供更快速和便利的通信工具。印度的渔民能通过手机了解鱼市行情，看看哪些是鱼市的紧缺货物，从而增加更多收益和减少鱼类的捕捞。二是转型收益，手机能提供新的应用，比如 m-银行、m-商务，它们支持手机支付，给人们带来快速、便利的银行服务。三是就业收益，给人们带来新的谋生手段，移动通信部门、移动应用开发直接或间接提供大量的就业机会。根据视觉移动公司（Vision Mobile）在 2014 年 8 月 6 日发布的报告，移动应用市场已经为欧洲国家直接和间接带来了约 100 万个就业岗位，与苹果 iOS 软件相关的岗位数量就占据了其中的半壁江山。除了提供与移动应用直接相关的 50 万个岗位以外，苹果公司的欧洲业务部门还创造了 12.9 万个工作岗位。欧盟委员会副主席兼信息通信专员尼莉·克罗斯（Neelie Kroe）指出：在软件开发市场，新就业岗位数量和营收额都在以令人难以置信的速度增长。全球还有哪个产业能够在一年内实现 25% 的增长呢？② 四是溢出收益，人不再受限于地域和地理位置，随时随地和他人沟通。家庭成员、朋友和同事之间的社会交往更为快捷，以更务实、有效的方式来处理事情。手机还成为缓解心理压力和情绪的一种合适的工具，有利于增进社会的和谐，增加社会的可控制性。手机使得信息随时可得，加速了全球化，使得地球日益扁平化。

物联网催生手机产业投资新领域。手机支付成为物联网和移动互联网融合的成熟的商业模式。手机作为重要的物联网终端设备，市场潜力巨大。美国银行已经开始对 Visa 卡进行改革，测试使用智能手机作为商店购物支付，不需要现金和信用卡。该系统利用近场通信（NFC）技术，只要在其他支持 NFC 设备前面晃动你的手机，即可完成支付。随着美国最大的消费者银行和世界最大的支付处理器（payment processor）都在测试该技术，使用手机作为支付工具可获得非同小可的牵引力。围绕手机开发的软

---

① 数据来源于 http://arnic.info/workshop05/Waverman.ppt。
② 数据来源于 https://tech.qq.com/a/20140807/004827.htm。

件和应用也给市场带来巨大的发展机遇，形成了全球价值链和产业集群。基于手机等移动客户端的区块链将颠覆全球个人支付方式，区块链技术可以作为支付机构与商业银行之间的接口，从而实现多方协同信息处理，将原本机构间的串行处理并行化，提高了信息传递及处理的效率和安全性。一些传统的从事计算机终端设备制造的高科技公司（比如苹果、谷歌、微软等）均在手机市场上加大投资，基于易用、便捷、有用等因素，手机将会是未来的大众计算机。

第四节 物联网产业创新政策

随着ICT的发展，云计算、物联网、大数据、互联网+等概念纷纷进入公众视野。从严格意义上讲，"互联网+"并不是一个新鲜的概念。国外学者在作于1994年的名为"互联网+介绍：培训师讲习班"（Introducing the Internet Plus: A Trainer's Workshop）的资料中首次使用该概念（Internet Plus）。其后几年，该主题文献寥若晨星。2000年，中国业界的蔡洪波和莫晨从互联网对传统产业的改造升级视角，分别发表《"中国知网"的互联网+三轮车》《互联网+杂货店＝？》的短文。就"中国知网"的数据来看，2000—2013年，"互联网+"的文献数量保持在每年不超过5篇的个位数，2014年也仅有40篇左右。云计算、物联网在2008年、2009年相继成为热点。相对云计算而言，物联网数据量相对占有一定优势。2011年之后，大数据逐渐成为热点。在缺乏学术积累和关注度的情况下，2015年"互联网+"突然上升到国家战略高度：李克强总理在2015年3月5日召开的十二届全国人大三次会议的政府工作报告中首次提出"互联网+"行动计划。2015年7月1日，国务院发布《关于积极推进"互联网+"行动的指导意见》（简称"指导意见"），云计算、物联网、大数据成为"互联网+"舞台的背景。广东、重庆、浙江等省市纷纷印发"互联网+"行动计划的通知。2015年篇名包含"互联网+"的文献呈爆炸式增长,"互联网+"概念家喻户晓。云计算、物联网在短暂的繁荣之后,突然从国家战略层面消失,进入沉淀期。

一、互联网路径依赖与物联网产业创新

(一) 互联网自我强化效应

如果按照互联网+叠罗汉、俄罗斯套娃的逻辑进路,即使"互联网+"有无限子集,也没有可能产生互联网的质变。根据宁家骏院士(2015)解释,"互联网+"是指以互联网为主的新一代信息技术(包括移动互联网、云计算、物联网、大数据等)在经济、社会生活各部门的扩散、应用与深度融合的过程。邬贺铨院士(2015)认为物联网是"互联网+产业应用的重要组成部分","物联网配合云计算与大数据,实现通信、计算与控制的闭环,支撑了制造的智能化"。该观点与"物联网是互联网的应用"的论调一致,只不过将"互联网"换成"互联网+"。两位院士的观点本质都是互联网主导论,与其说这是一场互联网胜利论,还不如说是退隐争议的调和论。

根据拉图尔的社会是科技活动的产物观点,每一次技性科学活动结束后,一个相对稳定的社会就随之产生;当下次技性科学活动开始时,社会中的行动者就会重新组合,重新博弈,推动着科学活动的进行,直到下一个社会的形成。每一种技术都以技术要素的特殊配置为中心,组成一种社会利益联盟的"社会关系网图"。网络的稳定性取决于各个行动者利益的不断协调。以"互联网+"为篇名,对被引用率前500篇的文献进行关键词共现的可视化分析,我们可以发现:作为2015年国家战略意义上的"互联网+"采取的是技术政治路径。"中国知网"文献互引图谱表明,关键话语权掌握在少数互联网、新闻传媒、教育学者和业界人士手中。由此可以推断,在云计算、物联网、大数据不能取得网络行动者一致认同的情

况下，业界以 BAT 为代表和学界以互联网协会、新闻传媒和教育学者等为代表的传统互联网行动者所主导的"互联网+"借助民间智库创意而适逢其时地推出提案。"互联网+"并没有真正协调多方面的利益，在技术逻辑上走了路径依赖的回头路，形成了互联网自我强化效应：继续增强互联网对资源的漩涡虹吸能力，使互联网企业优势更加明显。

（二）物联网产业创新的本质

世界的物质统一性原理是马克思主义理论的基石，它强调，物质是第一性的。生产力的本质是物质力量，并决定生产关系。如果单从知识角度理解科学技术，科学技术只有渗透到其他生产力要素中，才能转化为生产力。当科学技术在仅仅改变生产关系的情况下，只能间接地反作用于生产力，不可能"成为"生产力，更不直接产生物质力量。所以应该进一步强化制造业第一产业的物质第一性地位，实现物网跨界融合。

制造可分为软制造和硬制造。从物联网产业价值链层面上讲，作为硬制造产业链可分为芯片、传感器、执行器、通信模块、智能设备、终端设备等产业。作为软制造产业链可分为芯片设计、中间件和大数据产业。

如何处理好软制造和硬制造之间的产业关系呢？①二者体现的世界观不同：硬制造坚持物质第一性，物质起决定性作用；软制造强调意识对物质的反作用。②二者体现的方法论不同：硬制造是跨越横亘在商家和用户之间"马奇诺防线"的攻坚装备，软制造则是商家接近用户的"胡志明小道"。硬制造用的是以过硬身体素质为基础的硬功夫，软制造则是四两拨千斤、实现弯道超越的借力巧劲。③二者体现的作用不同：从产业起源来看，先有硬制造再有软制造。硬制造的性质和水平决定软制造的性质和形式。软制造对硬制造起到推动或阻碍作用。诺基亚手机因硬制造而兴，因软制造而衰。无论硬制造还是软制造都必须以人为本。所以基于用户体验的"最后一公里"的软制造也大有可为，但是硬制造始终客观第一性地存在。马克思主义哲学为硬制造业无法撼动的支柱地位奠定哲学依据。硬制造业是产业创新的动力源泉,软制造是实现弯道超越的关键。

(三) 物联网产业创新实践

对于"互联网+"概念者来说,创新点主要在于软制造中基于互联网计算机应用软件、手机等客户端的应用软件、数据挖掘和分析软件。但是真正取得未来技术优势的战略性希望的产业是基于物联网的跨界平台软件、中间件以及硬制造。李克强总理谈大众创业时寄语:高手在民间 破茧可成蝶。国外民间高手更多地在跨界软制造和原型制造中寻找创新的乐趣。只有"高硬度"的创新才会产生创新的创业。如果没有开放的安卓系统和上游的芯片生产商、传感器生产商的"支持",中国手机产业就不会有春天。

在中国业界,华为、奇虎360和格力电器等企业在创新思维和实践层面坚持物联网方向,理论上会走得更远。联想、腾讯、阿里巴巴和百度充分抓住利用互联网机遇完成第一次飞跃。百度、阿里巴巴、腾讯抓住物联网机遇,转型到跨界平台、云计算及数据分析,实现了第二次飞跃。小米站在物联网风口,从事物联网设备制造,但是跳进其互联网思维的大坑,并为之买单。联想固守互联网终端设备领域,虽然扩展到平板、手机业务,但是没有彻底转型。联想在2014年收购摩托罗拉,遗憾的是已错失物联网的先机。从虚拟回到现实,以人为本的分布式物网跨界融合制造是互联网转向物联网产业的创新规律。

二、美、欧、日、韩物联网产业创新政策

(一) 美国的物联网产业创新政策

美国是物联网技术的先行者和主导者之一,美国在20世纪70年代初就研发出无线射频识别标签和自动收费系统。20世纪80年代无线射频识

别技术得到全面实施。20世纪90年代美国开始全面部署电子收费系统，商业领域在物的跟踪和支付方面也开始使用无线射频识别技术。2004—2008年，美国食品及药品管理局（Food and Drug Administration）、国防部（Department of Defense）、联邦航空管理局（Federal Aviation Administration，FAA）等部门先后使用基于无线射频识别技术的条码系统。面对物联网带来的重大机遇和挑战，美国总统科技顾问委员会（President's Science Advisory Committee，PCAST）于2011年、2012年先后发布《保障美国在先进制造业的领导地位》（Strategy for American Leadership in Advanced Manufacturing）、《获取先进制造业国内竞争优势》（Capturing Domestic Competitive Advantage in Advanced Manufacturing）。2014年10月，PCAST又发布了《加速美国先进制造业》，旨在充分发挥以物联网为代表的信息技术领域的领先优势，以谋求抢占制高点、强化新优势。美国强调以企业为主体，通过多方协商的方式引导产业发展，政府针对各领域的应用有针对性地出台"创新友好型"政策，促进技术创新并加强合理监管。针对自动驾驶、车联网等新兴技术，美国相关政府部门积极引导技术的应用，扶植新兴产业的发展，同时重视物联网技术可能带来的隐私和安全风险。

2015年9月，美国启动跨部门的"智慧城市"（Smart Cities）计划，希望通过物联网技术解决市政挑战并改善政府服务。白宫先后启动气候变化、交通、公共安全、城市服务等领域的物联网技术应用。2015年2月，美国交通部（Department of Transportation）发布《2015—2019年战略计划》（Strategic Plan 2015—2019），推进智慧交通物联网的应用。2016年12月，交通部发出通知，要求所有汽车厂商为新出厂的消费车辆配备车对车（vehicle-to-vehicle，V2V）通信技术。美国联邦通信委员会（Federal Communications Commission，FCC）等政府部门采取一系列措施，释放更多的频谱资源，平衡许可频段与免许可频段的供给，促进物联网商业应用快速发展。国土安全部（Department of Homeland Security，DHS）2015年1月发起了"下一代第一响应者"（Next Generation First Responder，NGFR）计划。疾病控制和预防中心（Centers for Disease Control and Prevention，

CDCP）于2015年10月启动了利用包括物联网在内的新兴技术监测地下采矿环境以保护矿工健康的研究项目。环保局（Environmental Protection Agency，EPA）于2016年8月发起了智能城市空气挑战赛。美国国家科学基金会（National Science Foundation，NSF）和国家标准与技术研究所（National Institute of Standards and Technology，NIST）为物联网相关的各种研究项目提供资金。

除上述政策之外，美国政府各部门还积极推动政产学研用各机构开展公私合作，共同突破物联网应用领域的关键技术瓶颈。2015年11月，美国国家科学基金会推出了"大数据区域创新中心"（Big Data Regional Innovation Hubs）计划，召集学术、产业、政府和民间的利益相关者群体形成四家创新中心，致力于推进物联网与数据驱动的创新。辅助政策主要有两点：一是构建技术标准体系；二是加强物联网安全保障。凭借积累的雄厚技术实力和成熟的市场，物联网已在美国各领域得到了广泛应用。

（二）欧洲的物联网产业创新政策

2005年国际电信联盟发表名为"物联网"的年终报告，推动了物联网技术和产业的发展。欧盟将无线射频识别视为经济增长的引擎和里斯本战略的驱动力，物联网的重要构件。欧盟成立"全球无线射频识别运作及标准化协调支持行动"，旨在提供一个基础研究的框架，以帮助欧盟委员会和全球研究组织确认和协调与无线射频识别相关的国际间存在的问题。2004—2009年间，欧盟在供应链无线射频识别、零售无线射频识别方面投入巨额研发资金。制药成为无线射频识别的第二大市场，货物运输成为第三大市场。德国政府支持零售商麦德龙（Metro）的无线射频识别部署和e-健康项目。2006年7月，欧盟巨额资助一项为期三年的无线射频识别系统的应用计划，重点资助包括无线射频识别系统有效应用的基础性研究、技术研发、培训和示范计划。2009年6月，欧盟委员会向欧盟议会、理事会、欧洲经济和社会委员会、地区委员会递交了《欧盟物联网行动计划》

(Internet of Things: An Action Plan for Europe),提出了包括物联网管理、安全性保证、标准化、研究开发、开放和创新、达成共识、国际对话、污染管理和未来发展等在内的9个方面的行动内容。其中,管理体制的制定、安全性保障和标准化是行动计划的重点。此外,计划还描绘了欧盟物联网技术的应用前景,提出了改善政府对物联网的管理,推动欧盟物联网产业发展的10条政策建议。

2009年9月,欧盟第七框架(7th Framework Programme)的DRFID和物联网研究项目制定了《物联网战略研究路线图》(Internet of Things Strategic Research Roadmap),提出新的物联网概念,并进一步明确欧盟到2010年、2015年、2020年三个阶段物联网的研究路线图,同时罗列出包括识别技术、物联网架构技术、通信技术、网络技术、软件等在内的12项需要突破的关键技术,以及航空航天、汽车、医药、能源等在内的18个物联网重点应用领域。12月,欧洲物联网项目总体协调组也发布了《物联网战略研究路线图》,将物联网研究分为感知、宏观架构、通信、组网、软件平台及中间件、硬件、情报提炼、搜索引擎、能源管理、安全等10个层面,系统地提出了物联网战略研究的关键技术和路径。2010年,欧盟第七框架计划发布"2011年工作计划",确立了2011至2012年期间ICT领域需要优先发展的项目。2013年欧盟出台《地平线2020》(Horizon 2020),目标是确保欧洲产生世界顶级的科学,消除科学创新的障碍,在创新技术转化为生产力的过程中,促进公众平台和私营企业的协同工作。该计划有四个特点:一是加大了资助力度;二是加大了对欧盟层面不同资助计划的整合;三是简化了项目申请、管理等流程;四是探索了新的资助机制。英国对物联网、虚拟现实、人工智能等前沿科技也颇为重视,英国在2013年和2015年相继出台了《信息经济战略》(Information economy strategy)和《数字经济战略(2015—2018)》(Digital Economy Strategy 2015—2018),旨在通过数字化创新来驱动社会经济发展,并把英国建设成为数字化强国。

(三) 日本的物联网产业创新政策

在日本,无线射频识别的推行基于国家信息和通信战略背景,信息和通信战略在日本经历了两个阶段:e-Japan 和 u-Japan。日本总务省(Ministry of Internal Affairs and Communications)在该战略中起到主导性作用。e-Japan将宽带基础设施作为优先政策,e-Japan 分为两个步骤:第一步是宽带基础设施建设,第二步是宽带基础设施的利用。u-Japan 将"实现泛在网络社会"作为优先政策。u-Japan 有三个技术框架:传感器网络技术、泛在网络技术、应用技术。作为应用技术之一的无线射频识别技术得到日本政府大力支持,2004、2005、2006 年这三年间,日本对无线射频识别研发投入了大量经费。无线射频识别研发的研发期为四年(2004—2007 年),主要研发三项技术:多平台之间的无线射频识别信息交换和监控技术;无线射频识别和网络的连接技术;安全控制技术。有 6 家企业加入上述项目的研究活动。此项目的目标是通过综合归纳研究成果,最终确立有效应用电子标签的技术体系。无线射频识别技术应用于各种领域,比如零售、物流、残障人生活助理、医疗、文化教育、食品、向导、灾害防治等。日本总务省组织日本 NTT 电信电话公司等成立"电子标签调查研究会",主要研究下一代网络协议 IPV6 与电子标签系统之间的连接软件、电子标签的地址分配和电子标签之间的通信技术等。无线射频识别技术的广泛应用有力地促进了泛在网络社会经济的发展。无线射频识别卡得到爆炸式的增长,手机支付广泛应用于零售和交通。

2008 年,日本总务省进一步提出了"u-Japan×ICT"("×"代表不同领域乘以 ICT 的含义)政策,具体涉及三个领域:产业×ICT、地区×ICT、生活(人)×ICT。"产业×ICT",即通过 ICT 的有效应用,实现产业变革,推动新应用的发展。通过制定明确的发展领域、方向的"u-Japan×ICT"政策,日本政府将 u-Japan 政策的重心从之前关注居民生活质量的提升拓展到带动产业及地区的全面发展上,通过各行业、各地区与 ICT 的深化融合,最终有力促进了经济增长。为了实现 u-Japan 战略,日本进一步加强官、产、学、研的有机联合，在具体政策实施上，政府负责统筹和整合，形成民、产、学、官共同参与政策实施的开放性组织管理模式，从而加强在基础设施建设和标准化等各方面的联合协作。日本在 2010 年又制定了"智能云战略"，目的在于借助云服务，推动整体社会系统实现海量信息和知识的集成与共享。2015 年 10 月，日本政府成立"物联网推进联盟"，研发热门技术，就物联网技术的研发测试及先进示范项目制订计划，研发对象包括车辆自动驾驶系统，利用小型无人机向远离主体的岛屿配送货物，还包括医疗领域、工厂生产车间的物联网技术运用。

（四）韩国物联网产业创新政策

韩国在 2004 年 3 月制定 IT839 战略后，无线射频识别开始作为下一代的技术以代替条形码系统。现在无线射频识别广泛应用在各个产业部门，比如制药、出版、造酒等。基于该环境，韩国资讯社会局（National Information Society Agency，NIA）在 2004 年到 2005 年间选择了 12 个部门作为实验项目，比如韩国公共采购局（Public Procurement Service，PPS）、国防部（Ministry of National Defense）、环境部（Ministry of Environment）、知识经济部（Ministry of Knowledge Economy）等。最显著的例子是由希杰物流有限公司（CJ GLS）开发的"基于 RFID 泛在电子分布式系统"、三星开发的"家+（Homeplus）超市 RFID 手推车"、海力士（Hynix）开发的"基于 RFID 处理控制系统"、卫生和福利部（Ministry of Health and Welfare）开发的"基于 RFID 泛在医疗信息分享系统"。如果采用序列化的条码系统（比如无线射频识别、2D 条码），就享受韩国食品和药物管理局、战略和财政部制定的减税措施。知识经济部提出"制药 &IT 融合发展战略"，该战略对各行业、部门采用无线射频识别起到重大的推动作用。

韩国分别在 2008 年和 2014 年制定《中长期工业技术战略》《物联网总体规划》，进一步推进物联网发展。在《物联网总体规划》中，韩国政府提出成为"超联数字革命领先国家"的战略远景，计划提升相关软件、设备、零件、传感器等的技术竞争力，并培育一批能主导服务及产品创新的中小企业及中坚企业；同时，通过物联网产品及服务的开发，打造安全、活跃的物联网发展平台，并推进政府内部及官民合作等，最终力争使韩国在物联网服务开发及运用领域成为全球领先的国家。《物联网总体规划》首先提出了至2020年的具体战略目标，包括扩大市场规模，扩大中小企业和中坚企业的企业数量及雇佣人数，提高物联网技术的应用效率，等等。规划提出了促进产业生态界内部参与者之间的合作、推进开放创新、开发及扩大服务、实施企业支持等四大推进战略，并细化了涉及三大领域的12个具体战略实施方向。

三、我国物联网产业创新的政策与对策

毫无疑问，"互联网+"充分体现了马克思主义中国化的精神实质。应实事求是、独立自主，走一条中国特色的社会主义的建设道路：发挥本土人口红利优势、宽松的政策环境和互联网经济存量，促进供给侧改革和培育新增长点，激活增量。"互联网+"确立了中国在信息经济中的国际话语权，更加坚定了道路自信、理论自信、制度自信和文化自信。但是"互联网+"政策也会让中国在信息经济的洪流中滞留于避风港舒适区采摘低垂果实而落后于时代潮流。

从公共政策角度看，"互联网+"缺乏政策连续性、多样性。物联网政策成长梯度较为独立、成熟，其次是云计算。大数据政策起源于2013年2月5日国务院出台的《关于推进物联网有序健康发展的指导意见》。该意见把大数据纳入物联网产业领域，作为物联网应用服务层的一部分。物联网是智慧城市的基石，大数据成为智慧城市发展的重要引擎、基础和发展动力。从技术层面上讲，物联网主要分为传感层、网络层和中间件、应用服务层。与之对应，它具有数据采集、数据传输和数据处理三种功能。所以将大数据纳入物联网体系是系统论的内在逻辑的体现。基于大数据的国际行动背景和未来发展趋势，2014年的政府工作报告将大数据作为引领未来产业发展的重要方向。云计算在沉寂三年后重新回到国家战略层面：

2015年1月6日，国务院出台《关于促进云计算创新发展培育信息产业新业态的意见》。而"互联网+"从2015年政府工作报告的确认到《关于积极推进"互联网+"行动的指导意见》的出台，仅仅用了4个月时间。但从内容和战略高度上看，"互联网+"融合、统率云计算、物联网和大数据。《中国制造2025》强调的依然是"互联网"。随后，国务院在2015年8月31日印发《促进大数据发展行动纲要》。2016年12月，工业与信息化部发布《信息通信行业发展规划（2016—2020年）》（工信部规〔2016〕424号）。直到2020年5月8日，工信部办公厅正式发布了专门针对物联网领域的《关于深入推进移动物联网全面发展的通知》（工信厅通信〔2020〕25号）。见图3.1。

无论从技术、政策还是产业层面，物联网是既存的事实和趋势。麦肯锡在2015年物联网潜在经济效益评估中毫不夸张地指出物联网将影响覆盖人类生活和工业活动的方方面面。经济影响程度最高的是工厂，从生产、库存到工人健康，物联网大大地提高了工厂生产力。所以物联网也开启了制造业新时代。另外，物联网在智慧城市、新型城镇化中也得到广泛应用。基于物联网技术的智能设备为个人健康管理、日常生活也带来人性化的便利。为了进一步巩固其"垄断性"硬制造的优势地位，美国、韩国、日本等国家强调物联网物的导向。中国虽然在芯片、传感器、关键设备制造等核心技术方面与发达国家存在较大差距，但是RFID、传感器专利总量和通信技术专利方面，有一定的后发优势。

"互联网+"的问题在于对ICT技术逻辑、政策环境和产业规律缺少整体性和前瞻性的判断。在国家战略层面，我国应该倡导"物联网+"的新观念而不是"互联网+"的旧事物。物联网+，即物联网的高级阶段：人工智能。与"人工智能"紧密相关的"环境智能"是一个被欧盟信息社会技术项目建议组放弃的概念，尽管"环境智能"一词喜闻乐见，但是并不能反映网络技术进化的本质和规律。欧盟最终接受的是具有包容性、系统性的"物联网"理念。很显然，人工智能仍然基于物联网的基础应用。国务院在2017年7月8日发布《新一代人工智能发展规划》，全面拓展了重点领

第三章 物联网社会的技术和经济治理 | 137

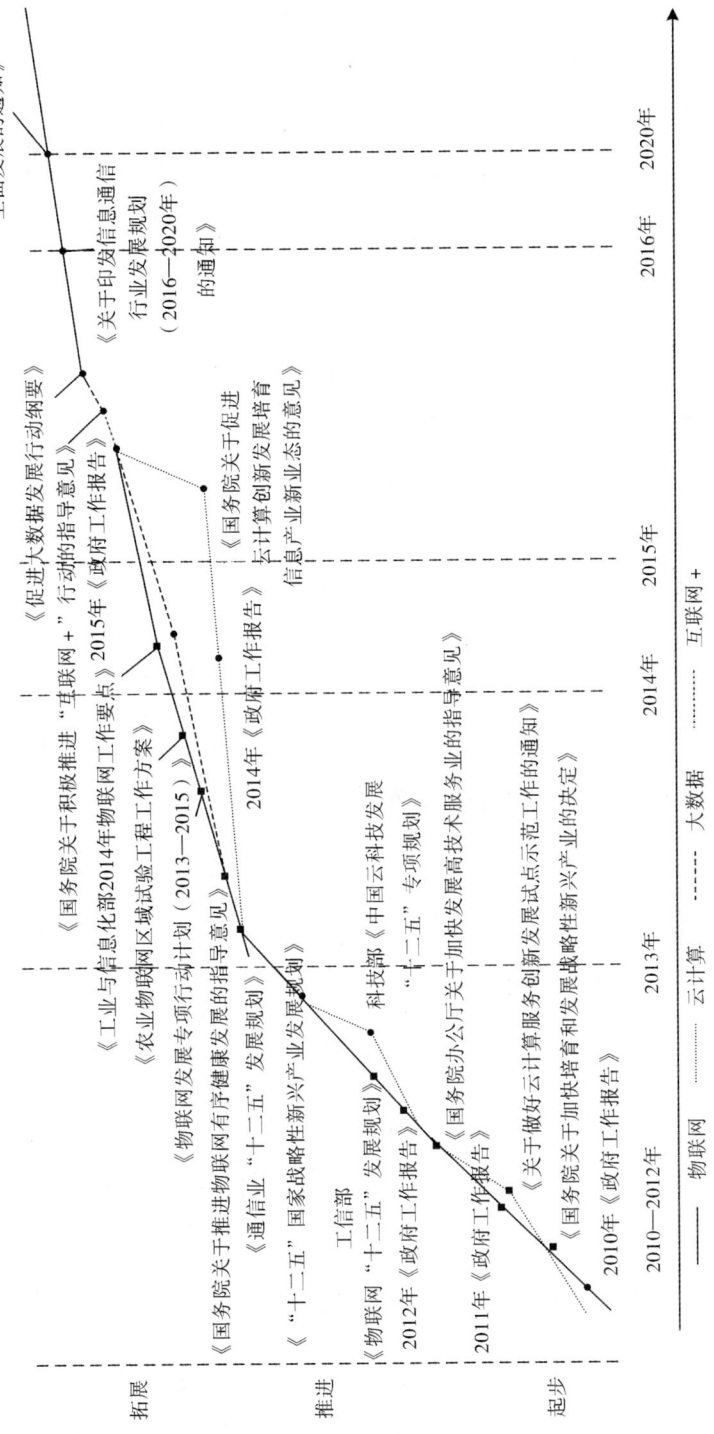

图3.1 信息产业政策成长梯度图

域应用的深度广度，但对物联网底层制造技术关注不够。一定要兼顾物联网相关政策之间的连续性及不同发展阶段、优先发展目标等。在国家战略层面，我国应该倡导"物联网+"，突出支柱产业和核心产业的重要地位，实现物—网底层跨界融合。根据上述分析，针对性地提出四条政策建议。

（一）健全基础科学研究评价机制

从中国学界学者对物联网定义的纷争可见，理论上缺乏对物联网技术的逻辑、产业规律和政策制度的跨科学、综合研究。应加固物联网基础理论研究，尊重学术研究的基础性和持续性，冰冻三尺非一日之寒。在物联网研究方向上持续较长时间，积累多年，经历实践、认识、再实践、再认识循环往复之后才能获得物联网、物联网社会的客观规律。不能完全以"前沿性、全局性、战略性和前瞻性"的指挥棒作为唯一的价值评价标准。学术研究是一项马拉松运动，应坚守学术冷板凳和学术工匠精神，坚决杜绝在学术研究方向盲目跟风、追赶时髦，课题资助、论文发表唯"指南"马首是瞻的局面必须改变。

（二）加强物联网基础知识的科普教育

公众对物联网的误解来源于物联网知识科普教育不到位。对物联网的感性认识上升到理性认识离不开物联网技术的通识教育。物联网理论一经掌握公众，就会变成物质力量。物联网理论只要说服人，就能掌握公众；而物联网理论只要彻底，就能说服公众。所谓彻底，就是抓住物联网、物联网社会的本质。从业界马化腾等人的著书立说中也可以发现，所谓互联网+、工业4.0、工业互联网等，从理论上讲就是物联网的应用，但是延续的是互联网的旧思维。腾讯等传统互联网公司正是抓住了物联网的机遇才完成产业转型和升级，否则其将遭遇如同联想的"滑铁卢"。

（三）完善物联网产业创新政策体系

首先，要绘制物联网产业创新的主体图谱，构建以政府、物联网企业、高校、科研机构、用户、金融机构、新闻媒介等为主体的，生态的、动态的网络。其次，要明确物联网产业创新的资源要素，做到心中有数。要素应包括高校和科研机构提供的知识资源、技术资源，政府为促进产业创新提供的必要的科技基础设施建设，中介服务机构提供的技术市场、咨询和创业中心等服务。再次，是在物联网产业创新的对象要素方面，应通过物联网企业之间及企业和其他次要参与者之间的信息交流、知识共享与传播、人才流动、设施共享，促进物联网企业实现物联网技术创新、组织创新和管理创新。最后，产业创新的治理机制，既应包括政府的宏观调控和政策引导，也应包括行业协会提供的一些标准和规则，以提升物联网产业创新的协作能力和服务功能。

（四）发挥政府引导作用，推动政府治理模式创新

政府各部门在技术研发、标准制定、数据共享、基础设施建设、隐私安全保障、资源分配等环节要加强协同配合，发挥战略统筹优势。具体而言，政府要牵头组织产业联盟，着力解决关键共性问题，加强通用协议和标准的研究，推动物联网面向不同行业、不同领域应用的协同创新，率先通过开环应用示范工程推动集成应用创新。作为新兴技术的优先采购者和使用者，政府部门应积极回应企业投资新技术所面临的人才不足、税收减免、项目推广等实际问题，同时通过物联网、云计算和大数据技术挖掘数据的潜力，优化政府运作模式，提高政府治理水平，促进政府治理创新。通过广泛的咨询对话协商机制形成广泛的社会共识。政府应及时调整政策框架，使政府治理模式跟上技术进步的速度。

第五节　大数据背景下科技服务业的发展策略

大数据是与物联网、云计算、智慧城市密切联系的一个新的热门词汇。从物联网的本质技术和逻辑结构上讲，大数据是物联网的智能应用。随着数百万网络化的传感器被嵌入物理世界的各种数字化设备（如手机、

汽车）中，再加上社交网络和大规模面向服务系统的普及，数据呈指数增长。数据已成为涌向全球各个领域的洪流。2012 年，全世界每天产生 12.5 万亿字节数据（Singh，et al. 2012）。国际数据公司（International Data Corporation，IDC）发布的《数据时代 2025》（*Data Age 2025*）报告显示，2018 年全球产生了 33ZB 数据，到 2025 年，这一数字将达到 175ZB，相当于每天产生 491EB 的数据。① 数据是"新的石油"。数据连同土地、劳动力和资本，已成为第四大生产因素。大数据的出现预示着新的、可持续发展的技术优势的产生。大数据涵盖人类活动的各方面：从研究、设计、生产、产品运输、消费、数字服务到一般的社交活动。从世界感知到数据分析，从宏观到微观，大数据已成为广受认可的信息时代和物联网应用的基石。

一、大数据的特征

虽然"大数据"已成为新的热门词汇，但是对"大数据"并没有完全一致的定义。关于大数据的讨论中，其最明显的特征已被确定和普遍接受（McAfee，et al. 2012），即：规模性（volume）、速度性（velocity）和多样性（variety）（简称 3V）。在 3V 基础上，郑子彬（Zheng 2013）增加了"准确性（veracity）"特征（简称 4V）；统计分析系统公司（Statistical Analysis System，SAS）在 4V 基础上增加了"变异性（variability）"②；杰姆琴科等（Demchenko，et al. 2013）在 4V 基础上提出"价值（value）"维度。开特等（Katal，et al. 2013）则在 4V 基础上增加"复杂性（complexity）、价值性（value）"。

对新事物的认知，必须从内涵和外延进行界定。①字面含义，命名新事物所用词汇的语义是什么。②内在属性，新事物的基本规定。任何事物

---

① 数据来源于 https://www.networkworld.com/article/3325397/idc-expect-175-zettabytes-of-data-worldwide-by-2025.html。

② 数据来源于 https://www.sas.com/en_us/insights/big-data/what-is-big-data.html。

都会有其内容，属性决定事物的存在。③外部关系，外部关系区分新事物归属。换句话说，新事物必须归类，归类的原因是平行关系或者新事物和已存在事物之间种属关系。基于此逻辑依据，我们将大数据特征概括为大规模（volume）、高速度（velocity）和多智慧（smart）3 个方面。

（一）大规模

顾名思义，大数据容量比传统的数据库要大，因而大容量是大数据的首要特征。到 2003 年为止，人类共创建了 5 EB 的数据，而今两天内便可创建此信息量。2012 年，数据量扩展到 2.72 ZB，2015 年达到约 8 ZB。多媒体数据对互联网流量的影响巨大，到 2013 年增长了 70%。仅谷歌在全球范围内就拥有超过数百万台服务器。到 2020 年，有 500 亿个设备连接到网络和互联网。[①] 截至 2019 年 10 月，全世界有超过 83 亿移动蜂窝电话用户，63 亿活跃的移动宽带用户，10 亿固定宽带用户[②]，庞大的用户产生庞大的数据。如今，每天有超过 50 亿消费者与数据互动。到 2025 年，这一数字将达到 60 亿，占全球人口的 75%，每个联网的个人将至少每 18 秒钟就进行一次数据交互。这些互动大部分是由全球各地所连接的数十亿物联网设备所产生的。仪器越精确，网络活动越频繁，信息传输速度越快，数字设备越多，其产生的数据量越大。

大容量使得大数据对数据类型也具有包容性，有容乃大：不仅容纳单一类型的数据，也可以吸收不同类型的数据。大数据并不是字面意义上的"大"，它通常意味着不同类型、含义和语义解释的异构数据、同构数据和半结构化数据兼容并蓄。例如，在线用户行为、点击记录、通话记录和数据使用记录、数据文档（PDF 文件等）、交易记录或交流中心的声音记录和图像记录、传感器和其他设备产生的数据和事件流、生物计量数据（比如指纹或视网膜扫描）、医疗图像和医疗保健数据等，都可以囊括无遗。

---

① 数据来源于 https：//www.cisco.com/c/dam/en_us/about/ac79/docs/sp/Information-Infomediaries.pdf。

② 数据来源于 https：//www.itu.int/en/ITU-D/Statistics/Pages/stat/default.aspx。

需要说明的是，多样性、复杂性并不是大数据的本质特征。数据是否多样和复杂取决于不同行业不同部门的不同标准和要求。

（二）高速度

大数据不仅规模大，而且速度快，一改传统数据库遇到数据量不断膨胀之后整体性能下降，装载和处理数据慢的弊端。大数据（包括传感器阵列或多事件生成的数据）通常以高速的方式发生，并且需要实时、近实时进行批处理或流处理（例如在可视化的情况下）。数据处理速度的竞争是一场真正的科技竞争。海量数据的处理速度和处理各种数据的能力都是大数据最吸引人的地方。企业竞争主要集中在处理数据的速度、敏捷性和创造性上。这场竞争是迫使大多数企业对海量数据分析研发出最有效的方法。

对于企业来说，时间就是金钱。2019年，阿里巴巴"双十一"成交额突破1000亿元人民币只用了1小时3分59秒，订单峰值超过每秒54万笔，① 是2009年第一次"双十一"的1360倍。因而，速度快是大容量的内在要求，有规模没速度就等同于一个数据死海。在性能和成本的双重压力之下，传统的数据库必须转型，满足海量数据分析的需求，具有高速高效的复杂统计和分析能力，最终产生大数据这样高性能的数据库管理系统。

（三）多智慧

大数据不仅块头大，反应快，并且还"多智慧"：足智多谋。大数据的价值已被广泛承认。数据分析可用来支持多种目的，比如增强系统功能、指导决策、风险评估、降低成本、提高销售量等。对数据的有效分析，可以精准地预测顾客行为和购买意图，培养顾客的粘度，募集政治捐助，影响政治运动的投票者，解释全球气候变化模式及其影响，甚至通过亚原子粒子（比如希格斯波色子）的发现帮助理解早期宇宙的特征。

---

① 数据来源 http://www.cankaoxiaoxi.com/china/20191113/2395341_3.shtml。

网站的每次点击、每一个电话、社交信息、博客、信用卡购买记录都可能被存储并用来分析，成为商业可见的价值。越来越多的公司越来越认识到利用大数据进行预测性和描述性分析的必要，发现不明显的、隐含的信息，从而在数据中挖掘价值。大数据利用先进的统计、数据挖掘和机器学习算法更能深入地挖掘信息，从而发现传统的商业分析方法所看不到的模式。大数据的多智慧还体现在：可以进行全样本分析，把原来的概率统计规律变成对全部对象的分析；理解大数据的关键是能够从浩如烟海的海量数据中找到许多看起来毫不相干的数据之间的关系。

从上面的分析中，可以看到"大数据"既是一种不同于传统的"超级容量的数据库"，又是具有高性能的数据库管理系统，还是具有先进算法的"智慧"分析和决策工具。简单地说，数据大，是因为传统的系统无法处理数据。大并不仅仅是就数据规模而言的，还可能是移动的速度太快了，或者因为它没有以有用的方式结构化。因而，从价值意义上讲，大数据还是一种进化的、智慧的理念。大容量、高速度是大数据的前提和必要条件，多智慧是大数据的价值体现。

二、大数据与科技服务业的关系

（一）科技服务业的概念

从20世纪90年代中期西方发达国家首次提出科技服务业概念以来，科技服务业的概念、分类一直存在着争议，但是科技服务业依然存在普遍的共同特征。从内涵上看，科技服务业是指运用科学技术知识和专业知识为科技创新和科技成果的转化提供科学技术或信息服务机构的总称。从外延来看，科技服务业分为科学研究与技术服务业、租赁与商务服务业、信息技术与计算机及软件服务业、金融服务业四大类。从特征来看，科技服务业具有知识密集、高附加值、双向互动等特点。从本质来看，科技服务业就是为科技创新和科技成果的转化提供增值的动态价值网络参与者。

（二）科技服务业发展需要大数据

大数据和科技服务业之间内在关系可以追溯到价值网理论。有关企业价值网络的研究始于 20 世纪 90 年代。它是为响应客户需求，由信息技术推动的价值创造模式。参与者之间基于数字化网络，充分共享信息，相互协作，优势互补，为客户提供优质服务，满足客户的多样化需求。信息是一种商品，具有使用价值和价值，同样能够满足消费者的需求。价值网理论为信息和科技服务业之间的内在关系架构起桥梁。对于科技服务业而言，信息生产和信息服务是最重要的功能，所以，信息的质量和数量是科技服务业功能发挥的首要条件。另外，从宏观上看，产业政策的制定也需要大数据。如果存在市场失灵、信息不完全，那么国家就应提供信息来加以干预。从微观上看，信息不完整和不对称是导致交易成本虚高的主要原因之一。大数据应运而生，它为科技服务业带来新的生产元素。

对于科技服务业发展来说，大数据具有重要性、必要性和迫切性。大数据带来大容量、高速度和多智慧，给科学技术发展提供了全新的思维范式，为发展科学技术所必需的科技服务业提供了前所未有的机遇。在知识创新上，大数据可以获取无处不在、无时不在的动态信息，为科学技术知识和专业知识的创新、互动、分享提供各种联系、平台和洞见。在信息的搜索、传递、计算和处理上，大数据可以强化和完善科技服务业的区域服务、产业服务功能（比如成果转化率）。同时大数据是服务业产业结构升级、效率提高的重要手段。

三、我国科技服务业当前发展中的主要问题

虽然在过去的几十年间，我国科技服务业有了长足的发展，但是就目前发展来看，科技服务业仍然存在诸多问题。在我国，科技服务业发展的主要问题如下。

(一) 总体规模小

从目前我国现状来看，科技服务业规模普遍较小，数量小，从业人数少，而美国等西方国家科技服务业规模大、科技服务机构种类繁多、组织形式多样、产值高，居世界领先地位。根据美国经济普查资料①和《中国统计年鉴 2018》，2018 年中国国内生产总值为 136052 亿美元，是美国（204941 亿美元）的 66.6%。作为科技服务业重要组成部分之一的"信息传输、软件和信息服务业"，中国只有 4901 亿美元，远远低于美国 11259 亿美元，是美国的 43.5%，差距仍然十分明显。西方国家知识密集型服务业和高科技服务业企业呈国际化、平台化发展趋势。它向客户提供全方位的技术转移服务，成为国际性的、综合性的技术服务机构。以德国为例，截至 2011 年 12 月 31 日，德国史太白技术转移中心包含 855 家史太白企业。根据其目的和任务的不同，3631 名合约专家（雇佣的教授数量达到 697 人）服务于史太白技术转移中心、史太白研究和创新中心、史太白咨询中心、史太白技术转移研究所及一些其他的独立法人机构。仅 2011 年就新建了 88 家史太白企业②。

(二) 科技含量少

与国外科技服务业相比，我国科技服务业高科技含量少，技术差距大，表现在粗放式发展、附加值低、盈利能力弱、绩效差、创新能力不强等几个方面。科技服务业停留于低层次的服务水平，缺乏全球化的具有核心竞争力的高科技服务企业，经营方式和赢利模式缺乏创新。美国 IBM、谷歌等企业洞悉网络和数字化先机，利用电子商务、物联网、智慧地球、智慧城市、云计算、大数据等概念，形成核心竞争力，提供平台解决方案等科技服务，始终走在科技服务业的前列。自 1920 年以来，IBM 已获得超过 140000 项美国专利，这是迄今为止同一家美国公司在一

---

① 数据来源于 http://www.bea.gov/iTable/index_industry.cfm。
② 数据来源于 http://www.steinbeis.cn/stw/index.php。

年中获得专利数的最高记录,也是 IBM 公司连续第 27 年获此殊荣。2019 年 IBM 在人工智能、区块链、云计算、量子计算和安全性等关键科技领域获得的美国专利数居行业领先地位,共获得 9262 项美国专利[①]。创新的步伐不断加快并达到前所未有的水平,尤其是在 IBM 实验室。全世界几乎所有行业的企业都在采用 IBM 科技,以执行关键任务的应用和持续性创新[②]。

(三)产业耦合度低

科技资源配置不合理、科技服务业功能性缺位也是我国科技服务业亟待解决的主要问题之一。注重研发投入、忽视市场需求和成果转化,研发和生产之间中介联系不高,产学研联盟缺乏有效的协同和互动。科技服务业功能性缺位引致科技成果转化率低。"我国科技成果的转化率仅有 10%,比美国 80% 转化率低 70 个百分点。如此大比例的科技成果不能对我国的生产建设、企业进步发挥作用,实则是极大的浪费。"(任玉岭 2014)科技服务业在产业结构调整和升级中没有发挥应有的作用。既没有充分利用科技服务功能推动传统产业科技成果的转化、劳动生产率的提高、生产成本的节约、生产工艺的创新,也没有促进科技服务在产业体系中的渗透和扩散。制造企业内部的科技服务部门没有充分剥离出来,依附性较强,难以发挥应有的作用。重要的原因在于:其一,科技服务业内涵和外延没有明确,缺乏一致的认识,各子系统之间往往各自独立;其二,没有形成统一的、联动的平台,导致信息搜索和交易成本高、效率低;其三,缺乏有效的协同创新机制,科研单位、科研人员、科技服务提供商不能与生产企业形成有效的显性和隐性知识互动。

---

① 数据来源于 https://www.ificlaims.com/rankings-top-50-2019.htm。
② 数据来源于 http://www.donews.com/news/detail/4/3079254.html。

四、大数据带来发展科技服务业的新机遇

由于大数据具有大规模、高速度、多智慧的特点，大数据越来越吸引政府、企业和研究机构的关注。当将大数据与传统企业数据结合起来进行分析时，企业可以对它们的业务有更透彻更深刻的了解，可以提高生产力，增强竞争力和创新能力。大数据将为科技服务业发展带来新的机遇。

（一）大数据推动科技服务业转型和重组

大数据作为一项新兴业务将在很大程度上调整科技产业结构，推动科技服务产业重组和产业转型使得产业划界模糊化，扩大了科技服务业总体规模。进入21世纪，全球经济结构从"工业经济"向"服务经济"转变。制造业提升依赖于研发、设计、品牌、渠道等环节的专业服务化，正在成为国际产业竞争的制高点。现代服务业在国民生产总值中所占的比重越来越大，其发展水平已成为衡量一个国家经济社会现代化程度的重要标志。美国现代服务业产值已占到GDP的74%，创造了80%的就业机会，服务贸易一直保持巨额顺差；欧盟服务业则占到经济产值的2/3，从业人员高达7000万人。目前发达国家服务业在GDP中的比重平均达到70%左右，吸引就业劳动力人数已超过第一、二产业吸收劳动力的总和。[1] 2016年中国服务业等附加值占GDP的比重约51.6%，在目前已有统计数据的168个国家中仅排在第128位。2020年1月3日，中国国务院召开2020年第一次国务院常务会议，推动国内外服务外包产业发展，并助力"中国制造"向"中国服务"转型。现代服务业正成为经济发展的重点，而计算服务为现代服务业提供灵活的计算架构，它正成为新兴的、最具希望的领域。

大数据不仅使传统的制造业转型，还将继续扩大科技服务产业的比重。一些科技制造产业巨头（比如惠普、西门子、思科、华为等公司）通

---

[1] 数据来源 http://www.most.gov.cn/fggw/zfwj/zfwj2006/200610/t20061019_54465.htm。

过战略调整，利用大数据使自己成为计算服务行业的领先者；在生产数据为自身提供有效解决方案的同时，也提供服务溢出，为社会提供商业科技服务，形成优势积累的马太效应。媒介产业也积极介入科技服务，如Facebook 正在实施或筹备实施电子邮件、咨询、电子商务、银行在线支付服务、订餐服务等新业务。电子商务的迅猛发展离不开电子商务服务业。作为新兴的科技服务业成员，电子商务服务业是将成为继电子商务之后又一个经济增长点。一些传统的服务业也在积极利用大数据实现业务重组和转型，比如银行金融行业纷纷布局网络金融，提供各种增值服务，实现科技服务业集约式发展。

（二）大数据带来科技服务业赢利新模式

大数据通过技术创新，提高高科技附加值服务，增强科技服务业赢利能力和绩效。所提供的新的数据的数量与价值成正比，数据越多，价值越大。聚合的数据可以货币化，最终创造财富。但是在数据分析成为一种服务之前，数据还只是等待开发的矿山和等待提炼的原油。所有成功的商业服务的推动力都取决于信息。但是在物联网社会，可用的信息数量不是问题。随着世界上越来越多的人上网，人们的活动留下了堆积如山的数据痕迹。当今科技服务业面临的挑战是要在不断增长的信息山中找到黄金，实时地分析并采取行动。根据通用电器（General Electric Company，GE）和埃森哲（Accenture）2015年的调研报告，80%—90%的公司将数据分析作为公司首位或前三的战略目标。73%的公司已经在大数据分析方面投资超过20%的技术研发资金，有些公司甚至超过30%①。

从大数据分析（如位置信息、在线浏览、电话通话模式等）中获益，创造内在价值，利用这些数据可以预测购买意向、影响购买的因素和用户购买趋势，以实时跟踪、监控的精确营销方式增强市场预判力。

---

① 数据来源于 https：//www.accenture.com/t20150523T023646_ _w_ _/us-en/_acnmedia/Accenture/Conversion-Assets/DotCom/Documents/Global/PDF/Dualpub_ 11/Accenture-Industrial-Internet-Insights-Report-2015.pdf。

以社交网站为例，传统的赢利模式主要有 3 种：广告、增值服务（个性化主页定制、贵宾会员、虚拟物品买卖等）和第三方插件应用分成。这 3 种赢利模式往往无法完成营收目标，业绩往往低于预期，使得很多社交网站宣布倒闭。在数据分析成为一种服务之后，就产生了新的赢利模式，为互联网企业带来新的商机。以 Facebook 为例，2017 年它的月活跃用户数已达 20 亿[①]，是全球最大的社交网站，依赖用户提供个人叙事、状态，发表有价值的、内容丰富的信息。由于大数据时代的到来，Facebook 成功地找到以数据服务为主的赢利模式，使它的商业价值评级骤升。当 Facebook 在 2012 年初首次公募时，市值千亿美元，而此前 IPO 金额最高的谷歌规模还不到它的 1/3。

（三）大数据改变科技服务业经营方式

大数据有利于提高科技服务业科技含量，改变科技服务业的经营方式。数据正成为科技服务业的第一生产力，各项科技服务都将围绕整个数据中心展开。企业过去经常根据传统知识管理（knowledge management, KM）模型［例如"数据、信息、知识、智慧"（data, information, knowledge, wisdom, DIKW）模型］进行数据分类。在此模型中，每个级别都是根据先前级别中包含的元素构建的。但是在大数据的语境下该模型需要扩展以更准确地反映企业从数据中获得价值的需求。更好的模型可能是：集成数据（相互连接、多重来源的数据）；可执行的信息（信息可用）；有洞察力的知识（提供真实见解的知识）；实时智慧（立即获得答案）。

财务服务、医疗保健、零售、通信、社交网络及其他产业中的重要巨头都已经从大数据分析的新机遇中获益。在医疗保健行业，使用家庭监视设备来测量生命体征并监视进度，可用于改善患者健康并减少就诊和住院率。在汽车制造行业，通用汽车的 OnStar 和雷诺的 R-Link 等系统可提供通信、安全和导航服务。这种遥感还能分析用户使用模式、故障率及其他可以降低开发和组装成本的产品改进机会。在互联网、移动互联网行业，

---

① 数据来源 https://36kr.com/p/5081385。

通过提高信息的一致性来培养用户的粘度；从销售渠道到给用户提供无缝的体验，只要用户通过网页、移动终端应用、手机和其他交互方式即可获得这些信息；通过分析每天发布的博客，从而发现用户的新想法，以帮助他们改进产品设计，增强用户体验；使用实时分析的方法以明确新的交叉销售和上行销售的机会。在金融服务行业，金融、保险公司利用用户身份、社会关系、购物行为、生活习惯和日常活动来预测欺诈，避免高成本的损失。丰富的社交网络数据和经济数据相结合，可以产生借贷人的综合风险档案。根据欧洲健康保险欺诈和腐败的网络研究报告，大数据分析有可能防止每年1800亿美元的全球经济损失。还有一些机构正在通过分析几十亿个系统时间记录来提高运营效率和服务的有效性。除此之外，大数据在生产作业、供应链管理等方面发挥重要作用，比如提高劳动生产率、优化资产、节省仓库空间、加快产品流动、培塑数据驱动责任、增进生产或供应链的透明度。

（四）大数据促进科技服务业创新能力提升

大数据有助于技术创新能力的提升，增进产学研联盟联动，强化和其他产业之间的耦合度。在数据生产和管理中，创新起到核心作用。大数据实质上是数据采集、存储、组织、分析和分享上的创新，大数据创新为科技服务业创新提供新的空间。国外科技服务业正在开始思考如何利用大数据更好地理解和提高创新过程本身。创新本身就是数据密集性的活动，从实验室数据到正式的和非正式的文件，知识管理变得越来越流行，越来越多的数据被捕获，对分析进程十分有用。如何让数据说出真话，这对于科技服务业来说就是最大的创新。

另外，大数据有助于科技服务业的知识创新和分享。大规模的并行处理功能将数据分析为一个统一的整体，而不是支离破碎的信息片段，通过对大量数据的整合、计算和分析，发现数据之间的联系，从而创造新的知识和价值，实现融合式创新。例如电信公司为了减少用户流失和提高用户粘度，通过分析缴费数据记录和每个用户每个月的通话数量，能够预测用户中止服务的可能性。通过使用手机的地理位置数据，能够提供地理位置活动和服务。大数据平台整合科技服务业子系统和公共服务系统，打破信息垄断，减少信息获取和交易成本。从而避免资源浪费，保障信息的完整性、对称性和准确性，增强科技服务提供商与生产企业之间的隐性知识互动和分享。

五、科技服务业发展策略

大数据作为战略举措，其成功依赖于确立一个清晰的目标和路线图。如何在大数据背景下发展科技服务业，笔者有如下的策略建议。

（一）建设科技服务业的大数据平台

大数据催生大平台，没有大平台就没有大数据，大数据平台是科技服务业发展的重要前提之一。技术的发展越来越体现出全面控制纲领，而巨技术正是这一纲领的体现。巨技术在本质上具有高度集成、复杂、精确计算和系统化等特点，大数据平台就是巨技术的一种应用。数据采集和存储对于大数据和科技服务业来说至关重要。

大数据平台可以增加不同的数据维度，使得数据分析的精确性成为可能。大数据平台要求平台多样化和集成化。平台多样化体现在平台的种类多样化和功能多样化上。当前的科技服务业平台弊端的表现是结构单一，仅仅局限于科技服务的功能而缺少社交功能，或者局限于某一种科技服务功能，或者局限于社交而没有科技服务功能。其结果是：一方面难以培养用户的粘度，不利于科技服务业的长效发展；另一方面阻碍沟通渠道的畅通性，限制数据来源的可得性和多样性。

大数据平台建设会加剧科技服务公司之间的兼并、垄断和利益不平衡。一些世界知名的IT公司，比如甲骨文（Oracle）、IBM、微软、SAP和惠普已经在购买专注于数据分析的公司上花费了数百亿美元。在国内，阿里巴巴不满足于电商数据，自主研发与扩张并购并举，建立了纵横捭阖的数据王国。大数据平台是前提，至于选择什么规模的数据进行分析则是数据分析人员选择的技术取向。如何有效建立和合理利用大数据平台是地方各级政府和科技服务业需要认真考虑的首要问题。在大数据背景下,建立科技服务业联盟是一种可行的选择。

(二)培养科技服务业的大数据人才

大数据,作为一种新的生产力,并不是已知生产力在数量上的单纯扩张,必然带来劳动分工的进一步发展。未来需要大量的大数据分析人才。对于那些希望在大数据时代取得技术领先优势的公司来说,成功的关键是拥有卓越的数据分析专家,并围绕数据分析专家组建创新团队。与传统的数据分析师相比,物联网时代的数据分析师所面临的最大问题不是数据匮乏,而是数据过剩。因此,物联网时代的数据分析师必须不断在数据研究的方法论方面进行创新和突破。创新型大数据人才的缺乏是大数据发展面临的一大瓶颈。大数据分析的人才培育对于科技服务业来说已成为当务之急。

数据科学家被认为是下一个十年的热门的职业之一。卓越的数据科学家一般具有 4 个特征:好奇心、一定的定量分析技巧、坚持、专业技能。这些技能有助于从不同的角度发现别人看不到的规律,能够驾驭技术不确定性所带来的问题。另外,从事数据分析并不限于专业的数据分析师,不同的思考维度和学术背景也有助于数据分析。数据分析团队不仅要包括数学与统计人才和计算机技术人才,还应包括其他各个领域的专家。有些数据分析团队甚至引入经济学家、物理学家、音乐家和律师等作为专家。在机构范围内,数据分析团队必须是开放的和包容的,还要与其他部门建立交流共享和合作的关系。

(三)构建科技服务业的协同创新机制

协同创新是科技服务业成功的重要因素。随着物联网的广泛应用和智慧城市建设的深入,协同创新正成为信息社会的有效驱动机制。信息社会承诺一种让公众能够通过网络平等参与的新方式。在信息社会中,终端用户所扮演的角色的重要性越来越受到重视。很明显,服务和应用需要通过用户驱动的开放式创新来维持,以实现大众市场层面上的可扩展性和可复制性。用户生成内容和共同创造的应用快速增长，这就需要协同创新的商业模式，以保证有效实施和可持续发展。这种基于用户生成内容的、具有新的潜力的自下而上的大数据方法为科技服务业的发展创造了很大的可能性。专业人士和公众之间形成伙伴关系，对于改进本地科技服务的效力和效率至关重要。

协同创新的驱动机制需要开源、共享，以及大数据分析的普及化和去暗箱化。2013年5月9日，奥巴马签署政务数据公开法令，将封闭的数据向企业、研究者和公众开放，从而推动产品和服务上的创新。同时，美国拟将政府大数据网站（data.gov）开源。数据不再成为小众的专利，数据分析不再是数据科学家的专利。普适的、横向协作的、无缝连接的、开源的数据分析程序将成为大数据的演进方向，这也是科技服务业协同创新的内在要求。

（四）制定科技服务业的隐私保护政策

合理的隐私保护政策是大数据发挥作用的制度保障。从某种程度上讲，很多商业模式基于个人隐私信息分析。例如国外某些开源免费平台（比如Pachube）通过增值措施（包括隐私选项、搜索等功能）提供有偿服务模式。国内淘宝和支付宝等平台通过对个人的喜好、网络行为等方面的分析来界分群体，从而实施不同的商业策略。百度等平台通过深度数据挖掘为客户制定营销产品。

数据采集、分析和处理给个人隐私保护带来了严峻的考验，因而需要加强隐私保护的顶层设计。安全和隐私是两个不同的问题，随着物联网产业的发展，隐私保护可能会产业化。例如360手机安全卫士已经为用户提供了"隐私行为监控"等物联网安全服务。在不久的未来，可能会产生更多的保护隐私的专业科技服务机构。这些机构会提供个性化的各项隐私保护服务，比如定期给家庭用户、企事业单位排查可能的隐私侵害。隐私保护要坚持公平、效率、适度、自律和责任原则。哪些数据需要保护，如何保护？哪些数据可以公开，在什么层面上公开，以什么样的方式公开，对谁公开？哪些数据可以交易，在什么范围内交易，以什么样的方式交易，交易的主体资格如何？谁有隐私监控的权利、义务、责任，如何对隐私进行监控，在什么层面上监控，以什么样的方式监控，对谁监控，对隐私监控行为如何监管……，这些都需要细致明确地规定并得到执行。

综上所述，大数据具有大容量、高速度、多智慧的鲜明特征，这为科技服务业提供了新的驱动力、经营方式、赢利模式和风险控制机制，也为智慧城市建设、区域创新带来机会。同时，大数据将促进现代科技制造业的转型，原来附属于制造业的数据部门将渐渐独立出来，形成新的经济增长点并渐渐融入科技服务业，使得科技服务业不断壮大，产值不断增多。大数据与科技服务业相互依存，共生共长。在大数据背景下，科技服务业的发展必须有清晰、明确的路线图。大数据平台是首要条件，没有大平台就没有大数据，有了大数据平台才能进行大数据分析。大数据分析靠的是创新型数据分析人才。对数据分析人才的需求创造了大量就业机会，引导高校加快人才培养。平台建设，数据创造、分享、分析、流通都离不开协同创新机制。协同创新需要系列制度保障，需要解决数据的权利、义务和责任问题。合理的隐私政策是大数据发挥作用的制度保障，需要区分公有数据、私密数据（包括不敏感数据和敏感数据），针对不同类型的数据采取不同的保护策略，随着物联网技术的普及，对隐私的保护也会产业化，加强对数据和隐私信息采集、分析、处理、交易等方面保护的顶层设计也刻不容缓。

第四章　物联网社会的文化治理

在近现代社会，科学技术所获得的荣耀并不是自发生成的。科学技术生命的源泉来自文化。其先决条件业已深深扎根在这种哺育了它并确保它进一步成长的文化之中；它是文化长时期孵化生成的一个娇儿。（默顿 2000：89）文化价值观对行为产生重要的影响，文化力量是塑造社会背景的能量。

文化要根植于强有力的媒介和载体群才能发挥效力。所以，物联网社会治理既涉及文化功能的重新发掘，又涉及文化组织方式的革新，还涉及精神气质的塑造。物联网社会的文化治理有三个层面。从宏观层面来说，文化不仅是"一种生活方式"，还具有作用于社会关系的治理作用，因此，"经由文化的社会治理"是国家治理的重要内容与形式。这意味着，物联网社会治理不仅要关注对"作为一种生活方式的文化"的"深描"与理解，以及文化研究所具有的批判向度，还要关注文化所具有的反作用于社会治理的功能，也即文化研究的治理向度。从中观层面来说，"对物联网社会治理"是实现"经由文化"的基本途径，从单一的政府主导的自上而下的"文化"走向，包括政府、社会组织、文化企业和个体互动合作的网络化"文化"将成为一种基本趋势。这意味着，物联网社会治理的文化路径要超越传统的"文化管理"思维，更加注重"多元行动主体如何以技术为媒介互动合作"。从微观层面来说，"物联网社会的文化治理"不仅涉及政策话语表述、文化象征操作、活动程序安排、实物空间布局等对他者的治理，还涉及文化解码、价值认同和行为自觉等自我治理、灵魂治理。

物联网社会的文化治理对于理解物联网社会的文化内涵、解析文化治理的微观机制、文化的作用及推动物联网社会文化的理性构建及其实践具有重大意义。

第一节　物联网社会的文化内涵

卡斯特（2007）将网络文化概括为四层结构：技术精英文化、黑客文化、虚拟通信文化和企业家文化。这些文化层次有关联：黑客文化是技术精英文化的具体化；虚拟通信文化通过把因特网作为一种有选择性的社会互动与象征性财产给技术分享加上一层社会维度；企业家文化在黑客文化和共有文化上起作用，它通过赚钱式的因特网活动而扩散在社会生活的各个领域。卡斯特主要从主体性的角度对网络社会文化进行概括，而并没有从网络社会的角度予以抽象。海曼（2009）则将信息时代的文化归纳为黑客文化。物联网社会的有效治理必须从物联网社会的文化中寻求答案。

一、互动的本质理念

网络基本上建立在两个隐喻的基础上：超文本和超链接。前者是人类语言书面表达的数字具体化，后者是一种数字书写形式机制。两个隐喻以网页的形式促进网络的巨大发展，无论超文本还是超链接都属于数字世界。以服务为导向的架构不仅将网页连在一起，而且也将信息服务连在一起。万维网革命的后继就是参与式的网络或社会化的网络，这个新的复杂系统由数百万使用者的参与和积极互动行为缔造而成。社会化网络的进一步发展将互动的主体扩展到物。以雅虎管道（Yahoo! Pipes）为例：将数字物体（如 RSS Feed）连接在一起形成新的服务聚合，使用者可以定义聚合管道。我们不仅可以将管道范式扩展到数字物体，还可以扩展到现实物体建立物联网：物的万维网（World Wide Web of Things）。这使得信息发布很容易，并可以自发地浏览、支配、感知和识别信息。网络化的物与数据库互联可以支持强大的搜索和推理。

将网络和物理物体连接起来并不是一个新观念。在物联网早期的社会应用中，物理标签（比如表形码）被嵌入到物体上以指引用户链接到网络，用户就可以很方便地打开物品信息的网页。用户使用移动装置扫描网页上的统一资源定位符（uniform resource location，URIs）访问真实物体的在线形式（比如包含应用状况的 HTML 网页或用户指南）。随着计算技术的进步，微型网络服务器可以嵌入到大多数装置，从而实现人和物体的网络互联。在该场景中，人们能通过扫描环境中的红外标签而物理地发现信息，即把感知器系统和网络整合在一起，通过使用网络服务传输数据到中心服务器，可以为人们提供一个分享感知的平台。这样就形成了基于物的网络服务，它通过网络应用访问周边的设备，为设备提供一种更大的可达性，更易于给设备编程。而且，物联网技术通过把嵌入式的网络内容合并到互联网，为网络应用打开了新的视角。物联网容许人们异步地分享知识，建立社会化的网络，搜集网络知识，增进互动。

桌面是物体交互作用的典型范式，但随着数据的复杂性和使用者的移动性，需要虚拟和现实交互的虚拟现实世界。虚拟现实是一种实体化的虚拟（embodied virtuality），即现实事物的网络，而不是网络中的数字事物或虚拟的现实（virtual reality）。网络化的物体实现了物理世界、数字世界和网络世界的无缝融合。其中物体的位置信息成为物联网重要的组成部分。物体信息可与特定位置联系起来。嵌入到物体的感知器和传感器使物体通过互联网协议来寻址，感知环境和对环境做出反应，也能与用户或其他物体通信、互动。将处理能力嵌入到物体，能实现人到设备（比如计划远程控制、状态升级）、设备到设备，或者设备到网格（比如浮动电价，在非高峰定价时间安排任务）的互联、互动。

物联网是多重网络的融合和进化，而不单单是互联网的扩展，它将网络扩展到所有物理对象。物联网允诺人类生活在智能的、高度网络化的世界，最大范围地发挥交互作用，因而物联网强调全球网络化实物的基础架构愿景。由于其物理和数字实体的双重本质，因而不能仅仅把物联网视为一种技术系统，而必须视为一种以人为中心的互动。物联网正获得广泛的接受。物联网设备呈指数地增长，在产品和供应链中能报告其状态、位置和条件的网络化的物体越来越多。从技术发展的最终趋势来看，物联网允诺任何人能够轻松地访问任何物体。通过手机、网络化设施和设备，人们的生活越来越互联。所以，物联网社会的互动本质一方面来源于物联网技术自身的特点，另一方面来源于人交往、互动的社会属性。

展望未来，有可能出现更多的集数字媒体、娱乐和网络于一体的物体。推动这一增长的另一个趋势是，越来越多的媒体正以比特而不是原子分布。因此，传统的娱乐系统正在融合，成为互联网平台（比如 Boxee 和 Hulu）的一个协作部件，而不是分立的物理设备。网络化物体模糊了比特和原子的界线。物理物体成了服务的化身或代表。举例来说，耐克运动鞋将加速器嵌入到运动鞋（Nike+iPhone）中，就能测量跑步或走路的距离和步幅。当物理对象有模拟能力的功能后，附加价值就存在于网络化运动鞋所产生信息影子中。不需要手动输入数据，就会实现软件跟踪，记录锻炼情况，并将数据刻录、存储。活力公司（Vitality Inc.）创造了一种能发光的药瓶盖（GlowCap）。它通过嵌入式感知器和传感器无线连入互联网。消费者或顾客通过电脑编程就可按需取药。在预定的取药时间，瓶盖的灯就闪烁提醒。如果没有取药，半小时后就会响起声音警告提示。如果药品依旧没有被打开，系统就会给病人或顾客拨打一个自动提醒电话。除此之外，还有一些应用场景，比如，汽车能彼此提醒交通堵塞；商店里的交互式广告能识别你的性别、年龄，甚至情绪，因而售货员会做出相应的推销；酒杯会告诉你饮酒适可而止。物联网系统编译真实的数据，授权的用户可以共享该数据。这些实时的信息意味着能给制造商带来额外的收入。有线旅馆为了满足国际旅客的需求，在其套房内取消传统的无线而代之以IP无线，IP无线可通过互联网访问全球站点。在一个物联网旅馆，把房间里客人叫醒的电话和咖啡机连接在一起。电话铃声一响，客人们就可以喝上热腾腾的咖啡。每个物体都与无处不在的无线/有线网络相连，并能用结构化的数据回答 HTTP 查询。日常周边物体，如手机、家庭电器、广告牌、乐器，都有可能成为物联网的节点。越来越多的设备利用多种多样的协议、软件和用户互联，用户可以轻松地访问这些联网的设备。

近年来，移动电话成为成熟的多媒体计算机，能被用作和用户环境交互的弹性设备。随着移动手机广泛接入互联网，物联网互动将会进一步增强，极大地激发网络内容、商业模式等方面的创新。除了传统的电话功能，当前的设备还整合了相机和网络通信等功能。人们习惯于自己的随身携带设备而"机"不离身。事实上，固定的电话号码已把一个设备与特定的某人紧密地联系在一起。因此，把移动手机作为物联网的互动设备是一件很自然的事情。

共享是互动的本质要求和必然结果。基于共享的创新脱离了商业化狭隘的羁绊，满足心灵的需求，是智慧之树上最美的花朵。为了网络而联网，愿意从其他人那里学到知识，也将自己拥有的知识与他人分享，这就是网络社会的文化。网络社会文化是世界上所有文化中的一种通信协议文化，通过网络权力中的共同信念，通过给予别人和从别人那里获取而协同地发展（卡斯特 2009）。严格的知识产权法使新的创新者很难进入市场。金钱至上的思想阻碍信息的公开流动，阻碍创新文化向着更大的空间发展。人类面临的困境不是日渐增长的军事强权，而是笼罩世界各地的商业主义。商业主义一手执专利之盾，一手执国家制裁之剑，处处给人类制造矛盾和不安定的局面。人类文明的再次复兴必定诉诸知识创新的共享、知识运用的共享和知识传播的共享。

人为的信息阻塞和信息割据，必定严重束缚信息的效用、互动和人类的心智。人类文明建立在人类对心智的不懈探索和追求上，而不是滥用心智成果去获取物质财富。那些闪耀在不朽的"汗青"上的是创造精神财富的人。创新、共享必将成为物联网社会的大趋势。物质财富并非终极目的，精神荣誉才是最好的奖赏和回报。没有共享必定无法构建互动的物联网社会，人类社会也就失去了构建和谐共处的命运共同体的机会。

二、应用的价值追求

技术过程论认为技术的根本与其说是被制造和使用的客体，不如说是制造和使用的过程。把过程或活动当成技术的基本范畴是工程师和社会科学家两个不同职业群体的共同特征。虽然都注重过程，但工程师强调制造，社会科学家强调应用。在工程师看来，技术的根本在于发明和设计，而社会科学家则认为在于生产和利用，即技术的社会应用才是最重要的（米切姆 2008）。特定技术的出现是一种激励因素，能够给社会发展带来一些潜在机会，促进社会进步、增强社会福利、满足人们的需要、让生活更美好。但技术的外在环境也对技术产生影响。应用研究是近代科学、技术文化的重要特征。科学、技术的发展，既要重视形象思维，更要重视应用研究。恩格斯指出古希腊和现代自然科学之间的本质差别："在希腊人那里是天才的直觉的东西，在我们这里则是严格科学的以实验为依据的研究结果，因而其形式更加明确得多。"（马克思、恩格斯 2009）发达世界避开无法核实的理论，宁愿探索实际上可核实和有用的理论（格龙多纳 2010）。

近代工业的兴起始于技术应用。以 16、17 世纪的英国为例，转向科学和技术者异常众多（默顿 2000）。科学和技术的实用价值引起新兴资产阶级和商人的极大关注。清教徒也成为推动科学和技术的重要力量。清教主义强调改造现世的价值。英国的优势并不在于发明创造，许多欧洲其他国家这一点做得比英国成功。英国的优势在于对实用性发明的密切关注，能够将其迅速投入使用并广为传播（弗利斯 2009）。实用性科学技术的发展，技术能够被工厂主和企业家采用，得益于实验方法的阐发和广泛应用（戈德斯通 2011）。

现代科学和技术对生产力物质要素高度渗透，已成为第一生产力。技术的发展离不开科学的突破和指导，科学的深化则需要得到各种技术的支持和保证。科学技术各学科之间彼此交叉、相互促进，物质生产中的地位和作用大大加强。第二次工业革命更加依赖新的科学知识。自然科学已不再完全遵循生产—技术—科学的次序发展，而是走在生产的前面，为生产的发展开辟各种可能的途径，准备各种前提条件，形成了科学—技术—生产的发展顺序。但这两种发展方式的落脚点依旧是生产应用和实践。

应用是物联网的价值追求。邬贺铨院士认为"与其说物联网是网络，不如说物联网是业务或应用"（邬贺铨 2010）。信息技术革命导致生产向生活的转向，生产并非终极目的。物联网是互联网的扩展，物联网加入新的链接元素并将互联网的功能发挥到极致。如何服务于生活，提升生活的质量和水平是物联网技术的价值所在。物联网解决人们日常生活、生产的实际需求，延伸到人类活动的方方面面，具有普遍性和泛在性，体现了过程取向。梅特卡夫法则：网络的"价值"或"影响力"与网络节点的数量平方成正比。应用是物联网技术的生命力源泉。极大地增加了网络节点的数量，将无处不在的日常生活设备连入网络，使得物联网技术既经济又有价值：一方面，在物联网商品及其应用上有一种内在价值；另一方面，商品一旦连入网络，它们将产生增值。随着时间的流逝，从这些设备上产生的数据也会变得越来越有用。通信网络连接着许多设备，设备之间能分享信息，人们可以对它们进行远程监控和操作。因此，特别要强调物联网应用的重要性，不能纸上谈兵。当前，人们在物联网领域所做的很多研究只是物联网定义、相关技术和依旧停留在抽象概念的网络架构。所以在实践层面应该培植物联网技术应用的文化，并内化为个人的自觉行动。美国等国家在物联网技术上的先进得益于长期以来形成的自觉的应用文化。美国等国的物联网技术人员在物联网应用领域进行了积极的探索，一旦技术成熟就进行商业应用。2009 年 IBM 在交通、食品健康、生产制造、水资源管理、能源和公共服务上就有 1200 多套解决方案。[①] 思科、惠普等国际知名企业也积极开展物联网应用研究。以企业和高校为主体，加强物联网应用人才的培养。其结果最终引发物联网人才经济，星星之火可以燎原。任何引发社会变革的技术革命都是自下而上的，都来自民众的创造力和对科

---

① 数据来源于 http：//www.chinadaily.com.cn/bizchina/2010－03/26/content_9647559.htm。

学、技术的应用能力。物联网并不例外,甚至有过之而无不及。应重视物联网应用微创新,应重视物联网应用案例的积累和生产转化能力,加强物联网应用的规划和管理,集中优势资源,解决重大民生问题,培育崇尚物联网应用的、健康的创新文化,加大扶植民间物联网研究团体的力度,开展各种物联网应用展览、大赛。

三、审美的感知取向

技术审美是以技术作为审美对象,是主体对技术美的体验和理解。海德格尔在《技术的追问》一文中以逻辑的方式推论出技术和现代技术的本质:解蔽和集置,并从诗句"哪里有危险,哪里也生救渡……人诗意地栖居在这片大地上"获得灵感,进而认为,技术之本质并非任何技术因素,对技术的根本性沉思和对技术的决定性解析必须在艺术领域里进行。美的艺术守护着救渡的生长。海德格尔对技术的追问最终停留在"解铃还需系铃人",技术和其他事物一样只是客观存在着,它本身的意义取决于人对待技术的态度和方法,取决于有道德意念禀赋的、自由的、具有审美情趣的人。审美来自心灵的审视,功能来自理性的评判。人的心灵是自由的、开放的、感性的、诗意的,它首先守护着万物遮蔽的状态,对任何解蔽保持一种怀疑。这凸显人作为主体的尊严和地位。海德格尔敏锐地观察到工业社会技术理性的困境:资本利润、经济效益的最大化使得到处烟囱林立、黑烟滚滚,人被技术所奴役。海德格尔通过对诗句的解读,表达对心灵生活的向往,对理性改造的追求:一种富于想象的理性。最终,审美和技术理性达到和谐。

科学、技术和审美相互关联:一方面科学、技术对美的实现提供一种更精确化的手段,极大地丰富了美的表现力;另一方面随着主体审美能力的提高,科学、技术本身也成为审美对象。审美追求是人类的本能,不同的社会有不同的审美取向。到了19世纪,技术审美渐渐引起人们的关注。威廉·莫里斯提出:劳动产品同时应该是艺术品;劳动过程也应该是获得艺术创造的享受过程。他的这一思想奠定了技术美学的基础。20世纪初,德国工程师、工艺美术家、工业设计师、建筑师成立了"德意志艺术工业联盟"。该组织致力于工业产品的艺术设计,这是德国工业产品在国际市场上畅销的重要原因。20世纪20年代德国的艺术家、建筑师、工程师联合成立"包豪斯"(Bauhaus,意为"国立建筑学院"),主张技术和艺术的统一,推广工业生产新工艺,培训工业设计的专业人才。20世纪30年代世界经济危机的爆发使得工业产品滞销,产品的工业设计得到各国的重视。技术美学正式成为一项世界性的事业。科学、技术发展史表明,任何一项发明的应用都是从简单、笨拙、丑陋的形式向精巧、美观的外形演进的。以互联网终端的计算机为例,计算机从初始的笨重、丑陋的庞然大物向现在的轻巧、漂亮的笔记本转变。手机作为物联网应用的重要终端也从砖头式的物件向美观、实用的形式转型。苹果公司的成功,很重要的原因在于产品的外观设计理念:简洁、时尚。

审美建立在功能和物质硬件的基础之上,又反作用于功能。当技术发展到一定程度,在产品使用功能无差别或者差别不大的情况下,审美功能就成了主体选择产品的重要判据。商品价值不仅包括使用价值,还包括审美价值。从认知角度来看,主体接触事物的方式,在正常的情况下首先是视觉(当然并不排除其他感官的优先性,这往往是个案)。视觉第一印象往往成为第一购买力。这说明在物质生活水平提高的情况下,人们对美好事物的向往和追求。审美追求能激发无穷无尽的创造力,它是创造力的源泉。审美追求对产品使用功能产生直接或间接的影响。集成电路的发明,使得计算机产业飞速发展,计算机运行速度越来越快,体积越来越小,重量越来越轻,外形越来越美观。高集成度的手机芯片,使得手机变得更小更节能更时尚更灵活,价格也更低。这些都是对审美追求的结果。

所以,对美的追求应成为物联网社会文化的重要方面。物联网社会之所以强调审美追求,另一个原因在于生活技术化,这些网络化的物已成为生活密不可分的部分,成为让生活更美好这一愿景的重要文化因素。物联网社会很难将审美和技术分开。技术已成为生活的一部分,既是目的又是工具。技术让生活更美好,让"人诗意地栖居"。环境美、生态美正成为物联网社会的重要方面。"宜居""居乐"是环境美学的出发点,也是城市环境的重点。物联网通过传感器和传感器网络对环境进行实时监控和通信,从而实现自然的生态平衡和环境美。审美已成为智慧城市规划的重要指导思想。如何将物联网技术和城市建筑设计相结合,建造庞大的建筑或建筑群却不对环境美造成破坏?如何将虚拟世界融入现实世界,确立相互交织、多重关注的艺术美、环境美?如何将物联网技术用于培育孩子们的艺术创造力?如何将物联网技术的形式、功能与生态美融合?等等。这些对物联网社会的审美文化提出了重要的挑战。

四、包容的人文情怀

自 2008 年世界经济危机以来,欧洲经济增速明显滞缓,欧洲债务危机局势严峻。希腊、意大利等重债国在推行财政紧缩措施的过程中面临重重困难,中东政局动荡不安。在此背景下,物联网社会应提倡包容的人文情怀。

包容首先体现为一种开放的心态和外在行为。兼容并包,有容乃大。在主体性上,包容通过道德实践而转化为个体人格修养,甚至体现为整体的民族精神气质。包容文化强调包容心理,以包容心理聆听不同的意见,处理不同的问题,方能最大程度上化解矛盾,最大限度地达成共识。大肚能容天下难容之事,方能笑口常开。包容心理也是祛除简单、粗暴行为方式的良药。社会的发展建立在多元基础之上,物联网社会的文明必定是一种包容式的文明。近代欧洲全新发展的关键因素之一是形成了一种宽容和多元的文化(戈德斯通 2011)。不同的文明必须学会和谐共处,在和平交往中共同生活,相互学习,研究彼此的历史、理想、艺术和文化,丰富彼此的生活。

物联网社会的包容文化体现出包容性政治:强调相互尊重不同文明之间的价值观念,求同存异;强调人与人之间、国家与国家之间、地区与地区之间、部门与部门之间心平气和地实现人类社会的和谐及稳定的发展。全球经济日益一体化,但是经济全球化既是一种发展的机遇也是一种资源和财富的掠夺。全球贫穷问题依然存在,甚至比以往更严重。金融霸权、经济垄断与包容发展背道而驰。因此只有坚决摒弃意识形态的偏见、经济发展模式的敌对和技术交流的障碍，采取包容的经济和社会发展模式，才能共享文明成果带来的福利。包容发展主张开放、公平。发达国家应该履行更多的道义，而不是实行单边政策、挥舞大棒。任何狭隘的民族主义、地方保护主义等必将有害于物联网社会的互动和人类文明的进步。

  割据、闭塞和自大只能导致落后。敢于直面挑战才能提升民族乃至全人类的竞争力。只有开放，才能创造节点倍增所带来的几何效应。一花独放不是春，百花齐放春满园，共享共荣才是真理，互联网社会的发展和成功已深刻证明这一点。物联网包容文化寓含"兼容"之意，这就要求行业之间、企业之间的标准认同，接口、协议的透明、兼容，企业与企业之间相互理解和沟通。行业、企业之间的壁垒和垄断不仅造成资源的巨大浪费，也无益于用户对物联网技术产品的使用。我们在尊重个性化产品的同时必须最大化地实现产品标准化。盈利并不是企业的唯一目的，企业应该承担更多的社会责任。责任、利益和幸福相辅相成。企业的经营管理者要多考虑包容性发展的意识和作为。开发商如果一味地追求个性化产品，任意决定自己软件、产品的兼容环境，人为排斥其他的软件、产品，给用户带来种种不利和不便，最终也会被用户抛弃。未来的社会是一个资源紧缺的社会，如何有效配置资源、协调地区和部门及企业之间的发展、平衡资源分配，实现全球可持续性发展，这将是全人类的重大课题。

  物联网社会的包容文化应体现公平的发展观，它注重社会的公平和正义，人是终极目的。它让人们平等地享受物联网技术带来的社会效益，从而达到共同富裕和消弭数字鸿沟的目的。首先，通过适当的学前教育、小学和中学课程的教学确保所有学生离开学校时具有数字文化教养。然后，进一步将数字扫盲嵌入到学校，从而确保所获得的技能。技能和概念知识的混合必须成为学生在学校学习经历的核心部分，既可以作为自己的权利对象，又是促进学习和发展的一种方式。其次，要保障公民的数字权利。保持访问宽带服务的较低成本是至关重要的，因为它可以使每个社会成员支付得起上网的费用，避免信息权利歧视。此外，创建必要的信息基础设施是很重要的。所有市民可以通过物联网，在城市的中心地点，比如城市会堂、图书馆等访问公共空间，可以利用数字社会权利（接入、信息、教育和培训、参与）。最后，通过系统和平台建立为弱势群体提供教育服务和职业培训的公共中心，从而增强他们的技能，帮助他们找到工作并适应社会。

五、诚实的道德情操

诚实是人类最可贵的品质之一，弘扬诚实文化是物联网社会的必然。在物联网社会中，在一个虚拟的、数字化的世界，物物之间可以自由通信。信息交流都在终端界面之后进行，没有人知道所发来信息的对方是人还是动物抑或是器物；技术权力的泛滥不容易受到法律的规制；毫不费力的终极搜索引擎让极为隐私的信息无处可藏；网络也时有诈骗、垃圾邮件、广告、性诱惑、谎言、偷窃、赌博等信息出现。

诚实是物联网社会存在之根本，也是商业文明的根基。言而无信不知其可，人无信不立。按传统主流儒家的理想，个人的道德修养是社会安定和谐的基础，因此"诚信"是首要的、无条件的。这一思想无疑对中国人的心理与行为产生了重要的影响，但是，实际社会生活却不可能如此理想。当大部分的道德修养尚未进入"至善"的境界时，两人的交往难免要花许多时间来确认对方的诚信程度或可信度，以决定自己是否要信任对方。于是诚心与不信任并存，诚信与信任之间出现了一道巨大的鸿沟，儒家理念中所构想的理想链条断裂了。更严重的问题是，如果存有"防人之心"，那么所谓"以诚待人"就要大打折扣，"害人之心"也有了丰富的土壤。这样一来又绕进了一个死循环。儒家以对人的潜在美德的道德力量的相信为基本信念，来启动人际交往中相互信任的循环锁链（杨中芳，彭泗清1999）：先由自己诚信来取得对方的信任，然后对方才会以诚信回报，从而自己才产生对对方的信任。在这一模式中信任的进展是随着人际关系的进展而来的，而人际关系的进展又是在双方相互表达了自己诚实，当有诚意和诚心之后，才逐渐深入的。所以诚实乃是上策。诚实道德优先，法律是最后的庇护所：如果在法制不健全而又无公平正义的执行力的情况下，我们将又流离失所到哪里？

诚实是物联网社会健康文化的应有之义。建立物联网社会的诚信文化至少需要三条途径：①要建立合理的人性化的信誉档案制度；②加强科学、简明、实效的基于中国传统文化的廉耻荣辱教育，为人处世首先是明辨是非，其次才是知识的学习和运用；③弘扬真善，培育诚实的社会精神气质和文化内涵。

六、创新的精神品格

在物联网社会，我们提倡创新文化，做到人格独立，做到有理想有信仰并为之奋斗，实现自由与责任并行不悖的社会目标。这有助于实现物联网社会的和谐稳定和可持续发展。

作为家族企业的可持续发展，"富不过三代"的命题越来越多地受到了人们的关注。葡萄牙有"富裕农民，贵族儿子，穷孙子"的谚语；西班牙也有"酒店老板，儿子富人，孙子讨饭"的说法；德国则用三个词"创造、继承、毁灭"来形容三代人的命运。有数据表明，由于找不到合格的接班人，95%以上的中国民营企业家无法摆脱"富不过三代"宿命。国内富人家族的孩子中，只有约10%的子女继承了父母的优良品质，成为积极向上、勤奋好学的人。对不少富有家族及企业来说，不是富过三代的问题，而是能否富过两代的问题（黄铁苗 2009）。虽然阶层流动是一种正常的社会发展动力，但是家族企业的可持续发展和"富不过三代"作为一种安全的财富传递、资本重组方式的社会现象，仍然值得研究。2009年8月，江苏省委组织部提出，计划用两年时间来培养1000名民营企业家后备人才，这是江苏省在"富二代"命题上首次实施的干预社会财富流动的举措。

目前已有部分个人和企业可持续发展的案例实践：日本式的长子继承制，重视艰苦奋斗精神培养财富传人，"苦其心志，劳其筋骨，饿其体肤，空乏其身"；欧美盛行信托理财制和慈善制度，以更加职业的管理方式维护和扩增财富，在家庭成员财富收益和社会收益方面寻求平衡点。

我们更应该从文化的角度来认识该问题，提倡创新文化：独立、卓越、创新。要重视社会教育，培养自立、自觉、创新的精神；要树立永不懈怠、再接再厉、勤勤恳恳、不骄不躁、执着持恒的精神；要摒弃急功近利、快餐式的人才培养模式。西方伦理浸润着一种清教学说：在个人的职业中刻苦劳作是必要的。这一原则渐渐体现在它的结果中，系统的、有条理的、坚持不懈的劳动能使人获得职业成功。刻苦勤劳意味着必须把时间完全用于恪尽职守、尊崇理性、自立创新。然而，部分中国人的教育方式很让人担忧：让孩子生活在养尊处优的较为封闭的环境中而让他们缺乏吃苦耐劳的精神；强迫孩子参加各种文化学习和培训，使得孩子缺少主动和主见；害怕对孩子进行挫折教育和自立教育，造成一种异化性依赖。

创新能力源于独立自由的精神和自我学习的能力。康德认为，天才给艺术定规则时，是自由创造的，不模仿他人。虽然康德的天才论是一种唯心的观点，但是"天才是自由的"却具有现实意义：创新源于自由。

在马克思看来，一个独立的、自由的人同时也是一个能动的、与外界发生关系的富有创造性的人。一个全面发展的健康的人即是一个富有创造性的人。一个全面发展的人是一个充分体现了人的本质存在的富人（弗洛姆 1986）。在现行的资本主义制度下，人拥有许多财产，却失去了人自身。所以，真正富有的人是一个自由的、富有创造性的人。物联网社会如果要充分释放个人创造力必须摒弃急功近利的格式化人才评价机制，实现各尽其能又不失公平的获得感。

第二节　物联网社会的文化治理媒介

人类社会的发展史既是人类文明、文化发展史，也是信息传播的发展史，从初阶的手势、表情、肢体语言到复杂的文字记载、声音记录、图像成像。声、光、电等都成为信息传播的载体，而信息传播的内容就是文化，信息传播的工具即为文化的载体。信息无处不在、无时不在。任何事物都是信息的复合体。在这个信息世界里，世界各地各大报纸、杂志、书籍以各种文字的形式传播各种信息，人们以各种语言交流各种信息，光缆、电缆、无线电波无时无刻不在传播和发布信息，各种传感器不停地采集各种信息，商业、政府情报部门和个人利用各种工具搜集信息。毫无疑问，信息传播工具作为文化媒介对文化效力的发挥起到了重要作用。本节从技术史角度阐释文化与媒介的共生关系，为文化实践提供理论参考。

一、文化治理媒介技术理论

（一）麦克卢汉的媒介论

麦克卢汉被誉为信息社会、电子世界的"圣人""先驱"和"先知"，是富有原创性的传播学理论家。主要观点包括：

1. 媒介延伸论

人的技术是人身上最富有人性的东西。人凭借技术来实现身体的延伸。人制造各种工具，刺激、放大和分割我们肢体的力量，并予以强化，以记录数据，以加快行动和交往的过程。电磁技术来临之后，一种全新的有机体原理开始发挥作用。电能使人的神经系统延伸并形成一种新的社会环境。该观点类似于房龙（2011）关于人类的发明是人类器官功能的延伸的论证。另外，麦克卢汉认为拼音文字产生的结果之一是人发生裂变：视觉部分与动觉、听觉、触觉分离开来。印刷机械的推广加速了感官失衡的进程。电子技术恢复了人的感官平衡，让人重新部落化，使地球成为一个村落。

2. 媒介冷热论

媒介具有冷热属性。俚语"冷"（cool）的意思是卷入、深度参与、深深投入，和创造过程融为一体。电视是冷媒介，电视不接受形象鲜明的人物——"热"（hot）人物。电视媒介的性质是要求观众大量参与，它不会给观众完整的一揽子信息，它没有一个完整的形象。观众不得不一边看一边建构一个形象。漫画也是一种冷媒介，有很多空档需要去填补。凡是信息程度或数据程度低的地方，填补或参与的程度就高。电视不善于报道单一事件。它需要一种仪式、节奏和模式。电视有利于培养全球参与的仪式性节目。电气技术使受众的参与度日益提高，使之成为生产力的一部分。受众不仅是消费者，还是生产者。报纸是一种热媒介，能够对单一事件做深度报道。

3. 媒介即信息

媒介即信息的意思是任何媒介（即人的任何延伸）对个人和社会的任何影响都是由于新的尺度产生的；我们的任何一种延伸（或称之为任何一种新的技术），都要在我们的事物中引进一种新的尺度。任何媒介或技术的"信息"是由它引入的客观世界事物的尺度变化、速度变化和模式变化引起的。铁路的作用并不是把运动、运输、轮子或道路引入人类社会，而是加速并扩大人们过去的功能，创造新型的城市、新型的工作、新型的闲暇。媒介塑造历史，媒介的塑造力正是媒介自身。媒介的魔力在人们接触媒介的瞬间就会产生。所以，任何技术都逐渐创造出一种全新的人的环境，环境并非消极的包装用品，而是积极的作用机制。

4. 媒介即按摩

麦克卢汉在1966年的一次演讲中提出"媒介即按摩"，该论断并不是否定"媒介即信息"，而是强化媒介的作用。他认为媒介是行为，它抓住所有人，以野蛮的方式给大家按摩。它作用于神经系统和我们的感知生活，完全改变我们的感知生活。技术媒介就是大宗商品或自然资源。太强调几种大宗产品就会使经济极不稳定。每一种塑造社会生活的产品都会使社会付出沉重的代价。这是麦克卢汉表现出的对媒介的鲜有的忧思。

（二）尼葛洛庞帝的比特论

尼葛洛庞帝吸收麦克卢汉部分理论，但走得更远。他对世界的本质进行思考，提出一系列基于比特的数字化生存预言（尼葛洛庞帝1997）。

1. 信息 DNA

与原子不同，比特没有颜色、大小或重量，能以光速传播。它就好比人体内的 DNA 一样，是信息的最小单位。比特作为信息的 DNA 正在迅速成为信息社会的基本元素。比特能以更好和更有效率的方式传播文化和信息。如同特洛伊木马一样，比特这个突如其来的礼物所产生的后果可能令人意想不到，全新的文化内容会大量出现，新的竞争者和新的经济模式也会浮现出来，并且可能催生新的信息和家庭娱乐工业。比特可以毫不费力地混合，可以同时或分别地重复使用。由混合的比特所产生的多媒体让世界改头换面：一个更人性化的、图形化的、虚拟与现实相结合的互动世界。整合的世界大于部分之和。

2. 媒介互换

电视广播特点之一是：所有的智慧都集中在信息传输的起始点。信息传播者决定一切，接收者具有被动性，只能接到什么算什么。未来的电视不在于更高的分辨率、更鲜艳的色彩、更多的功能或能接收更多的节目，而在于智慧分布的变迁，把部分智慧从传播者那端转移到接收者这端。就报纸而言，传输者也同样掌握了所有智慧。但是报纸却或多或少地避免了信息单一化的问题，因为不同的人在不同的时间可以用不同的方式来读报。在数字化的未来，媒介的本质能否互相转换是关键。看电视的体验能否接近读报的体验？读报能否获得看电视一样的感官体验？尼葛洛庞帝认为答案在于能够开发出能为我们过滤、分拣、排列和管理多媒体的电脑。这种电脑将为人们读报、看电视，而且还能应人们的要求担任编辑工作。这种智慧存在于传输者和接收者两端：传输者推送有效信息给接收者，而接收者也可以拉出他们想要的信息。比特传输改变大众传播媒介的本质。比特离开传播源后，将不再局限于任何具体的媒介。接收端可以把它们转换成各种不同的形式，用不同的方法来使用，凭借不同的电脑程序使之人性化，决定权在接收端。电脑即电视，媒介可以互换。

3. 文化融合

比特可以在技术和人文、科学和艺术、右脑和左脑之间架起桥梁。尼葛洛庞帝认为，电视的产生纯属技术上的需要。而摄影术是基于艺术表达的目的而产生的。个人计算机已经离开纯粹的技术目的而走上与摄影术相同的发展方向。计算机不再服务于特定人群或机构而飞入寻常百姓家，成为服务于广大民众生存、发展的创造性的工具。基于比特的多媒体和信息将集科技和艺术于一身，其推动力是人们对消费性产品的需求。

4. 小型化趋势

尼葛洛庞帝根据计算机的体积和质量的变化推测出计算机设备小型化的趋势。如果计算机设备摆脱手指张开幅度的束缚，就会受到衣兜、背包、钱夹、手表、笔和其他类似物体积的影响。他认为，在各种形式中，信用卡很接近理想的尺寸。因为显示器很小，图形用户界面变得没有多大意义。笔式设备显得笨拙，而按钮式也有局限：它完全是为手指纤细、眼力极佳的年轻人设计的。袖珍型的腕式设备也有可能。小型化的趋势势必推动语音制造和语音识别技术的提高，并集成在人机交互的设备上。

5. 无所不在的智慧

尼葛洛庞帝认为，机器必须能够轻松地彼此交谈，才能为人提供更好的服务。比特改变机器与机器之间交流的标准，使机器之间的交流更为方便。手表可能成为移动的指挥控制中心，而手表是更多穿戴式计算设备的一种。未来的世界将是无处不在的计算，智慧随时待命。所有的流程将越来越多地互联起来。例如如果航班晚点，闹钟提醒就会延迟；车辆服务部门会自动收到交通预报；冰箱会和汽车互联，让汽车提醒你回家途中顺便买些必需品；烤箱能和新闻网、其他家电互联，能在面包上印制你心爱的股票昨日的股市收盘价；汽车也充满智慧；学习已不再是负担，而充满乐趣，在游戏中学习；等等。

最后，尼葛洛庞帝指出，基于比特的数字化生存有四大特征：分散权力、全球化、追求和谐、赋予权力。

(三) 莱文森的媒介演化论

莱文森（2011）对信息技术的演化方面有独到的见解。主要理论如下。

1. 人性化趋势

莱文森在他的博士论文《人类历程回放：媒介进化理论》（*Human Replay: A Theory of the Evolution of Media*）提出技术的人性化趋势理论。他认为，技术发展的趋势越来越像人，技术在模仿、复制人体的感知模式和认知模式。莱文森从达尔文的进化论获得灵感。他将人比喻为"自然环境"，人的生存、发展、认知世界和改造世界需要人对技术做出理性选择。人的理性能让技术越来越合理，越来越完美，使技术能够扬长避短。莱文森承袭和发扬了麦克卢汉媒介延伸论。

2. 补救性媒介

该理论与麦克卢汉的马镫案例有异曲同工之处，实质上是"人性化趋势"理论的补充说明。"补救性媒介"理论认为，任何一种后续的媒介都是对过去某一种媒介功能的补救和补偿。例如，为了看见户外的情况，人们在遮风挡雨、防止外人进入的墙壁上凿洞。但是墙洞无法方便、有效地抵御恶劣天气里的风雨侵袭。于是人们发明了窗户，这样就可以两全其美：既可以看到室外情况，又可以避免外界环境的干预。但是窗户的发明也产生了一个问题：隐私可能受到偷窥和窃取，因而人们又发明了窗帘。从逻辑链上看，窗户是对墙壁不透明性和隔绝的补救，玻璃是对窗户的补救，窗帘是对玻璃的补救。

手机的振动功能是对铃声骚扰的补救，单向收费是对双向收费的补救，和弦铃声是对非和弦铃声的补救，彩屏是对黑白屏的补救，手机上网、播放影音文件、短信功能、摄像和拍照功能是对电脑、摄像机、照相机单一功能的补救。

3. 玩具—镜子—艺术

该理论可以表述为前现实—现实—后现实的辩证关系。技术首先被设计成玩具，接着发展成为现实的具有应用功能的物品，最后超越现实成为新的现实（比如艺术品）。这是由不成熟到成熟再到自我否定、扬弃的螺旋式上升的过程。比如电话产生之始，西部联合电报公司董事长威廉·奥顿拒绝贝尔电话公司 10 万美元转让专利的报价，理由是"我们拿这样的电动玩具做什么呢？"到了 20 世纪，电话几乎成为日常办公、生活必备的工具。最后手机慢慢代替电话而成为便捷的通信工具。手机发展的最后慢慢呈现出艺术化的趋势。

4. 媒介"三分"说

莱文森将媒介分为旧媒介、新媒介和新新媒介三种。他认为旧媒介是指互联网产生之前的一切媒介，包括书籍、报刊、杂志、广播、电视、电话、电影等。旧媒介突出的特点是：具有时空性、专业性。新媒介是指基于互联网的第一代媒介。比如电子邮件、门户网站、电子公告板（bulletin board system，BBS）、电子书、留言板等。新新媒介是指基于互联网的第二代媒介。例如博客、微博、社交网络等，其特征是：广泛的参与性和互动性、消费者和生产者身份的混同、自由免费等。因而新新媒介的生产者多半是非专业人士，没有自上而下的控制和守门人，人人都可以成为出版人、制作人和促销员。

二、媒介进化：从语言、文字到手机

时间和空间及其产物，构成人类思维的框架。人类的发明创造始终围绕时间和空间之轴展开，信息传播技术也不例外。

（一）从语言、文字到印刷术和复印术

人类为了生存，进化并产生了语言。声音最初是作为警告的工具而形成的，而不是作为一种教导工具。作为警告的工具不仅仅是为了提防看得见的危险，更是为了提防那些人眼看不见的危险，所以人们尽可能地大声喊叫。

由此推断，语言的产生最初是由于人类在实践中有了时间和空间的观念：在特定空间里，不需要身体接触，声音即可快速传播信息。随着人类的进化和语言的普及，人类开始认识到语言的时空局限性：即时性、衰变性和人身性。同时，建立在语言基础上的知识具有特权和垄断性。以耳朵和大脑为媒介的信息和文化传播隐含着一个预设：对记忆载体存续时间的依赖。如何让话语保存的时间更长一些，不因记忆载体的消逝而消失，不局限于特定的群体空间？基于人类对时间、空间的控制欲望，人类从图画中抽象、发明了文字和字母。文字和字母架起时间桥梁的同时，也为不同空间信息传递起到关键作用。造纸术为印刷术奠定基础。在印刷术出现之前，书面文本只能依赖于手工誊写和描绘。虽然书面文本在时间的绝对性上占据优势，但是在时间的利用效率上存在弊端，并且，依赖手抄的文本存在被毁坏和误写的风险，数量极少的文本如果不能很好地保存，其后果将是毁灭性的打击。因此建立在有限数量的手抄本基础上的信息文化存在不足。

如何克服上述障碍呢？方法只有一种：快速的、一致性的书面文本产生术。通过引入装置，以空间置换时间的绝对性和利用效率。这样就产生了印刷术。印刷机成为批量、快速生产文本的载体。印刷术是一种"思想炸药"、文本克隆术。印刷术的产生导致人们思想的解放，导致民主、自由观念的产生，催生了宗教革命，对欧洲近代资产阶级革命产生了直接的影响。谷登堡把每个人变成了读者，复印术则把每个人变成出版人（麦克卢汉 2006）。虽然不具备传统出版商的文化冲击力或发行的便利，但是复印术至少能把手稿送达更多人。从语言到文字到印刷术和复印术，从声音媒介到纸质媒介，这一嬗变拓展了信息空间的横向传递的广度，延伸了时间的纵向传递深度。

（二）从烽火台、电报到光纤

烽火是人类利用光作为通信媒介的开始。火在人类发展进程中起到重要的作用，火将人类带进文明时代。随着人类对火的进一步利用、观察、思考和实践，人类发现了火光的通信用途。烽火不仅能表示警报，还能反映一定信息,比如烟火的数目、数量及间隔时间的不同可表示敌人的数目、方位等。烽火通信的特点是及时性,但成本过高且受制于气候等自然条件。信鸽偶尔也成为通信的工具。历史上存在时间最长、范围最广的是依靠人力、兽力、机械力传递纸质信件。电报发明之前,速度最快的以蒸汽机为牵引力的火车也只不过每小时47公里。基于资本主义殖民扩张的需要,有效的远距离通信迫在眉睫。电流的传播速度和范围自然而然成为通信技术的焦点,电报应运而生。从烽火台到电报,人类始终在构想和实践以时间置换空间的愿景。电报消除了信息运动的空间障碍,使空间不再是必然的制约条件(波斯曼 2007)。电报使得书面语言在空间上以前所未有的速度蔓延。洲际界限、地区分隔也随之崩溃。时间观念具有无所不在的渗透性(伊尼斯 2003)。电话、广播、手机使口语词在空间上四处弥散。基于电子的信息和文化传输越来越便捷,空间越来越广:电子信息和电子文化无处不在、无时不在。

20世纪70年代以来,光通信开始从理论走向实践。光纤的应用意味着人类光通信的真正开始,人类开始向光子文化迈进。2002年澳大利亚物理学家林平开和鲍温在澳大利亚国立大学将一束有信息码的激光成功加以"空间转移",创下世界性的科学突破:运用"量子纠缠",将激光在光学通信系统的一端解体,又在一米外将之复制出来。从烽火台到电报再到光纤,虽然人类绕了一个螺旋式圆圈,但是人类驾驭时空的技术能力逐渐成熟。

(三)摄影术

从14世纪到18世纪,欧洲绘画都以"忠实于自然"为最高要求。无论肖像画、静物画、风景画及想象出来的地狱画都是以视觉经验的世界为依据的,甚至艺评评画的时候,"忠于自然"也是一个非常重要的标准。小孔成像在中世纪已成为准确素描的方法(兰辛 2008):这种以光线经过透镜而形成影像来做素描的绘画暗箱就是照相机最早的雏形,唯一需要的是一种可以保存光线投射的图像的东西。平版印刷对彩色照片的技术革新需求和报业的发展催生了摄影术。而真正意义上的摄影术的产生源于人类对时间和效率的追求。最初的沥青定影需要 10 个小时，现在数码相机能即时成像。与时间的抗争始终是人类保存自己的一种伟大方式。人类通过绘画记事，通过绘画使现在的光景成为不朽。摄影术以其真实的、快速的成像技术让美好的事物避免因时间而衰朽。

儿童承载人类对未来的憧憬和最美好的寄托及希望。在摄影术诞生的头 10 年里，最重要的拍摄对象常常是孩子。家庭是社会的最小单位，一张全家福往往是保留记忆的最好方式。摄影术使影像制作平民化，不再拘泥于画家的丹青。摄影术的另一个效果是让空间虚拟化而无处不在，空间成为流动的虚拟空间。人类可以在足不出户的情况下"感受"到世界各地的风土人情，可以欣赏世界上任何一个美景，并且这些美景可以跨越时间的凝视，任意传播、流动，任意回眸。高速摄影术和数码技术的产生进一步有效地扩展了虚拟空间的疆域：任何现实中的人、动物及地球每个角落的景象都可以逼真地、生动地展现，成为虚拟之物，即使是非常隐私的场景。

（四）照明

作为人造光线，照明来自人类对火的利用。照明扩大和延伸了人类活动的时间和空间。直至现代之前，照明的原料没有太大的变化，多以动物油、鱼油、植物油为主。直到 19 世纪中叶，蜡烛和油灯仍然是人类人造光的工具。以蜡烛为例，蜡烛源于原始人的火把。后来腓尼基人用蜂蜡制作蜡烛，到了公元前 500—公元前 400 年间，人类用羊油和牛油制造蜡烛。石蜡的出现曾在人类照明史上开创了一个新时代。作为照明工具的灯被制造得异常美丽，人类只是在制灯工艺有质的飞跃。灯的基础结构没有质的改变，光线依旧微弱。虽然 18 世纪末人类发明了煤气灯，但是直到 1841 年威斯敏特大桥才开始用煤气照明。20 世纪初巴黎街头的煤气灯仍然是主流。直到 1880 年白炽灯泡的发明，人类才打开全新世界的大门。人类可以将白昼延长到 24 小时，可以不再仰望头顶上的星光。人类有了更多的时间来做更多的事情：加班、看书、休闲、娱乐等。人们在"多出来"的几个小时里可以看电视、看电影或听广播。人类利用电灯可以生产更多的物质财富和精神财富。电灯的发明,促进了电子媒介的繁盛和竞争,对人类文化的繁荣起到极大的作用。莱文森(2011)认为,电灯照明对下列现象有启发性意义:1870—1900 年间,美国的人口翻了一倍,日报增加了三倍,报纸销量增加了五倍,周刊发行量增加了两倍;公立学校在校生占适龄儿童的比例从 57% 增加到 72%,文盲在人口中的比例从 20% 降至 10%。

(五) 计时器

日出而作,日入而息。在遥远的石器时代,人类就注意到随着时间的变化,阳光下的影子遵循着某种规律运动。晚上人类观察星星的分布规律,于是晚上也有时钟。天体的运行将时间刻画为"年"和"月"。直到人类发明日晷,日影和时间之间的计时联系才得以量化。但日晷局限于阳光,阴雨天和晚上无法有效计时。后来人类发明了水钟和沙漏。第一个使用擒纵器(escapement)的钟于 8 世纪在中国出现(Landes 2000:18)。13 世纪,欧洲的教堂和公共建筑物上开始安装上钟表。15 世纪哥伦布发现美洲大陆宣布长途航海时代的到来,而航海需要不受外界干扰的精确的计时器。源于空间扩张的需求,西班牙和英国重金悬赏制造该仪器。经过哈里斯等人的努力,人类终于在 1830 年将计时的最大误差缩小到八千六百分之一秒。文化的传播与计时垄断有正向联系。中国古代文化发达,原因之一是中国古代计时不是一种垄断性权力。埃及金字塔、欧洲中世纪教堂上的时钟就是权力的象征,这种权力也加强了对文化的控制。当文字、语言、诗歌和祭祀、经书联系在一起时,它们就成为神圣的东西,成为权威的原则。

当计时工具日趋普及的时候,宗教组织和权力阶层对时间的垄断慢慢消退。欧洲近现代文明建立在对时间的精确测量和计算之上。时钟撼动了中世纪生活的集中化体制(波斯曼 2007)。做事要讲效率:以最少的时间完成更多的事情。活在当下,勤奋学习和工作,努力致富成为一种新的文化。钟表最大的用处是让人积攒金钱,钟表偏爱的是财神爷。基于效率的创新观念紧密地和改善的观念联系在一起时,每次技术革新都意味着人类的进步。技术创新为人类提供便捷、舒适、安全、健康的生活。可计算原理和文牍中心原理为现代管理体系提供基础（波斯曼 2007）。而计时所孕育出的精确、客观的理念也成为近现代科学伦理的基石。当时间超越了测量对象的时候，时间不仅是一种文化，还是一种货币。

（六）计算机、互联网和手机

计算机是现代信息和文化传播的重要工具。作为计算设备，早在公元前 5 世纪，中国人就发明了算盘，并广泛地应用于商业贸易。经过人类不懈的努力，到 20 世纪 70 年代计算机逐渐完善和普及化。和计算机一同发展起来的是应用程序和软件，借助于它们，普通用户能轻松地完成文字处理、计算、制图、信息记录等事情，并能享受生活的乐趣。互联网的出现改变了人类社会。从此，人类的生活方式、学习方式、工作方式、思维方式和互联网紧密联系融合在一起。以计算机等设备为终端的互联网成为人类信息和文化传播的最有效的方式，也成为人类组织和控制时空的魔杖。计算机文字处理可以让纸张成为历史的遗迹，它大大降低了出版和传播的障碍，可以让每个人成为在线出版人。计算机文字处理易于本地和远程操作，可以让文本在本地或世界上遥远的地方即刻浏览、修改、打印。个人计算机可以轻松地将整个传统图书馆的文本信息存储、复制、检索和传输。物质世界被分解、镜像成比特在无声无息的时间和网络里流动，通过电子或光子瞬间传播到千里之外，这已成为事实。超文本赋予作者和受众前所未有的互动能力：作者在与受众沟通的过程中获取灵感，受众在与作者互动的过程中受到启迪。超文本跳跃式链接将文本构成综合的知识链系统，免去注脚和检索，节约阅读时间的同时扩大了认知空间。

到了 20 世纪，人类的图像认知又慢慢占据上风。印刷术、电报、广播、复印、传真、固定电话等非屏幕媒介逐渐成为长江前浪，被以电影、电视、计算机、手机、手持便携式设备等为代表的屏幕媒介慢慢推到历史的沙滩上。而计算机、手机等便携式设备和互联网的融合形成信息黑洞，不断吞进和融合以往的媒介。固定电话、广播、电视、报纸、纸质书籍等在以计算机和手机等为终端的互联网面前黯然失色。以即时通信工具为代表的互联网通信工具可以在线聊天、在线会议、在线文件传输、组建兴趣群体等，它与固定电话、电报等传统媒介相比有过之而无不及。电报最终退出历史舞台，结束了其 160 多年的历史。与移动电话用户相比，固定电话用户数量持续下降，固定电话前景暗淡。在扫描、摄影技术和互联网的联合挤压下，传真机也正成为夕阳产品。作为叙事性的广播在第二次世界大战期间以其令人震惊的冲击力唤起听众的激情，点燃听众对未来的希望。广播压倒其他一切媒介，成为信息传播的主流。随着第二次世界大战的结束，电视慢慢取代广播成为首选的娱乐媒介和信息平台，广播失去其核心地位。随后，卡式单放机、CD 机、MP3 播放器等视听设备也抢占了广播的听觉时间。广播日趋式微，仅仅成为部分特殊群体的媒介工具。

与以计算机等设备为终端的互联网相比，传统电视机因其专业性制作、单一性节目而缺乏灵活性、互动性，传统电视机的发展前景走向低落。2011 年的电视行业已步入了寒冬，夏普、索尼、松下等国际厂商在电视业务上巨额亏损，而三星、LG 等风头正劲的厂商在电视业务上仅仅能够达到盈亏持平。智能手机等便携式设备作为集成性和交互性的应用平台，集照明、计算、计时、文本浏览和处理、联网、摄影、视频和音频播放、录音、传感、通信、定位、信息存储等功能于一体。智能手机等便携式设备正引起颠覆传统媒介的浪潮，成为物联网文化传播时空之轴上的焦点物。

三、文化治理媒介的技术趋势

回顾文化媒介的发展历史，展望未来，物联网社会文化治理的媒介又将呈现怎样的趋势？

（一）两极分化

从本质上讲，文化媒介具有空间上的渗透性，这就决定了文化媒介必须分散化、开放化。分散化和开放化的趋势是数量规模化和便携性。数量规模化和便携性决定了媒介形式上的微型化。形式决定功能，微型化要求必须将权力和权威分配给更小的单位，这样更有利于人的直接控制，例如超级笔记本、智能手机、纳米芯片、微博等。以微型化为特征的微技术让媒介节点激增,让物联网文化媒介无处不在。同时,文化媒介具有目的上的控制性,以时间和空间的控制为目的,这一目的趋向于集权化的权力和外在控制。人类往往通过巨技术实现这一目的,比如金字塔。巨技术通过精确计算、无限扩张、全面控制等来实现,它体现了人类对绝对权力的追求。巨技术在形式上以庞大的系统和超强的功能为特征,例如云计算、智慧城市、超级计算机、门户网站等。巨技术的功能具有单向性、凝聚性和集成性。巨技术加快了媒介的垄断和兼并。所以,智能手机并不是物联网文化媒介的终结者。进而论之,微博也不是门户网站的终结者。门户网站等媒介也不必然衰落,必须增强全面控制,发展巨技术。物联网时代是一个微技术和巨技术两极分化扩张的时代。

内隐和开放技术并存。内隐技术是一种面具和遮蔽技术,它追求个体稳定的、隐藏的情感和身份状态,并对个体空虚、压抑、负面的情绪进行无干扰的内释放,从而达到对个体情感的控制及从公共领域的防御性收缩。开放技术则是表演和揭露的技术,强调情感共享和集体友爱,通过分享共同的人格来寻求身份认同。

(二)检索至上

人类通过将主体客体化,并通过强化技术和省力技术来扩大人类的认知范围。主体客体化导致人的进化:在某些器官功能弱化的同时,另一些器官功能得到增强,比如记忆能力的衰退和检索能力的增强。在对时间的执着追求中,人类存在着普遍的焦躁。人类通过技术试图保存文化传承的绝对性,但又造就了信息的空间扩张、信息量的爆炸。人类试图通过索引、注解、标点符号、章节标题、分段、扉页、书名等组织和控制印刷机产生的文本信息,但熵依旧在增加。摄影、录像、电报、电话、广播、手机、互联网、物联网等媒介所产生的语词、图片等信息呈指数增长。人生有涯,信息无涯。医院、学校、教堂、监狱、银行、网络运营商、政府部门等单位成为信息保存、过滤的重要机构,并因信息垄断而掌握权力。教育的使命是培养专业技能,成就技术专家。技术专家对与自己专业领域无关的知识，往往知之甚少。专家的角色就是专注于一个知识领域，筛选现有的知识，剔除与问题无关的知识，并利用剩下的知识来解决问题。对于物联网社会来说，通过万物感知获取数据不是本质问题。数据分析才是核心。基于智能的、语义的、有序化的、标准化的、开放的、分布式的信息检索至关重要。

（三）能量为王

能量是媒介的原动力。以媒介在信息传输中媒介自身是否需要能量或产生能量为依据，可以将媒介分为冷媒介和热媒介。如果媒介在信息传播过程中，媒介自身需要能量或产生能量，这就是热媒介，反之则是冷媒介。从书籍、报纸到手机等便携式设备，媒介逐渐从冷媒介向热媒介转变，正如人类从冷兵器转向热兵器一样。较之冷媒介，热媒介信息量剧增，其原因在于热媒介是多种媒介的集成，比如电视机集图像、影音、荧屏等为一体。热媒介往往聚合信息内容、发光二极管等为一体，便于浏览和阅读。所以热媒介带来的信息更多，需要的能量更多。能量的转换都使双向的，能量在冷媒介向热媒介转向中起到关键作用。蒸汽机、电、光、生物能等能量是现代信息传输的原动力。物联网催生了数亿的显示屏、读取器、有源标签和便携式设备。显示屏成为物联网社会的主要媒介界面。能量和信息量成正比，物联网时代是一个信息横流和能量为王的时代。可以理解，物联网社会的文化是一种荧屏文化，是一种光电文化。

同时，能量是一种信息传输的媒介。无线数据传输利用电磁波，尤其是无线电波。但无线电波存在很多局限，资源缺乏、成本昂贵并且只有确定的波段。光是电磁波频谱的一部分，将其用于无线通信是很有前景的。英国著名物理学家哈拉尔德-哈斯表示，他研发出一种全新的无线数据传输技术，在照明装置中安装微芯片，将照明与数据传输联系在一起，可利用普通的电灯泡完成整个过程。[①] 美国纽约大学的科学家发明了一项利用

---

① 数据来源于 http://tech.sina.com.cn/d/2011-08-25/09195978352.shtml。

热量而不是磁场存储数据的新的电脑硬盘数据存储技术。① 这项技术每秒可存储数千 GB 数据，其速度是当前硬盘的数百倍。由于存储过程不需要使用磁场，这项技术同样能够降低硬盘的能耗。

（四）去时空化

任何一种平面都可以成为屏幕，这将是未来技术发展的趋势之一。卡内基梅隆大学未来界面小组正在研究的两个新项目②。其一名为"低俗小说"（Pulp Nonfiction），主要是以低成本方式，使纸张能够跟踪手指、笔或其他书写设备，单个系统成本仅需 30 美分；另一个项目名为"墙++"（Wall ++），是与迪士尼研究部门合作完成的，其主要是通过价格低廉的喷绘，为普通的墙壁提供触摸屏般的属性。

泛在性、微型化并不是媒介的终点，媒介进化的未来趋势之一将是"去空间化"，摆脱对空间的依赖，实现无处不在的内容传播。对于个人而言，基于脑机接口的人机交互、人机结合甚至去空间化的媒介，将是下一代人机结合技术的发展方向。媒介成为人身体的一部分，当媒介与云端连接时，人就能获取需要的一切资源。云端资源直接将信息传输到视网膜上的传感器设备。利用现代纳米生物技术，制造纳米机器人，甚至跳过中介媒介，将大脑皮层与云端联系在一起。普特南（1997）在《理性、真理与历史》中阐述了"钵中之脑"的假想，基于一种智能设计论，外部事物可能是不存在的，人处于被操控的虚拟世界中而不自知，从而衍生出人类失去自主思考能力而沦为傀儡的主体之死悖论。

"去时间化"的特征之一是拒绝信息遗忘。云端信息可以随时被搜索、激活和传输。"去时间化"媒介技术一方面可能产生隐私风险问题。人工智能将会将人彻底从时间的奴役中摆脱出来，成为时间的自由主人，从而为人的全面发展创造条件，这是"去时间化"的第二个特征。

---

① 数据来源于 http://tech.sina.com.cn/d/2012-02-09/08146701542.shtml。
② 数据来源于 http://www.sohu.com/a/229688357_118792。

第三节 物联网社会的文化理性与实践

文化镶嵌于特定社会结构与关系网络中，不同的个人与集体行动者，秉持其社会网络中的不同资源、能力和利益，具有不同的价值观和行为实践。物联网社会的文化治理也包括政府机构在内的网络化治理组织，通过政策计划、制度设计和操作机制，发挥文化的建构作用。

一、以人为本的和谐政治哲学

从20世纪90年代中期起，我国理论界开始系统研究和谐文化、和谐思想问题。"和谐"和"以人为本"都是中国特色的社会主义政治哲学的一个热点。和谐政治哲学和"以人为本"如何统一？其哲学依据何在？学者们提出了许多概念，比如和谐心理、和谐思想、和谐思维、和谐精神、和谐意识等。这些概念实质上是作为和谐的意识维度存在的。但这些概念并不是简单的等同，彼此之间既有区别又有联系。以马克思主义政治哲学理论为视角，对和谐、"以人为本"进行哲学研讨，对和谐意识维度进行研究，既有利于澄清和谐理论上的混乱，也有益于和谐实践。马克思主义人本哲学理论是和谐理论向社会现实转化，从理论抽象到具体实践的切入点。

（一）和谐政治哲学有本体、认识和价值三重根

从本体论层面看，"本体"（ontology）是一个重要的哲学概念。尽管马克思以前的本体论形态纷呈，内容各异，但是它们有共同之处：都是在人的实践和创造之外去设定世界的终极原因和构成而没有回归到实践中的人。从发源于近代本体论层面的"以人为本"反对"以神为本"为起始，马克思的实践唯物主义把世界的"本"确立为"人本"，置于人的生产、

生活实践中。以人为本是马克思主义极其重要的基本观点之一。马克思阐释"以人为本"的逻辑进路是：首先从对世界的存在属性进行论述，然后水到渠成地归结到人。马克思指出，我们所说的世界是现实的世界，是人的生活世界，而不是离开人的抽象的世界。人按照自己的世界观重塑了自然界。将自然世界烙上人活动的属性，凸显了人的支配地位，只有人才是自然界之本。人不仅是自然界之本，而且也是社会之本。作为人类社会，其本身就是人的集合。马克思指出，"人是名副其实的政治动物，不仅是一种合群的动物，而且是只有在社会中才能独立的动物"（马克思、恩格斯 2009）。"人不是抽象的蛰居于世界之外的存在物。人就是人的世界，就是国家、社会"（马克思、恩格斯 2009）。作为本体性的人，意识是人在改造世界过程中高度进化的产物，它以人的存在为载体。最终，人作为自然界、人类社会和精神世界之本被推导出来。

从马克思实践唯物主义的角度看，和谐具有本体性，和谐的本体是人。马克思在《关于费尔巴哈的提纲》的第一段就有这样的论述："从前的一切唯物主义——包括费尔巴哈的唯物主义——的主要缺点是：对对象、现实、感性，只是从客体的或者直观的形式去理解，而不是把他们当作人的感性活动，当作实践去理解，不是从主体方面去理解。"（马克思、恩格斯 2009）马克思十分明确地指出应该从"主体方面"研究人，不能简单地把"主体性"等同于"主观性"，从而把人的动机、目的、需求等，都划为主观唯心主义范畴，不去进行科学的分析与研究。放弃了从主体性方面研究人，实际上是放弃了一个重大的科学研究领域。人除了爱与友情之外还有其他的"人的关系"，不能停留于抽象的"人"。感性世界就是个人的全部活生生的感性活动。和谐是个人的感性活动，脱离了感性的人的活动，和谐就是唯心的、空洞的、说教式的。和谐不能脱离主体性的人，应当从实践去理解，也应从主体性的感性的人的意识维度把握和谐的实践本质和价值。作为主体性的和谐既指事物内部的和谐，也指事物外部的和谐。既指人自身和谐，也指人自身、人与人之间的和谐、人与社会之间的和谐、人与自然之间的和谐。从本体论角度看，和谐是人的和谐，以人为本的和谐。

从价值论的层面看,以人为本的价值论是在回答真、善、美问题。是人们处理和解决问题时的态度、方式和方法。它要求以人为根本出发点和归属,人是目的而不是手段;要求尊重人、善待人;旨在实现人人平等、全面发展、公平、自由、秩序等价值目标。马克思高度重视人的价值,以人为本始终是他的理论的价值取向。"在价值论的意义上,应该肯定马克思具有人本主义"(赵敦华 2000)。人自身是出发点,人的利益也是最后归属。"他使自身的自然中蕴藏着的潜力发挥出来,并且使这种力的活动受他自己控制","他不仅使自然物发生形式变化,同时他还在自然物中实现自己的目的"(马克思、恩格斯 2009)。

和谐与以人为本在本质上是一致的。以人为本既是和谐的价值理念,也是和谐的根本点和保证。只有坚持以人为本的科学发展观,才能真正构建社会主义和谐社会;同样,只有社会主义和谐社会,才能更好保证人的全面、和谐发展和实现以人为本的目标。社会主义和谐社会必须以人为本,坚持发展为第一要务,把当前利益和长远利益、个人利益和社会利益、局部利益和整体利益、公平和效率、发展与环境,以及物质文明、政治文明和精神文明结合起来,不断满足人民群众的物质文化需求。以人为本的和谐就是人的自我价值、社会价值、生态价值的有机统一。以人为本的和谐价值观从宏观上有利于国家大政方针、战略、纲领、蓝图、规划、法律、法规的制定;从中观上有利于推进地方区域经济、制度改革和建设,破除地方保护主义,破除落后观念;从微观上有助于实现对现实生活中个人的终极关怀,理解人、尊重人、关心人、爱护人、解放人、发展人,实现人的平等、自由、全面、和谐的发展。

从方法论层面看,马克思主义哲学方法论是实践方法论。马克思的以人为本的"人"是具体的。马克思说,"个人不是他们自己或别人想象中的那种人,而是现实中的个人"(马克思、恩格斯 2009)。恩格斯进一步指出,"要从费尔巴哈的抽象的人转到现实的、活生生的人,就必须把这些人作为历史中行动的人去考察"(马克思、恩格斯 2009)。把现实的人作为历史研究的出发点,也就是把人的物质实践活动、现实的生产劳动作为出发点。这样就能把握住一切社会生活的本质。对于现实世界来说,人是本，而对于人来说，实践和感性活动是本。没有实践就不会生成人，因而也就不会有现实世界，正如马克思所说，"这是人们从几千年前直到今天单是为了维持生活就必须每日每时从事的历史活动，是一切历史的基本条件""必须以生产这根棍子的活动为前提"（马克思、恩格斯 2009）。马克思不仅挖掘出现实世界的人本基础，还指出实践是包括人在内的全部世界的根基所在。马克思的唯物主义是具有划时代意义的实践唯物主义。人是实践的主体，实践是人的实践。"以人为本"的实践唯物主义哲学坚持实践方法论。我们生存的世界无一不是人类实践和创造的结果。

实践方法论也是以人为本的和谐政治哲学方法论。和谐政治哲学的实践方法论将世界之本还原为实践中的人，突出人的主体性。这有助于用和谐意识去思维、观察、分析、评价和解决现实问题。坚持以人为本的和谐政治哲学，就是充分发挥人的主观能动性，不断创新，积极改造自然世界、发展经济、稳定社会秩序和实现人的全面、和谐发展的和谐价值。同时，经济的快速发展、社会秩序稳定、生态环境良好为人的全面、和谐发展奠定物质基础，而经济、社会、自然的和谐最终落实于人的全面发展的和谐。通过生产和交往实践实现人与自然、人与人、人与社会的和谐。通过人和自身为对象的实践，实现人自身的和谐。和谐政治哲学实践方法论突出实践优位，重在实效，能够实现社会主义和谐价值的理论、行为都是合理的。以人为本的和谐政治哲学的实践方法论不拘泥于个别意识形态和保守主义的束缚，旨在解放思想、发展生产力，实现人、自然、社会的和谐发展。

（二）和谐政治哲学有心理、思维和思想三重意识维度

和谐归根到底是主体性人的和谐。和谐虽然也表现为客观的和谐状态，但作为主体性的人，有其意识，从而和谐也表现为主体性和谐意识。和谐意识分为和谐心理（和谐精神）、和谐思维、和谐思想三个维度，是和谐政治哲学三重意识维度的具体体现。

和谐心理是主体对客体事物对象直接的、积极有效的感受、体验的反映和反应活动，是对主体行为的发起能产生影响、制约和支撑作用的意识

因素。和谐心理的反映来自对事物的直接感觉，是客观世界在人脑中的主观映像。和谐心理包括和谐心理过程和人格。和谐心理的形成要经过一定时间过程的磨炼与沉淀，才会逐步稳定于自身的性格特征中，在新的实践活动中就会以情绪的表现对事物做出即时的反应。和谐心理是当主体处于某一环境时表现出的和谐的情感、态度、行为、气质、性格、动机、需求、能力等方面。有学者认为，和谐心理则是指人的基本心理过程和内容之间，或者各部分与整体之间处在一个协调的自然状态，即人的认知、情感、意志与主体行为协调统一，以及人与外界环境能够进行有效沟通，并能化解内部或外部冲突。（俞国良 2007）

和谐思维是主体从和谐的视域对客体事物认识与改造活动的手段与过程的反映和反应，是连接主体与客体的中介。就主体而言，和谐思维是认识主体的一种大脑活动，一种具体的以和谐为表征的认识活动和方式，是知识与经验不断积累的结果。有学者认为，和谐思维是指从和谐的视域出发，以和谐为基本原则和价值取向，揭示和谐性、平衡性、协调性、有序性、互补性在事物发展中的作用，并以追求事物和谐发展为目的的一种思维方式或思维模式（左亚文 2007）。抑或认为和谐思维是一种世界观和方法论，并钟情于和谐思维是一种世界观。或者说和谐思维实际是主体的思维活动、理论活动表现出来的一种精神、一种理念，乃至一种意识形态。和谐思维的意义超越了认识论和方法论的界限，而成为一种世界观、价值观，一定思想体系的哲学精神和一般精神（梁树发 2007）。将和谐思维归属于世界观范畴值得商榷。

和谐思想是主体从和谐的角度对社会事物的属性、规律及关系的认识的反映与反应，是与主体行为密切相关的要素。和谐思想是客观存在的反映在人的意识中经过思维活动而产生的理性认识的结果。和谐思想所要解决与回答的是该不该做、要不要做、为什么、有什么意义等问题，是关涉控制行为和处理社会关系的问题。正确的和谐思想应该以客观事实为依据并与客观事实相符合，能对客观事物的发展起促进作用；反之，则是错误的不和谐思想，它对客观事物的发展起阻碍作用。因此，它对行为具有指引、导向、支配作用，并体现在行为过程之中。和谐思想的内容包括和谐的世界观和人生观、和谐的道德观念、和谐的法制观念和纪律观念、和谐的价值观念、和谐的审美观念、和谐的宗教观念等。和谐思想是主体通过思想活动，由和谐观念决定才产生动作行为的思想意识。和谐思想表现为行为观念和理念。

除了以上三个维度，还有和谐精神一说。和谐精神多指人的意识思维活动和自觉的和谐的心理状态，包括情绪、意志等，是物质的最高产物。"精神"与"心理"都是对思维、意识、意志等心理现象的描述，含义类似。只是人们在认识和使用这两个词时似乎有所不同，且在不同领域含义也不尽相同。有学者从哲学理念、社会观念、伦理关系、个性修养（人生追求）四个方面对和谐精神的内涵进行了阐述，实则将和谐精神等同于和谐思想。有学者认为和谐精神包括和谐理念、和谐思维、和谐心态，实则将和谐精神基本等同于和谐意识（周学馨 2007）。有学者从罗素对"精神"的理解出发，提出了和谐精神包括知、情、意三要素，并从个体的维度来把握和谐精神，有合理之处（林识音，等 2007）。

从主体性角度看，和谐心理等同于和谐精神，都是对知、情、意的表达。和谐思维是在和谐心理（和谐精神）基础上形成的思维方式，同时又反作用于和谐心理。从马克思实践唯物主义角度看，和谐思维主要是一种个体的思维方式，属于方法论范畴。和谐思想是一种行为观念和理念，属于世界观范畴。需要说明的是，和谐心理（和谐精神）所讲的"知"主要是知觉，与思维活动有别，不能等同于和谐思想。和谐思维也不同于和谐思想，前者属于方法论范畴，后者属于世界观范畴。和谐心理（和谐精神）、和谐思想、和谐思维三者相互作用、相互依存，都会对主体产生正面、积极的作用。和谐心理能使思想理智、积极地指导行为，使思维的效率提高。和谐思想可以改变消极、负面的不和谐心理，使之成为和谐心理，从而使思维获得增量。和谐思维可以有效地表达思想、表示行为，可以有效地防止心理失控，可以有效地构建和谐心理。和谐心理表现为主体和谐的心态、情绪，和谐思想表现为正确、合理的目的、观念，和谐思维表现为合理的手段、方法。主体的需要决定目标，和谐思想决定怎样取舍，和谐心理决定能否坚持下去，和谐思维解决如何实现的问题。主体有目的的活动应在和谐心理的支撑下、和谐思想的指引下、和谐思维的操作下去实现。和谐心理、和谐思想、和谐思维三者构成个人意识。在主体精神活动中它们各司其职，联合行动，形成合力去实现目标。

和谐心理、和谐思维、和谐思想的综合即是和谐意识。和谐意识是主体在觉醒状态下，大脑神经活动对客体对象做出的和谐的反映与反应的心理的、思想的、思维的全部精神活动的总和。和谐意识是一种支配行为的能力。它既是大脑物质活动的表现形式，又是支配主体物质活动的精神力量，它产生于主体生理的物质活动，又反过来支配主体行为的物质活动。主体大脑通过对外界客观事物和社会关系的反映，并经过加工重组、积累等过程，形成主体的意识结构。主体以意识结构为基础，在自我需要和动机的激发下对外界事物做出心理、思想、思维和行为的反映和反应，产生和谐心理、和谐思想、和谐思维。从种概念与属概念的关系上讲，和谐意识涵摄和谐心理（和谐精神）、和谐思想、和谐思维三个部分，和谐意识与和谐心理、和谐思想、和谐思维之间是整体与部分的关系。

（三）和谐政治哲学应融入基于和谐意识维度的实践

和谐的意识维度应该融入实践，应该在实践中践行心理、思维、思想乃至整个意识的和谐。和谐心理总是以和谐的心态形式存在。从外在态度看，和谐心理表现为心定气闲、和蔼可亲、和颜悦色等精神气质。从行为方式看，和谐心理表现为从从容容、大大方方、镇定自若、不卑不亢、不阿谀奉承、不卑躬屈膝等行为方式。从内禀特质看，和谐心理表现为心平气和、宽容大度、自尊自重、尊重他人、善待他人、尊重自然规律、不骄不躁、宠辱不惊、无妒无怨、己所不欲勿施于人、闲看花开花落云卷云舒等心理状态。从科学的角度看，和谐心理表现为不偏不倚、情感中立，不带有主观偏见情绪。自我和谐、内心和谐才能气通外顺，才能由己达人、和睦相处。和谐心理外化后，通过力的相互作用由人达己，他人因己之和产生其心理和谐，和谐如火炬相互传递，从而由自己的心理之和达到社会之和。古人云：和气生财。和为贵。党的十六届六中全会在《中共中央关于构建社会主义和谐社会若干重大问题的决定》中提出"注重促进人的心理和谐"，具有深刻的社会意义。和谐心理最终超越了从人自我身心内外的和谐，实现了人与人之间的社会和谐。和谐心理是自我和谐、人与人和谐、社会和谐、人与自然和谐的逻辑出发点。

和谐思维总是以和谐的方法、行为（比如操作程序、动态的运动过程）的形式表征出来。和谐思维能否发挥作用，取决于主体对和谐的学习、理解和掌握程度，要活学活用，融会贯通，不能死搬教条。从科学操作程序来讲，和谐思维体现在用和谐的视角观察事物，用和谐的方法分析事物，用和谐的行为处理事物，用和谐的标准评价事物。用和谐的态度对待事物应归入和谐心理范畴。在科学活动中，科学家、科研人员主要运用的是微观思维方式，"和谐"表现为客观、中立、不偏激、理性行为规范等。在政治活动中，政治家主要采取宏观的思维方式，"和谐"体现为统筹兼顾、运筹帷幄、组织协调、平衡有序等行为方法。不同的职业形成不同的思维方式，因而和谐思维中的"和谐"的具体含义也有所差异，并不是纯粹抽象的、无差别的、千篇一律的，需要社会各行各业去具体分析和总结。和谐思维在思维运用过程中，不断积累和发展，形成和谐思维素质及和谐思维能力。和谐思维素质表现为思维的客观性、理性、综合性、灵活性、精确性、有效性、创造性等方面。和谐思维能力表现为和谐创造力、洞察力、发展力、协调能力、组织能力、领导能力等方面。和谐思维能力是主体各项能力的核心和本质。

和谐思想可以分解为和谐的世界观、人生观、道德观念等方面。和谐的世界观和人生观是人与自我、人与社会、人与自然和谐的前提。和谐的道德观念是人与自我、人与社会、人与自然和谐的根本。和谐的法制观念、纪律观念是人与自我、人与社会、人与自然和谐的保障。和谐的价值观念是人与自我、人与社会、人与自然和谐的关键。和谐的审美观念是人与自我、人与社会、人与自然和谐的尺度。和谐的宗教观念是人与自我、人与社会、人与自然和谐的必要条件。和谐思想就是以人为本、安定有序、自由、效率、诚信仁爱、民主法治、公平正义、求真务实、美好善良等观念的表达。不同的人有不同的思想观念，思想观念决定个人行动。和谐思想是主体行为的引擎，牵引着行为主体遵循社会道德观念、法律制度，积极、合理地实现自我价值和社会价值。单个主体思想的合力形成社会的凝聚力。和谐思想的凝合如涓涓细流汇成大河，孕育着强盛的民族生命力和创造力，奏响时代的主题声音，有助于加快社会主义现代化建设的进程。和谐思想将和谐元素渗透于各价值理念和社会观念之中，具有纲举目张的效果。和谐思想是社会稳定、社会和谐的上层建筑和标志。

和谐意识作为复合结构是最高级的认识活动。和谐意识在生产实践和交往实践中产生并发展。和谐意识也是主体性评价的一项重要指标，通过该指标可以比较全面地评价主体的个人素质，以及个人需要弥补和完善的素质。个人和谐意识可以通过和谐心理、和谐思想、和谐思维三方面来评价。从和谐心理上，看主体是否踏实沉稳、意志坚定、投入专注、心态平和、宽容大度、自尊自信、不骄不躁等；从和谐思维上，看主体是否客观理性、有条不紊、勤于学习、大胆实践、开拓创新，看主体是否有组织、协调、领导能力；从和谐思想上，看主体是否品德高尚、诚信仁爱、遵纪守法、公平正直、团结同志、家庭和睦、求真务实、安定善良等。平和、诚信和勤奋是和谐个体应有的素质。

（四）结语

"以人为本"的和谐政治哲学的三重根——本体论、价值论和方法论不是割裂和孤立的，它们彼此联系。本体论强调实践中人在社会主义和谐社会建设中的地位和作用，价值论强调社会主义和谐社会建设的目的和根本，方法论强调社会主义和谐社会建设所必须坚持的实践优位。尽管"以人为本"在哲学上存在三种不同的理解，但是它们都统一于和谐政治哲学中。仅仅强调某一方面或者片面地理解和谐政治哲学必定造成实践中的不和谐。和谐政治哲学的三重根，结出和谐意识三重维度之花。和谐心理突出和谐政治哲学实践方法论中实践中的人的（心理）作用，和谐思维渗透着和谐政治哲学中的方法论，和谐思想体现了和谐政治哲学中的价值论，三者统一于和谐意识之中。

二、城市精神的定位与重塑——以武汉为例

城市是社会最活跃的地区，城市的演进展现了现代文明的进程。城市精神是城市的心灵和灵魂，是城市文化的硬核，是一种深层次的社会意识形态。城市精神赋予城市以永恒的生命，并将城市从物质形式隔离开来。美国城市社会学家帕克（1987）认为："城市绝非简单的物质现象，绝非简单的人工构筑物。城市已同其居民们的各种重要活动密切地联系在一起，它是自然的产物，尤其是人类属性的产物"。城市具有人的特质和精神。城市如人，既需要强壮、健康的体魄，也需要深厚、向上的精神底蕴。人无精神不立，城市无精神不振。本部分以城市精神为载体对物联网技术治理的文化实践进行研究。斯宾格勒（1963）认为，城市之间深刻的差别主要是一种精神上的差别。城市以精神定输赢。在激烈的市场经济竞争中，城市精神已成为城市发展的软实力。上海成功申办2010年世界博览会，其主题"城市——让生活更美好"表达了人本思想，为世界所接受，也是上海"海纳百川、追求卓越"的城市精神的成功体现。在物联网社会，武汉到底需要什么样的城市精神？武汉又如何培植和建设其城市精神？这是一个值得我们认真思考的问题。

（一）城市精神的内容和特性

工欲善其事，必先利其器。欲挖掘武汉的城市精神，必先在学理上厘清城市精神的内容和特性。

1. 城市精神的内容

关于城市精神内容的界定有多种方式，其中不乏交叉重叠之处。笔者根据手头的资料，将现有对城市精神的界定概括为：城市精神是一个城市通过其自然景观特征、历史传统文化、社会制度理念、市民行为方式等表现出来的城市文明素养，植根于城市的历史，体现于城市的现实，引领着城市未来，区别于其他城市的显著的性格。城市精神的内容应包

含：价值理念、思想意识、道德情操、审美追求、人文情怀、战略思维、精神品格、心理素质等智性形式，这八个方面辩证统一。

2. 城市精神的特性

就城市精神的挖掘、培植和建设而言，城市精神应具有下列特性：

（1）整体性

首先，从主体上讲，城市主体由市民、城市居住者和组织构成。也就是说，城市是城市自然人和组织的外化。城市精神体现为市民、城市居住者和组织的精神。其次，从内容上讲，城市精神的各内容必须全面，彼此之间相互联系。城市精神凝聚着城市的历史传统、文化底蕴、发展特色、时代风貌，展现着一座城市的整体形象，不仅表现为生活精神和事业精神，还包括其他价值理念、道德法则、心理习惯、审美追求等。

（2）地域性

城市精神具有地域性。城市是因集居交易而形成的相对固定的场所。一方水土养育一方人，一方山水有一方风情，一方人民孕育一方文化。作为城市的主体，市民和组织受自然环境、社会环境、文化氛围、生活习惯等因素的交互作用，形成了带有区域共性的精神特质，具有地域的烙印。

（3）历史性

根据唯物主义的观点，物质第一性，意识根源于物质。把握城市精神必须追溯城市的历史存在，必须了解该城市的历史演进，必须置身于先在的自然环境、人文环境和社会环境中。世易时移，因而城市精神具有历史性和时代性。城市精神不是一成不变的，而是需要不断反思和检讨的，需要创造适合时代精神和核心价值观的城市精神支柱。

（4）应然性

首先，城市精神的应然性表达了城市主体对城市附着的期望和理想，是一种源于现实而又高于现实的对城市现实的超越，具有内容上的补充性、完善性。其次，城市精神的应然性是对城市现实的反思、总结和升华，具有鲜明的旗帜导向、价值引导、行为示范的前瞻性和战略性，引领着一座城市的未来发展。

(5) 实践性

首先，城市精神必须具有实践的品格，城市精神并不是空洞的口号。城市精神必须容易被城市主体接受，具有亲和力，并转化为城市主体内在的精神源泉和外在的行为互动力，最终形成积极向上、奋发图强的精神动力，成为一种现实的力量。其次，城市精神必须能够经受得起实践的检验。城市精神必须有助于城市发展，必须能够创造出适于城市生存的物质财富和适于城市共享的精神文明。

（二）武汉城市精神的建构理想

关于武汉城市精神，有许多观点。有学者认为武汉城市精神是"楚天楚风、楚地楚学、楚人楚貌"（田文军 2003）。有学者认为武汉城市精神是："敢为天下先，争做文明人"（金萍 2004）。武汉曾将"勇立潮头，敢为人先，崇尚文明，兼收并蓄"作为城市精神。以上认识均有可取之处，但值得商榷[①]。武汉城市精神应有下列内容。

1. 通达

武汉地处中国海陆领域的几何中心与经济地理中心，西与重庆、四川接壤，东与江西、安徽交错，南与湖南为邻，北与陕西、河南相连，具有承东启西、接南转北的地理优势。武汉九省通衢，当代公路、铁路、航运、航空立体交通的形成，更为武汉连通四面八方，接纳外来各种文化提供了便利条件，从而赋予武汉文化海纳百川、博采众长的品质。在武汉人的性格上，更融南北东西文化的特点于一身：既有北方人的豪爽、仗义，也有南方人的精明、勇敢；既有西部人的刻苦、坚韧、憨厚，又有东部人的灵巧、优雅。笔者认为上述归纳比较合理。从城市精神的特性分析，武汉精神首先是通达。通达有两层含义。①地理和经济中心的战略地位。武

---

① 本部分主要内容作为征文被"世博论坛·白云黄鹤芳草地——'两型'社会的城市"大型论坛（2010年1月15日由2010年上海世博会执行委员会、湖北省人民政府共同主办）录用，笔者受邀出席该论坛。2011年11月29日，在中共武汉市第十一届委员会工作报告中首次将"敢为人先，追求卓越"的武汉精神写入党代会报告。

汉南通北达、东西汇通，集水陆空交通优势于一体。武汉要发展，首先发展的是交通经济和通信经济，要有"通达"的战略思维。作为中部特大城市的武汉已经找到了答案。②通情达理、通权达变的人文情怀。以人为本，以理为据，以法为绳，说话做事不冲动、不蛮干。审时度势，世易时移，采取适合需要的变通方法，勇立潮头，敢于人先。

2. 仁智

"仁"是孔子理想人格学说的核心，但孔子在论述其"仁"的学说中常常把"智"（知）与之并举，进而提出"仁智统一"说。他认为仁且智是道德认识和道德修养的最高境界，也是理想人格的主要特征。孔子认为，仁智有别，但仁和智又是统一的。孔子把"仁"解释为"爱人"，把"知"解释为"知人"（邵显侠 1996）。所谓"爱人"是指人与人之间要有同情心，要互相尊重，互相关心，互相爱护，这可以说是"仁"的精髓所在。而"知人"，则是指人所具有的道德理性和认识能力，即认识人之所以为人的道理，了解人与人之间的伦理关系。这实际上就是对"仁"的理性自觉。孔子认为，一个仁人，必定是具备了高度的理性觉悟的人，或者说，只有具备了高度的理性觉悟，深刻把握了人之所以为人的道理，才能把"仁"提到爱人的层面去自觉地尊重人、关心人。所以，孔子所强调的"仁智统一"，首先就包含着"爱人"与"知人"的统一。基于孔子"仁智"的合理认识所衍生的"德才兼备""尊德性而道问学"等文化理念，对国家治理、社会治理、城市治理和党风廉政建设等方面都有借鉴意义。

"仁智"表现为既有道德又有理性知识，这对于构建和谐的群己关系是非常必要的。武汉应继续提倡既仁又智，大仁大智的团结仁爱、共荣共存、大智大慧的道德伦理和理性觉悟。

3. 诚实

诚实意为诚信、务实。诚信的本义就是要诚恳、守信、有信，反对隐瞒欺诈、反对伪劣假冒、反对弄虚作假，要以诚待人，以信取人。

诚信的本义就是要诚恳、守信、有信，反对隐瞒欺诈、反对伪劣假冒、反对弄虚作假，要以诚待人，以信取人。在儒家思想中，"信"是一个重要的道德规范，是"五常"中的一个纲目。儒家经典对"信"作了大量的论述，例如，"人而无信，不知其可也"（《论语·为政》）一句强调了"信"的重要；"言忠信，行笃敬，虽蛮貊之邦，行矣"（《论语·卫灵公》）的论断则将"信"的作用推到了极致。在这些论述中，"信"往往与"忠""诚"连用，其含义也基本上与"诚"相同，是指"守信""诚实"，而非"信任"。"诚信"是儒家伦理思想的基石。"诚"甚至被视为贯穿天地万事万物的基本准则，是天地之道，为人之本（杨中芳，彭泗清 1999）。儒家传统认为人的道德特质是本性，生而具有，因此只要凡事以诚心相待，就能发挥道德本性。儒家主张先从自己做起，自己以诚实待人，最终会获得他人的信任，即先"思诚人之道"而后"信则人任焉"（《论语·阳货》）。以诚信精神构建本土人际信任模式是武汉城市文化的重要组成部分。

务实就是讲究实际、实事求是，崇尚实干，排斥虚妄，拒绝空想。求真务实是楚人、武汉人的重要精神和审美追求。近现代以来，武汉在全国较早开办学堂，兴建工业，现代工业与科学技术方面都曾走在全国前列。1983 年，武汉工业生产总值居全国大城市第四位。武汉应再接再厉，将务实和实业精神发扬光大。

4. 卓越

在城市精神语境中，卓越的内涵表现在三个方面：一是勇于超越的创新精神；二是自强不息的实践品质；三是坚韧执著的英雄气概。勇于超越的创新精神根植于武汉历史悠久的红色文化基因之中，是对武汉原来的"敢为人先"的城市精神的继承和发展。回顾改革开放四十年来的历程，"创新"是武汉改革的关键词，也是发展的驱动力。"不服周"是荆楚文化重要的人格气质，也是武汉人代代相传、市民百姓的口头禅。它代表了武汉本土文化积淀非常深厚的独立自主、自强不息的实践品质。从地理环境来看，武汉的气候炎热、潮湿，大江大湖在武汉汇聚，在同环境的斗争中，武汉人培养了自强不息的性格。武汉人的坚韧执著可以上溯到楚人屈原《离骚》中的诗句"路漫漫其修远兮,吾将上下而求索"。无论在战争时期还是和平年代,武汉人都以坚韧执著的精神面对着生活中的逆境与困难,甘于奉献,不断地挑战自我,创造着一个个新的记录。在历史与现实的回响中,武汉和武汉人民坚韧不屈的英雄气概被不断印证。

综上所述,武汉精神应定位为:通达、仁智、诚实、卓越。即是通达的人文情怀和战略思维,仁智的道德伦理和理性觉悟,诚实的价值理念和审美追求,卓越的心理素质和精神品格。

(三) 武汉城市精神的培植和建设

武汉城市精神培植和建设是一个复杂、艰巨的系统工程。作为城市治理的文化内驱力和精神内核的武汉城市精神从挖掘、酝酿、优化、提出、确定到公众理解、接受、认同和通过检验,需要一个循序渐进的过程。

1. 汲取儒家文化的精髓,加大文化的整合力度

武汉要积极汲取、整合南北文化的优秀成果,特别是齐鲁儒家文化,以发展兼具南北之长而又有自身特色的城市精神。武汉要立足于民族文化传统,在民族精神中确立前行的方向。武汉要放眼世界,以更开阔的文化视野审视城市精神。武汉要不断反思,以更清醒的思维检讨处于历史范畴中的城市精神。就目前而言,武汉要标"通达",立"仁智",树"诚实",倡"卓越"。

2. 加强政府引导作用,增强政府、市民、企事业单位之间的互动

武汉城市精神培植和建设是一项社会公共事业,武汉市政府具有不可替代的组织、管理和领导作用。武汉城市精神培植和建设是武汉市政府的一项文化职能。武汉市政府应加强武汉城市精神的制度建设,将城市精神内化于地方性法规、地方政府规章及规范性文件之中;加强市民文化素质教育和基础教育;加强武汉城市精神在高校中的教育,发挥高校人力资源的人脉向心力和辐射作用;增强城市主体的城市自豪感、荣誉感;要加大城市精神的科研投入;加强新闻、文学作品、广播影视、网络等媒介对武汉城市精神的公益宣传力度;树立典范,普及武汉城市精神,将武汉城市

精神内化于政府、市民、企事业单位行为之中。

3. 大力发展经济，循序渐进，为武汉城市精神建设奠定物质基础

城市经济是基础，城市精神是上层建筑，经济基础决定上层建筑。没有坚实的物质基础，城市精神建设也只能沦为没有说服力的泛泛口号。大力发展经济是减缓城市精神虚假扩张的一剂良药，也是平抑"唯灵论""唯精神论"倾向的有效手段。在武汉城市精神的建设中，必须循序渐进，有规划、有重点、重实效。不能本末倒置，片面夸大城市精神的功能和作用，也不能无视城市精神的导向、指引、激励、凝聚等助动作用。在大力发展经济的同时，要加强社会福利建设，防止城市贫富差距的悬殊落差。

武汉厚积薄发，又乘建设"两型社会""中部崛起"之东风。假以时日，孙中山先生在《建国方略》里说的"要把武汉建成纽约、伦敦之大，要建设成东方的芝加哥"必成现实。

三、智慧城市建设应重视精神

当前，智慧城市正成为热门话题。很多地方政府工作报告中明确提出智慧城市建设，并纷纷出台"行动纲领"和"行动计划"等部署和措施。以"智慧城市"为主题的会议和"研究中心"也如雨后春笋般争先恐后地涌现。其核心不外乎与城市经济密切相关的信息基础设施建设、产业培育、应用推广等项目。然而在我国在发展有形的城市"硬"实力的时候，往往忽略了城市的"软"实力。智慧城市应是作为技术和基础设施的智商和作为人文精神的情商高度互补的结合体。

（一）什么是智慧城市的情商

成功绝不仅仅依赖于智力，它与诸如情绪、思维、兴趣、意志、动机、信念、人格等因素密切相关。心理学家将非智力因素分为25种，最后并归结为5类（彭淑珍，等 2003）：①情绪；②心境；③兴趣；④意志；

⑤性格。慧字以"心"为底,说明"慧"是一种乐观向上的情绪、一种敢为人先的心境、一种协同创新的志趣、一种坚忍不拔的意志、一种豁达平和的性格,这就是作为一种群体性的智慧城市的"情商"。具体如下。

1. 乐观向上的精神

压力、不安、恐慌是城市与生俱来的情绪。歧视、不平等、异化导致社会关系的紧张和城市空间结构的碎片化。无休止的城市蔓延、前所未有的监控网络的扩张和媒体不断制造的一种末日气氛使人产生悲观的情感。悲观主义像一个幽灵一样伴随着城市发展,城市灾难电影仿佛是城市未来的隐喻。绝望的现象学将城市描述成充斥着沉迷于幻觉的人,他们再也看不到现实,被速度和信息带坏了,已经成为纯粹的知觉逻辑学的走卒(Thrift 2005)。随着旧建筑被拆除,取而代之的是高楼林立的容貌,千城一面。霓虹灯、失落、迷茫散发出错位般的怀旧。

自2008年全球经济不景气以来,许多知名企业、银行纷纷破产或倒闭,很多人的精神甚至生命受到创伤。智慧城市这个概念生逢其时,马上吸引了城市领导者的注意,但是,他们只注重"智",即利用ICT升级城市基础设施建设以刺激经济发展、拉动就业。而智慧城市概念的真正魅力在于"慧"。"慧"首先表现在一种乐观向上的情绪和精神上。只有在乐观向上的信念中才能找到切实可行的办法,才能勇往直前,才能点燃城市发展的希望,才能实现属于自己的中国梦、城市梦。

2. 敢为人先的心境

敢为人先就是要大胆探索、创新,既要敢为又要人先。敢为人先不是仅仅提提空头口号,设设研究机构,出出地方政策,招招商务资源,看看中央动向,而是要抓铁留痕地落到实处,真正做到敢为和人先。

在智慧城市建设上,为了凸显智慧,很多地方政府在用加法,甚至是乘法:追求大而全的发展模式。其逻辑是智慧产业部门越多,智慧应用和服务越多,城市就越智慧。但是往往事与愿违:为了平衡各方面利益到处立项,无法形成有效聚力点而力不从心,这就是敢为而不能人先。还有一些地方政府部门早就提出建设"智慧城市"这个口号,但迟迟不见实质性的举措，这就是人先而不敢为。

敢为人先心境的本质是不急不躁、稳打稳扎、循序渐进地去创新。既不贪快，也不贪全，而是求精。只有精品才能产生资源效率和社会效益。依据城市意志，项目要一个一个地上。先推出精品，再利用精品优势和口碑及其声誉推动其他项目，形成扩散式的、辐射式的涟漪效应。

3. 协同创新的志趣

对于智慧城市建设来说，社会资本至关重要。先进的智慧城市必须真正地从人和人力资源开始，而不是盲目地相信IT自身就能自动地转变和改善城市（Hollands 2008）。作为社会资本，诸如人的能力因素、关系资本、高等教育的作用、技能、创造性和人才是城市发展的主要驱动力。

可持续发展的、包容性的智慧城市建设方法是协同创新，其重点应放在城市发展的社会资本上。智慧城市意味着学习、适应和创新，让市民参与服务的共同设计以实现更好的服务。通过公众参与当地决策（这是增进民主和强化治理的关键）实现环境或社会的可持续发展。

随着对主要技术驱动方式的智慧城市的批判越来越多，强烈需要将创新政策与城市发展目标协同起来。智慧城市也需要"智慧市民"。物联网社会承诺创造一种让人们能够发挥更大作用和平等地参与治理系统的新方式。这种基于用户生成内容的、社会媒介和物联网终端应用的、自下而上的方法为智慧城市协同创新创造了很大的可能性。"智慧市民"、政府和企业及其他组织之间的协作是智慧城市协同创新的核心。只有形成一种协同创新的共同志趣，才能创造智慧的城市。

4. 坚忍不拔的意志

坚忍不拔形容意志坚定，不可动摇。苏轼云：古之立大事者，不惟有超世之才，亦必有坚忍不拔之志。从智慧城市发展的层面上讲，所谓的坚忍不拔的意志是指有"意"可依，有"意"必依，执"意"必坚，违"意"必究。

有"意"可依是指城市意志的形成必须遵循各方利益相关者之间的协

商、对话、商谈这个公众参与的路径,将公众意见通过合理程序上升为城市意志的过程。城市意志的形成不是"市长"说了算,不是一种长官意志。城市意志的形成必须寻求各城市主体之间的制度性对话,以"合"谋"和"。有"意"必依是指城市的一切规划、建设活动等必须按照城市意志去执行,不可超越城市意志。有"意"必依是安抚城市领导者、企业、市民及其他主体之间矛盾和冲突的良方。执"意"必坚是指城市意志的执行必须坚决,不能犹犹豫豫、瞻前顾后;不能只做表面文章,必须落到实处;必须有所取舍,不能在大是大非问题上和稀泥。即使城市意志的执行遇到不可抗力因素,也需要合理的程序来调适意志。违"意"必究是指应当建立城市意志问责机制,问题应归责到具体的部门,不能相互扯皮和推诿。如此才能培塑坚忍不拔的智慧城市意志。

5. 豁达平和的性格

豁达平和是一种包容的性格。只有以一种海纳百川的豁达胸怀才能吸纳更多的优秀人才,只有以一种平和的、容忍失败的性格才能留住人才。城市领导者对智慧城市的兴趣在于其品牌、形象和吸引人才的能力。从某种程度上讲,智慧城市是为了创造一种能吸引各种人才的环境。因而豁达平和的城市性格对于智慧城市来讲非常重要。如果一个城市秉持狭隘的本地人力资源而排斥外地人力,这个城市就没有活力。所以很多城市在城市精神定位时就高扬将豁达平和,例如上海的城市精神是"海纳百川、追求卓越"。

豁达平和是一种和谐的性格。以一种平和的心态看待外部世界。豁达平和的性格对于消解改革开放和城市化带来的城市贫富不均、城市收入差距拉大等导致的社会问题及智慧城市建设具有深刻的社会意义。

(二) 如何培养智慧城市的情商

培养智慧城市的情商主要在于沟通、互动。简单地归纳一下就是两报、两台、两站、两屏、两服务,即政府机关报纸和都市报或晚报,广播电台和电视台、政府官方网站和民间BBS网站、手机和其他移动便携式设备、盈利服务和公益服务。

1. 两报

作为纸质媒介，报纸仍然有一定的市场和消费群体。报纸具有可随时阅读、相互传阅、信息量大的特点。培育智慧城市情商的报纸路径主要是抓大放小。抓大就是要抓党政机关报，放小就是搞活都市报、晚报，针对特定的群体（比如退休的党员或热心公众）给予物质或精神奖励，免费赠送报纸。对于城市情商的培育，可设立项目进行招标、政府补贴等方法，按绩效评估验收，激活大小报纸的积极性。同时应利用其他媒介来增强报纸的互动性。

2. 两台

广播电台和电视台对于出租车司机和家庭用户而言，也具有较高的需求。但是公众对于公益宣传的节目兴趣不大。并且公众有较自由的选择权，可以通过调频或遥控器进行节目选择，收听或收视其喜好的娱乐类节目。针对广播电台和电视台的上述特点可增加政府官员与公众的互动元素，比如为儿童讲城市故事、朗读城市历史等，以吸引对智慧城市情商节目的关注和参与，亦可由政府对智慧城市情商节目进行政府补贴或招标，按绩效评估验收。

3. 两站

政府官方网站和民间社交网站是智慧城市培育的重点媒介。目前政府的官方网站主要是一些新闻介绍性信息或服务平台接口，除了一些在线意见反馈外，互动性较弱。即使有在线互动板块，也无人气。而其他一些民间社交网站虽然有人气和互动性，但是与官方的沟通性不足。因此，政府官方网站在智慧城市情商宣传方面以定性和定基调为主，并在主页上链接有合作关系的民间社交网站。民间社交网站应多与政府官方网站沟通，设立驻站（或板块）官方人员，从而能够形成良性的监督和互动关系。

4. 两屏

手机和其他移动便携式设备等媒介具有随身性、即时性、互动性、集成性等特点，正成为文化传播的焦点物。因而需要和运营商建立良好的合作关系，利用运营商用户资源和平台优势发布智慧城市情商公益宣传信息。同时利用微博的即时、便捷、传播速度快、互动性强等特点，建立起信息发布的制高点。作为公益性宣传的微博一定要在如何增强互动性上下功夫。采取线上线下相结合、物质奖励和精神奖励相结合等办法增进互动和参与的积极性。

5. 两服务

智慧城市的情商在很大程度上与公众心理和精神健康有关，应该完善商业性心理辅导服务和公益性心理辅导服务。作为专业性较强的心理辅导机构提供营利性的心理服务能为政府部门、企事业单位或个人带来直接或间接的效益。而公益性的心理辅导服务为广大公众提供人道主义援助。智慧城市的情商培育重点应放在公益性服务上。衡量一个城市是否智慧的重要标准就要看其公益性服务提供的质量、数量、效率和效益。应加强和完善智慧城市的情商公益服务管理，在协助方式、活动方式、资助方式、服务方式上提供多渠道、多途径的解决方案。

第五章 物联网社会的风险治理

习近平总书记在《全面贯彻落实总体国家安全观 开创新时代国家安全工作新局面》一文中指出:"人民安全是国家安全的宗旨,政治安全是国家安全的根本,国家利益至上是国家安全的准则,实现人民安居乐业、党的长期执政、国家长治久安"(习近平 2018)。物联网一方面让人民生活更美好,提升公共安全水平、增强公众信心,另一方面也可能造成对隐私权的践踏,引发公众焦虑及信任下降,甚至加速"集体恐慌和精神崩溃"。隐私保护失范,对个人来说危及人身或财产安全,对政府来说可能遭遇信任危机,对企业来说可能会面临一振出局的惩罚性制裁或用户集体逃离的死亡陷阱(例如 Facebook 信息泄露、水滴直播、基因编辑婴儿等)。万物互联的新时代,如何在保障人民安全的同时,维护国家政治安全和国家利益至上,这是当前物联网社会必须处理好的新问题。单一的伦理治理路径很难具体实施和发挥作用,需要法律、政策与伦理的协同,实现隐私风险生态治理。

第一节 物联网隐私的基本问题

随着物联网技术的发展,物联网的隐私和安全问题也渐渐隐显,而业界重要代表则辩称强调数据和消费者保护不仅是不必要的，也扼杀了创新。物联网隐私和安全问题成为不可回避的重要话题。

一、隐私与安全的含义

隐私和隐私权观念，始于库利（Cooley 1888）、沃伦和布兰代斯（Warren, et al. 1890），他们将隐私权解释为"个人不受干扰的权利"。布斯坦（Bloustein 1964）认为隐私是个人人格利益，它保护人格、自主、尊严和完整性不受侵犯。雷切尔斯（Rachels 1975）则认为隐私权是个人对其资料的控制权，个人控制其他人在何种情况下才可以接近他和知道他的资料的权利，就隐私权的具体内容要素而言，威斯汀（Westin 1968）认为个人隐私包含四种基本境况，即离群独处、亲密交往、隐藏身份和留有余地。加维森（Gavison 1980）认为隐私由三个相互独立而又关联的要素组成：保持秘密、隐藏身份和离群独处，将威斯汀四要素简化为三要素。在立法实践中，比较典型的是澳大利亚将隐私划分为领域隐私、人身隐私、资料隐私、通信及视听隐私。

隐私定义随上下文和环境而变化。从广义上讲，隐私被定义为不予干涉的权利。国际上有四种隐私争议：信息隐私、身体隐私、通信隐私和领域隐私。隐私包括隐蔽个人信息和控制信息滋生事件的能力。隐私权可以视为基本的和不可剥夺的人权，或作为个人权利和财产存在。与物联网紧密关联的隐私是信息隐私。信息隐私指个人有权控制个人信息的收集和使用，甚至在它们向他人公开之后，也应如此。举例来说，如果一个人提供他/她的个人信息给公司，就会获得一种产品或服务，然后他/她就有权利反对公司的任何进一步使用他/她信息的行为，除非有必要提供特别的产品或服务。领域隐私是指住宅或其他环境（比如办公地点、公共空间）不受外来侵犯，它等同于基础设施安全。身体隐私是指身体不受不正当程序的侵害，比如基因测试、药物测试或毒品搜查。通信隐私包括邮件、电子邮件、通话等方面。隐私具有三种特征：秘密、匿名、独处。

由于物联网技术的专有性和垄断特征，用户可能不知道 RFID 标签的属性，RFID 标签不会以听觉或视觉形式吸引用户注意力。因此，个人在不知道标签是否存在的情况下被跟踪，将把他们的数据至少痕迹留在网络空间。在物联网语境下，个人隐私备受压力。智能物体向我们提供方便的服务，但是经常在后台悄悄发生的事是：当交易发生时，我们永远无法完全肯定我们是否正在被"观察"。个别事例的观察看似无害，但是如果几个这样的事例被合并，且转发到他处，就可能导致在某些情形下严重侵犯隐私。对于个人的监控不再仅仅是国家，而且有私人参与者，比如营销企业对采集个人数据十分感兴趣。RFID 技术在商业和用户日常生活上的集成有可能减少匿名购买，商品上的嵌入式标签能泄露敏感信息，无接触地侵犯位置隐私。RFID 技术能使顾客隐私信息泄露和顾客物理地点被跟踪。因而，在物联网社会，个人无隐私。隐私关注度也会因国家政治环境、文化等差异而不同。

隐私的权利主体一般是自然人，安全的权利主体不仅包括自然人，还可能包括组织机构或法人。安全还是一种基于技术和风险考量的信赖利益和价值判断。从自然人层面讲，隐私保护即隐私安全。安全的价值在于用户免受潜在的威胁，比如信息公开、修改数据、拒绝服务、欺诈、抛弃、滥用权利等方式隐蔽地造成数据或网络资源方面的经济损失（Kalakota, et al. 1996）。安全威胁来自网络系统和数据传输攻击和未经授权的访问，涉及身份认证、数据完整等问题。位置信息如果被不法分子利用，可以对当事人进行跟踪，从而造成人身或财产安全威胁。在 ICT 世界里，安全有两种不同的基本特征。一方面，必须保证 ICT 系统的可靠性，无论是系统，还是已被处理的数据和正在处理中的数据，保证它们在存储、使用和可用方面都不存在危险。另一方面，ICT 系统必须具有可控性，比如以不危及他人权利或法律利益的方式使用这些系统。物联网 RFID 系统面临的安全威胁通常发生在空中接口。

二、物联网对隐私安全的冲击

鉴于物联网技术的特征,隐私与安全问题逐渐成为公众关注的焦点。尽管 RFID 主要应用于识别物品或跟踪货物,但是普遍认为 RFID 技术也可以用来直接或通过各种来源搜集个人信息。隐私问题比起设施安全更引起关注,它涵盖网络中个人数据的使用、存储和采集。因此,对于公众接受 RFID 来说,充分的隐私保护尤为重要。

(一)物联网全天候监控

物联网具有无处不在、无时不在、无人不被排除的监控性。网络化的信息技术扩散到日常生活环境,甚至人的身体,为构建监控基础设施提供了充分的技术手段。随着 ICT 的发展,物联网技术逐渐成熟,键盘或其他人工输入设备被自然语言接口所替代,能够观察用户并解释口头语言、手势等命令。生物识别程序取代密码记忆或其他授权行为,通过监控、通信和数据处理等技术,为用户提供各种无干扰的、便利的服务。但是物联网这种新范式也不可避免地带来无处不在、无孔不入的监控。在过去,所发布的与活动有关的数据大多数是自主的,基本上受用户控制。而新的范式剥夺了用户这项决定的自由,即是否发布、发布什么、如何发布,尽管对于很多人来说,事实上之前也并不存在这项选择的自由,个人隐私处于"被暴露"状态。因而对于个人隐私保护来说,物联网技术创造了完全不同的环境。

与传统的全景式监控(没有人可以肯定他或她是否真的被监控)相比,生活在物联网环境的人可以被假设为正处于观察之中。传统的监控受制于空间,而物联网技术捕获的数据将会超越时空。人类生活在物联网环境下,任何活动或状态都正在受到监视、分析、转录、存储,并且在未来任何环境下都可以被使用。这并非夸大其词,而是对物联网技术的负面效应的一种忧虑。虽然受到环境的一定限制,监控状态强弱有别,但是这种假设是合理的。没有人可以肯定,在任何地方,复杂的、无处不在的计算系统或个人设备不在观察他或她的行为，不在记录他或她的谈话，不在存储他或她的位置。

在物联网环境中，以传感器为代表的感知设备数量激增，不能排除这些感知设备以一种隐匿的方式嵌入环境、装置或人体的可能性。作为符号化的移动通信终端和网络化的便携式设备，这个焦点物是了解个人言论、行为动向、社会交往、地理位置及用户基本信息，包括通信各方当事人的姓名、住址、证件号码、通信费用等信息的最佳窗口。开机状态的手机能够产生的位置信息，随时暴露你所在的位置。嵌入传感器的商品可能让个人生活隐私成为被围观的对象。思维控制传感器、可植入式大脑传感器、情感感知神经耳机、多接触脑探针、电极列阵、思维头盔等物联网技术能控制人的思维、情感。生物传感器芯片、纳米墨水、睡眠测量仪及其他安置有无线发射装置的仪器都会成为身体隐私的泄密者。云计算、云存储的共享功能为资料隐私的非法传播提供了新的路径。

（二）物联网具有前所未有的传播性

通信技术水平让人与人、人与物、物与物都处于连接之中。通信技术可以与感知技术融合以更好地跟踪物和人的状态，即它们的位置、温度、运动等。利用通信技术这个桥梁，通过终端管理指令可以对环境对象进行监控。物联网的通信技术突破计算机终端，将更多的物连接起来，实现物与物、人与物、人与人互联的物联网生态互联社会。一般的物也具有通信能力而不仅限于人和计算机等设备。任何人、任何物在任何时间和任何地点都可以通过有线网络和无线技术，比如 GSM、UMTS、Wi-Fi、Bluetooth、ZigBee 等各种其他无线网络进行通信。在物联网这个新范式中，丰富的网络化物体模糊了比特和原子之间的界线。越来越多的设备连接到网络。因为一切互联，所以一切隐私皆有泄露的可能。任何涉及隐私的通信，任何个人的接触，任何信息交易都可在任何时间被捕获、复制。

物联网社会所生成的所有数据都被储存于本地或云端数据库中，信息的复制和传布如今不费吹灰之力，好的数据库覆盖率近乎100%，并能瞬间获取。通过相互之间的信息交换与整合，实现前所未有的个人信息的传播性，加剧了对个体的全面监视。从银行账单到电话记录，从医疗记录到缴费账单，从街上到室内，从物体到人体，到处都有无数双隐形的眼睛在监视着你的一举一动。正如波斯特（2001）所言，"数据库的信息瞬息之间就可以流过全球范围的赛博空间，对人们实施监控。数据库不需要任何狱卒的眼睛就能'审查'我们，而且它们的审查比任何人都更加准确、更加彻底"。

（三）物联网已进入大数据时代

物联网数据采集、挖掘和提供的方法完全不同于我们现在所知道的，物联网对个人数据采集数量惊人，并且数据存储的能力极大地提高。对于公民个体而言，自身不可能控制个人信息的披露。随着信息存储的成本继续下降，信息一旦产生，将极有可能被永远保留，拒绝数字遗忘。存储技术的进步使得成本急剧下降而存储量不断高升。其结果是长期存储的价格门槛也很快失去其经济意义。廉价的硬盘允许监控者收集大量传输信息：谁做了些什么；廉价的摄像头允许监控者收集大量的位置信息：谁在哪里；廉价的计算机允许监控者搜索有关任何个体的大量信息；廉价计算机或便携式移动设备也允许监控者访问任何人的生活记录。物联网对隐私和尊严的未来影响已经受到审视，例如手机录音的散播或上传。它们仅仅代表很小部分的隐私威胁，这一小部分的隐私威胁仅仅是人生记录的极小一部分，而人生记录仅仅是云存储的极小部分。

数据分析和处理能力也极大地提升，让复杂的数据挖掘程序能够处理所采集的海量数据，这是以前无法在允许的处理时间框架内以合理的成本进行分析的。这些技术的进步也允许提供内存扩展，记录任何行为或表达，让我们在以后可以浏览过去，具有前所未有的传播性。计算技术是对通信传输的数据进行处理，将数据提取为信息和知识所做的相关性分析。为了从海量异构性的数据中获益，需要能够通过解释传感器数据，得出一般的结论，需要进一步从原始数据中挖掘有益的信息。另外，物体需要感知、理解周边环境，并具有一定的决策能力，这就需要通过计算技术改变嵌入式系统的思维方式、设计和执行。为了支持智能物体，需要尽可能精确地解释由感知器测定的本地环境信息。从隐私角度看，这些看似可能被认为是微不足道的，或者甚至是没有价值的、无关紧要的海量数据经过数据挖掘可能变得敏感。客户端的功能集成、贴心的知识或服务都可能以隐私泄露为前提。

在大数据时代，网络运营商全面地、无时无刻地采集个人从摇篮到坟墓的全部私人生活信息，直至计算机数据库中形成一个完整的与现实生活一致的虚拟信息人。所以在现实生活中，不需要个人身份证明文件，只需提取生物特征，即可在大数据仓库中予以配对。

（四）物联网与日俱增的信息不对称性

由于物联网技术的专业性和垄断特征，用户可能不知道 RFID 标签的属性，RFID 标签不会以听觉或视觉形式吸引用户注意力。因此，个人在不知道标签是否存在的情况下被跟踪，把他们的数据或痕迹留在网络空间。在物联网语境下，个人隐私备受压力。智能物向我们提供方便的服务，但是经常在后台悄悄地发生，具有极强的隐蔽性和不可控制性；当交易发生时，我们永远无法完全肯定我们是否正在被"观察"。个别事例的观察看似无害，但是如果几个这样的事例被合并，且转发到他处，就可能导致在某些情形下严重侵犯隐私。

对于个人的监控不再仅仅是国家，而且有私人参与者，比如营销企业对采集个人数据十分感兴趣。RFID 等物联网技术在商业和用户日常生活上的集成有可能减少匿名购买，商品上的嵌入式标签能泄露敏感信息，能无接触地侵犯位置隐私。RFID 技术能使顾客隐私信息泄露和顾客物理地点被跟踪。可怕的是，个人可能对这些"被观察""被跟踪""被分析""被定位"等全然不知。

事实上不可能详细地知道谁采集数据，数据转发给谁，他们使用的目的是什么。普通公众没有专业的防止隐私泄露技术，数据采集过程本身局限于技术暗箱。隐私法规比较先进的国家，其公民有权利获得通知，通知他们的信息被采集和采集的目的，也可以校正数据，撤销之前的同意或要求删除没有经过合适法律程序存储和处理的数据。物联网环境继续急剧地恶化，以一种不显眼的方式为智能环境提供技术框架：可以一直观察用户，自动地解释他们的行为。然后把结果输入一个连续研究的过程，这将形成系统自主决定的基础：如何使用、何时使用或何时传递采集的信息。物联网意味着更多的数据对象，与此同时，对用户来说更不透明且缺少控制。这势必进一步扩大已存在数据对象和数据采集者之间的信息和权力的不对称。该影响的严重性也取决于用户对产生的数据控制的程度。公民和组织之间的权力关系应该是对称的、透明的。最重要的问题不是滥用，而是我们没有有效的方法知悉隐私信息是否被使用或滥用，何时会被使用或滥用。

三、物联网隐私风险的特征

隐私概念深深地植入人类现代文明中。对隐私保护的关注已经证明是影响物联网技术发展的一个显著屏障。物联网意味着一种潜在的环境：个人隐私以多种方式受到威胁。物联网隐私和安全风险主要表现在如下方面。

（一）存在的必然性

当越来越多的日常物体都贴上 RFID 标签时，物联网隐私问题具有泛在性和必然性，无时不在，无处不在，涵盖物联网系统中个人数据的使用、存储和采集等方面。物联网技术的目的是让人生活得更美好，让环境更适应人。而让环境更适应人的前提是获悉人的生活习惯、偏好、精神状态、地理位置、健康状况、身份等"隐私"信息。配置有传感器、摄像头等物联网设备的环境可以监测所有人或物的运动、温度、湿度、声音、光线等方面。所有的数据可以通过在线数据库存储。通过数据分析、挖掘技术可以搜索到这些数据以发现相关的模式，对人或物的行为做出预测，以提供符合个人偏好的产品或服务。物联网技术渗透到社会的方方面面，每个人都是物联网技术的接受者和被接受者，都是物联网技术的用户。这些数据和信息的采集、通信传输、分析计算需要以一种不干扰他人生活的、通信自动的、人性化的方式进行。从技术上讲，私人生活、家庭生活、家居生活和公共生活可以变得无任何秘密可言。所以，生活更美好与隐私风险就如同一枚硬币的两面，同时存在而又不可避免。

（二）操作的非自主性

以 RFID 技术为代表的物联网技术有令人不安之处，这主要集中在自动收集个人数据方面，这些数据在没有经过当事人同意的情况下有可能被第三方使用，从而对公民的隐私和人身安全产生威胁。在进入安装有传感器网络的地域的时候，个人不能控制，难以选择他们的何种信息正被采集和处理，没有自决权。例如，某一地域安装有摄像头组成的传感器网络，个人避开摄像头摄取其图像的唯一方法就是不进入该地域。虽然可以将个人头像进行模糊处理以保护他们的隐私，但是图像复原技术仍然能够按原样重新修复相关人员的头像。

操作非自主性还表现在信息采集上的隐秘、无处无时不在的监控和泛在的传播等方面。个人可能对这些"被观察""被跟踪""被分析""被定位"等全然不知。数据采集过程本身很可能就是技术暗箱。事实上不可能详细地知道谁采集数据，数据转发给谁，他们使用的目的是什么。任何涉及隐私的通信，任何私人的接触，任何信息都会在任何时间被捕获、被复制。

（三）安全的脆弱性

在物联网环境中，隐私将受到更大的威胁：大量的微系统参与到高动态、自组织的物联网中。物联网感知层、通信层和应用层任何一方面都可能成为攻击的对象。系统越复杂越脆弱。一旦系统被侵入，就发生多米诺骨牌效应，隐私信息一览无余。首先，物联网感知系统在大部分时间里无人值守，容易受到物理攻击；其次，大多数通信是有线的，极易被窃听（即使是无线的，通信也有可能被截取）；最后，就能耗和计算资源（特别在无源组件情形）而言，大部分物联网组件计算能力较低，它们不能实施复杂的方案以支持安全。更具体地说，与安全有关的主要问题是认证和数据完整性问题。以认证为例，它常常需要合适的认证基础设施和服务器，通过和其他节点进行合适的信息交换以实现其目标。在物联网情境下，如果无源 RFID 标签不能和认证服务器交换很多信息的话，这些方法就不能得到应用。同样的道理也适用于传感器节点。

（四）认知的差异性

作为一种现象，信息隐私可能与文化有关。大量有关隐私的研究文献表明隐私风险感知因国而异（Milberg, et al. 1995；Bellman, et al. 2004；Dinev, et al. 2006；Milberg, et al. 1995）。不同的文化中，公众对隐私风险会做出不同的反应。这就意味着隐私风险蕴含着不同的利益取向、标准和价值观。就国家和地区而言，美国、欧盟制定了相对严格的隐私规范。而亚洲国家公众的隐私观念相对淡薄。即使就欧盟成员国来说，公众对隐私的认知也有差异。多数人认为共同标准和规范能提高隐私保护水平，也有很多受访者相信研究的重点是隐私增强技术。尽管欧盟成员国已经制定了广泛的数据保护法，但是一些调查者指出隐私问题的根源在于缺乏统一标准。一些调查者提出制定特别法，还有些调查者提出应对 RFID 技术进行风险评估。

随着 ICT 的迅速发展，公众对"隐私究竟是什么"的问题越来越困惑。隐私到底是什么？概括而言，隐私是一种权利、商品、（隐匿、独处、保留、亲密的）生活状态、（对个人信息的）控制。但是公众对于隐私的观念因人而异。以隐私是一种权利为例，公众在权利的内容、重要性，经营者应遵守的隐私保护义务和禁令及其重要性等方面存在差异。除此之外，认知的差异性很大程度上归因于信息的不对称性。

第二节 物联网隐私的哲学审视

物联网隐私到底是一个什么样的问题，其逻辑理性和演绎路径是什么？又给社会带来了什么样的困境？这些问题有待阐明。与此同时，隐私在不同语境下有不同的含义，争议颇多（托克音顿，等 2004）。对物联网隐私问题的理解有必要置于信息哲学的背景下来审慎地思考。

一、信息世界：从虚拟、虚拟现实到感知世界

世界统一于物质的基础之上，是物质和信息双重存在的世界（邬焜 2006）。从信息世界这个层面上讲，人的生存、生产和生活以信息为媒介，不断地建构信息的、虚拟化的过程。存在就是可操控的信息。从社会意义上看，媒介即信息（麦克卢汉 2011）。技术充分展现客观世界的主体化过程，人类在制造工具、改造客观世界的过程中外化客观世界，在改造主观世界的过程中超越了自我。通过对时间、空间的控制将物质世界、精神世界虚拟为自在的信息世界。

建构是人类的标识，虚拟性思维贯穿整个人类活动。自口述、祭祀传统开始，人类就试图观察、感知、描述、摹状客观世界，以声觉的方式建构信息世界的图景。图形、文字及几何的发明，以一种抽象的、虚拟的技术把物质世界和语言感知转化成纯视觉感知和文字符号，脱离叙事者在场的空间定域的局限。算术、印刷术有限地取得了对时间的控制和支配，延展了信息世界的边界，在某种程度上拒绝信息遗忘。当数学、计量术的运用将客观世界分解、具体化、信息化、模型化、图形化、虚拟化，挖掘、拷问出形而上的真理的时候，这种由物质世界映射出来的信息世界变得更加强大，按照自身的逻辑进行演绎、复制，并反作用于物质世界。

随着计算机的发明和互联网的社会化，分时计算、远程访问及硬件成本节约等技术的运用，物质世界进一步虚拟为界面互联的信息世界。现代通信网络技术进一步激活和增强了计算机的数字化信息存储和处理能力，形成一个崭新的社会生活和交流空间——互联网空间。互联网空间暗示着一种由计算机生成的维度，因而互联网空间是以代码、符号为特征的抽象化、虚拟化的信息空间。在互联网空间里，文字、数据等符号均得到精确的控制，各种事物表现出惊人的清晰度和"真实"感。互联网空间对时

间、空间及主体身份的虚拟，构建了一种虚拟的数字世界。这种网络虚拟世界具有匿名性、开放性、去场景性等特征：计算机界面屏蔽了物质现实，直接演化为信息交流。由物质现实所产生的压力、紧张、责任在互联网空间里得以释放，使主体产生迷失的镜像。

虚拟现实（virtual reality，VR）是"实际上而不是事实上真实的事件或实体"（汪成为 2000）。实际上，虚拟现实是通过数据传感、仿真建模等技术构建的沉浸式人机互动的虚拟环境。在虚拟现实的环境下，人和计算机、现实中的人和虚拟世界中的物之间的距离大大缩短。计算机基于一个物体的几何学、材料学、运动学和动力学数据，然后依靠力感、触感、压感的修饰，获得十分逼真的真实物体的力量和触觉的效果。虚拟现实通过对虚拟物体的操控实现如同真实物一样的感受。虚拟现实具有模拟、交互、沉浸、构想等特征。随着网络空间的精致化和仿真、传感、多媒体、虚拟现实软硬件等支撑技术的发展，网络空间模拟真实世界的程度渐渐增强，从而促成了虚拟现实的进化。应该说，虚拟现实是网络空间的进一步进化的形式。

如何获取真实世界的数据，通过何种办法传输数据并对这些数据进行计算、挖掘、分析、建模，实现虚实结合、实时交互，仍然是虚拟现实亟待解决的问题。增强现实（augmented reality，AR）是通过计算机系统提供的信息增加用户对现实世界感知的技术，它还将计算机生成的虚拟物体、场景或系统提示信息叠加到真实场景中，从而实现对现实的"增强"（郭天太，等 2003）。虽然虚拟现实和增强现实技术几乎同时出现，但是与传统的虚拟现实技术所要达到的完全沉浸的效果不同，增强现实技术致力于创造一个虚实结合的世界。物联网则通过 RFID、传感器、执行器、移动、编程等技术，识别、采集、存储、处理和传递物体信息，实现物质世界和虚拟世界的无处不在、无时不在、无缝、高速、低成本的对接。至此，信息世界从虚拟走向虚拟和现实交互的物联感知世界。

二、信息主体：从心灵到身体

任何一种新技术都是对主体性的投射。技术将物质世界人性化、抽象化和虚拟化，人类正是通过技术来制造和虚拟自己的。人类的本质不在于制造而在于构建，构建一种从无到有的虚拟思维，最后人成为一种虚拟性存在。在这种虚拟性存在中，作为个人信息的"我是谁"成为无可绕开的主题。

在口语作为载体的虚拟世界中，记忆成为主要的认知模式。修饰、押韵、排比、对仗、渲染、谚语等手法往往成为惯用的表达方式，神话也成为人物的普遍叙事方式。同时，由于口述主体的主观因素，这些人物叙事往往存在较大差异。所以，在口语作为载体的虚拟世界中，有关个人的信息是不确定的。在文字、图形作为认知模式的虚拟世界中，统一的表示方式使得个人信息的精确性成为可能。但是文字、图像的认知技术具有政治性，是权力的一种表达方式。个人信息具有一定程度的单一性，而不确定性相对减少。

在数字化的以代码、符号为载体的网络虚拟世界中，认知方式呈现多元化，认知路径民主化，语言、文字、图像等都获得了个人信息的表达形式。个人信息成为一种松散的聚集，从单一走向多元，最终又指向一个信息化的主体。个人信息最终消解为照片、身份证件号码、银行账号、网络账号、住址、行为特征等内容。虽然在网络虚拟世界中，主体的虚拟生存体现了一种缺场和脱域的空间分离及身份虚拟的特征，但是这些个人信息可以重新建构并被指定为特定的信息主体。"你永远不知道网络对面是一个人还是一条狗"，这种说法仅仅暗示了网络的虚拟特征，而忽略了信息的内在联系：通过对各种信息的分析、挖掘，对信息主体重新进行的定位。在网络中，信息主体永远呈现透明状态，虚拟身份无以逃遁。

无论是以文字、图形作为认知模式的虚拟世界还是网络化的虚拟世界，有一点是共同的，勾画出一个脱离身体而以心灵存在的主体图像：思维决定主体的虚拟存在，网络身份遵循知识权力的逻辑结构。思维决定个人信息的充分性和时间、空间的广延性。思想有多远,个人信息就有多充分,个人信息就流传多长时间及扩散到多广的地域。离线主体可以通过网络知识权力置换网络地位,然后兑现离线身份。

虚拟现实、现实增强的本体论维度可以从海德格尔的基础性本体论去把握（穆尔 2007）。海德格尔认为"在世"必须从"实际性"来理解,这个实际性就包括身体（吴国盛 2009）。梅洛-庞蒂则提出"身体主体"概念,试图克服笛卡尔的身心二元论。他认为身体和主体是同一个实在,身体既是显现的主体,又是被显现的对象。"身体主体"这种延伸就是知觉。这种回归到身体、知觉的哲学本体论对虚拟现实、现实增强和物联网具有启发意义。

在虚拟现实、现实增强的环境中,身体技巧、身体符号成为个人信息,个人信息进一步细化和分解,生理、思维等信息以实时的方式进入虚拟世界。仿真、建模等虚拟现实技术将主体直接"转译"为信息,使个人信息更为客观、真实。这种具身性的身体技术重新得到重视,个人信息和身份的认同开始从心灵转向身体。"身体"的概念强调身体对现实环境的感知和互动。身体总是处于特定的场所、情境和语境,与周围的事物产生因果互动。身体对周围事物具有选择性,并且对情境的感知技术也越来越精确。网络空间中没有身体的身份是存在问题的。从毕达哥拉斯、亚里士多德,从贝克莱（George Berkeley,1685—1753）到罗素,有关哲学的参与感依赖于视觉,要想触动我们,就需要引入更多的感觉直觉。以物联网为代表的传感技术成为提高感受能力的有力工具。通过虚拟现实强化实在,允许虚拟和现实之间平滑的过渡与互动。因而,在虚拟现实、现实增强的物联网虚拟环境中,身体决定主体的虚拟存在,身体即信息。

三、个人信息即隐私

对隐私的理解必须考虑到人以物质和信息两种方式存在。人既是物质世界的主体,也是作为信息源（之一）的客体（之一）,人即信息。人作为自由的主体性社会存在,个人信息的保护即是维护人的主体资格。个人信息是否披露、何时披露、以什么方式披露及披露什么取决于自由意志。个人信息即隐私，隐私划定个人自治的边界。隐私分为三种，除了作为个人信息的信息隐私之外，个人独处的存在状态和行为也是隐私，即接触性隐私和表达性隐私（DeCew 1986）。

信息隐私是指一个人的日常活动、个人生活风格、财务、医疗历史、学术成果等方面的信息（Meeler 2008）。除了公众人物，一般人的个人资讯不需要接受公众审视。无论是否表现为书面形式，且无论是否为公共记录的一部分，个人资讯都应当受到保护。信息隐私除了上述之外，还应包括其他具体性的个人基本信息，比如姓名、性别、年龄、民族、籍贯、政治面貌、宗教信仰、婚姻状况、教育背景、学习和工作经历、奖惩记录、住址、身份证号码、电话号码、手机号码、网络账号、人际关系、通信记录、私人文件、购物记录、诉讼记录、住宅类型等，甚至包括身体信息和意识信息。接触性隐私是指通过感官、观察、身体及其他不为理性人所欢迎的物理方式去接触个人。接触性隐私允许个人进行隐秘的行为，比如性行为。接触性隐私可以理解为"私人空间隐私"，拒绝侵入和偷窥等行为。表达性隐私是指通过演讲或活动来表达其自我认同感或人格的领域，比如非正统的性行为。表达性隐私可以保护个人免受政府或他人的干涉、压力、强制而主动调整自己的行为。

当计算机和网络日益渗透到物质世界的每个角落的时候，各种理论越来越数字化和模型化，不再依赖于直觉的、偶然的经验。通过详细的、精密的信息（微观数据）来预测人的行为、自然或社会现象，从数据中找出事物间内在的、意想不到的联系。在物与物互联、人与物互联、人与人互联的物联网社会中，个人信息已成为隐私的代名词，保护个人信息足以保护隐私。这也就是说，如果不允许他人侵害个人信息也就不允许侵害接触性隐私或表达性隐私。这等价于如果允许他人侵害接触性隐私或表达性隐私，也就允许他人侵害个人信息隐私。

访问他人即是获取他人的信息，比如衣食住行、举止外表等。虽然这些并非严格意义上的隐私，但是可以为接触性隐私和信息隐私之间的微妙关系提供例证。当他人被允许任意访问你时，也就获得了关于你的信息。

同样，如果你的个人信息被保护，你的接触性隐私也就被保护。一旦确定何者为隐私的时候，如果允许他人访问该部分，也就允许他人获取个人该部分的隐私信息。如果不允许他人获取个人信息，也就防止他人获取接触性隐私。允许他人获取接触性隐私并不必然保护个人信息，因为个人信息还包括其他信息，比如硬盘上的私密照片等。他人可以不必侵害接触性隐私而获取个人的私密照片。如此推理也适用于个人信息与表达性隐私之间的关系。

保护个人信息足以保护表达性隐私，而保护接触性隐私也足以保护表达性隐私。总之，个人信息的保护是接触性隐私和表达性隐私保护的充分条件，而接触性隐私和表达性隐私的保护是个人信息保护的必要条件。从功能重要性和逻辑充分性方面讲，个人信息即隐私，从而避免了个人信息安全保护和隐私保护的双重立法。

四、物联网隐私：物联网时代的困境

正如前文所述，从虚拟到虚拟现实和现实增强，从心灵到身体，个人信息演化为隐私。在物联网虚拟和现实交互的感知环境中，物联网身份识别技术允许每个物体都有一个独特的标识符。该标识符能在一段距离内被读取，允许自动、实时的身份识别和特定物的跟踪。使用 RFID 技术，产品跟踪的范围覆盖到更多的领域。随着商业的全球化，贴有 RFID 标签的物品将会无处不在。当越来越多的日常物体都贴上 RFID 标签时，通过互联网扩展到物，从而达到物物互联、人物互联、人人互联。从技术层面上讲，个人信息无处不在，无时不在，隐私无处可藏。

在网络虚拟世界中，计算机成为监控系统的中心，信息控制和操纵对隐私构成严重的威胁。在旧的范式中，隐私遵循的是一种灵魂—肉体二元论的观点，意识独立于物质而存在，个人具有身体和精神双重身份。所以灵魂—肉体二元论中虚拟世界的身份是一种虚拟的建构，这种虚拟的身份由思维决定。只要你愿意，你可以对性别、年龄等信息进行虚构。只要你拥有知识权力，你就会成为网络公众人物。然而对于深陷于云山雾罩的网络社会的普通公众而言,这仅仅是"掩耳盗铃"之举。以互联网为表征的信息社会是符号化的、虚幻的、被建构的,并不"真实"存在。网络信息控制者往往成了网络魔术师。网络信息控制者可以有效地抓住网络虚拟世界(甚至虚拟现实世界)中利用隐私进行监控这一方面,却并没有抓住物联网世界的重要环节:在物联网世界中,哲学范式从心灵转向身体,真实身份和虚拟身份趋于同一。通过芯片、传感器等微型计算机及通信网络可以直接解读生物信息、思维信息,看穿一个人的思想、身份等信息,进而对人进行实时控制。

在《饥饿游戏》这部电影中,虽然斯诺(Snow)总统对游戏实施全景式的虚拟现实,但是没有对游戏参与者的大脑进行控制,游戏结果往往出乎斯诺总统的意料。对大脑的意识和思维进行窥视、控制一直是科幻小说、电影的主题,也是人类孜孜不倦、梦寐以求的事业。控制意识的技术路径主要有:其一,解开人脑处理信息的秘密过程;其二,发展可以进入人脑,甚至窃取思想的技术;其三,完善远程操纵他人行为的方法。

从20世纪50年代开始,一直到70年代早期,美国中情局进行了各种各样的意识控制实验。1957—1964年间,卡梅伦在意识结构实验中将人格分解为分散的几块,然后重新塑造成新的人格。与大脑控制相关的药品也被秘密研发。功能性磁共振、语言刺激反应测量技术通过连续不断的图像实时监控正在运作的大脑活动,判断话语的真实性和真正的想法。电磁微波也是意识控制技术之一。1994年美国空军研究实验室的科学家利用微波传送能量技术将词组发送到实验对象的头脑里,即将潜意识信息隐藏在微波中,然后将信息发送到人脑。美国政府一直热议利用极低频电磁波来进行意识控制的秘密计划。随着物联网技术的发展,现代技术设备可以听取反映意识的神经细胞之间的电脉冲的声音,通过芯片将人脑连接到电脑,该传感系统可以对这些声音进行解读,知悉其思想,控制人的行为。还有一种便携式的、不需要植入大脑芯片也可以将意识转换为行为的技术,但也与传感器密切相关。情感感知神经耳机、电极列阵、思维头盔、多接触脑探针、思维控制传感器、可植入式大脑传感器等物联网技术能控制人的思维、情感。纳米墨水、睡眠测量仪、生物传感器芯片及其他安装有无线发射装置的仪器都会成为身体信息的泄密者。这就意味着，如果意识、身体信息可以被读取和控制，那么就没人能守得住自己的隐私或秘密。

当技术在现代社会中产生越来越大的影响时，技术就悄然地与政治和法律交织在一起。技术在两种意义上具有政治属性（Winner 1980）：一是在特定的社会里，发明、设计或特殊装置和系统的配置成为解决问题的方式；二是有些技术与生俱来具有政治性，它们以特定种类的政治关系为前提。无论是技术的选择还是技术所产生的社会变革，它们都被烙上政治和法律的印记。技术变革影响社会权力资源的分配。不同的社会群体享有不同的社会地位、不同的权力等级和承认度。技术的引进如同政治纲领构建一种新的社会政治秩序。如果技术以一种垄断的方式获得权威，那么它就沿袭了控制式的社会管理方式。它为社会权力提供一种服务工具，形成一种技治社会。高度集中的、等级化的、熟练的社会管理层凭借严密的技术系统对社会进行控制和监管。参与、自由止步于具有政治本质的技术。以核能风险管理为例，"一旦钚循环开始，钚被盗的风险就成为事实而不再是假设，政府对受到保护的权力的侵犯就不可避免（Russell 1975）。"当社会被技术所彻底控制，自由就成为政治摆设的装饰品了。隐私权也是一种政治权力，真正享有隐私权的人必定掌握物联网社会的话语权，可以隐匿于网络幕后之外，静看处于网络社会之中的"金鱼缸"里的"金鱼"。

从政府部门到私营部门，关于个人信息的数据越来越庞大，类目越来越细致，技术越来越先进，对个人的监控越来越严密。物联网技术的目的是为了让人们生活得更美好，但是它以信息的充分获取为前提，并且获取的方式是隐秘的、实时的、全方位的、无处不在的。虽然在现代民主制度下难以再现卡夫卡式的极权恐怖，但是不能保证不会再出现一个个人生活和思维都受到控制的"阿尔法城"①。如果不对物联网隐私进行严密监管，

---

① 阿尔法城是一座以"沉默、逻辑、安全、谨慎"为生活坐标的未来城市，人们表情木讷，生活思维受到严格控制。人们被称为"阿尔法60"的超脑计算机完全控制。

普通公众不是成了机器,就是实验室的小白鼠或显微镜下的草履虫。隐私权力的政治公平性逐渐成为焦点。

第三节 物联网隐私风险的治理策略

隐私是个人尊严、幸福和其他价值(比如结社和言论自由)的基石。隐私作为一种积极的价值几千年前就在西方社会得到认同。从古希腊开始,政治哲学、法哲学就采取公私领域二分法,私人领域受到荫庇和保护。到了近现代,社会领域的兴起,伴随着日新月异的技术创新,社会控制能力齐头并进,公私领域界限逐渐模糊,隐私问题就成为常论常新的话题。特别是物联网、云计算、大数据技术的研发和应用,隐私保护受到前所未有的挑战。

一、物联网隐私风险的技术治理

物联网隐私威胁来自ICT的进步,大多数研究者和技术开发者首先从技术层面考虑对隐私风险的治理,特别是RFID隐私安全风险。

(一) 隐私保护增强技术

物联网的隐私风险一方面来源于互联网和IT基础结构提出的安全问题,比如蠕虫、拒绝式服务攻击、身份窃取、病毒等;另一方面来源于新的技术挑战,比如RFID技术。读取器和标签可以隐匿式地嵌入物品。通过这种方式,可以静悄悄地识别和跟踪携带有RFID标签的人。因而RFID技术的扩散会带来严重的数据保护问题。为了维持数据的机密性,需要新的机制来限制获取存储在物体上的信息。需要进一步控制是否允许物体在任何时间或者特定时间接入(连接、传输或接收)物联网。因此,为了确保信息的机密性和完整性,需要提供防止未授权获取、编辑数据的机制

(比如端对端编码、使用数字签名等)。目前隐私增强技术主要有虚拟专用网、传输层安全、DNS 安全扩展、洋葱路由加密等。

在行业实践中，EPCglobal 提出使用 RFID 技术的准则。但是这些准则存在缺陷，原因是有两个主要的隐私——个人隐私和位置隐私容易被标签泄露。其解决办法有：灭活标签（用 32 位密码完成）、暂时废止标签法（让标签休眠，然后发送密码来激活它）、动态改变标识符法、重新标记标签法、最低限度的加密法（标签包含一个假名的集合，基于读取器的查询释放不同的假名）、重新加密法、静电屏蔽法（将标签隔离于任何电磁波）、有源干扰法（让 RFID 通道挤满无线信号以致标签隔离于电磁波）、标签信号拦截法等。另一种增强安全和隐私保护的方法是 P2P 网络系统，客户身份认证可以通过发布共享机密或使用公共密钥来实现。

标签的存废需要由用户来决定。RFID 标签要么放在受保护的"法拉第笼"的铝箔网（特定频率的无线电信号无法穿越）中，要么"灭活"，即将它们移除和销毁。这两种方法都有一定的缺点。虽然把标签放在特制的笼中相对安全，但是将每个产品上的标签放置在笼中，增加了使用标签的烦琐程度。客户有可能携带标签而不知悉。因此，用户依然被跟踪。虽然在物联网情境中，灭活选择是最有效的防止隐私泄露的方法，它可以永远阻绝任何使用 RFID 的意图，但是灭活方案也存在问题：发送"灭活"指令到标签，这为标签重新激活留下空间，或者将一些标识信息留在标签里。此外，企业为了保留个人隐私信息，可能为不销毁标签的用户提供奖励，使得隐私泄露成为可能。还有一种方法是解除标签和识别对象之间的连接而不用灭活标签。比如将 ONS 上的信息删除以保护用户的隐私。虽然标签依旧可以读取，但是不能进一步检索有关个人的潜在信息。终极的"灭活"方法就是物理性毁灭，但这往往造成物质浪费。

（二）身份管理技术

隐私增强技术的标签方案常常是基于自动授权访问标签读取器的软件。标签要能够执行复杂的加密计算（取决于加密技术的应用）、访问后台数据库或公共密钥管理基础设施。该方法可以阻拦读取未经授权的 RFID

标签，但是并没有给用户提供控制或通知的可能性。为了确保个人数据搜集用于支持授权提供商提供的授权服务，提议的解决方案通常依赖隐私代理系统。代理与双方当事人互动。因此，它保证提供商仅仅获取严格需要的用户信息。用户可以设置代理。当传感器网络和 RFID 系统连入网络时，代理就在他们和服务之间运行。但是在这种情况下，个人不能设置和控制隐私代理所利用的策略。实践中这种基于隐私代理的解决方案遇到了扩展性问题，这就需要一种身份上的管理。身份管理有两种方案：代理和假名。

代理方案旨在以一种智能的方式为用户或标签所有权人处理授权行为，而将隐私管理功能赋予代理工具。这些代理工具可以执行不同的任务，从提供有关读取进程的信息、拦截 RFID 通信的信息到复杂的依赖语境的个人隐私偏好的管理，以及相应地选择允许或干扰 RFID 通信。这一功能可以由数字助理来执行，其核心是用户配置方案。用户配置方案关联到用户的通知或同意。当标签所有权人离开商店，用户配置方案建议锁定 RFID 标签，将锁定程序直接交给所有权人控制（所有权人可以选择一个密码用来锁定或批准访问）。用户配置方案在实践中并不可行，因为配置方案可能增加硬件要求，也增加了系统复杂性，没有可操作性。代理工具也仅仅能够祛除一些隐私威胁，保护 RFID 通信。然而，代理工具也存在脆弱性和危险。代理的隐私偏好管理能降低或消除用户直接认知。如果错误地解释用户的偏好或者没有觉察到损坏的代理工具，技术的效率和信任将会降低。

大数据挖掘能提供有价值的隐私信息，会增加隐私风险。因而有效地避免隐私风险问题的方法是移除数据之间的链接，对数据进行匿名或假名处理。而这种身份管理技术意味着对物联网系统的构成和功能施加诸多限制。匿名仅仅在传统的服务方面提供形式上的意义。例如，对于信息服务的访问，用户必须主动查询。但是在物联网环境下，这些情况并不可行，因为提供匿名服务的技术过于复杂。物联网环境下需要假名来关联用户配置。这种方法的优点在于假名可以使职业等信息从隐私生活中隔离开来，或者通过定期创建新的身份以防止不同时期的数据相互关联。该框架允许用户完全控制配置文件，并提供零选择。零选择意味着能够防止任何物联网的交互行为；在一个隐私兼容的物联网环境中，零选择可以理解为拒绝任何数据采集行为。同时，对于在同一地点出现的几个同一的身份，必须对这些身份加以限制。

在当前的信息系统中，该方法的有效性也受到极大的限制。越来越强大而有效力的海量数据分析和挖掘技术在很大程度上抵消了假名的功能，并限制了假名所提供的保护。在互动连接中，假名必须具有排他性。这就意味着身份识别的方法不能并行应用，不能存储声音或录像信息，因为这些数据可以进行生物识别。匿名或假名限制了传感器的能力及其利用，如果物联网系统内采用匿名或假名的身份管理，就会与物联网提升效率的目的不兼容。

身份管理也不能为个人数据提供充分的保护。虽然身份管理可能有助于减少个人同意还是不同意频繁的数据采集或处理等请示行为，但是个人数据助理可以存储个人的隐私偏好，并有可能永久同意或不同意数据采集行为这一方式。万维网联盟（World Wide Web Consortium，W3C）的"列明隐私偏好平台"就是一个典型的技术例子。是否同意数据采集、处理等行为将取决于各自物联网系统的隐私政策是否与用户偏好一致。这个概念原则上可以转移到物联网应用，但是在互联网领域这是一个失败的方法。人们对W3C缺乏兴趣，没有进一步研发，也对在物联网环境是否能应用成功有疑问。在互联网上下文中，通过运行在客户端的应用程序的适当设置，可以轻易检测到个人信息的释放。通过建立良好的认证程序，就能确认采集这些数据的实体。但是在传感器网络中，互联网的隐私处理方法不能解决这种问题。事实上，进入安装有传感器网络地域的个人所不能控制的是，他们的何种信息正被采集。例如，面对安装在某一地域的摄像头组成的传感器网络，个人避开摄像头摄取其图像的唯一方法就是不进入该地域。在此情景下，减少隐私问题的可能解决方案是限制某些细节层面的可能损害隐私的信息采集的能力。例如传感器网络可以通过仅仅报告被传感的个人的大体方位来隐匿数据，并按照软件要求的细节层面来交换隐私要求。例如，以视频监控为目的，有关由摄像头组成的传感器网络。在这种场合中,可以将人们的头像变得模糊以保护他们的隐私。如果发生某些事情,相关人员的头像由执法人员按原样重新修复。

(三) 数字权利管理

数字权利管理可以规定一个特殊的数据隐私政策,决定谁可以使用数据,以及如何使用。从理论上讲,将数字权利管理技术扩展到物联网系统的好处是,构建更为隐私友好的系统设计,例如通过集成新的维度,比如"附近"或"位置"。以"附近"为例,如果其主人在场,内置的辅助设备可以自动运行或访问存储信息。"位置"意味着会议桌可以将过去讨论的信息提供给会议室里的人(仅限于会议室这一地域,远程发起的信息请求被拒绝,从而保护隐私信息)。数字权利管理技术可以让机密数据自由流动,并依旧保护那些数据,不把信息空间留给他人,也不允许他人超越赋予的使用边界。

数字权利管理技术也是缺乏可行性的,因为它不能解决同意的问题。试图限制数据使用的意图,要么注定失败,要么承担新的、不能接受的社会风险。主要原因在于,数字权利管理技术需要高强度的加密技术。加密是一柄双刃剑,一方面,它有利于隐藏内容和身份;另一方面,运用高强度的加密技术将会被超微型组件的处理能力和能量所制约,即使达到可以防止暴力攻击的水平,处理能力的低下可能导致数据保护失效。另外,数字权利管理技术提高了运营成本和风险。因为数字权利管理的前提是所有的设备必须安装数字权利管理系统,否则任何保护都可以通过隐匿的捕获、复制或重录及连续免费发布个人数据信息而轻易地被克服。

(四) 数据完整性解决方案

数据完整性(data integrity)解决方案应该保证对手在交易中不能修改数据,系统没有发现其改变。数据完整性问题在传统的计算和通信系统中已有广泛的研究,一些初步结果在传感器网络中也存在。然而,当 RFID 系统集成到互联网时,因为它们大多数时间无人值守,会出现新的问题。当它存储在节点里或在网络里传输时,对手可以修改数据。为了防护修改存储数据的攻击，多数标签技术对内存进行保护。例如 EPCglobal Class-1 二代和 ISO/IEC 18000-3 标签都用密码保护内存读、写。事实上，EPCglobal Class-1 二代标签的内存有 5 区，每个方面都有不同的密码对读、写进行保护。然而，ISO/18000-3 定义指针到内存地址，并用密码保护所有较低内存地址的所有内存区。为了保护中间人对数据的攻击，根据带密钥哈希信息认证代码（Keyed-Hash Message Authentication Code）方案，信息可以得到保护。这是基于标签和信息目的地之间共同的密钥，它结合哈希函数来使用，以保护认证。当考虑到 RFID 系统时，支持数据完整性的上述解决方案都有严重问题。事实上，大多数标签技术所支持的密码长度太短而不能提供保护的强度。此外，特别是在物联网情况下，当涉及不同组织的实体时，即使支持更长的密码，密码管理依旧是一个具有挑战性的任务。所有提出支持安全的解决方案都是使用加密技术的。就能源和通信和计算能力而言，典型的加密算法，无论是来源还是目的，都花费大量的资源。假如这些解决方案包括那些严重受到限制的元素（比如 RFID 标签和传感器节点），这种解决方案就不能应用于物联网。因此无论资源多么稀缺，都需要新的解决方案来提供安全满意度。密钥管理方案依旧处于初级阶段（特别是 RFID 情形），需要大量的研究工作。

（五）其他解决方案

在 RFID 系统环境中，问题具有双重性。一方面如果 RFID 标签是无源的，不论是谁均可答复读取器的查询；另一方面，攻击者可以窃听标签对授权读取器的答复。解决第一种问题的方法是基于读取器的授权。然而，这种解决方案需要标签能够执行认证程序。这需要更高的成本和认证的基础设施。最近的解决方案提出了基于用户的设置偏好，按照用户的利益来转让隐私的新系统。(Medaglia, et al. 2010) 上述系统做出的隐私决定可以通过建立与 RFID 标签发出的不能读取的答复在无线通道内的碰撞来执行。为了避免攻击者窃听 RFID 系统，可以通过加密来保护通信。然而，这些类型的解决方案依然允许恶意读取器探测 RFID 标签的存在。为了解决这个问题，有一个新的解决方案：读取器以伪噪声形式发送信号。这种噪声信号由 RFID 标签调制，恶意读取器不能检测其传输。

数字遗忘是一个重要问题。当存储成本减少时，可以存储的数据数量就会激增。因此有必要建立定期删除失效信息的解决方案。未来开发的新的软件工具应该支持这种遗忘功能。它允许用户在互联网上插入和分享图片以及其他类型的文档，确保这些图片在某个日期自动过期并随后删除。

物联网对于攻击来说极端脆弱，原因有几条：首先，它的组成部分在大部分时间里无人值守，容易受到物理攻击；其次，大多数通信是有线的，极易被窃听；最后，就能耗和计算资源（特别在无源组件的情形）而言，大部分物联网组件能力低下，它们不能实施复杂的方案以支持安全。更具体地说，与安全有关的主要问题是认证和数据完整性。认证是很困难的，因为它常常需要合适的认证基础设施和服务器，通过和其他节点进行合适的信息交换以实现其目标。在物联网场景，如果无源 RFID 标签不能和认证服务器交换很多信息的话，这些方法是不可行的。同样的道理也适用于传感器节点。

在这种背景下，需要注意最近提出的几种传感器网络解决方案。当传感器节点通过一些发挥网关作用的节点连接到互联网的部分传感器网络时，现有的解决方案可以适用。相反，在物联网场景，必须把传感器节点认作互联网的节点，因此有必要对不属于相同的传感器的网络节点进行验证。人们已经提出一些 RFID 系统的解决方案，但都有上述不同程度的问题。最后，现有的解决方案无助于解决代理攻击问题，也就是所谓的中间人攻击的问题。

二、物联网隐私风险的制度治理

（一）欧盟委员会的物联网隐私和安全制度

当动态环境成为物联网的重要特征的时候，法律权利和义务就成为规范性问题。欧盟委员会认识到物联网隐私和安全问题。2009 年 5 月 12 日《隐私和数据保护执行建议案》（*Recommendation on RFID, Privacy and Data*

Protection）给 RFID 提供了应用原则。欧盟委员会邀请成员国从法律、伦理、社会和政治接受方式上为设计和运用 RFID 应用提供指导，以尊重隐私权，确保个人数据的保护。建议案要求各成员国法律和《欧盟数据保护指令》（EU Data Protection Directive）兼容。成员国应保证各行业与社会利益相关者共同制定隐私影响评估（Privacy Impact Assessment，PIA）和数据保护影响评估（Data Protection Impact Assessment，DPIA）框架。到 2009 年底，行业和社会利益相关者应制定出所要求的 PIA 框架。PIA 的目标是确认隐私和数据保护应用的影响，决定运营商是否采取合适的技术和组织措施以保护，记录实施合适的保护措施。框架将会用来确定报告的共同结构和内容。特别是 RFID 应用和范围、RFID 应用监管措施、责任等，都是非常重要的。此外，鉴于应用服务可能对公共安全产生信息安全威胁，为了保护个人数据和隐私，要求运营商对应用服务进行隐私和安全评估，采取合适的技术和组织措施确保个人数据和隐私的保护。企业需要指定专人审查、评估技术和策略的有效性。建议案的附加条款是关于信息和 RFID 使用的透明度、RFID 在零售贸易中的应用、提高有意识的行动、研究和开发及后续行为的。

早在 2006 年，欧盟委员会就认识到物联网的监管问题亟待解决。在与欧洲议会、欧洲理事会、欧洲经济和社会委员会及地区委员会的特别通信中，欧盟委员会再次支持对物联网框架中的安全和隐私的重要性的强调。欧洲物联网行动计划（Internet of Things：An action plan for Europe）行动方针（Line of Action）2 说明如何在实践中持续监控隐私和保护个人数据；作为行动方针 3 的一部分，欧盟委员会发起"沉默的芯片权利"技术和法律方面的讨论，并表达该观点：个人可以在任何时间断开与网络环境的连接。欧盟委员会在制度设计上做出如下努力。

1. 内部文件

通过公共讨论，在发展物联网、未来互联网方面达成共识，欧盟委员会在 2008 年 9 月 29 日发布《未来网络和互联网：关于物联网早期的挑战》（Future Networks and the Internet-Early Challenges Regarding the "Internet of

Things")。该文件解决了如下几个问题：物联网的发展与重要性，作为物联网第一个应用范例的 RFID 应用架构，RFID 架构的政策挑战，物联网安全、隐私和数据保护，全球资源的控制，身份管理，命名，兼容性，促进创新，频谱和标准化。除此之外，该文件还讨论了政策问题，包括提高利益相关者的意识，减少物联网技术/服务进入的壁垒及确保个人基本权利，如个人隐私、个人数据保护及用户权益保护等。

欧盟委员会强调其在物联网发展过程中占据领先地位的决心，邀请利益相关者对他们所处理的问题提出意见。为了响应委员会的呼吁，个人、非政府组织、其他机构及私营公司纷纷提出建议性回复。这些回复当中值得引起注意的有以下几个。

（1）欧洲标准化消费者代表协调协会/欧洲消费者组织

2008 年 11 月 27 日，欧洲标准化消费者代表协调协会（European Association for the Coordination of Consumer Representation in Standardisation, ANEC）和欧洲消费者组织（European Consumer's Organization, BEUC）针对咨询意见，从消费者的视角给出了联合回复。ANEC/BEUC 在文件中列出了一些对物联网未来发展至关重要的原则，包括开放性、互操作性、中立性、信任、透明度、保护隐私和基本权利、安全、用户控制、代表性、尊重欧洲价值观、义务、责任、尊重环境、健康/安全及可靠性。

ANEC/BEUC 支持欧盟委员会强调隐私和数据保护是发展物联网的主要挑战。尽管在他们看来自我监管不是最好的实现方式，因为没有足够的压力来使产业及其他行业遵守给定的高标准。ANEC/BEUC 批评"物联网"术语被误导，因为物联网不仅仅与物有关，而且还与自然人有关。ANEC/BEUC 要求委员会进一步解决不断增长的能源消耗、电磁场扩张的风险、潜在的道德危机及"沉默的芯片的权利"等问题。

（2）欧盟美国商会（Amcham EU）

2008 年 11 月 28 日，欧盟美国商会代表在欧洲的美国公司，在其回复中认为物联网法律的颁布为时过早。从委员会的角度来看，物联网可能具有个人信息识别和分析的潜力，但欧盟美国商会认为现阶段讨论隐私和安全具有高度的推测性，因为物联网才刚刚起步，还不能对它的发展进行预测。

欧盟美国商会批评欧盟委员会过于注重 RFID 技术，由此传达给人的印象是 RFID 是物联网的主导技术，因此会限制物联网的发展及其他非 RFID 支撑技术对物联网的潜在贡献。欧盟美国商会还要求欧盟委员会在颁布法令之前采取一个技术中立的框架以等待物联网进一步的发展。

(3) 全球产品电子编码系统组织（EPCglobal）

2008 年 11 月 28 日，EPCglobal 在其回应中批评欧盟委员会对于物联网概念的结论仅基于 RFID，不是完整的分析。EPCglobal 认为对未来作政策决定为时过早，建议委员会仔细评估现在及今后的互联网技术、经济和社会发展来确定需要指导的问题。从 EPCglobal 的角度上来看，个人隐私和数据保护的基本权利早已在欧洲法律中确立。同欧盟美国商会相似，在 EPCglobal 的回应中，也建议欧盟委员会对物联网采取技术中立的手段。其观点是：物联网服务不是区域性的和国家性的，而是全球性的。EPCglobal 要求欧盟委员会鼓励展开利益相关者的全面对话。

(4) 欧洲贸易商协会（EuroCommerce）

欧洲贸易商协会是一个零售、批发及国际贸易行业的协会。在 2008 年 11 月 28 日发布的文件中，该协会同意欧盟委员会关于自我监管是合理实施数据保护的最好方法（与 ANEC/BEUC 相反）的立场，即在整个价值链上通过舍弃用户灵活性来适应快速发展的 RFID 技术和应用的立法。在赞扬欧盟委员会文件可以作为一个重大讨论的出发点的同时，欧洲贸易商协会对有限地单方面分析物联网进行批评，并且强调需要广泛分析物联网的巨大潜力。欧洲贸易商协会认为当前的隐私和数据立法是充足的，它要求欧盟委员会在未来制定新的物联网政策之前明确评估当前的立法构架，并请求委员会召开物联网年度峰会来评估所有物联网的发展。

(5) 艾斐域（Afilias）公司

艾斐域公司在 2008 年 9 月发表了《在物联网中找到你自己的路》的白皮书（Afilias 2008）。在白皮书中，该公司为 ONS 提出了一个分散的、可操作的物联网根系统架构。它主要关注五个问题：标识符冲突

(identifier collusions)、反向兼容性、单方面控制权、保障实用性、在服务提供方面的开放性竞争和安全/信任设置优先权。

2. 欧盟委员会通信

在 2009 年 6 月 18 日《欧洲物联网行动计划》的文件中，欧盟委员会表示，物联网的发展不能留给私营部门或世界其他地区，但欧洲立法者应当对公共政策问题负责，而不能推卸给市民社会，特别是应当以一种同互联网监管下的公共政策活动相一致的方式来对物联网的监管进行设计。考虑到物联网的特殊方面，欧盟委员会提出了有关对象的命名、认证机构、寻址机制和信息库、安全、责任机制和法律框架等问题。随后，委员会定义了 14 种方案，内容如下。

(1) 监管：制定一系列监管物联网的基本原则及分散化管理的架构。

(2) 持续监控的个人隐私和资料的保护问题：RFID 的应用应遵循个人隐私和数据保护的原则。

(3) "沉默的芯片"的权利：即使手机关机也不能阻止利益相关者获取信息。

(4) 确定新出现的风险：应制定一个政策框架来支持物联网，以应对接受、信任和安全方面的挑战。

(5) 物联网作为一种重要资源：应解决标准化及物联网在保护重要信息基础设施等方面的作用。

(6) 标准指令：评估现有标准指令在多大范围内可以纳入与物联网相关的问题。如果有必要，制定另外的标准。

(7) 研究与发展：物联网需要成为正在进行的"欧盟研究、技术开发及示范活动第七框架"（Seventh framework programme of the European community for research and technological development including demonstration activities，FP7）研究项目中的关键主题。

(8) 公共与私营部门的伙伴关系：物联网应成为公私合作伙伴关系的一部分。

(9) 创新和试点项目：通过推行具体的试点项目来促进物联网的

发展。

（10）机构的意识：通过增加信息流动，让欧洲机构意识到应促进物联网的发展。

（11）国际对话：欧盟委员会打算加强与其国际伙伴之间关于物联网所有方面的对话。

（12）回收行业的 RFID 应用。

（13）价值评估：关于使用 RFID 技术，应该对其科普程度、经济和社会影响进行评估。

（14）发展评估：欧盟委员会打算在欧洲设立多方利益相关者的机制来监控物联网的发展及实施进一步措施。

欧洲行动计划的颁布并没有造成重大的社会反响，在有关行业中物联网基本原则的实施情况还有待观察。

（二）美国物联网隐私与安全法律制度的实践

2004 年 7 月 9 日，美国电子隐私信息中心（Electronic Privacy Information Center, EPIC）颁布 RFID 技术商业应用指导方针。该方针旨在为保护企业隐私利益和个人隐私利益而指导 RFID 技术的使用。但是该方针并不保护政府针对个人隐私的行为而是使个人隐私免受企业（主要是零售和制造业）侵害。

美国加利福尼亚州一直对 RFID 的安全问题非常关注，早在 2006 年就审议通过了《身份信息保护法案》（Identity Information Protection Act）[1]。不过由于技术条件和社会认知程度的关系，当时的法案存在不少争议。州长阿诺得·施瓦辛格（Arnold Schwarzenegger）认为该法案还不是很成熟，实施起来还很困难。在民众的关注和 RFID 产业的强烈呼吁下，当时的法案转变成为一套过渡期要求法案。2008 年 9 月 30 日施瓦辛格签署一项《反读取法案》（Anti-Skimming Act）[2]，该法案规定：除非是为了辅助医疗或

---

[1] 数据来源于 http://www.rfidjournal.com/article/articleview/2698/1/1/。
[2] 数据来源于 http://www.rfidjournal.com/article/view/4353/1。

者调查犯罪的需要并获得授权，未经标签所有者允许而读取标签上存储的信息是违法行为。2018年6月28日，加利福尼亚州颁布了《加利福尼亚州的消费者隐私法案》（California Consumer Privacy Act，CCPA），于2020年1月1日生效。该法案重要条款包括：企业必须披露收集的信息、商业目的及共享这些信息的所有第三方；企业须依据消费者提出的正式要求删除相关信息；消费者可选择出售他们的信息，而企业则不能随意改变价格或服务水平；对于允许收集个人信息的消费者，企业可提供"财务激励"；州政府有权对违法企业给予罚款；"不出售我的个人信息"链接公示和新隐私政策披露的义务；未成年人同意；掌握超过5万人信息的公司必须允许用户查阅自己被公司收集的数据，要求删除数据，以及选择不将数据出售给第三方，公司必须依法为行使这种权利的用户提供平等的服务；总检察长的权力；等等。加利福尼亚州居民将获得一些新的权利：数据访问权、数据删除权、不销售个人信息的选择权、禁止歧视权、针对某些数据泄露的私人诉讼权等。

2008年3月，美国华盛顿州通过HB1031法案，旨在惩罚未经RFID标签持有人同意，通过RFID读取器获取个人信息的犯罪行为。该行为将会被以C级重罪起诉。另一项法案HB1044成为华盛顿州信息服务委员会为本州企业和机构制定RFID技术隐私标准的依据。2009年4月13日，州长葛瑞格尔（Christine Gregoire）签署HB1011法案（于2009年7月26日生效），除了发布RFID标签的企业或机构有权外，其他任何人都不得读取RFID标签。HB1011法案生效后又追加了部分订正。例如，删除了原法案中规定的"收受包含RFID标签的商品（会员卡等）时需要签署同意书"。同时，禁止第三方读取的事项中增加了规定："读取标签数据后，不可公开，查看后要立即删除（急诊、警察等得到授权的情况，以及正当的学术研究视为例外）"。

美国政府也制定了一系列政策措施，以防范物联网技术可能带来的隐私和安全风险。2007年4月27日，美国国家标准与技术研究院（NIST）发布《RFID系统安全准则》（Guidelines for Securing Radio Frequency Identification Systems）。该报告共154页，着重于RFID供应链应用，包括物件跟踪，但没有涵盖智能卡支付和近场通信技术的应用。它推荐一些安全和隐私最佳实践，比如标签数据加密、仅仅授权用户才可以访问 RFID 硬件和软件系统、限制 RFID 标签物理访问、审查数据记录、给标签读取事件加上时间标记等。2014 年 2 月 12 日 NIST 发布《改善关键基础设施网络安全的框架》（Framework for Improving Critical Infrastructure Cybersecurity），对包含物联网在内的多种连接技术给出了网络安全最佳实践的建议，并于 2018 年 4 月 16 日根据反馈意见推出 1.1 版本。2014 年 9 月 25 日，NIST 发布《智能电网的安全指南》（Guidelines for Smart Grid Cyber Security）。2015 年，美国联邦贸易委员会（Federal Trade Commission，FTC）发布《小心连接：物联网安全指南》（Careful Connections: Building Security in the Internet of Things），指导企业在物联网产品设计之初即考虑安全原则。2015 年，美国联邦通信委员会发布《消费类物联网设备安全注意事项白皮书》（Applying Security to Consumer IoT Devices Subcommittee Technical Considerations White Paper）。2016 年 11 月美国国土安全部发布《保障物联网安全的战略原则》（Strategic Principles for Securing the Internet of Things）白皮书，向物联网设备和系统开发商、管理者及个人提出了一组网络安全实践准则的建议。此外，美国食品药品监督管理局（Food and Drug Administration），美国交通部下属的国家高速公路交通安全管理局也分别在医疗和智能驾驶等特定领域出台了技术指南或行动建议。

（三）日本物联网隐私与安全的法律制度实践

日本有关物联网隐私和安全的法律制度有一般法和特别法之分。一般法主要是 21 世纪初先后制定的五部有关个人信息保护的法律：《关于个人信息保护的法律》《关于保护行政机构保有个人信息的法律》《关于保护独立行政法人个人信息保护法》《信息公开与个人信息保护审查会设置法》《行政机关个人信息保护法等施行准备法》。这五部法律自 2005 年起全部实施，个人信息保护的相关法律制度形成了较完整的法律体系。2000 年 7 月"信息安全对策推进会"制定了《信息安全政策指导方针》，同年 12 月又制定了《重要基础设施网络袭击对策特别行动计划》，对侵害他人信息的行为，设定了可能会承担的民事责任、行政责任或是刑事责任。在充分考虑个人信息的作用和合理保护个人权利的基础上，日本内阁府、总务省、法务省及相关政府部门相互沟通、配合，及时对《个人信息保护法公约》实施所产生的问题进行总结，并采取相应的解决措施，联席审议通过《关于顺利推进个人信息保护公约》。除此之外，日本政府各省厅制定系列"个人信息保护指导方针"，比如经济产业省制定的保护个人遗传信息的有关指导方针，总务省制定的电气通信和广播行业有关个人信息保护的指导方针，厚生劳动省制定的有关医疗和保险行业有关个人信息保护的指导方针，文部科学省和厚生劳动省制定的有关科研伦理的指导方针及法务省制定的有关行政机构保护个人信息的指导方针。

日本将个人信息定义为与出生等有关的个人信息，2007年日本经济产业指导方针将个人信息扩大到"身体、财产、职业、职务"等信息。严格限定个人信息使用和处理的范围和方式，未经本人或法定代理人同意不得向第三人提供个人信息，不得滥用信息权利和超越信息使用目的和范围。商人不得擅自变更利用个人信息的方式，如需变更，应履行合理的通知和注意义务。如果变更的范围超出信息本人的意料之外，就必须经过本人同意。商人必须尽可能详细、具体地指定个人信息的利用目的。如果因公益、公务之目的或人身或财产权益受到威胁时，可以不特别指出利用目的，仅需本人同意利用其信息即可。日本《个人信息保护法》还规定了商人应尽的个人数据安全管理义务及其责任。

另外，日本总务省和经济产业省在2004年制定《关于电子标签的隐私保护指导方针》，其目的是保护用户的个人隐私及为相关企业规定应遵守的规则。该方针共10条，分别是目的、适用范围、经营者应尽的说明、提醒和注意义务、用户最终选择权、标签的使用和处理方法、经营者信息收集和利用权利的限制、经营者确保信息正确的义务、经营者有公示信息管理者及其联系方式的义务、经营者有向用户解释和说明的义务。

2017年，日本为确保信息流通的可追溯性，加强国家监管部门对个人信息一元化的管理，大幅度修改了《个人信息保护法》，主要表现在三个方面：一是增加"敏感信息"概念；二是增加"个人信息保护委员会"一章；三是增加"非法提供信息数据库罪"。2020年《个人信息保护法》修正案为迎合大数据时代技术创新的要求，防范和化解未来个人信息保护中潜在的各类风险，扩充了很多内容，如：保障个人权利；信息使用推广；扩大企业责任；强化法律处罚；增加域外适用；等等。其中，保障个人权利涉及权利范围、个人信息范围、第三方限制等；信息使用推广，包括引入"假名化信息"，仅限于经营者内部使用，并禁止向第三方提供假名化信息；扩大企业责任，包括信息泄露报告、限制信息的不正当使用；强化法律责任，包括增加罚款；域外适用，包括赋予个人信息保护委员会（PPC）更多权力、加强国际传输监管。

（四）物联网隐私和安全制度建构应注意的问题

建立和实施合适的法律框架需要系统的立法程序和方法。因此，应注意下面几点：①需要系统地发现关于RFID使用案例的事实；仅当在充分了解事实的条件下，才能起草适当的法律条款。②系统化可能发生的法律问题，可通过四个技术轴线合作完成：全球性、垂直性、泛在性、科技性（technicity）。③对物联网和RFID安全和隐私问题的法律挑战作定性分类。

特别是，为了增加安全性，我们必须解决市民社会在多大程度上向隐私妥协这一难题。我们应该寻求达到隐私和安全不是对立，而是和谐共生的这一目标的解决方案。根据多方面的事实情况来看，似乎不可能达成统一的监管物联网和RFID所有方面的法律框架。应该考虑多样化和区别对待的方法。因此，技术环境可沿着代表制定法律最重要的挑战的四个轴线形成。

（1）全球性，是基于在物联网环境里货物和服务将在全球销售和分配的

同样的技术工艺（processe）适用于全世界，从这种意义上讲，RFID也被称为全球性技术。因此，如果不同的国家在这个领域实施不同的法律，商业和贸易将会尤为复杂。如果RFID标签产品在全球范围内使用，法律制度需要同步。

(2) 垂直性，是指技术环境的潜在持久性

RFID 标签可用性持续足够长的时间，不但在供应链的最终客户端中使用，也在废弃物管理中使用。

(3) 泛在性，是指 RFID 标签环境的范围

从技术上讲，RFID 可以适用于任何环境和物体。

(4) 科技性，是制定隐私保护规则（development of rules）的重要基础

如下几个不同的因素应予以考虑：①标签的复杂性（有源、无源，可擦写、提供处理能力和传感器的产品）；②基础设备（读取器或其他连接的媒介）和最大读取范围（特别是满足透明度要求）的复杂性。

当构建约束物联网的所有参与人的法律框架时，上述四个要求应予以考虑。所以，制度框架应是全球性的，即由国际立法者制定，适用于地球上每个物体，从其产生到其消灭。如果各种物体聚在一起形成新的"物"，就需要特别强调泛在性。新的"物"要么归因于新的标签，要么归因于携带多个标签聚合物。虽然第二种多种标签的方案更为实际，但是它可能给企业留下问题：各个部分不能溯源。解决方案可以是在附着到物上的标签中注明所有个体的不同来源。需要达到全球共识，然后它就可以适用。该问题与"科技性"有关。如果组合物保留所有集成部分的标签，跟踪所有与物相关的信息就变得相当复杂和困难。确定一个合适的法律框架需要技术支撑。因此，在决策过程中纳入技术专家，看来是不可避免的。需要在国际层面上建立框架，否则，物联网不能有效利用。

（五）物联网隐私风险控制的制度原则

1. 公平原则

物联网隐私风险客观存在，将物联网隐私风险最小化既不现实也不可能。这就需要采取一种相对的、相称的公平原则，实现相关者利益的生态平衡。

首先，物联网隐私是一个情境化的、约定的概念。隐私一词带有信

息、身体、财产和决定等方面的含义（托克音顿，等 2004）。不同的环境和语境下，隐私的含义和抗辩事由可能不同。例如，照片对于名人来说可能不是隐私，而对于公众来说是一种隐私。测谎、电子监听、基因检测、个人谈话、犯罪记录、个人艾滋病信息等隐私含义和抗辩事由也因主体、信息系统环境、安全环境和目的等差别而存在差异。例如，雇员通过公司使用的电子邮件系统与他人通信，就失去了对隐私的合理期待。公司监听电话的目的也只能是保护公司的商业秘密，改进顾客服务技能，防止骚扰电话等商业用途。同样的隐私信息，对于不同的主体而言，对隐私的敏感度也不一样。相对于成年人来说，儿童的信息隐私更应受到保护。不同的主体对隐私的理解和主张也不完全一致。公众有隐私流通的需要。在具体利益面前，有些公众会适度放弃个人隐私而允许他人采集其个人信息，但也有些公众会坚持保护个人隐私。因而要具体地将隐私区分为敏感隐私和不敏感隐私，进而采取不同的隐私流通策略。根据笔者调查研究，在众多的隐私之中，通信隐私、生活隐私和财产隐私更受到中国公众的普遍关注。另外，受到认知因素和环境因素的制约，需要特别保护弱势群体的隐私。

其次，隐私信息的采集要符合约定的目的。既然隐私是一种约定的概念，那么个人数据必须基于特定、明确的目的来采集和处理，而不允许与这些目的不一致。一旦超出约定的目的，需要通知被采集人，以获取书面的同意，从而赋予数据被采集人一种信息访问权、矫正权、删除权或阻止权。所以需要增强个人数据采集和处理的透明度机制。透明标准提高了物联网性能，有利于责任评估，并促进了相关监管法规的协调。

最后，隐私风险治理的差异化定制。物联网隐私的价值具有双重性：对于企业和社会来说，利用个人隐私信息是实现精准预测和控制的前提；对于公众来说，充分的隐私保护是人权的基本保障。如何实现经济利益、社会公益和个人权益之间的公平，就要根据供需平衡进行差异化定制，达到利益生态的目的。因为隐私是一种情境化的概念，不同的行业、不同的环境、不同的主体对隐私控制都有不同的要求，不见得最强的隐私风险控制技术就最好，并且，要考虑到隐私风险控制技术的强度与成本成正比关系这个因素，不同的运营商或企业根据其盈利能力也会采取不同的隐私风险控制标准。但是差异化的标准并不是说标准的泛化，需要根据隐私的敏感程度和环境制定一种准入制的行业全局技术标准。再在全局标准下制定局部的分层标准，从而使运营商和企业的资质与隐私风险控制标准挂钩。

2. 合法原则

首先，数据主体必须遵守契约。为了确保所有物联网应用中的参与者都遵守隐私保护要求，物联网应用需要大量不同主体之间的合作。为了合作成功，必须根据不同通信主体之间的身份信息交换签订协议。这些合作形式类似身份管理文献中描述的"信任圈"（circle of trust, CoT），它可以描述成一个包含很多服务提供者和身份提供者的联合体，成员们在身份信息应该如何管理上达成协议。CoT 的基础是在如何识别和认证用户上达成一致，同时需要在物联网框架内确定责任，以确保符合法律和政策的要求。从隐私风险控制的角度看，这些任务需要首先被分配以确保处理的机密性和安全性。从商业或政策角度看，任务分配是为了确保利益相关者信任该架构，以防止用有损于参与者利益的方式进行数据采集和处理。

其次，数据处理行为必须合法。合法性必须来自国家法律规范。一般来说，应包括：决定数据控制者处理行为合法性的一般条件；被处理数据的类型；相关的数据主体；数据可能被披露的对象和目的；目的限制；数据存储期限；处理操作和处理程序，包括确保处理行为的公平与合法的措施，数据必须具备完整、一致、准确、及时、相关、安全、有时效、最小化等特征。

最后，违约者或侵权者必须承担责任并予以证明。在物联网环境中，参与者（服务提供者、身份提供者、中介机构等）可能是管理者、处理者或第三方，这取决于不同的物联网应用。当一项法律规定某种处理形式时，它应该指明何种主体可以充当管理者。根据处理操作，各主体承担何种角色，确定各自应如何遵循义务。

三、物联网隐私风险的自律治理

法律是保护隐私和道德权利的有效方法。法律框架通过正式文本宣教数据保护和安全约束对于这些应用是何等重要。同时法律框架提供了同危害公民的隐私权的不法行为进行斗争的手段。制定合适的物联网安全和隐私保护的法律框架是国家的一项重要职能。从理论上讲,各种监管模式是可行的,但选择主要在传统的国家法律、国际协定和自律之间。国家法律不能完全满足全球化的需要。从物联网交易通常具有跨国界的性质这一事实角度讲,需要合适的法律框架。

到目前为止,物联网的监管模式是基于自律的,并通过多方面的商业标准进行监管,从技术准则到公平的信息惯例,特别是 EPC 准则,比如"用户须知""用户教育""保留和 IT 安全政策"。EPC 准则依靠自律策略驱动。自律模式遵循自助的辅助性原则,这意味着只要政府没有采取干预行为,特定社区的参与者就试图找到合适的解决方案(结构、行为)。自律的合法性基于该事实:需求驱动的诱因主导规则制定的过程。此外,自律比国家法律成本低并且更灵活。如果自律比国家法律更有效率,自律原则上就是合理的;如果与自律相比,社会规则不太可能被遵循,自律就是存在的理由。

自律模型的理论方法显示多方位图景:在很多情况下,自律最多只是一个私人团体的概念,即发生在一个由政府设置(指导自律或审核自律)的框架内的概念。如果政府提供总体框架,它可以由私营部门予以制度化。

自律有其重要性和社会根源。自律机制仅仅调整那些积极的、有原则的参与,因为市场压力依然不能强大到迫使每个人采取各自的规则。而且利益相关者采取自律仅仅是为了满足各自的利益,因此不能有效保护隐私。(Michael 2000) 正如前文所述,自律规则是一种"软法",立法者参与制定法律制度不可避免。

尽管自律有多重有利因素,但是在隐私和安全背景下,一些社会规范需要由立法者来设置。这些规范应该从国际层面上来引植。当前国际法方面的理论倾向于承认国际法的广义定义。根据这个定义，该领域不再仅仅限于国家关系，而且普遍接受发挥越来越大作用的其他国际参与者，比如个人、国际组织和法人实体。法律规范来源主要来自法律的基本原则，如善意、平等对待、商事活动公平、协议的法律有效性、公序良俗等。这些基本规则可以解释为"大量抽象形式的规则"，它们是"长期形成并被普遍接受的，不再与国家司法实践直接联系"（Brownlie 2008）。从某种程度上来说，法律基本原则被认为是"自然法"（Natural Law）的一种表述；实际上，法律基本原则是法律规范的基础。

从隐私和安全角度看，全世界各个地方对隐私的关注各不相同，这使得在跨国界的商事活动中难于应用基本原则。因此，基本的法律框架应引入国际立法。然而，保护安全和隐私的法律规则的细节需要私营部门来完善。物联网本身是一个新的系统。一种方法是委托专门的机构，赋予其物联网立法权和监管的权力。新的机构应该考虑物联网所有的特点。此外，考虑到物联网的复杂性，这个机构应具有必要的能力——解释权。另一种方法是：在现有的组织中，创建新的机构以整合国际物联网立法的任务。考虑到物联网的全球性，该组织有一定的领土适用范围。此外，该组织应有一个专门负责物联网的机构。最后，被任命组织的一般职责应包括物联网立法和监管。可以借鉴世界贸易组织（World Trade Organization，WTO）和经济合作和发展组织（Organization for Economic Co-operation and Development，OECD）的一些规则。同时应该建立负责物联网规则制定和监督的特别委员会。该委员会由 WTO 或 OECD 成员国代表组成，以确保国际通行的做法。经协商后，委员会可以正式发布关于物联网各种问题的协议、标准和模型、建议案和准则。

总的来说，这种评价与互联网监管的经验不谋而合。目前尚不存在涵盖隐私和数据保护的有效力的国际协议。尽管至少在一定程度上国际人权文书通常体现隐私的本质，但是保护并不认为是充分的；只有"极端"的保证具有法律保障，比如尊重隐私生活或避免暴露于任意、非法的干涉。因此需要共同监管以保障网络世界隐私有效原则的实施。自律框架的可能元素可以包括下列行为规则：摸索出符合大量数据保护原则的最佳实践，建立内部控制程序（遵守规则），设置热线电话以处理公众投诉，制定透明的数据保护政策。自律是一种合适的工具（Poullet 2006）。

四、隐私风险治理的政策、局限及发展

几乎世界上所有国家的宪法里都包含隐私权条款。OECD 的《关于隐私保护与个人数据跨界流动的指导方针》（Guidelines on the Protection of Privacy and Transborder Flows of Personal Data，以下简称《方针》）列出了保护隐私最重要的条款。尽管不具有法律约束力，但是《方针》具有很强的影响力，形成一系列有法律效力的法规和自愿协议。《方针》包括八个方面：采集限制原则、数据质量原则、列明目的原则、使用限制原则、安全保护原则、公开原则、个人参与原则、责任原则。前四条包含隐私保护的基本内容，而后四条是对程序方面的描述。OECD 从 2010 年开始筹备《方针》的修订工作，并于 2013 年 7 月 11 日审议通过《理事会关于隐私保护和个人数据跨境流通指导方针的建议（2013）》（Recommendation of the Council concerning Guidelines governing the Protection of Privacy and Transborder Flows of Personal Data［2013］，简称《方针》［2013］）。《欧盟数据保护指令》（Data Protection Directive，以下简称《指令》）对现实世界隐私保护制度具有巨大影响力：一方面，它不得不转化并落实到欧盟成员国的国家法律；另一方面，它禁止将个人数据转移到欧盟之外的没有相当的个人数据保护水平的国家。虽然它被《数据保护通用条例》（General Data Protection Regulation，以下简称《条例》）取代，但是仍然具有参考价值。

（一）《欧盟数据保护指令》

1. 合法性原则

《指令》95/46/EC6 对个人数据处理做了限制：处理数据必须遵从法律义务，管理者必须服从该义务（第 7 条，c DPD）；为公共利益而履行任

务或政府事务而授权向管理者或第三方披露数据是合法的（第 7 条，e DPD）。政府行政部门为公共利益而执行任务仅当遵从下列三个基本原则时才是合法的，即是：①合法性，②专业性，③相称性。《欧洲人权公约》（*The European Convention on Human Rights*，ECHR）第 8 条对数据处理的合法性基础有附加要求。合法性基础必须是数据采集对象的同意，从而个人可以预测其结果，并得到充分的保护，防止任意干扰。数据采集对象的同意必须是"自由地给出"（第 2 条，h DPD），并且同意仅仅是服务于电子政务目的。

2. 目的原则

《指令》95/46/EC d 中规定个人数据必须"基于特定、明确和合法的目的而采集，而不允许与这些目的不一致的进一步处理"。该条就是众所周知的"目的限制原则"：最初的目的是为了精确确定采集或按照授权使用原则进一步处理数据的合法性。为了行政效率的最大化，避免反复请求数据采集人同一信息，一些政府已经将"单个采集"（single collection）原则引进到电子政务。该方法产生的公民个人数据只有一次，然后被其他政府机构分享和再次使用（所采集的信息可能有待验证）。《指令》95/46/EC 允许"重新使用"个人数据，假定随后的处理操作符合所有的法律通常规定（数据处理操作）的要求。在私营部门中，通常要求下述步骤：如果有新的目的，就必须另行通知数据采集对象以获取同意，另行通知数据保护机构等。在电子政务中，如果有不同性质的数据处理，应获取国家数据保护机构的授权。

根据《指令》、《欧洲人权公约》第 8 条、《欧盟基本权利宪章》第 7、8 条，在评估这些不同处理操作的"一致性"时，必须考虑数据采集对象的合理期望、所处理数据的性质、对数据采集对象可能存在的偏见。

3. 准确性原则

每个数据管理者有确保所处理的个人数据的准确性的义务（第 6 条，d DPD）。为了实现电子政务应用的数据准确性，一些成员国采用数据"权威来源"策略。权威来源可以被视为一个机构，它对数据采集、有效性和更新负责，被认为是最准确的、最新的信息来源。指定权威来源主要为了确定哪些实体有权采集数据，以及采集什么样的数据。为了确保数据的可靠性，权威来源的指定应该与合适的政策相匹配：详述数据如何被采集、核实和更新，阻止未经授权的数据修改或访问。

为了确保数据可用性和政府机构之间的数据交换，权威来源通常依赖"参考目录"的黄页模式实施。这些工具并不存储任何具体数据，而是提供"指针"和定位：该信息在哪儿可以被检索到。"发现服务"允许授权的用户定位网络内的资源，包括服务、实体信息，比如凭证、标识和属性。

权威来源的优势是单点接触信息，更新和管理信息。这种方法有助于避免在不同数据库中存在大量相同信息的副本。从隐私角度看，权威来源有利于数据集中存储和最小化。同时有利于数据的精确化、验证和更新。由于权力集中，应慎重考虑哪些机构负责维护、管理、数据注册和参考目录的制定。这些职责原则上应该被赋予独立的中介机构，有明确的法律义务确保数据处理、交换符合政策规定。在理想的情况下，这些实体将在国家数据保护机构的严密监管下运作，并接受定期审计。考虑到不同的背景和行业（比如医疗、金融、社会保障等），不同的中介机构应被赋予不同的功能，每个中介仅仅管理具有法律依据的分内的事情，保证信息检索和信息交换。

4. 机密性和安全性原则

《指令》95/46/EC 第 16、17 条规定数据管理者负有法律上的义务：实施合适的技术和组织措施以确保处理的机密性和安全性。管理者必须采取诸如此类措施，比如"保护个人数据免受意外或非法破坏或意外丢失、篡改、未经授权的披露或访问及所有其他非法的处理形式。"要根据技术的先进性、成本、处理带来的风险、被保护数据的性质来界定义务应承担的程度。

作为安全目标的机密性可以被理解为信息秘密的内容免受所有实体知悉（除了那些授权访问者）。如前文所述，有很多方法提供机密性，从物理保护到访问控制和加密计算等。除此之外，根据管理者安全义务和相称性原则，为了保障信息的机密性，每个实体的处理权利（读、写、修改等）应该被限制在处理目标的必要范围内。这些要求不仅适用于每个政府实体，还应用于个人用户。

欧盟成员国还开发了一种可信的身份识别和认证机制的管理框架的应用。越来越多的成员国从纯粹纸质的身份文件转移到电子身份证，以便在数字环境中进行身份识别和认证。在很多情况下，这些电子身份证配备加密功能，持证人可以将合格的电子签名放置在社区。

对于信息机密性的保护来说，访问控制策略至关重要。除了身份识别和认证机制外，还应该以一种通用的方式将信息分类（比如联系方式、年龄、社会安全状态等），以便从这些资源中获取个人数据。所以，无论是程序应用还是商业流程的信息需要都应根据分类建立映射关系。每个实体的访问和处理能力必须根据应用或服务需求来定义。技术政策的实施机制不应仅仅考虑基于角色的访问控制模式。政策实施也应包括访问验证的规则和条件，任何实体的任何法律行为必须符合一定的规则和条件。个人的授权档案应与其资质相联系。例如，用户对应的权限取决于专业资格（比如医疗保健、律师），而这些资质有可能期限届满或被撤销。当设计一种新的应用服务的时候，开发者应该仔细考虑需要哪些授权。

总之，机密性是信息安全中重要的一个方面，需要由数据管理者来解决。为了确保数据准确，在识别信息提供者身份这方面必须存在足够的确定性。参与数据交换的当事人必须能够确定信息是否来源于权威机构和授权。在传输过程中，数据的完整性和真实性应该合理地被保护，比如通过使用数据源认证协议。并不是所有的数据处理都需要同种程度或类型的保护。根据危险的性质和级别，信息安全管理系统应区分不同层级的操纵，从而确定适当的保护。

5. 透明义务和当事人权利

《指令》95/46/EC 第 10 条以下规定了管理者透明的义务，并列明当事人的权利。这些条款背后的理念是：当处理个人数据时，原则上应该通知数据当事人；应该提供工具方便当事人获取进一步的信息访问权；当事人如果觉得数据不合适地被处理时，应该有直接向管理者追索的权利（矫正权、删除权或阻止权）。透明处理可以被认为是数据当事人实施其权利的必要前提：如果数据当事人没有意识到处理，他将无法审查数据处理，不能做出决定是否数据被处理或者是否他希望提出请求查看数据被修改等。《指令》第11条明确要求：当没有直接从数据当事人那里采集信息时，各成员国应"适当保障"透明性。以下两种情形，数据管理者具有豁免权：①当法律明文规定记录或披露时；②当间接采集数据，通知每个当事人可能十分困难时。当单个采集和重复利用被认为是核心政策目标时，事实上取消了数据处理透明性的要求。

有些欧盟国家在增强数据处理透明度方面取得了一定的经验。在比利时，"我的文档"应用不仅可以让每个公民看到存储国家人口登记数据库里的个人数据，也可以看到哪些政府机构访问其信息。

6. 明确任务、职责和角色

哪些主体被授权作为数据提供者；哪些主体应当执行认证、授权和检查；哪些主体负责维护操作日志；哪些主体应是数据交换的受信任方（比如中介）；哪些主体负责技术政策的更新；哪些主体应作为前台以满足数据被采集人的权利（比如访问权和矫正权）；哪些主体是违反安全事件的联络点；哪些实体负责定期政策审查；等等。

还会存在一些情形：很难认定数据管理者与数据处理者的资格。例如，有些政府机构共同负责公共事务。如果法律上没有明确说明哪个机构充当管理者，那么，它们各自的角色由目的、手段等标准来确定。

（二）《方针》和《指令》的局限：以原则为例

法律是时代的产物。在物联网新时代的语境下，技术的发展远远超出《方针》和《指令》的边界。

1. 采集限制原则

首先，原则的第一部分是指对个人数据采集内容的一般限制，但没有说明限制的细节。物联网技术基本破除了这些限制。物联网数据采集的对象基本覆盖所有个人数据和物体数据，并积极地、普遍地采集。虽然该原则的最后部分要求被采集人知情同意，比如，通过清晰可见的警告标签、标明何种物体在采集数据，采集何种类型的数据，在何时采集；等等。但是这过于复杂，在实践中很难操作，与物联网数据采集所固有的无干扰、隐秘的目标不兼容。

其次，"数据采集对象明确表示同意"在任何情况和任何时间下都不可能完成，也不可获取。因此，有很多征求同意义务的例外情况存在，比如，占有个人隐私数据以履行合同或保护重要的利害关系人。"公共利益"范畴的例外也包括公共安全问题或法律行为的效率。现在，隐私权受到安全政策和技术（偏重于安全方面）的威胁，而制度规范忽略了隐私对个人安全的核心作用，比如，防止国家权力滥用。然而在物联网环境下，国家权力滥用的威胁将显著提高。

最后，数据采集行为的连续性特点与获得个人同意的原则完全不相兼容。数据采集是持续的、连续的、持恒性行为。这种持恒性的数据采集必然要求获得被采集对象的不间断的同意请求。从法律技术角度看，基于合同形式的条款显然比较现实。但是数据采集对象和采集主体之间信息不对称，数据采集对象如何知道采集主体是否违反合同，是否滥用权利或权力？

同时个人同意又受限于数据采集对象对合同条款的理解力。并不是任何人都具有一定的法律知识的，即使在自愿的情况下，当事人也未必能理解该协议是否具法律效力，具有何种法律效力，或者该协议是否是不合法或不道德的。也有部分人不会反对全面监控，特别是如果它可以让人们获取便利、增强安全。如果物联网服务提供商要求获取个人数据是订立服务合同的前提条件，也有可能很多人愿意签署相关的合同条款，明确同意采集、处理和传输任何数据。另一个较为关注的是，如果生产商或销售商通过实时的隐私信息分析，做出让用户无法选择而又不得不选择的行为，就会产生一种强制和胁迫性的经营行为。然而，在**物联网**环境里，没有办法逃脱无处不在的监控。物联网提出新的法律**难题：同意是否免于质疑？**

2. 数据质量原则

数据质量原则主要是两方面：①采集数据的相关性；②采集数据的准确性、完整性和有效性。就技术而言，物联网存在一些挑战，比如异构性、可扩展性、软件复杂性、互操作性、发现、到达和运行、理解、数据解释、数据量、容错、通信等方面。物联网是各种技术的大融合，是一个复杂的系统。任何技术上的不成熟都可能影响数据的准确性、完整性、有效性和相关性。在一般情况下，更多的数据并不必然导致更好的数据。为了得到精确的数据，必须进行定期监控和更正。只有使用特定系统、特定知识和特定硬件，才会对这些数据质量的有效性做出承诺。因而在法律制度实践中，需要对该原则进行具体细化和拓展。

3. 列明目的原则

这一原则的要求是，至少在数据采集之时，必须了解和识别采集数据的目的。《指令》也指出，要"因指定的、明确的和合法目的而采集"。列明目的原则必须与数据采集的目的一致且合法。除此之外，它们必须被明确指示。举例来说，在住宅和办公室场景中安装一些传感器以跟踪人们的位置和控制照明或供热。如果安装跟踪系统仅仅是为了增加办公室的舒适度，同时减少能耗，那么应该有如下较为合适的保护隐私的政策：①跟踪系统不采集个人用户位置和移动信息，人们的位置和移动不应和身份相联系；②人们被告知系统跟踪他们的行动范围和行为方式；③跟踪系统采集数据的目的必须是为了控制照明和供热，然后由存储系统删除。然而，物联网技术的目的并不是为单一的、预先定义的目的而服务的，而是为用户提供一种或多或少的可预见的环境。数据采集的目的完全在于积累尽可能多的可处理的数据以尽可能多地分析出关于个人行为模式和爱好的信息。这与作为数据最小化原则（相称性原则）的列明目的原则相矛盾。

4. 使用限制原则

该原则说明如果数据的披露、传输或使用与数据采集之时的目的说明不一致，那么数据就不能被披露、传输或使用。该原则的例外情况是当事人的协商一致或在法律授权的框架内利用。物联网技术的目的在于让生活更美好，而使用限制原则意味着削弱物联网的技术功能。使用限制原则和采集限制原则是一致的，都需要被采集人的知情同意。如果不断查询是否同意数据转移与原意一致，这不是在创造无干扰的智慧环境而是让人疲惫的困扰。

5. 程序性原则

程序性原则是构成当前数据保护条款不可或缺的因素，对于未来隐私框架具有极为重要的作用。例如，《方针》中的安全保护原则说明"个人数据应该受到合理的安全保护，以防止数据丢失或未经授权的访问、破坏、使用、修改、披露等风险"。安全威胁产生于网络系统和数据传输攻击和未经授权的访问。安全涉及身份认证、数据完整等问题。位置信息如果被不法分子利用，可以对当事人进行跟踪，从而造成当事人的人身或财产安全威胁。事实上不可能提供充分的安全水平来防止未经授权的访问或数据披露，当大量的具有处理能力的无线组件构成自发的网络时，加密能力就成为该系统的关键因素。数据的海量特征、专业性和复杂性，使得个人难以有效参与。另外在实践中难以确定负有责任的数据管理者。

（三）OECD《方针》修订

在物联网时代，《方针》所确立的八项基本原则已显得过时，要真正实现物联网经济利益和社会安全价值，同时保障个人利益与自由，需要对《方针》基本原则进行修正。2012年微软公司举办全球隐私峰会，70多位来自政府机构、业界、公益组织和学术界的隐私与数据保护专家出席会议。会议形成惊人一致的五条意见。

（1）减少对数据采集、事先告知与同意要求的关注，更多地关注对数据使用中的效益与风险的实践评估。

（2）排除或大幅度削弱目的明确原则和使用限制原则的作用，目的明确原则要求采集个人数据时必须出于特定明确的目的，使用限制原则将数据使用限制在该特定目的、相关目的范围内，不允许不兼容的目的。

（3）恢复隐私和信息自由流通之间的平衡，这是《方针》的初衷，并避免过度地用限制性的或教条的数据隐私法抑制创新。

（4）数据使用者对他们访问、存储和使用的个人数据应承担更多责任，在对数据主体造成损害时，应追究其责任。

（5）对不当使用个人数据可能导致的"危害"进行更广泛的定义，建立用于识别、平衡和减轻这些危害的实用机制和流程。

最后，由弗雷德·凯特（Fred H. Cate）、皮特·库伦（Peter Cullen）和维克多·迈尔（Viktor Mayer）领导的7个人组成的工作组提出修订意见稿（Cate, et al. 2013）。主要有如下特点。

（1）修改后的原则将数据保护责任从数据主体一方转移到数据控制一方，更加注重数据使用环节而非数据采集环节。

（2）对数据采集原则和数据使用原则或其他处理行为的原则作了明显的区别对待。

（3）删去"目的明确原则"而代之以"实施原则"。

（4）对"使用"进行扩大解释，拓展了使用原则，决定某些数据用途是否应被许可应当权衡数据用途的危害与利益以及预防潜在危险发生的措施是否到位等因素。

（5）修正后的原则只适用于未被"去身份化"的个人数据。

（6）修正后的原则虽然也有告知与同意的规定，但事前同意机制已经失去了实践价值。事前同意只是作为保障机制而不是数据行为合法性的所有机制。

（7）个人选择机制应当是清晰的、有意义的、可理解的及负责任的。

OECD从2010年就开始筹备《方针》的修改工作。专家组考虑主要从七个方面修订《方针》。

（1）被收集、使用、储存的个人数据的数量。

（2）预测个人和团体的趋势、行动、利益和活动的条件下的数据分析范畴。

（3）新技术和负责任的数据使用者产生的社会经济效益的价值。

（4）对隐私的威胁程度。

(5) 威胁隐私安全或保护隐私安全的行为人的数量和类型。

(6) 个体对数据转让的认知，个人数据交易的频率和复杂性。

(7) 个人数据的全球流通性。

修正案的特点主要体现在五个方面。

(1) 新增"保护隐私的法律"和"隐私执法机构"概念，并对隐私执法机构的构成、权力配置和职能分工做出了具体规定。OECD 还强调隐私保护的国际合作，发展隐私执法机构的国际合作事业。

(2) 新增"实施责任"部分。增加了数据控制者的两项义务：一是实施隐私管理规划的义务；二是数据损毁事故的通知义务。隐私管理规划应当符合数据控制者所从事业务的结构、规模、数量和敏感度，隐私管理规划的范围不仅包括数据控制者自身的数据行为，还包括可能承担的所有的数据行为，而不论数据传输给谁。数据控制者在与其他数据行为主体发生关系时应当采取适当的安全保护措施，并承担共同责任。安全保护措施必须以隐私风险评估为前提，并与隐私风险成比例。应淡化告知与同意模式。数据控制者应当对数据主体提出的自身数据使用情况和隐私安全的质询提供定期回复。强调数据毁损事故的通知义务。

(3) 放宽对个人数据跨境流通的限制，最大限度地促进数据的自由流通。同时强调数据控制者对其所掌控的个人数据的管理与保护责任。

(4) 新增一些实现隐私保护的具体手段与措施。比如：制定国家隐私战略；制定保护隐私的法律并建立隐私执法机构；采取行为准则或其他方式的自治手段，通过行业自律来规范数据控制者的数据处理行为；采用补充措施，包括教育、警示、隐私保护技能的开发和技术推广等，例如隐私专家认证、隐私尊重型和隐私加强型技术（Privacy Enhancing Technologies Symposium，PETS）研发、隐私保护科普、隐私理念和文化的培育等。

(5) 新增跨境隐私执法合作的要求，强调隐私保护全球一体化。寄希望于各国达成各种国际协议，形成相互协调的、具有执行力的隐私制度框架。倡议建立全球隐私执法机构合作网络，实现并提高执法的域外的效力与效率。

(四) 欧盟《数据保护通用条例》的主要发展

基于欧盟单一市场 (the sing market) 战略、物联网和大数据等技术产生的个人数据滥用与隐私侵害风险，以及作为一项基本人权的数据保护权利的认知，欧盟制定了《数据保护通用条例》。与《指令》相比，《条例》具有六方面特点。

1. 《条例》的效力和适用

相对于《指令》，《条例》适用于设立在欧盟境内的主体，既包括数据控制者，也包括数据处理者，只要营业场所设在欧盟内即可管辖。对于非设立于欧盟境内的数据控制者，如存在如下两种情形亦可适用：(1) 为欧盟境内的数据主体提供货物或服务，而不论数据主体是否被要求付费；(2) 对数据主体在欧盟境内的行为进行监控。

2. 个人数据的种类

以可识别性为依据将能够直接或间接地识别自然人身份的任何数据界定为个人数据。《条例》第9条第1款对敏感个人信息的处理规定较有新意：①种族或民族起源、政治观点、宗教信仰、哲学信仰、工会成员资格等个人信息可以合法处理，但不得泄露；②个人基因数据、生物特征数据可以合法处理，但不得以识别自然人身份为目的；③健康数据、性生活、性取向等数据禁止处理。

3. 合法性原则

合法性原则基本沿袭了《指令》的立法，但是也有细微的区别。①增加"同意条件"的规定，使同意的规范更加细致。比如强调同意必须是基于数据主体自由意志作出的，且有关同意的证明责任归数据控制者；书面同意必须明确而不能基于内容分析；同意可以被撤销，且撤销不具有溯及力。②同意包含默示同意；③对于年龄不满16周岁的儿童的个人数据进行处理，必须获得有监护权的人的同意，各个成员国可对13至16岁的特定年龄段的儿童自行规定。

4. 数据主体的权利

《条例》强化、完善了《指令》已有的数据主体权利，比如获取必要信息的权利、访问权、拒绝权。其变化在于：①《条例》对获取必要信息的权利要求更具有可操作性；②为实现数据主体的访问权，《条例》还明确要求数据控制者要以简明便利的方式提供信息，并且应在收到请求一个月内提供，延期要说明理由，并且不得收取过多的费用；③数据主体有权基于自身的特殊情况随时拒绝数据控制者基于科学研究、历史研究及统计目的的数据处理行为。

同时，《条例》增加一系列新权利，比如更正权、被遗忘权、限制处理权、持续控制权。

5. 数据控制者与处理者义务

一方面，《条例》增加了数据处理者义务：①保存数据处理活动记录的义务；②安全保障义务；③履行数据保护影响评估的义务；④事先咨询与事先授权的义务；⑤任命数据保护专员的义务；⑥跨国数据转移时保持合规的义务；⑦与数据监管机构合作的义务。规定违反上述义务的具体惩罚措施，即处以100万欧元或在数据处理者是企业的情况下处以其上一财政年度全球营业额2%的行政罚款。

另一方面，《条例》强化了数据控制者与处理者的义务，增加了数据泄露报告义务、数据系统保护和默认保护义务、数据保护影响评估义务。

6. 其他方面

在跨境数据转移方面，《条例》保留了《指令》的限制条件，但同时增加了可以实现个人数据跨境转移的诸多条件或情形。在《条例》的实施与监督方面，增加了数据保护监管机构执法权力，确立了数据保护专员制度，构建了数据保护认证机制与行为准则，拓展了救济路径和加强了违法制裁的力度。

第四节　个人信息边界、敏感度与中心度研究

人类自产生之时起，就开始利用语言等符号工具拟制另一个世界——网络虚拟社会。互联网技术创新了光电媒介，进一步扩增了网络虚拟社会的节点，提高了链接效率。随着物联网社会的到来，现实世界泛在地、全息地转译为数字世界，再通过对数据的加工、赋义行为，创造虚拟现实的信息世界。所以在物联网社会，信息世界与现实世界既有真实的映射关系，也有虚拟的构建关系和实时的互动关系。其精妙之处在于假借对信息悄无声息的观察、组织和控制，在幕后神不知鬼不觉地完成现实世界的权力再生产和资源再配置。为了社会有序、有效地运行或创造超额的商业利润，对个人信息的搜集、存储和处理成为各机构争夺个人信息控制权这只上帝之手的最重要原因。

平衡国家、企业和个人之间的权益，需要从国家、区域层面制定个人信息保护法。自 20 世纪 40 年代开始，源起于现代科学技术（特别是 ICT）的双面刃效应，世界各国和地区开始制定个人信息保护的相关法律。以人为本的个人信息保护法是国家和地区法治文明的标志之一。我国先后有两部个人信息保护法专家建议稿：一部是周汉华（2006）受国务院信息化工作办公室委托起草的个人信息保护法的专家建议稿，另一部是齐爱民（2005）的专家建议稿。继 2014 年吴晓灵在"两会"上提交《关于加快制定〈中华人民共和国个人信息保护法〉的立法建议》之后，杨震在 2016 年"两会"上也建议启动个人信息保护立法。然而，个人信息保护法始终没有被正式列上立法日程。

个人信息保护立法的首要问题是个人信息网络的节点。正如杨震指出的，立法的障碍在于如何界定个人信息。他认为个人信息的概念非常广，什么样的信息需要保护？界限在哪儿？没有定论（许茜 2017）。个人信息的界定需要考虑到不同的文化、社会习俗和时代特点。法律不能脱离民

情，只有让法律关系和民情结合到一起，才能真正达到我们法律的目的。对个人信息的类型化是国际法律规范的通行方案，也是我国未来个人信息立法的可行路径。个人信息类型化，首先需要区分一般的个人信息和敏感的个人信息。鉴于ICT的发展等因素，上述区分方式存在不周延性。

一、个人信息立法与理论分歧

关于个人信息，国外一般采取识别技术的方式。从立法角度，又分为三种识别模式：概括型、列举型和混合型。

（一）国外个人信息立法的实践

1. 欧美模式

欧盟采用统分立法模式。《数据保护通用条例》以"可识别性"为依据进行判断，规定个人信息包括"通过姓名、身份证号、定位数据、网络标识符及特定的身体、心理、基因、精神状态、经济、文化、社会身份等识别符能够被直接或间接识别到身份"的信息，这进一步扩大了个人信息的范围，将位置数据、在线标识及基因数据等涵盖其中。

德国《联邦数据保护法》（Federal Data Protection Act）中的个人信息立法重在保护信息的控制权，将个人数据限定为"个人数据指关于个人或已识别、能识别的个人（数据主体）的客观情况的信息"。德国将一般的个人信息和敏感的个人信息具体化，且数量较少。在"数据被编入会员名单而用于广告、营销或市场调查之目的"的情形中，可以传输或使用的数据限定于："数据主体的会员资格、职业、姓名、职务、学历、地址、出生年月"；同时规定"对于有关种族、民族、政见、宗教信仰、党派、健康、性生活、犯罪和行政违法的信息，控制者不能证明其正确与否"，应予以删除。

美国个人信息保护采取分散立法和行业自律相结合的模式，以网状拓扑结构的方式实现效力互补。《隐私权法》（Privacy Act）就政府机构对个人信息的采集、使用、公开和保密问题做了详细规定，以此规范联邦政府处理个人信息的行为，平衡公共利益与个人隐私权之间的矛盾。它将"个人记录"界定为姓名、别名、相片、指纹、音纹、社会保障号码、护照号码、汽车执照号码，以及其他一切能够用于识别某一特定个人的标识，涉及教育、经济活动、医疗史、工作履历及其他一切关于个人情况的记载。《公平信用报告法》（*Fair Credit Reporting Act*）将消费者个人信息界定为"信用评价、信用状况、信用能力、个性、整体声誉、个人特质及生活方式之口头、书面或其他资讯"，但没有对敏感数据的表述。在判例中，以"姓名、地址"等消费者资料库信息亦可认定为消费者，并适用该法。《平等信用机会法》（*Equal Credit Opportunity Act*）规定，贷款等信用交易中的性别、婚姻状况、种族、宗教信仰、年龄歧视，被视为非法。《保险业信息与隐私保护模式法案》（*Insurance Information and Privacy Protection Model Act*）规范了保险交易过程及这一过程中涉及的个人识别信息的保护，此类信息包括个性、习惯、爱好、财务状况、职业、名誉、信用、健康或其他个人特点。

由于政治、经济、历史、文化背景等方面的差异，欧美对敏感的个人信息规定不一。即使文化传统相似的欧盟成员国之间也存在差异。匈牙利将国籍规定为敏感的个人信息，意大利及荷兰将商会身份规定为敏感的个人信息。一些欧盟国家将照片视为敏感数据，而欧盟数据保护工作小组并不将网络照片归为敏感的个人信息（Lipton 2010）。同一国家或地区，对敏感的个人信息界定也不完全一致，例如美国《金融隐私权法》（*Right to Financial Privacy*）和联邦贸易委员会将财务信息列为敏感的个人信息，但是《健康保险便携性和责任法案》（*Health Insurance Portability and Accountability*, HIPAA）却并未将财务信息列为敏感的个人信息。对于刑事犯罪等有关的司法记录，英国、爱尔兰均看作敏感信息，美国则允许将民事诉讼、民事裁定和逮捕记录作为消费者报告内容，但要求犯罪等判决和未判决的公共记录完整、最新、查证准确，德国则将行政违法记录也视为敏感信息。就共性而言，欧盟将敏感的个人信息界定为以下几种：①种族或民族起源；②宗教或哲学信仰；③政治权利、政治观点；④工会组织成员；

⑤刑事、行政违法记录;⑥个人基因识别数据、生物数据或涉及健康、性生活或性取向数据等。

2. 亚洲模式

亚洲多数国家采取识别型定义方式,用概况和列举的方式将个人信息分为一般的个人信息和敏感的个人信息,并对后者有明确的规定。

日本《个人信息保护法》第 2 条规定:"个人信息"是指与生存着的个人有关的信息中因包含有姓名、出生年月及其他内容而可以识别出特定个人的部分(包含可以较容易地与其他信息相比照并可以借此识别出特定个人的信息)。2015 年《个人信息保护法》修正案引入了一个新的"敏感信息"概念,将"敏感信息"定义为有关种族、信仰、社会地位、病史、犯罪记录、受害历史(victimized history)及内阁令(cabinet order)中提供的可能引起社会歧视的其他信息。内阁令进一步提供了敏感信息的详细定义,包括身体、智力和精神残疾及体检结果。印度《信息技术(合理的安全措施和程序及敏感个人数据或信息)条例》(*Reasonable Security Practices and Procedures and Sensitive Personal Data or Information*)宽泛地将个人信息界定为"与自然人直接或间接有关的信息",但明确了敏感的个人信息的节点:密码、财务信息、身体/生理/心理健康状况、性取向、医疗记录和病史、生物特征信息。中国台湾地区在 2010 年修订的个人资料保护的有关规定中将"个人资料"规定为"自然人之姓名、出生年月日、身份证统一编号、护照号码、特征、指纹、婚姻、教育、职业、健康、病历、医疗、基因、性生活、健康检查、犯罪前科、联络方式、财务情况、社会活动及其他得以直接或间接方式识别该个人之资料。"对敏感的个人信息予以列举,包括"有关医疗、基因、性生活、健康检查及犯罪前科之个人资料"。2012 年 10 月 1 日生效的有关规定,又将个人资料分为识别类、特征类、家庭情形等 10 种,并进一步细化个人信息。

(二)我国个人信息理论与立法实践

在理论层面,周汉华(2006)认为个人信息是指"个人姓名、住址、出生日期、身份证号码、医疗记录、人事记录、照片等单独或与其他信息对照可以识别出特定的个人的信息"。齐爱民（2005）将"个人信息"界定为自然人的姓名、出生年月日、身份证号码、户籍、遗传特征、指纹、婚姻、家庭、教育、职业、健康、病历、财务情况、社会活动及其他可以识别该个人的信息。刘德良（2014）认为，个人信息可概括为"通信信息、财务信息、医疗健康等身体和生理方面的信息、教育信息、信仰信息、基因信息及特定社会关系等方面的信息"。郭瑜（2012）将个人信息分为"生物信息、身份识别信息、通信联络方式、活动记录、自我表达、外在评价"。刘雅琦（2015）则归纳为"基本身份信息、身份延伸信息、个人社会关系信息、个人财产信息、个人行为信息"。

在我国将来的个人信息立法中是否采取一般的个人信息和敏感的个人信息的区分，学界存在分歧。张新宝（2015）等学者主张采用敏感的个人信息概念，调和个人信息保护与利用的需求冲突，实现利益平衡。还有些学者（周汉华 2006）则认为，因为国情不同，在个人信息保护法中不宜采用敏感的个人信息概念。

我国学者对敏感的个人信息网络节点也是仁者见仁智者见智。根据领域理论，个人生活领域在保护程度上存在等级体系。个人信息的保护一般采取信息自主权模式和隐私权模式。在隐私权模式下，个人信息分为隐私性个人信息和非隐私性个人信息。敏感的个人信息即是隐私性个人信息。隐私性规定为个人信息保护的前提条件。个人信息保护的力度取决于隐私的边界。我国主流学说将隐私的边界扩展至"生活安宁不受他人非法干扰"，具体化为"私人信息、私人生活和私人领域"。尽管如此，隐私权保护模式存在缺陷，有学者建议将某些个人的一般信息纳入保护范围（冷传莉，等 2017）。在司法实践中，上海市浦东新区人民法院将"个人的姓名、性别、职业、学历、联系方式、家庭住址、婚姻状况等与个人及其家庭密切相关的信息"纳入隐私的范围。敏感的个人信息和一般的个人信息界限日益模糊，隐私和个人信息呈现同质性。物联网、大数据时代，隐私已终结。数据挖掘能根据少量的一般个人信息识别个人的身份等敏感信息。

在实践层面，我国首个个人信息保护的国家标准——《信息安全技术公共及商用服务信息系统个人信息保护指南》的最显著的特点是规定了敏感的个人信息，以识别作为标准，同时将身份证号码、手机号码、种族、政治观点、宗教信仰、基因、指纹等列为敏感的个人信息，而没有具体列举一般信息。《征信业管理条例》采取同一策略，第 14 条将"宗教信仰、基因、指纹、血型、疾病和病史信息"等列为征信机构禁止的个人敏感信息。《中华人民共和国网络安全法》则采用识别标准、概况和列举混合的模式。个人信息"包括但不限于自然人的姓名、出生日期、身份证件号码、个人生物识别信息、住址、电话号码等"，但是没有区分出敏感信息。《上海市个人信用征信管理试行办法》第 8 条规定"民族、种族、家庭出身、宗教信仰、政治信仰及身体形态、基因、血型、疾病和病史"等为禁止采集的敏感的个人信息。《深圳市个人信用征信及信用评级管理办法》采取概括法，并没有限定个人信息范围。中国人民银行出台的《个人信用信息基础数据库管理暂行办法》将个人信用信息分为个人基本信息（自然人身份识别信息、职业和居住地址等）、个人信贷交易信息（个人贷款、贷记卡、准贷记卡、担保等交易记录）及反映个人信用状况的其他信息。《湖南保险机构客户个人信息保护工作监管指引》将个人信息分为身份信息、通信信息、财产信息、金融产品信息、事件信息、健康信息、影音信息、衍生信息，区分了一般的个人信息和敏感的个人信息，但没有界定敏感的个人信息。

综上所述，个人信息网络的节点具有时间、空间和主体相对性，不同的时代、区域和主体，个人信息网络节点不尽相同。但是个人信息网络的节点也具有绝对性、共性和确定性，可以类型化。

二、数据来源与方法

（一）头脑风暴法

由于政治、经济、历史、文化背景等方面的差异，世界各国或地区对个人信息的规定不一。随着信息和通信技术的发展，个人信息的外延不断地扩大。为了对个人信息有更为明确、科学的划界,本研究采用头脑风暴法,激发专家的创造性,以达到预期效果。选取 5 名计算机专业的专家和 5 名人文社科类专业的专家,专家职称为副教授及以上,以我国台湾地区"个人资料类别"为蓝本,采用网络会议讨论个人信息分类。会议前后进行 3 次,每隔 1 个星期 1 次,每次 45 分钟。最终,以讨论形成的个人信息分类方案来设计调查问卷。

(二) 问卷调查法和德尔菲法

1. 问卷调查

调查问卷包括个人信息项和四项非敏感的人口统计学信息(性别、年龄、学历、婚姻状况)。考虑到问卷的体量,采用常用的李克特五级量表形式,要求被调查者对个人信息敏感度从非常不敏感到非常敏感进行评价,赋值分别为 1 分到 5 分。问卷的个人信息项全部随机打乱。为了便于被调查者对评价信息项的理解,对较为专业的信息项进行了必要的解释和说明。

在正式调查之前,选取不同性别、年龄、学历的公众对问卷进行预调查,根据反馈的意见对问卷进行修改,对较为专业的个人信息给予扩充解释。调查方式为滚雪球非概率抽样,通过社交网络(电子邮件、微信、QQ 等即时通信工具)发放电子样本,每一台设备和 IP 只限作答一次。问卷调查为期两年(2015 年 12 月—2017 年 12 月),一共发放 3700 份样本,回收 3199 份,回收率 86.46%。剔除 187 份无效问卷,有效问卷率 81.41%。判断无效问卷的标准:首先,草率作答,用时少于 200 秒(预调查测试最低值);其次,恶意作答,在 200 秒内全部赋予同一值;最后,赋值逻辑存在问题,撒谎或欺瞒,相似信息选项赋值相差悬殊。样本信息概况性描述:

(1) 样本的区域构成:江苏省 45.1%,其他地区 54.9%;

(2) 样本人口特征:男 49.9%,女 50.1%;18-33 岁 76.1%,34-49 岁 21.8%,50 岁以上 2.1%;大专以下学历(含高中)35.3%,本科 57.4%,研究生 7.3%;已婚 42.9%,未婚 55.6%,离异 1.5%。

当柯龙巴赫系数 α 在 0.8 以上时,则判定该调查量表信度较好。总量表的柯龙巴赫系数 α 为 0.972,说明量表具有较高的可靠性。KMO 值为 0.980,且巴特利特(Bartlett)球体检验结果均小于 0.01,说明本量表的结构效度较好。

2. 德尔菲法

鉴于公众对个人信息认知的非专业性所产生的偏差,问卷同时采用德尔菲法征询专家意见。17 名专家对所有个人信息按照敏感度从非常不敏感到非常敏感进行 1 分到 5 分的赋值,并就可能遗漏的、有单独评价必要的个人信息予以列出和赋值。经过反复讨论,在权利资质中将"学历学位证、房屋产权证和金融权证"单独予以赋值。所有均值采取公众赋值 50% 和专家赋值 50% 进行加权(对于缺省值采用专家赋值)。

三、数据分析

(一)个人信息分类与编码

根据头脑风暴法和德尔菲法,将个人信息分为 10 类,共含 108 项。

第 1 类:身份信息

个人识别:1 姓名;2 昵称/小名/曾用名;3 年龄;4 性别;5 出生日期;6 星座;7 籍贯;8 学历;9 职业;10 政治面貌;11 婚姻状况;12 宗教信仰;13 民族或种族;14 肖像(证件照或工作照);15 个人履历(学习、工作经历)等。

身份证件:16 出生证;17 户口簿;18 身份证、工作证、退休证、护照等证明身份的文书。

权利或资质文书:19 学历学位证书、驾驶证、行驶证;20 专业技术资格证、许可证或营业执照;21 房屋产权证;22 金融权证、专利权证书等以权利或资质证明身份的文书。

个人特征:23 DNA;24 指纹、掌纹、声纹、视网膜、3D 脸部特征等;

25 身体特征（视力、身高、体重、三围、肩宽、腿长、脚长、血型等）；26 个人特长；27 个性或性格；28 兴趣和爱好；29 个人笔迹等。

联络方式：30 手机号码；31 电子邮箱；32 QQ/微信号等网络虚拟账号；33 居住地址等。

第 2 类：家庭信息

34 住家设施：住宅性质（所有还是承租）、类型、面积、装潢、设施、租金、租期；35 家庭经济状况：例如家庭收入等信息；36 家庭成员：比如配偶、父母、子女、兄弟姐妹等；37 家庭生活：私生活、家庭生活、家居生活信息；38 家庭住址；39 家庭电话号码等。

第 3 类：社会生活信息

40 生活格调：消费品的种类、品质和模式及所使用的交通工具等；41 日常生活安排：生活方式、生活习惯等；42 社交活动记录，比如聚餐、聚会等社会活动的时间、地点和对象等信息；43 旅行及迁徙信息，比如车票、飞机票、酒店入住登记信息等；44 地理位置和行踪记录，比如 GPS 定位信息、IP 信息、MAC 地址等；45 私人生活空间，比如人与人之间应有的距离、独处的空间；46 情感经历，比如女朋友、情人、情史等婚前恋爱和婚外感情生活；47 难堪的往事或不愉快的事情；48 亲戚、朋友信息，比如其社会地位、政治面貌和家庭住址等；49 社团或社会组织资格；50 个人生活照；51 个人生活视频和音频。

第 4 类：教育信息

52 毕业院校，比如本科毕业院校等；53 学历专业、职称专业；54 修习的课程；55 考试成绩等学习记录；56 师生关系。

第 5 类：工作信息

57 工作单位名称；58 工作单位地址；59 工作单位电话号码；60 领导或上司；61 同事和同事关系；62 职称；63 行政职务；64 培训记录；65 工作记录，比如在职记录、请假、未上班之理由等；66 工作经验，比如以前的工作、失业时间等；67 工作表现评价；68 离职经过，比如离职日期、原因等；69 选任、受聘、雇佣、委任经过。

第 6 类：健康信息

70 身体健康状态；71 心理或精神状态；72 性取向；73 性生活记录；74 医疗记录；75 病史，比如患者患病的原因、症状等及历次所患疾病及治疗情况。

第 7 类：财务信息

76 商业活动，如签订的商业契约、提供或使用的财货或服务、商业种类等；77 财务交易，比如转账汇款、缴费、支付、个人理财（购买基金、账户金、理财产品、外汇买卖）等；78 银行卡账户或信用卡号码；79 个人负债与支出信息；80 保险信息，比如保险种类、范围、金额、账号等；81 个人收入、所得、资产与投资信息；82 贷款、抵押、质押、担保等信息；83 票据信用，比如支票存款、基本资料、退票资料、拒绝往来资料等；84 信息结汇记录；85 津贴、福利、赠款。

第 8 类：行政和司法信息

86 赔偿申请记录；87 行政或刑事处罚、警察备案记录；88 养老保险信息，比如生效日期、付出与收入金额、受益人；89 行政奖励记录；90 困难救助或社会救济申请记录；91 负有履行法院文书义务的相关信息；92 行政许可申请记录；93 信用评级；94 驾驶记录。

第 9 类：表达性信息

95 政治观点、政治意见；96 非正式场合言论；97 私人文件，比如日记、记事本、电子邮件等；98 安全密码信息；99 固定电话通话记录；100 手机通信录、通话记录；101 网络聊天、即时通信记录；102 网络浏览记录；103 网络购物记录；104 网络下载记录；105 个人博客、网站等门户网站信息；106 网络搜索关键词；107 微博、QQ 空间、朋友圈等社交网络信息；108 个人著作、出版物等知识信息。

第 10 类：其他个人信息

比如辐射剂量资料等。

（二）个人信息敏感度

1. 敏感度判断依据

托松（Tosun 2002）认为，5级李克特量表得分均值在1~2.4之间表示反对，2.5~3.4之间表示中立，3.5~5之间表示赞同。公众对个人信息的敏感度均值为3.41，专家对个人信息的敏感度均值为3.65，加权评价值为3.53，单项个人信息最低值为2.4，说明公众的个人信息敏感度总体较高。本研究将加权平均值小于3.41的列为一般的个人信息，介于3.41~3.53之间的列为中等敏感的个人信息，大于3.53的列为敏感的个人信息。

2. 敏感度分析

表5.1为个人信息敏感度的调查得分，我们发现，公众和专家对于个人信息敏感度的认知基本一致。生活格调、生活方式、社交活动、难堪的往事或不愉快的事情等生活信息敏感度居中，这些信息被认为不是高度隐秘的。个人识别信息、个人网络信息敏感度普遍偏低，这与笔者之前的研究结论不同。我国公众的性观念发生着变化，性取向的敏感度下降。随着固定电话退出日常生活，固定电话通话记录也淡出人们关注的视线。与个人密切相关的学习（成绩）、生活（照片、视频/音频、旅行、地理位置、空间）、工作（工作记录、选任/受聘经过）、联系方式（手机号码、居住地址）、身份信息、家庭信息、通信记录、生物特征识别、财务信息、行政司法记录、私人文件和密码等个人信息的敏感度相对较高（见表5.1灰色底色部分）。

表 5.1 个人信息敏感度

类别	信息项编号	公众	专家
个人识别	1	2.94	3.47
	2	3.04	3.12
	3	2.86	2.88
	4	2.57	2.59
	5	3.03	3.18
	6	2.40	2.53
	7	2.72	2.59
	8	3.13	3.18
	9	3.02	3.29
	10	2.91	2.94
	11	3.16	3.82
	12	2.57	2.94
	13	2.60	2.59
身份证明	16	3.84	4.18
	17	4.00	4.35
	18	4.10	4.82
权利资质	19	缺省	3.76
	20	3.27	3.35
	21	缺省	4.59
	22	缺省	4.00
个人特征	23	3.81	3.65
	24	4.12	4.47
	25	3.39	3.12
	26	2.90	3.12
	27	3.21	3.41
	28	3.21	3.65
	29	3.17	3.24

(续表)

类别	信息项编号	公众	专家
联系方式	30	3.69	4.24
	31	3.07	3.53
	32	3.46	3.24
	33	3.42	3.88
家庭信息	34	3.85	4.18
	35	3.59	4.12
	36	3.79	4.29
	37	3.78	4.00
	38	3.62	4.24
	39	3.62	3.94
社会生活	40	3.17	3.47
	41	3.37	3.47
	42	3.34	3.47
	43	3.16	4.18
	44	3.62	3.59
	45	4.17	4.06
	46	3.55	3.94
	47	3.47	3.35
	48	3.58	3.65
	49	2.88	2.94
	50	3.98	3.53
	51	4.10	4.29
教育信息	52	2.94	3.47
	53	2.87	3.71
	54	2.90	3.35
	55	3.54	3.82
	56	3.05	3.06

（续表）

类别	信息项编号	公众	专家
工作信息	57	3.10	3.47
	58	3.07	3.24
	59	3.16	3.35
	60	3.14	3.41
	61	3.10	3.06
	62	3.05	3.47
	63	3.08	3.18
	64	2.96	2.59
	65	3.34	4.00
	66	3.24	3.65
	67	3.40	3.53
	68	3.19	3.29
健康信息	69	3.51	3.65
	70	3.60	3.88
	71	3.46	3.82
	72	3.17	3.1
	73	3.83	4.06
	74	3.45	3.71
	75	3.65	3.71
财务信息	76	3.62	4.12
	77	3.83	4.47
	78	4.19	4.47
	79	4.01	4.41
	80	3.67	4.00
	81	3.84	4.24
	82	3.82	4.29
	83	3.77	4.35
	84	3.75	3.88
	85	3.57	3.71

(续表)

类别	信息项编号	公众	专家
行政&司法	86	3.65	4.35
	87	3.90	4.35
	88	3.76	4.00
	89	3.12	3.18
	90	3.35	3.29
	91	3.55	3.65
	92	3.50	3.71
	93	3.87	4.35
	94	3.59	4.24
表达性信息	95	3.13	3.53
	96	3.31	3.59
	97	4.12	4.41
	98	4.35	4.88
	99	3.40	3.53
	100	3.63	4.00
	101	3.69	3.65
	102	3.40	3.24
	103	3.29	3.29
	104	3.23	3.06
	105	3.29	2.71
	106	3.09	3.41
	107	3.56	2.94
	108	3.56	3.35

3. 敏感度的不周延性

物联网、大数据时代,隐私已终结。数据挖掘能根据少量的一般个人信息识别个人的身份等敏感信息(Jonathan 2009)。人们甚至能够通过大数据聚合分析,利用一般的个人信息进行具体的个人画像(Tene, et al. 2013)。对于数据中间商来说,年龄、学历、兴趣、职业、购买记录等一般的个人信息却是"核心数据"(城田真琴 2016)。通过二次数据分析或自动化处理,人们即可获得"推测数据"甚至是敏感的个人信息。一个只知道你的出生日期、邮政编码和性别的研究人员可以在87%的尝试中识别你的名字(佩顿等 2017)。敏感度不高的个人信息并不是不重要、不敏感的。另外,还存在一种"隐私悖论"现象,它通常被解释为:公众对个人信息在态度上较为关注和重视,但实际行为却主动放弃个人信息。所以对于公众来说,个人信息敏感度具有个体体验特征,存在认知上的差异。因而,敏感的个人信息在不同的人那里未必真的敏感。基于上述分析,可以得出命题:存在一般的个人信息是潜在的敏感个人信息这种情形。该命题说明"敏感的个人信息"的不周延性。这也是部分学者反对"敏感的个人信息"这一分类的重要原因。如何解决"敏感的个人信息"不周延性这一问题?实务界将"非敏感"的、有价值的个人信息确定为"核心数据",这为我们提供了新的思路和解决路径。我们有必要对个人信息网络进行中心度分析,确定哪些个人信息是处于关键节点的核心个人信息。

(三)个人信息网络中心度

1. 网络节点重要性的评价方法

评价网络节点重要性排序的方法一般按照"节点功能"和"位置属性"两种。节点功能方法通过删除节点考察节点被删除后对网络的破坏性的大小。位置属性方法一般通过网络的拓扑结构来计算得到节点的重要程度,主要分为度(degree)、中间度(betweenness)、接近度(closeness)、K-Shell、PageRank法等。就不同的评价方法,学者之间颇有争议。例如,戴利和赫尔(Daly, Haahr 2008)认为中间度和接近度是信息传输最合适的指标。霍尔索弗（Holthoefer, et al. 2012）等人指出，在级联效应的模型下，K-shell 指标能更好地识别网络中更有影响力的节点。陈静、孙林夫（2009）将接近度和关键度作为评定节点的重要度。武澎和王恒山（2014）则将特征向量中心性的理论方法运用于社交网络信息交互过程中重要节点的评判研究。节点的重要性不仅由网络结构决定，还与网络的动力学、传播机制和节点本身有关。

2. 中心度分析

本书采用点度、中间度、接近度、特征向量综合法，对基于公众认知的个人信息的网络中心度进行探索性研究。考虑到专家样本不足 30 份，本部分数据来源于公众问卷调查。首先用 SPSS 进行相关分析，构建个人信息关系矩阵。基于大样本的因素，虽然绝大多数信息之间相关系数、标准系数总体偏小，但是达到了显著水平，具有统计学意义。根据主成分分析结果，得到 21 个主要成分。然后以用 Netdraw 进行网络密度检测，分析各个节点的紧密程度。在个人信息网络中，节点代表"个人信息"项。一个网络的密度越高，越接近 1，说明网络节点联系越密切，信息流通的速度和效率越高，节点之间的通道越顺畅。通过网络密度分析，个人信息网络密度为 0.2463。大规模网络的密度一般较小，实际网络中能够发现的最大的密度是 0.5。这说明个人信息网络连通度较好，适合做中心度分析。再分析个人信息网络关系中心度（centrality measures）（阈值>0.3），提取排名前 21 位核心的个人信息网络节点，制定中心度表格（见表 5.2）。在表 5.2 中，用表 5.1 的个人信息项编号表示节点。

表 5.2　个人信息中心度排名前 21 位的节点

排名	点度		中间度		接近度		特征向量	
	节点	值	节点	值	节点	值	节点	值
1	42	56	58	266	43	565	108	0.165
2	15	55	59	211	28	463	44	0.164

（续表）

排名	点度		中间度		接近度		特征向量	
	节点	值	节点	值	节点	值	节点	值
3	59	55	40	209	55	446	92	0.163
4	108	55	15	204	41	426	99	0.161
5	99	54	69	200	25	408	14	0.160
6	92	53	27	197	40	371	100	0.159
7	14	52	85	182	60	368	34	0.158
8	34	52	42	156	72	348	91	0.155
9	100	52	46	139	86	356	42	0.154
10	91	51	9	133	47	346	81	0.153
11	46	51	62	123	6	346	36	0.150
12	58	51	63	122	69	344	48	0.149
13	36	47	57	121	87	342	80	0.147
14	48	47	71	112	53	340	39	0.145
15	88	47	66	107	54	338	23	0.145
16	75	47	28	102	45	336	75	0.144
17	35	46	88	93	3	329	35	0.142
18	39	46	1	87	52	328	38	0.142
19	38	46	65	86	98	326	46	0.141
20	23	46	34	84	4	324	107	0.140
21	82	45	20	82	12	319	38/101	0.139

点度中心度说明一个网络中与某一个点直接相连的其他点的个数。个数越多，说明与其他节点联系越紧密，反映该点在网络中越处于中心地位。从点度的测度结果来看，社交活动、个人履历、单位电话号码和个人著作/出版物等个人信息连接的节点最多，能够有效控制和影响其他个人信息，因而局部中心度较高，可以被看成是个人信息局部网络的中心点。

点度中心度的缺陷仅仅计量连结的数量，而没有考虑其"质量"和控制力。

中间度测量的是一个点在多大程度上位于其他点的中间，即中介控制力。从中间度测度结果来看，单位地址、单位电话号码、生活格调和个人履历等个人信息具有高度间接中心性，在很大程度上是其他节点的中介，起到"经纪人"的作用。所以单位地址、电话号码等个人信息在资源占有和信息流通中，处于关键位置，对于个人信息的整个网络具有重要的影响。

接近度表明某节点到其他节点的所有路径的最小值。如果一个节点越少地依赖于其他节点，其中心度越高。从接近度的测度结果来看，迁徙/旅行、兴趣/爱好、学习考试成绩、生活方式/习惯、身体特征等个人信息虽然在个人信息网络中接近中心性越小，但越不处于核心地位，不受其他节点的控制能力越强，在个人信息网络中具有较好的视野：能够察知个人信息的流通方向和个人信息网络发生的事情。

特征向量是刻画中心度及网络中心势的一种标准化测度。通过特征向量分析，可以在网络整体结构意义上找到核心成员。从特征向量的测度结果来看，个人著作/出版物、地理位置、行政许可申请、固定电话通话记录、肖像、手机通信记录、住宅设施等个人信息在网络中具有重要的影响力。

四、结论和建议

当前无论立法实践还是理论研究层面，以敏感度作为区分标准的个人信息类型化存在不周延性。个人信息可以区分为一般的个人信息、敏感的个人信息和核心的个人信息。核心的个人信息（见表 5.1 灰色底色部分）包括部分敏感的个人信息和部分一般的个人信息。

建议将个人信息分为 10 大类 108 项。其中，"身份证明文书（出生证、户口簿、身份证、工作证、退休证、驾驶证、行驶证、护照等）、生物特征识别（DNA、指纹等）、房屋产权证、金融权证、家庭信息、财务信息、行政司法记录、肖像、生活照片、生活视频和音频、性生活记录、医疗记录、病史、个人手机号码、居住地址、手机通信记录、网络即时通信记录、私人文件、私人空间、密码安全信息、旅行信息（车票、住宿等）、地理位置、亲戚朋友信息、情感经历、学习考试成绩、学历学位证书、工作记录、选任/受聘经过、房屋产权证、金融权证"等列为敏感的个人信息。对敏感的个人信息应采取严格的事先同意原则。

建议将下列非敏感的个人信息，例如"姓名、年龄、性别、星座、职业、个人履历、专业技术资格证、身体特征、兴趣/爱好、个性/性格、生活格调、生活方式/习惯、社交活动、难堪的往事或不愉快的事情、毕业院校、学历/职称专业、学习课程、单位名称、单位地址、单位电话号码、领导/上司、职称、行政/社会职务、工作经验、性取向、微博/QQ 空间/朋友圈、个人著作/出版物"等列为核心的个人信息。对于上述信息，禁止未经允许的以识别个人身份或推测个人敏感信息为目的的二次数据处理。

第五节　物联网社会隐私风险的治理对策

物联网技术仍处于发展阶段，很难对其未来风险程度做出完全的预测。根据对已出现问题的分析，提出以下建议。

一、立法内容方面

物联网和 RFID 问题隐私和数据保护未来立法应该有十个不同的方面：目的；适用范围；定义；权利；义务；禁令；信息安全；技术应用；机构；责任条款。应该根据隐私和个人数据保护的目标对未来立法的五种分类进行评估，这取决于 RFID 下列几个方面的应用：监控产品；监控动物（实时认证和动物监控）；监控人（实时认证和人的监控）；为分析目的而采集数据（聚合）。

在物联网情境下，产品的 EPC 方案实际上是最重要的应用。从理论上讲，EPC 不直接跟踪相关个人数据。然而，携带有 RFID 标签物品的个人靠近使用 RFID 系统时，读取器有机会采集标签信息。

具体立法方面应关注"人"这个词。EU 指令及很多国家的法律仅仅考虑个人（"自然人"）作为隐私法的对象。在物联网情境下，这种理解过于狭隘。法人（例如公司）也有隐私利益；瑞典的立法将数据保护法的应用范围扩展到法人（legal persons）。就立法内容而言包括以下几方面。

（一）主体方面的立法

权利义务主体，即取得隐私隐瞒权、利用权、维护权、支配权的主体资格，哪些主体享受隐私权利，哪些主体应承担隐私保护义务。隐私权并非是个人的自然权利，自然人出生就依法享有人格权，但是隐私义务的承担、隐私权利的利用和支配却有资格限制，仅限于完全民事行为能力人和限制行为能力人。作为个人隐私信息受让方，根据不同的隐私内容应具有相应的个人信息采集、受让和保密资质。收集使用未成年人的信息应征得监护人明示同意。应加强对 50 岁以上，离异，女性，低收入，低学历，特定地域、民族、政治面貌、宗教信仰等方面的隐私保护，避免针对性、歧视性和诱导性的隐私政策。

（二）客体方面的立法

以个人信息内容能否流通、在何种范围流通为标准，将个人信息进一步划分为可以流通的个人信息、限制流通的个人信息和禁止流通的隐私信息。可以流通的个人信息是指民、商事主体之间基于自由意愿，在法律允许范围内流通的个人信息。限制流通的个人信息是可以流通但不得以识别个人身份为目的，可以流通但不得泄露的个人信息。禁止流通隐私信息是指法律明令禁止流通的个人信息。客体立法需要对个人信息内容的重要性进行动态评估。可以流通的个人信息包括姓名、职业、职务、年龄、婚姻状况、学历、专业资格、工作经历等个人信息和非涉密性个人资料信息；

可以流通但不得以识别个人身份的限制流通的个人信息包括个人基因等生物特征信息，可以流通但不得泄露的个人信息包括家庭住址、电话号码、网上登录账号、民族、政治面貌、宗教信仰等能够识别公民个人身份的信息；禁止流通隐私包括位置信息、通信隐私、健康信息、性生活、性取向、涉密性个人资料信息和生活隐私。

（三）权利立法

该方面包括用户知情权、选择权、参与权、除去权、隐瞒权、数据被遗忘权、撤销权、诉权等。其目的是让用户知道 RFID 应用方案，用户应该知道何种数据被采集，用户应该知道信息采集的目的，在购买后也应有可能灭活标签；用户认为没有保留数据的合法理由就有权请求予以删除；用户能够自由选择信息被应用的场景；用户能够自由访问被采集的信息，同时能够对信息不实之处进行指正和提出修正；对于无行为能力、限制行为能力人，其隐私权益的让渡可适用无效或可撤销条款；数据主体有权在任何时候撤销其同意，该撤销不具有溯及力。当经营者违反法律时，利益相关者有权提出诉讼请求。

（四）义务立法

（1）注意义务：让用户知道标签、读取器存在，以可察知的方式（比如声音、光线等信号）积极读取标签，采集个人信息的隐形摄像头、传感器应贴有提示标签。

（2）便捷义务：附着在物品上的标签可轻易移除。

（3）匿名优先义务：在将 RFID 标签和用户信息关联之前应考虑是否有其他匿名方案，是否不需要采集个人信息。

（4）同意义务：对于限制流通、禁止流通的敏感个人信息，采取严格的事先同意原则。对于一般个人信息，采取选择退出的异议原则。简言之，在采集、存储、处理敏感的个人信息之前应征得用户书面同意；在获取用户书面同意之前，必须告知用户采集个人信息的目的，并说明关联、存储、处理个人信息的目的。

（5）使用限制义务：在获取用户书面同意之前，必须通知用户所采集的个人信息使用范围，个人信息的使用是否符合用户的个人利益、个人信息是否向第三者公开，个人信息数据的保存期限必须和数据使用目的一致。

（6）保密义务：个人身份数据不得向第三者公开。

（7）保证数据质量义务：所采集的数据必须准确、完整并及时更新。

（8）安全义务：经营者必须以一种安全的方式确保数据采集、传输、存储的安全性，对数据的访问权仅限于操作和维护 RFID 系统的个人。

（9）公开义务：经营者必须将其处理个人信息的政策、措施公开，以确保个人通过互联网或其他相关设施对其访问；在个人以安全方式提交书面申请的情况下，经营者必须向其提供有关他个人的身份信息。经营者有公示信息管理者及其联系方式的义务。

（10）保存数据处理活动记录的义务。

（11）隐私管理规划义务。

（12）事先咨询与事先授权的义务。

（13）任命数据保护专员的义务。

（14）跨国数据转移时保持合规的义务。

（15）与数据监管机构合作的义务。

（16）数据摧毁通知和泄露报告的义务。

（17）数据系统保护和默认保护的义务。

（18）数据保护影响评估的义务。

（五）禁令立法

引入禁止或至少限制 RFID 在某些情境中使用的条款。如果社会公众反对某种行为，或者行为违反公序良俗或公众的法益，这就为实施禁令提供了学理和实践的基础。自律机制往往引入激励而不是禁令。它包括以下几方面。禁止跟踪：在没有用户书面同意所有读取事件的情况下，禁止跟踪用户活动；经营者不能通过在营业场所或营业场所外贴有标签的物品跟踪用户以获取个人的购物习惯，甚至禁止通过跟踪获取可疑的行为信息，如欺骗或行窃。禁止窥探：除非基于用户请求的退货处理或保证服务，禁止经营者基于任何其他理由记录或存储不属于经营者的标签数据；禁止经营者从个人携带的物品上采集 RFID 数据，以产生消费者概况的信息，即使以匿名的方式来处理概况也不可以。禁止胁迫：禁止强迫或强制个人在购物后将标签保持激活状态以保证跟踪、回收；禁止经营者要求用户提供不必要的个人信息作为交易的前提条件。对核心的个人信息，禁止以识别个人身份或推测个人敏感信息为目的的二次数据处理。

（六）物联网安全立法

它包含物联网安全标准的制定权，保护 RFID 应用未经授权不得读取和擦写。该类条款应该由国家立法者提出，但也可以是自律机制；通常情况下，行业标准由利益相关者参与制定。从技术上讲，应该制定"第四代"数据保护协议框架，允许设立严格的报告和频繁审计的保护措施（Gunasekara，2009）。当前各种技术旨在保障数据的完整性。为了符合安全需要，需要考虑下列组成要素：①机密（confidentiality）：无授权不得访问、获取数据；②完整（integrity）：无授权不得编辑数据；③可用（availability）：被授权参与者在需要时能够获得对某些资源的访问；④追责（accountability）：识别并追溯不当行为责任人；⑤保障（assurance）：系统有足够的能力保护无意的错误，抵抗故意的渗透。

就物联网商业流程来说，需要高度的安全性和机密性。在智能网络环境的上下文里，数据主体权利的执行将需要创造复杂的身份管理系统，基于通用性、识别、认证、授权。安全和隐私要求描述如下。①抵御攻击：系统不得不避免单一点故障，并自行调节以适应节点故障。②数据认证：作为一项原则，必须认证检索地址和对象信息。③访问控制：信息提供商必须能够执行对提供信息的访问控制。④客户隐私：需要采取措施，避免提供商能够基于特定用户使用检索系统而推断出有用信息，至少应使这样的推断难于进行。使用物联网技术的私营企业必须把这些要求纳入管理一般商业活动的风险管理概念之中。

（七）技术应用立法

该立法旨在支持物联网技术应用的场域、原则和指导思想。应鼓励、支持中国自主的技术和标准，加强对物联网的支配权和管控权。在电子政务领域，在同等条件下，优先采购国产技术和产品。美欧日等国家和地区利用互联网马太效应来推行物联网，重要原因之一是取得了基于 IP 控制权的网络话语权。互联网的根服务器有 13 台。主服务器只有 1 台，在美国。其他 12 台是辅根服务器，分布在美国、英国、瑞典、日本等地，中国一台也没有。所有国家连接根服务器，都需要交纳巨额费用。物联网时代，我国的网络强国战略首先要实现网络空间主权，改变"租客"身份，应首先发展新的网络体系结构（比如 IPv9）和其他通信技术。

二、治理模式方面

（一）多方参与的治理机构

物联网要有所作为，需要的不仅仅是更多的装备有微电子的可以相互协作的日常物体。核心是安全、可信赖的架构、合适的经济和法律条件及如何利用新技术的社会共识。鉴于互联网已经演变为全球设施的事实，物联网的国际治理应当得到政府、私营部门、市民社会和国际组织的全面支持，而不应由单一组织控制。要具体化公共或私营机构权力下的物联网，增强其合法性和参与的能力。系统应当以一种公平的、牢牢根植于框架的形式的要求来制定规则和做出相应的解释和应用；应当以各种方式来关注物联网的利益相关者，保证有一种合理的代表形式，这是机构合法性的重要方面。利益相关者的共同行动，是加强沟通，在峰会中协调和合作，为物联网治理制定中心机构，并且允许参与和对话。

物联网应以人为本，为民谋利，不应过度追求社会效益和经济效益而牺牲自由、平等、公正、尊严等价值。一个为人类自由开发的媒介，也应该以人类自由为目的。考虑到相关利益者的需求，物联网的未来需要一个多极化、权力分散的民主集中的科学决策机构。应阻止过度集中的权力结构，防止物联网的治理权力排他性地落入单一"特别授权"中，以免造成难以挽回的社会灾难。

(二) 多元利益相关者共同治理

作为一种有利于社会包容的新方式，治理在互联网宏观调度和微观规制实践中起了非常重要的作用。多元利益相关者治理是互联网治理的成功经验。治理理念挑战了传统法律及对合法性的理解，谁是合法的利益相关者是前提。治理原则应在全球法律框架内制定和编译。除此之外，需要建立平等的议价能力和公平的诉讼程序，以及提高透明度和能够支持责任分配的审查机制。强调责任制，责任主体也必须能够在不遵从责任标准的情况下施加某种制裁，从而提高治理制度的权威和监管的力度。

公众必须参与有关治理问题的决策过程，这样，社会包容性和治理的质量将会得到改善，充分的参与过程有利于更多利益相关者的有效参与。作为公众参与的基准规则，信息访问权和物联网治理的透明度必须达成共识，这有助于构建共同参与的氛围。如果治理机构不同意公共意见，需要给予理由。透明性和非歧视性的访问不仅提高了社会参与度，而且助益于政治的灵活性和开放性。透明标准会巩固物联网的性能和责任，促进相关治理法规的协调。通过公民积极参与和控制决策过程，透明的程序会增强合法化和预见性。

在物联网实践中，还有大量的治理原则，包括安全和保密性。这是实现物联网的核心。应倡导更好的物联网安全环境和更高的保密标准。隐私和数据保护是物联网特别重要的方面（Fabian, et al. 2009）。在物联网设计中，安全和保密方面并没有得到充分的考虑。RFID 标签的使用允许物联网服务能够跟踪用户的位置和位置轨迹，关系型、社交型、位置轨迹数据保护制度势在必行。

三、环境资源方面

(一) 创造诚信、学习的社会环境

应建立诚信、信任、学习的社会环境,加强物联网科学技术的普及力度、强度和范围。公民信任对于新技术的推广普及十分重要。与大多数现存的信息技术相比,物联网为人的自由全面发展创造了更多的条件,可以更为彻底地改变人们的生活和促进人们思维方式的变革。但是物联网技术的作用受到一定的主观条件的限制,比如人们的观念和认识水平的影响。公民可能对物联网保持谨慎和观望的态度,他们可能拒绝物联网带给他们的利益:一方面,失控感觉的风险较技术增权(Empowerment)感觉更有优势;另一方面,对于公民来说,仍然有充足的时间来习惯物联网的发展,学习如何管理隐私和信任新应用的安全性。从某种程度上说,物联网以不特定的不可见的彼此之间的通信为特征,它可能在透明度和用户信息上提出新的挑战,这需要创造信任的社会文化环境。而且,隐私保护手段的灵活性对于人们以一种类似于他们所经历的离线方式适应发展关系和不同的环境是必要的。

隐私风险治理是一项综合的社会工程,并不完全由立法者来提供解决方案。信息技术领域的研究和开发也应该考虑道德原则。法律制度至少有三方面局限:一是它不能涵盖此领域的快速技术发展,法律具有滞后性;二是法律原则的执行是一个时间和资源消耗的过程,对于"隐私侵害"的受害人来说通常来得太晚;三是不同国家、地区之间,用户对隐私和安全信息的理解并不完全相同,法律规定并不完全一致。

(二) 构建生态的数据利用体系

1. 提倡资源共享,互通有无

首先要有一个科学的物联网新时代的判断和科学技术是第一生产力

的真理性论断。海量的、具有丰富内容的数据促进经济和社会发展，造福于人类。物联网技术的发展标志着人类改造主客观世界的能力大大增强，也意味着创造出更多的物质财富和精神财富，对社会发展起到积极的推动作用。所以数据自由流动是物联网新时代的必然要求和结果。其次要在时代进步的前提下凝视物联网技术风险。对物联网治理上的争论不仅仅是技术性的，它基本源于世界各国深层的和广为共同的关注，包括安全需要、经济利益、竞争规则、个人数据和隐私的保护。检索和挖掘服务的控制现在也呈现全球性和集中性。国家之间需要协作，建立全球隐私风险治理协同创新平台，数据保护主管机关和隐私部门之间需要磋商，需要界定隐私信息敏感度和公序良俗等重要的公共资源，从而保障公共利益。

2. 重视国家利益和网络安全

物联网技术加剧信息全球化，伴随而来的是物联网信息安全已经到达国家安全层面。当全世界互联成一个超级系统时，系统安全性将直接关系到国家安全。全球跨国公司会形成新的技术壁垒，甚至会威胁国家信息安全。某些全球跨国公司涉及领域的动态信息将很容易被获取或操纵，进而被他国情报机构所利用。他国如果能够顺利介入涉及中国国家机密的信息领域，中国城市和重点领域的信息建设，如铁路、公路、电力、水利、油气管道、金融领域的国家安全动态信息，将很可能被其获取，甚至被第三方利用。通过对掌握机密的人员私密信息的获取进而对其渗透、诱捕、胁迫和控制是获取重要情报源的路径。应加强涉密人员、国家公务人员、国家高层次科技人才、企事业单位管理人员的隐私安全教育和个人信息保护，加强国内社交网站、购物、旅行、住宿、云存储等平台的个人信息出境安全评估和保护，加强防恐、防疫等公共安全危机时期的隐私和安全立法规定，加强"涉密"和重大安全课题科研成果发表的管理。

第六章 物联网社会的开放治理

在物联网社会的治理实践中，物联网决策的制定、国民经济和社会发展规划、智慧城市的顶层设计等往往缺少对用户这一利益相关者的重视和细致分析，以及有效的评估机制。物联网社会治理中的技术接受度问题值得重视。因此，进一步描述与物联网社会发展相关的公众参与无疑是有价值的，对这些影响因素进行定性、定量地考察，可以将问题深化，在物联网社会治理的理论和实践层面倡导公众参与的开放式模式。本章通过实证分析和案例研究探索公众对物联网的认知、影响认知的因素及实现物联网社会治理的开放式治理创新模式。

第一节 物联网的心理模式

对事物的行为、认知和情感构成一个人特有的心理结构。态度是心理表征最重要的方面。当人们对事物有首次体验后，会不可避免地给出好或坏的判断。态度影响知觉和行为。如果要对事物进行决策，态度就起到了引导作用。

技术创新有一个坚定的、先发制人的、导向性的信念：不断地向公众演示其功能上的先进性，其应用价值不言自明。当突破性技术得以开发、应用时，必定会引发大量的社会需求。但有时业界彻底地困惑了：因为公众对看似"完美"的技术没有兴趣，即使一切都做得很"对"。从技术产业化失败的历史中，我们可以获得很有价值、往往相当有趣的教训：业界需要换位思考，从公众态度的角度来理解和接受技术。

一、情境依赖认知错觉

技术不得不被塑造成人们所理解、喜欢、需要和欣赏的事物。这是为什么企业必须预测其产品是否会获得用户满意的感知和体验。因此，有必要抛弃技术的理性逻辑，单纯的技术理性会导致产品缺乏市场，使企业走向衰败。

产品的技术含量是用户使用产品的因素之一。实际上，当我们购买产品时，我们对产品的理解、感知和体验在很大程度上由情感决定。反过来，情感受许多因素的影响：理解能力、社会环境、文化语境和政策制度等。

设计创新的服务理念和新颖的、互动的界面方式，非常有助于理解用户如何应用心智模型来理解事物。与物联网设计有关的一个重要领域是研究用户如何认知网络化设施环境。使用无线网络及其设备的人能否解释什么是无线网络？大家都在使用Wi-Fi无线网，研究者也相信人们知道什么是无线网络，知道无线网络的用途或如何使用。然而实际调查中发现，几乎没有被采访者能够准确地描述和解释Wi-Fi无线网。因为人们趋向于通过感性的功能来描述事物：它的有用性和易用性不在于其技术含义。被调查者对互联网的定义是：需要网线的网络，而无线网络则是一种不需要网线即可能够让自己的手机、电脑等终端设备连上的互联网。这意味着，"网络"这个词已经获得了某种简化的含义：从a到b的单一连接，而不是无数的物体、人同时互联的网络。

是否能科学定义Wi-Fi无线网并不影响参与者使用Wi-Fi无线网络的能力。但是当他们接触到新的概念时，即在互联网、无线网中引入其他不同形态的网络、服务或物体时，从a到b的心智模式就成为一种障碍，因为他们没有多重连接的概念。基于常识的简化理解是人们正常理解事物的方式。根据前见和思维定势，人们往往通过搜索之前存在的、形式和功能方面很相似的事物来理解新事物。例如，大多数人把今天先进的移动设备归因于电话的演进，把语音通话作为其首要功能。甚至人们往往把移动设备用来发短信、玩游戏、访问各种软件或浏览网页。基于同样的逻辑，公众有时把无线网络也视为互联网。互联网一般是有线连接，即使Wi-Fi是无线网络，在公众认知观念里都是互联网。

语言也是人们理解事物的重要工具。根据思维定势的心智模型，人们很容易将"物联网"理解为互联网的一种。物联网的语形多数都与互联网（Internet）有关。根据初始效应，顺序靠前的"Internet"比顺序靠后的"Things"对人们印象形成的影响大一些，印象形成之后就产生从众性的情境依赖。至于"物"是什么，人们可能想到的是手机、个人电脑、平板之类的终端设备互联，这并不能有效、直观的理解世界上万事万物都是可以相互连接的。

当我们谈到万物互联时，对于未来数十亿网络化物体的图景而言，常识性理解成为一种限制。因为物联网的真正力量存寓于万物智能、互联。基于互联网的思维定势无法理解该特征。公众可能觉得物联网是一种网络。但事实上，他们并不能看到它的真正潜力和应用前景。

不仅公众可能不理解物联网，传统的企业和专业人士也是如此。互联网技术专家也在沿用简化的思维模式。作为个人，当遇到个新颖的概念时，会自觉地从先在的观念去思考问题。虽然人们完全有能力在同一时间里对同一概念保持几个不同的理解，但是只要相同的人开始思考现实世界的复杂图景时，他们就会落入原有简化的网络心智模型。这种锚定的思维定势限制了人们的想象力，从而阻止了创新。同样，保守的、害怕新事物的惰性思维也对物联网观念的接受起到阻碍作用。

二、物联网的心智模型

物联网需要公众接口层面的创新方式，以说明物联网的力量不仅局限于单一连接，而且是"物与物—人与物—人与人"的互联。否则，业界很难实现互动、共享的平台战略。当我们面向未来时，所有的物体和环境都在连接的时候，我们最终发现我们生活在技术人员理想的愿景里，任何人、任何物都是网络的一部分。

在物联网社会，不同类型的器物正成为互联设备。无论花草、树木还是咖啡壶，都有可能成为服务或应用的入口。该趋势正向智能电视机、音箱甚至汽车等日常设备蔓延。这是物联网社会利用网络化力量催生的具有创新性的、功能融合的、智能的产品（系统或服务）的新时代的开始吗？物联网需要新的范式：万物智能、互联，这是引进新的心智模型的重要性原因。物联网的威力并不是任何单一的连接，而是万事万物之间的互联。如果这些心智模型没有被建立，就很难让几十亿物体连入网络产生数据的蜂聚、智能效应，更谈不上物联网产业和智慧城市。目前公众已经熟悉互联网，这为物联网的引入奠定一定的思维基础。物联网科普任重道远，物联网的实现还有时日。当新的使用模式远离原初的功能的时候，与过去相联系的技术概念最终会失效。以手机为例，它与固定电话等终端设备的联系正在减弱，但是与个人电脑的差异仍旧不十分明显。有些公众甚至认为智能手机就像平板一样，就是微型电脑。

从非智能手机到智能手机的普及，已经开创了物联网新时代，但是公众依然停留在互联网范式。这可能还需要一个缓慢的、渐进的过程。以个人计算机为例，个人计算机概念进化成一种技术，正如其他社会进化一样，也有一个用户认知、接受的问题。从计算机概念、原型到个人计算机的普及，关键在于用户接受度和体验。最初的计算机技术性太强、庞大、笨重、操作性差，如果它想取得市场成功的话，需要变得更加"人性化"。苹果引进图形化的用户界面和鼠标，它将个人计算机转变成可用、可理解的和最终大受欢迎的东西。它对社会的影响的确深远。所以无论个人计算机如何发展，鼠标依旧是不可替代物。但是当个人计算机继续微型化的时候，用户就摆脱了鼠标的概念和行为习惯。同时，基于计算机之间的互联，产生了互联网。因此，试想一下，如果现实世界万物智能、互联，那将意味着什么？然后想象一下，如果物联网有类似于计算机的图形化用户界面，我们能做些什么呢？数据采集、数据传输和云端的计算分析双向无缝链接，软件、硬件、操作系统紧密融嵌，人工智能渲染物联网的另一图景。

因此，计算机点对点之间的连接是当前互联网的心智模型。互联网是物联网的先前存在之物。互联网心智模型不足以解释网络技术演进的性质和机遇。如果我们按照互联网心智模型去思考的话，就无法理解数十亿网络化的物体。必须引进一种新的、直观的理解互联的方法。世界万物智能、互联，这是物联网的心智模式。这将引导我们大步迈向一个创新无限、三界合一、技术融合的物联网新纪元。物联网可能真正成为业界乐观预测的全球市场。因此物联网社会是一个更开放、互联、互动、智能、共享的社会。

第二节 物联网用户接受度研究

信息技术接受的相关研究文献和成果较多，比如理性行为理论（theory of reasoned action，TAR）、技术接受模型（technology acceptance model，TAM）等。相较其他理论，TAM 在预测用户使用 IT 意愿上更具有效性（Agarwal, et al. 2000；Korzaan 2003；Zhang, et al. 2006）[①]。国外个别学者使用 TAM 来解释消费者对 RFID 技术的接受（Hossain, et al. 2008），但是该文只将 TAM 情境化，而没有建立一个合理的模型。本部分的着眼点在于对物联网接受行为的影响因素进行定性分析，建立相应的模型，并对该模型进行实证研究，以确立科学的评价和预测机制。

---

① 社会心理学理论认为，"态度—行为"存在悖论现象，抽象态度与具体行为也只有很微弱的联系。

一、研究模型

(一) 物联网用户接受度模型构建

在前述理论及模型基础上,融合互动性、兼容性等影响因素,笔者在此提出预测用户接受物联网技术的结构方程模型。本模型认为,影响物联网用户接受度的因素主要有9个,即创新性、互动性、安全感知、隐私感知、成本感知、兼容性、社会因素、有用性感知和易用性感知。变量之间的相互关系如图6.1所示。

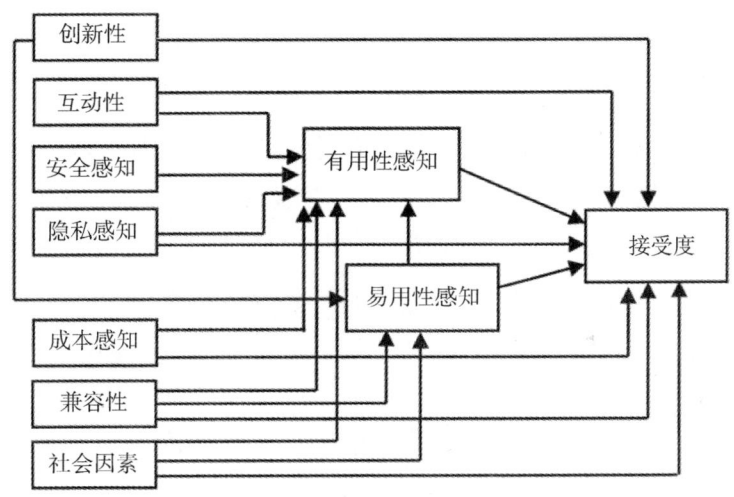

图 6.1 物联网用户接受度模型

(二) 物联网用户接受模型影响因素分析

创新性(innovativeness)是指个人在社会中相对其他人较早采用一项创新的程度(Rogers, et al. 1971);或者用户接受新信息技术的内在倾向程度(Mun, et al. 2006);或者个人对新观念的接受能力和基于跟其他人沟通的经验、独立做变革性决策的程度(Midgley, et al. 1978)。创新性实际上反映了用户对新事物的接受倾向与态度。用户创新性作为个性因素是决定个体采用新产品的重要因素之一。高创新性的用户具有独立的决策判断，较不易受其他因素的影响，对新奇的事物有高度的兴趣，进行搜寻的努力程度也较大。

互动性（interaction）是互联网蓬勃发展的根本动力，而物联网是互联网的延展。社会交换理论（social exchange theory）解释了社会性交换活动中人们的行为模式。在交换过程中，交换成本（exchange cost）、预期互利性（expected reciprocity）、互动程度（interaction）都是不可忽视的因素（Molm 1997）。用户可以通过现实物体而不用计算机或浏览器来与以人为本的社会化网络互动。物联网不限于计算机作为互联终端，它还将其他任何物都纳入互联世界，形成无处不在的物联网。互联网已知的维度——从任何时间、任何地点为任何人连接——现在由"任何物"这个维度补充。

安全感知（perceived security）是指产生于网络和数据传输的攻击和未经授权的访问的安全威胁（Belanger, et al. 2002）。安全是一个有关接受基于物联网技术应用方面的主要问题。安全涉及身份认证、数据真实等问题。安全与否是影响用户接受物联网技术的主要因素之一。增加用户对物联网技术应用的接受的关键之处在于，从用户视角来评估该项技术所产生的利益。如果他们认为该项增加的利益等值于风险，那么他们就接受该安全风险。实际上，用户在愿意接受和使用一个系统前，都会评估利益和风险。

隐私感知（perceived privacy）是指用户对利用物联网技术收集和使用的个人信息所享有支配权的主观认知。相对互联网而言，物联网技术应用更为广泛，对个人隐私提出更为严峻的挑战。在零售行业，如果个人身份数据和特别的产品代码联系在一起，存储在 RFID 标签中，然后零售商能建立起顾客的档案和顾客购买行为的档案。这不仅能帮助零售商推导出他们顾客的购买行为，还能推导出顾客独特的健康状况、生活方式和旅行。组织对个人信息收集这一行为，加剧了顾客对他们自身隐私的关注，因为收集的信息有可能被第三方利用。定位技术给人们的生活带来便利的同时，也带来隐私忧患：顾客隐私信息的泄露和顾客物理地点被跟踪。

成本感知（perceived cost）是指用户对技术接受成本（包括设备成本、

服务费用等）的主观认知。研究表明，经济动机和结果是信息系统采纳研究的焦点，而成本往往是信息系统采纳行为的重要影响因素（Mathieson 2001）。用户对成本的感知通常很敏感，当采用某项技术或服务的成本高于其预期时，用户就会对该项技术或服务的有用性做出否定性评价，就不会接受该项技术或服务。由于物联网应用处于发展的初级阶段，用户对于物联网运营商给出的价格有不同的接受程度，如果用户觉得价格大于自己的预期效益，那么用户使用物联网的可能性就比较小；如果物联网运营商的价格在用户的心理承受价位之内，或者用户对于物联网服务的成本效益粗略估计为正效益，那么用户使用物联网的可能性就会大很多。因此，经济成本对物联网用户接受度有显著影响。

兼容性（compatibility）在美国新墨西哥大学埃弗雷特·罗杰斯（Everett M. Rogers）教授的创新扩散理论（innovation diffusion theory，IDT）中被定义为：创新与现有的价值观、过去的经验及现在的需要相一致的程度。社会系统成员所感知到的某个创新的相容程度与创新的采纳率成正比。该定义容易造成兼容性和其他影响因素的重叠，从狭义上将兼容性限定为硬件、软件、网络三方面的兼容更为合适。物联网技术是多种技术的糅合和创新，兼容性无疑对于物联网来说至关重要。一些学者对兼容性研究的结果是发现兼容性与接受呈正向关系（Moore, et al. 1991）。

社会因素（social factors）是社会环境、文化、组织等对技术接受的指向性，是人在技术接受实践活动中受到外在影响的诸多因素。根据一些学者的观点，来自同事、上级和家人的社会因素，对消费者行为及家庭是否使用某项IT产品的决定，有着不同程度的影响（Venkatesh, et al 2001）。对于社会因子的这种外部影响作用，有两种截然不同的实证结论：一方面，"个人的技术使用行为往往与其周围的、工作上有紧密联系的同事的使用行为有着惊人的相似"，"在得到高层领导支持的组织中，一项信息技术往往能够更快地得以普及和使用"（Fulk, et al. 1995；Markus 1994）；另一方面，有学者由于在其实证研究中没有发现"社会因素对技术行为意图或使用行为有显著影响"的重要证据，因此将社会因素从技术接受模型中剔除（Davis 1989）。近年来，研究者引入两种个人特征的中介作用，以此来解释这种不一致的现象。在技术使用初期，用户尚未建立或形成稳定的评价体系，因此用户很容易受到外部环境的诱导；而随着技术使用的深入，用户经验随之增加，用户的评价体系变得稳固，这时外部环境的影响力将会随之减弱。

有用感知（perceived usefulness）和易用感知（perceived ease of use）是用户最终采用信息技术的两个重要的决定性因素。"有用感知"可定义为"使用者认为使用该技术可以提高其工作绩效的程度"，"易用感知"是"使用者认为使用该技术的容易程度"（Davis 1989）。有学者在研究 ERP 系统接受中界面特点、有用感知和易用感知对最终用户满意之间的关系时，得出易用感知对最终用户的满意度没有直接的影响（Calisir, et al. 2004）。也有学者在研究局域网（local area network，LAN）的技术接受时，将便利（convenience）作为一个新的影响因素加入模型当中，验证了便利感知（perceived convenience）是有用感知的一个决定性因素，但对计算机技术的接受行为没有直接的影响（Yoon, et al. 2007）。笔者认为，便利有两个重要的特征：易用（包括舒适和不费力）和有用（包括合适地执行任务）。如果用便利感知替代易用感知和有用感知，就会得出便利感知对消费者使用该技术的意向产生巨大的积极的影响的结论（hossain, et al. 2008）。

二、实证研究

（一）研究假设和模型量表

1. 研究假设

在以上理论分析和模型建构的基础上，提出 18 个研究假设。

假设 1.1~1.7：互动性、成本感知、兼容性、社会因素、易用性感知将显著（正）影响用户的有用性感知；安全感知、隐私感知将显著（负）影响用户的有用性感知。

假设 2.1~2.3：创新性、兼容性、社会因素将显著（正）影响用户的易用性感知。

假设 3.1~3.8：创新性、互动性、有用性感知、易用性感知、兼容性、社会因素将显著（正）影响用户接受度；隐私感知、成本感知将显著（负）影响用户接受度。

2. 模型量表

本书在设计观测变量时，一方面借鉴国外已有的成熟观测变量，充分考虑了技术接收影响因素所具有的共性特征；另一方面考虑物联网所具备的独特特征，最大限度地将共性因素情境化。每一结构变量所设计的观测变量都在相关资料基础上情境化，反复比较、推敲，并交给相关专家评议，最终确定与 10 个结构变量相对应的 37 个观测变量（见表 6.1）。

表 6.1　用户接受度模型量表

结构变量	观测变量	编号	问题描述
创新性	接受能力	Q1a	在同龄人中，我通常率先尝试新的信息科技产品
	沟通经验	Q1b	我能使他人接受创新观点或事物
	态度	Q1c	新的生活方式和做事方式相对过去来说是一种进步
	倾向	Q1d	总的来说，我愿意接受新的观点和事物
互动性	对象	Q2a	物联网有助于增强用户与运营商之间的互动
	内容	Q2b	物联网通过短信、WAP（wireless application protocol，无线应用协议）等实现各种信息互动
	平台	Q2c	物联网有助于建立生产、生活、消费于一体的互动平台
安全感知	权限	Q3a	担心第三方收集或窃取个人信息
	未知风险	Q3b	物联网存在未知的安全风险
	内容	Q3c	网络系统、应用程式等方面的安全是很重要的

(续表)

结构变量	观测变量	编号	问题描述
隐私感知	制度	Q4a	制定保护有关物联网隐私的制度规范
	知情权	Q4b	赋予用户隐私知情权
	处分权	Q4c	赋予用户隐私处分权
	机构	Q4d	应设立免受隐私侵扰的机构
成本感知	历史成本	Q5a	物联网应用的成本较高
	未来成本	Q5b	物联网的应用会增加一些不必要的成本
	反向观测变量	Q5c	物联网的应用不会增加成本
兼容性	硬件	Q6a	不需要更换已有硬件设备以配合物联网的应用
	网络	Q6b	物联网与现有的网络兼容
	软件	Q6c	物联网与现有的软件兼容
社会因素	周围影响	Q7a	周边的用户都在应用物联网，所以我也用
	熟人影响	Q7b	亲戚、朋友的意见对我是否应用物联网有影响
	行政影响	Q7c	行政建议行为对我是否应用物联网有影响
	媒体影响	Q7d	媒体宣传对我是否应用物联网有影响
有用性感知	社会认同	Q8a	物联网应用有助于获得同伴的承认
	个人形象	Q8b	物联网应用彰显我时尚、前卫的形象
	效率	Q8c	物联网能够让学习、工作、生活更有效率
	趣味	Q8d	物联网能够让学习、工作、生活更有趣味
易用性感知	方便	Q9a	物联网应用很方便
	舒适	Q9b	物联网应用很舒适
	操作难易程度	Q9c	物联网应用操作简单

(续表)

结构变量	观测变量	编号	问题描述
接受度	价值判断	Q10a	物联网应用很有价值
	内心信念	Q10b	我对物联网很有信心
	应用前景	Q10c	物联网将会成为生活的主流
	使用意愿	Q10d	我会继续应用物联网（技术及其产品）
	使用计划	Q10e	在我接纳和应用物联网的同时，我会推荐给其他人
	满意度	Q10f	我对物联网的总体评价是好的

（二）问卷设计和样本收集

本问卷以手机校园卡物联网应用为例。问卷调查按照下列程序进行。

（1）阅读文献和访谈，确定影响用户接受手机校园卡物联网技术的因素指标体系，设计测量项，形成调查问卷初稿。所有项均用李克特（Likert）7级量表进行测量。人口统计变量也包括在其中。

（2）预调查，把调查问卷发放给20位在攻读本科或硕士学位的不同专业学生，让他们对问卷提意见。优化问卷结构、提问方式以及操作指南。

（3）将问卷中的结构变量和观测变量的问题全部打乱，并将一个观测变量的测量项从正反两个方面进行设置，以检测回收问卷的有效性。

（4）正式调查。调查对象是武汉大学使用校园手机卡的不同专业的学生，他们对手机校园卡的使用有直接的经验。这样，样本符合研究的目的。本问卷调查以面候调查为主，留置调查为辅。在被调查之前讲解了必要的注意事项，在调查中对被调查者的问题进行说明。

（5）调查问卷的回收和甄别。发放300份问卷，收回278份问卷，回收率为92.7%。剔除6份无效问卷，最终有效问卷为272份。本研究的分析变量有10个，有效样本为272份，多于有效样本是分析变量10倍的要求，符合统计要求。

(三) 模型检验

在数据分析中,结构方程模型(structural equation model,SEM)方法对变量设计、研究假设和系统模型进行验证,主要采用 SPSS18.0 和 LISREL8.7 两种软件来完成。

1. 探索性因子分析

第一步对问卷进行检验,以确定是否适合做因子分析,采用 KMO(kaiser-meyer-olkin)检验和巴特利特(Barelett)球度检验。结果显示,KMO 值为 0.929,巴特利特检验中 sig=0.001,表明所获取的数据适合采取探索性因子分析。第二步采用主成分分析法,以特征根大于等于 1 为因子提取原则,提取有效因子数目,再选择方差最大正交旋转法,对因子进行旋转;提取 10 个有效因子,解释 88.984% 的方差。第三步对提取出的因子进行分析,按因子负荷系数大于 0.75 为原则,选择所提取的因子应该保留的观测变量。分析表明,所有观测变量均与对应因子匹配。

2. 信度和效度分析

根据旋转成分矩阵,各观测变量在对应因子的负载远高于在其他因子的交叉负载,这表明所有观测变量具有较好的效度。本书采用 Cronbach α 系数及复合信度来考察内部一致性信度,使用平均提炼变差(average variance extracted,AVE)值来考察模型中结构变量聚敛效度及其判别效度。如果 α 值大于 0.7 或复合信度系数大于 0.8,说明模型中各结构变量的观测变量具有很好的一致性,可以判定数据可靠性较高,模型具有可信性。如果 AVE 值大于 0.5(AVE 平方根大于 0.707),说明结构变量具有较强的聚敛效度;如果 AVE 的平方根大于结构变量之间的相关系数,说明结构变量之间具有较强的判别效度。研究结果表明,模型具有较好的信度和效度(见表 6.2、表 6.3)。

表 6.2 结构变量对应的 AVE 值的平方根与相关系数列表

	接受度	创新性	兼容性	社会因素	隐私感知	安全感知	易用性感知	有用性感知	成本感知	互动性
接受度	0.719									
创新性	0.594	0.814								
兼容性	0.469	0.455	0.889							
社会因素	0.653	0.475	0.366	0.819						
隐私感知	-0.500	-0.312	-0.236	-0.373	0.896					
安全感知	-0.441	-0.322	-0.239	-0.325	0.500	0.876				
易用性感知	0.466	0.361	0.321	0.395	-0.132	-0.200	0.901			
有用性感知	0.680	0.442	0.391	0.534	-0.422	-0.427	0.384	0.844		
成本感知	-0.346	-0.171	0.078	-0.228	0.220	0.137	-0.102	-0.287	0.903	
互动性	0.520	0.344	0.183	0.337	-0.279	-0.279	0.211	-0.376	-0.226	0.871

表 6.3 结构变量 Cronbach α 值及组合信度

结构变量	α值	组合信度
接受度	0.968	0.8651
隐私感知	0.972	0.9422
有用性感知	0.980	0.9085
创新性	0.917	0.887
易用性感知	0.950	0.9286
兼容性	0.947	0.9191
互动性	0.917	0.9044
安全感知	0.946	0.9079
成本感知	0.917	0.9301
社会因素	0.939	0.8598

3. 路径分析

本部分进一步研究变量之间的因果关系：①以接受度作为因变量，创新性、互动性、安全感知、隐私感知、成本感知、有用性感知、易用性感知、社会因素为自变量的路径分析；②以有用性感知作为因变量，创新性、互动性、安全感知、隐私感知、成本感知、易用性感知、社会因素为自变量的路径分析；③以易用性感知作为因变量，创新性、互动性、安全感知、隐私感知、成本感知、社会因素为自变量的路径分析。验证分析结果表明前面模型中的 18 个假设都得到支持。有用性感知、易用性感知、接受度的解释方差分别为 0.461、0.212、0.716。用 LISREL 8.70 对模型进行分析，产生本模型的拟合指数。各指数中除了拟合优度指数略小于推荐值外，均优于推荐值，显示出模型具有较好的拟合度，见表 6.4。

表 6.4　模型拟合指数推荐值及实际值

拟合指数	x^2/df	GFI	AGFI	CFI	NFI	NNFI	IFI	RFI	RMSEA
推荐值	<3	>0.9	>0.8	>0.9	>0.9	>0.9	>0.9	>0.9	<0.08
实际值	2.12	0.86	0.82	0.97	0.96	0.97	0.97	0.95	0.061

三、讨论和启示

（一）隐私和安全

从用户的角度看，对于联网技术的实施（比如校园手机卡），用户更多地考虑到直接的隐私威胁。虽然隐私问题的感知因人、因文化环境而异，取决于个人的容忍度。但隐私相对于安全来说是一个更为普遍关注的问题。消费者对隐私问题重要性的感知逐渐增强，这可能来自于不断增长的对互联网、物联网技术潜在风险的累积性认知。在物联网技术日益浸入生活的时候，隐私重要性日益凸显。所以隐私感知直接对物联网技术接受度产生负相关影响。安全是一个技术含量较高，以及在认知上更为深层次的命题。对于特定用户来说，物联网安全因素不容忽视。隐私和安全问题可能成为物联网社会接受问题上的一个随时都会被引爆的炸弹。

（二）社会因素

作为社会因素的熟人评议、媒体舆论、行政建议等对物联网技术接受的作用具有直接的引导性、培植力。从某种程度上讲，物联网技术的接受取决于社会因素。物联网技术的应用一方面要加强各种媒体对物联网应用的舆论宣传和适当监督；另一方面要加强合理的非强迫式的行政建议和行政指导，凸显政府部门在物联网发展中的引导、指导和监管作用。技术是一种社会进程，需求仅仅是技术的一个动因，并非决定因素。技术的发展程度、形式和功能取决于社会对技术的管理和控制程度。

（三）创新性

研究表明，开放的思维对物联网技术的接受来说是十分重要的，保守的意识和文化是物联网发展的障碍。创新性对技术接受度和易用性感知有显著的正相关影响。但创新性对有用性感知并没有呈现显著的正相关影响。可以做出如下解释：创新性的好奇心、对新事物的接受在技术应用初期的易用性方面起到一定作用，但是有用性感知是一个事实判断，实践是检验"有用"与否的重要标准，因而其他因素比较创新性，对有用性感知的影响并不显著。

（四）意识和教育

物联网是多种技术相互作用和糅合的结果，它的复杂程度会高于公民所接受的习惯，每一事项都会产生复杂的链条反应。公民，也包括企业，都难以理解物联网。因此，意识和教育对于物联网最终的成功来说至关重要。没有适当的信息，就不会有信任和接受，结果是会丧失掉迈向物联网的动机。为了建立对物联网长效的信任机制，意识和教育工作必须集中在它的效益、政策和战略上，减少潜在威胁。当时机成熟时（比如开始部署物联网之时），必须进行合理、综合的信息教育活动（比如讲解物联网是什么，物联网的主要特征是什么，物联网所带来的利益是什么，物联网的重要性，特别是隐私和安全问题）。适应不同人群的教育和意识也是很重要的。

（五）其他

有用性感知是技术接受度的最大影响因素。这表明，在物联网技术接受上，用户秉持"有用即真理"的哲学理念。易用性感知是有用性感知和接受度与用户之间的工具性桥梁、界面、基础设施。成本感知对于有用性感知和接受度有直接的影响。运营商、设备制造商需要采取各种措施以降低物联网技术的历史成本和未来成本，这需要运营商、设备制造商提高成本的透明度。物联网技术处于发展的初级阶段，如果用户认为接受物联网技术导致其成本超出预期，用户接受物联网技术的可能性就会降低。可以预测，成本是物联网技术接受的门槛。互动性是物联网技术应用成熟的标志，用户互动是关键的信息来源，成为商业模式的重要因素。物联网是多种技术的融合和创新。如果用户不需要改变相关配置来配合新技术的应用，就更有可能提前接受该技术。兼容性成为物联网技术应用成败的技术关键。

第三节 物联网社会的开放式治理创新

开放式创新是物联网技术的民主特征，也是物联网的本质内涵。开放式治理创新是物联网社会、智慧城市的应有之义。本节通过理论抽象和案例分析，对物联网社会的开放式治理创新进行探索性研究。

一、开放式创新与物联网数字参与

（一）开放式创新的内涵

创新被认为是企业繁荣、发展和持续高利润的主要驱动力（Drucker 1988；Christensen，et al. 2005）。学界研究的焦点是"如何创新"和"怎样管理创新的过程"。近年来颇为流行的创新管理模型是基于企业开放创新的过程，结合企业内外资源发展技术以创造商业价值。这就是美国加州大学伯克利分校教授切萨布鲁夫（Chesbrough 2003a，b）首先提出的"开放式创新"（open innovation），并迅速获得学界和业界的普遍认可。切萨布鲁夫认为内部研发不再是无价资产。在传统的封闭创新中，公司控制创新过程。社会和产业的变迁导致技术工人的流动性激增，产生新的融资方式（比如风险投资）及创新过程界限的断裂（Chesbrough 2003a）。切萨布鲁夫将开放式创新定义为"公司可以并必须利用内部和外部创意、市场途径以寻求技术进步的一种范式"（Chesbrough 2006）。在开放式创新过程中，项目可以来自内部或外部资源，新技术可以在任何阶段介入。项目也可以以多种方式进入市场，比如出口许可或新创企业（Chesbrough 2003b）。创新过程的外部资源也可以组织研究有潜在商业价值的创意（Laursen & Salter 2006）。开放式创新的理念来源于开源软件（open source software，OSS）的发展（Gruber, et al. 2006; West, et al. 2006a）。现在，开放式创新正成为管理科学的一部分。但该概念仍然存在较多争议，很多学者认为开放式创新的含义远比切萨布鲁夫提出的要广泛（Piller & Walcher 2006）。有学者将开放式创新定义为"从创新获取利益的系列实践及创造、解释和研究这些实践的认知模式"（West, et al. 2006b：286）。近年来ICT、电子商务及社交网络快速发展，创造了连接人与人之间相互沟通的动态平台，不同知识社群成员互动的空前普及，促成了多元化创新合作的开放式创新。

（二）物联网语境下的数字参与

随着世界从互联网向物联网转变，这为实施开放式创新提供了更多的机会。在物联网世界，通过在物理物体中嵌入微型处理器、存储芯片和传感器实现物理世界和虚拟世界的联接，也可以通过自然的、多模式用户交互采集和获取创新信息，形成多元数字参与的愿景，这已经影响到商业服务和社会的发展。其表现在以下五个方面。

1. 设备管理协同化

设备自主，实现自我维护、自我服务。将计算机、微处理器、存储芯片和感知器嵌入物理物体，是构成虚拟与现实联接的第一步。微小的传感器，分布于环境之中，形成特有的网络。这些传感器识别物体的地点、速度、大小、形状。传感器在管理对象信息环境中发挥重要作用。无处不在的计算，特别是智能识别、定位技术，创造了一种精确地确认物体的能力。这种能力可以给物体分配虚拟的数据对象，并可以把这种数据对象用作外部存储器。在存储器中，相应物体的信息或相关物体所搜集的信息能被存档。从外部资源中获取附加信息,也整合对象信息。这种持续的开放式路径,从本质上赋予传感器获取移动智能物体以及周边环境信息的能力。通过远程查询,传感器允许清晰地辨别智能物体。在 RFID 的帮助下,通过附着于物体之上的转发器自动识别物体。由于传感器数据的信息内容是受限的,因此,需通过合适的过滤和聚合程序,采集数据以形成可用事件和语句。区块链技术则增强了智能设备的自主能力,实现自主设备可控化、协同化。设备被授权自我更新,自动执行数字合约,判断对方可信度,支付和交换资源及服务。

2. 网络架构分布化

非集中化的物联网提供了更好的自组织和分散的民主协调机制。异构网络优势互补,相互兼容。通过将网络力量从中心转移到边缘,设备可获得更大的自主性。去中心化的点对点自主控制,可以消除传统集中式网络中存在的单点故障,从而使系统变得更加强健。以 P2P 网络为例,P2P 网络具有更高的可容错性、更有效率地支持自发的网络实体(Schoder, et al. 2005)。对于智能物体来说,P2P 网络具有一定的多元化优势。一方面 P2P 网络为分布式计算提供了良好的管理平台。P2P 网络可以分布式共享文件资源和计算资源,而不依赖中心云或服务器。另一方面 P2P 网络为匿名的和不需要审查的信息通道创造可能性。P2P 网络通过分散式列表为每个设备生成唯一的基于公共密钥的地址,从而能够和其他终端进行加密消息的收发。

3. 用户分享互动化

物联网设备多元和网络多元为物联网用户的多元巩固了基础。技术精英们通过新技术传播和获取信息,普通用户之间的信息交流更为便利、开放和多样化,物联网信息更为多元,更容易获取。在这个由数以千亿计的设备构成的、多元的物联网中,用户使用安全的身份确认机制与设备联系起来。用户动态地创建和维护与其他设备的交互规则。这些规则用于确定用户与设备之间的关系,以及基于用户自己定义的准则,并对设备进行授权。当设备对客户端所下载的软件更新的安全性或应用程序联网等行为的合法性有疑虑的时候,可以由社区共识机制来定义。在这一开放的、扁平的多元环境中,网络中的权力从中心移向边缘。

4. 企业生产生态化

物联网技术多元吸引了物联网生态系统中参与者的兴趣,从而在宏观层面上创造了新的市场,在微观层面上促进了企业的多元化。企业生产生态化改变了创新的本质,将公私机构和消费者接入到应用和开发的服务,这会带来新构想和创意。基于智慧参与的企业生产化呈现三大特征:从"以企业生产为核心组织各类资源"向"以客户需求为核心组织各类资源"转变;从线性价值传递方式向网状价值交互方式转变;参与者角色更加多样化,融入价值创造过程中。在新价值网络下,参与者数据成为一种无形资产,结果优化了事务处理和分析服务,构建了更灵活的功能,有力地支持生态系统整合。

5. 政府治理开放化

自下而上和自上而下辩证统一的系统架构是物联网鲜明的技术特征之一。联合发现服务是实现物联网可扩展性及查询服务的可选择性、开放式治理的必由之路,无处不在的物联网技术可以提高在线服务的透明度和可得性,增进公民参与,加强民主协商,强化回应性政治责任感,促进对话交流。数据从基础设施和人民群众而来,在服务器或云端形成决策,再到基础设施和人民群众中去,这是物联网治理的开放路线。这对以政府为中心,自上而下的治理向服务型政府转型的开放式治理思维模式转变具有启发性意义:有助于治理决策的科学性、人民性、实践性和动态性,加强执政党建设,推动完善国家治理体系和实现国家治理能力现代化。

无处不在、无时不有的人与人—人与物—物与物之间的信息交换和易得的附加信息的自主创新融合,以及用户驱动的、共享的周边应用和服务创新,就是物联网语境下的开放式创新。

二、物联网社会的开放式治理创新

（一）生态整合的企业治理开放式创新

构建开放式创新平台，可为创新提供新接口。比如，亚马逊通过开放知识产权来创造价值。2002年7月，亚马逊公开了它的应用程序接口（application programming interface，API），特别是通过亚马逊的网络服务，赋予外部程序员几乎无限制地获取产品数据的权利（包括获取数据、重新格式化及添加相关服务）。从2002年到现在，亚马逊创造了数千个独立站点。因为外部开发者的创新应用，亚马逊每天从应用那里获得千万次服务器请求的数据（Roush 2005）。

除了亚马逊，谷歌也是一个典型的案例，它实行开放式创新，清楚地强调现实世界和虚拟世界结合的创造能力。2005年6月，谷歌公布了谷歌地图和谷歌地球官方API。外部开发者立即开始研发基于谷歌地图架构的服务。消费者现在有权使用更详细的鸟瞰、卫星地图及先进的地理工具，个人数据能轻易地标示在谷歌地图上。这就产生了一个谷歌标签地图制作者社区。为了建立地理空间应用，他们把地理坐标信息添加到网上。地理标签意味着用精确数据来放大地理位置。因此，用户通过本地技术使用移动设备，就能检索有关他们当前位置的附加信息，包括故事、图片、视频、历史描述，甚至本地广告及附近的商店、餐馆、娱乐、经销店等。然而，用户不仅仅消费这些新服务，很多人开始在与他们自身相关的地点的信息上贴地理标签。

开放式创新提供共享经济新模式。通过内容分享，用户把自己的照片、文本和其他个人信息上传到互联网上，并添加特定的经纬度。其结果是，用户参与创新，建立了"地球浏览器"。进入周边环境和位置发现服务能够使新的获取定位信息的自然方法成为可能。通过统一资源标识符（uniform resource locator，URL），每一个网页都有了网址。现在每一个网址都有一个网页（Roush 2005）。这意味着，无论浏览网页还是欣赏我们身边的真实风景，都将成为丰富的经历，这给教育和商业创造了新的愿望。这意味着，我们将能够浏览网页和现实的地球，仅仅逛逛，我们就能环绕地球。

迈向无处不在计算的下一步需要思考周边环境和智能物体的结合，而不仅仅获取地理位置相关信息。为了鼓励新颖、创新的周边应用和服务（产生新的价值创造方式）的合适发展，我们需要实施持续的、开放式的路径。众多研发者能搜索相关的对象信息，自由地结合，然后创造创新服务。比如，地区的低速车辆可能暗示交通堵塞，然后这条信息作为交通信息服务能提供给其他人。新的物流概念导致价值创造的改变。例如，如果一个包裹计划在公司平常办公时间以外的时间到达，出租车司机等待顾客时就能决定采集和递送包裹，因此也能因速递而赚取额外的收入。支付宝、微信、大众点评、美团外卖、滴滴出行、共享单车等手机应用通过物联网实现共享、共治、共赢，是物联网开放式创新的商业模式的典范。例如支付宝手机客户端的"蚂蚁森林""蚂蚁庄园""运动"，以及微信运动、共享单车等手机软件不仅将线上公益慈善、购物、社交和线下健康生活方式有机融合，还在培植用户粘度的同时，利用用户数据创造了新的商业价值。

（二）智慧协同的社会治理的开放式创新

在新兴的开放式共享创新中，孵化出一种创新激励机制。这种机制并非来自封闭的、僵化的信息系统，而是来自透明的、每个人的贡献，从而达到聚智效应。物联网图书馆就是一个典型的范例。它是一个没有在集中地点收集书籍的图书馆。事实上，收集由参与者自身来完成。贴有 RFID 标签的书籍分布在参与者的办公室。书的所有人决定他们的书由其他人使用。这样，原来排他性的私人收藏的图书将能对其他可能的读者开放。除此之外，日常搜索助手和行政程序得以整合，因此减少了经费。所以，通过聚集每个办公室占有人的对象信息和附加信息，物联网图书馆能跟踪每一本书，并自动定位到当前阅读者。通过直接在同事书架上采集信息，把书带到个人办公室、放在桌上，这就可能借到书。只要将书放回个人书架即可还书。在物联网图书馆自然交互过程中，根据事件的发生来确定书的地点和位置的变化。在监测书籍的移动过程中，有可能产生社会化网络。基于他们所借的书这一信息，某人在某事件上可能成为专家。

物联网开放式创新有助于我们建立更和谐的、更富有责任感和道德的社会。物联网技术的重要之处是让人们能自由、方便地提供他们自己的意见、见解和经验。移动设备通过让人们自发地检索、分享有关实体的位置（比如宾馆和展览馆）等信息，并通过对实物的评介让所有人能够参与到事件之中。对于私人生活消费领域来说，物联网技术将提供更为容易接触的产品和服务的有关信息（包括独立提供的评论和由制造商或服务提供商提供的官方信息）。对于公共生活领域，公众能够随时随地发布他们自己对政府、事件的评论，这给其他公民是否接收该服务带来参考性意见。公众可以借助物联网实现线上线下无缝互动连接来改善生活，而且他们的行为更负责任。行为经济学假设人类通过各种方式所采取的行动是理性的。然而，他们的行为可能是可预见的非理性。在保险应用中，当消费者在车辆上安装事故记录器时，正如飞机上的黑匣子，就能得到车辆保险的折扣。如果发生事故，事故记录器能帮助保险公司重建事件的准确过程。该事实对保险公司产生两种利益：首先，有助于保险公司吸引规避风险的客户，这些客户通常能给保险公司产生高水平的利润率。因此，无行为能力、限制行为能力或有不良记录的车手不能签订类似的合同。其次，有助于形成规避风险的驾驶习惯，公正、诚实的事故记录器记录、保存所有可能的数据。

智慧城市是物联网技术的系统应用，互联网范式转向物联网范式，为开放式创新提供契机。随着对主要技术驱动方式的智慧城市的批判越来越多，强烈需要将创新政策与城市发展目标协同起来。智慧城市也需要"智慧市民"，智慧市民是包容性、创新性和可持续发展的城市的必要条件。公平地参与社会治理既是机遇，也是一种巨大的挑战，因为并不是每一个人都能平等地获得技能和机会，这只是一种预设。在数字城市各种措施中，例如电子政务，虽然有助于解决"数字鸿沟"问题，但是也发现持续的不平等破坏了城市邻里关系，妨碍了信息社会中的市民增权和参与。因此需要新的方法，最重要的应放在市民增权上，把它作为创造新的智慧城市范式的重要催化剂。

通过市民亲身体验，导致新的市民增权形式。后者有可能让市民建立社会资本，赋予市民成为新型的、创新的服务的共同创造者和合作生产者所必备的能力。利用新的、基于物联网技术和应用，市民能够获取更有效和更包容的方式。当地"智慧市民"、政府和开发者社区之间协作流程的开发，将有力地支持和增强这一流程，该流程带来的合作生产商品和服务的理念，这是智慧城市开放式创新的核心。在英国最近公共服务的改革危机中，"合作生产"为市民提供了新的分享途径。他们不仅在设计阶段，而且在服务提供阶段贡献各自的智慧和经历。该方法可以扩展或增强服务，并且更为有效。需要注意的是，基于物联网技术的智慧城市开放式治理创新要考虑到利益相关者之间的时间、空间权益正义。否则容易形成系统闭锁，阻碍开放式治理创新。

三、智慧城市开放式治理的创新模式

20世纪90年代中期，随着互联网渗透，世界各地许多城市开始兴建网络基础设施，ICT开始广泛使用，极大地改善了人们的日常生活。虚拟城市、智能城市（intelligent city）、宽带大都市、知识库、无线城市、数字城市、无处不在的城市（ubiquitous city）、信息城市、电子城市等都是用来描述ICT的城市实践形式。基于技术意义，上述概念往往相互通用。20世纪90年代末，智慧社区（smart communities）和智慧增长（smart growth）运动兴起。2000年霍尔（Hall）等正式提出"智慧城市"（smart city）概念，通过物联网等技术监控城市重要基础设施，旨在实现城市治理的智慧化。2008年IBM公司根据吴志强院士的决策报告，从市场和用户接受的角度推出"智慧城市"项目。随着金融危机的升级与全球经济的衰退，智慧城市逐渐成为解决经济困局的新理念。如何理解智慧城市？学界有两种观点。荷兰兹（Hollands 2008）等学者认为智慧城市与其他城市形态无异，因为IT（信息和通信技术）本身不能自动地转变和改善城市。多数学者认为智慧城市在技术方面更加先进，是更为智能的城市（高新民 2011；邬贺铨 2012），但技术智能并不是智慧城市的目的，其作用在于让人更聪明（王家耀 2014；蓝志勇 2017），在于推动社会变革（张康之 2017）。以人为本才是智慧城市的核心（邬贺铨 2012）。智慧城市不是技术驱动（周宏仁 2014），环境、文化及社会资本（Coleman 1988；燕继荣 2010）是智慧城市发展的主要推动力（迪金 2016）。虽然智慧城市概念仍然很模糊，但是对智慧城市特征的研究仍有共见：网络基础设施、企业引导、社会包容性、高技术和创新性工业、社会关系资本、社会和环境的可持续性。

由于对智慧城市的理解存在认知上的不同，加上区域经济、政治、文化等方面的差异，我国智慧城市建设仍然处于艰难的摸索阶段，出现一些误区和挑战（辜胜阻，等 2013；李新社 2014；胡宝钢 2014；中国城市科学研究会数字城市工程研究中心 2015），在谁来建设、建设什么和怎样建设等方面存在较多争议。

针对上述问题，李克强总理不断强调中国的新型城镇化应以人为核心，注重质量，因地制宜，分类实施，发展智慧城市，加强基础设施建设等重要思想。2016 年《政府工作报告》明确提出"打造智慧城市，改善人居环境"。《国务院关于落实〈政府工作报告〉重点工作部门分工的意见》（国发〔2016〕20 号）进一步指明住房城乡建设部牵头"推进城市管理体制创新，打造智慧城市"。自十八届三中全会提出"创新社会治理体制"以来，社会管理格局转变为社会治理格局，我国如何创新城市治理，进一步解决智慧城市建设中面临的难题？魏江（2011）认为治理有序、要素完善、多层次整合的开放式区域创新体系在区域创新能力提升方面发挥了重要的作用。要完善创新动力机制，就必须要完善区域内部创新治理机制。本书从治理和开放式区域创新视角，通过对欧洲和韩国智慧城市治理的模式进行案例分析，归纳欧洲和韩国智慧城市治理的成功和失败的教训，梳理出智慧城市开放式治理创新模式的一般特点和规律，最后给出政策启示，即中国智慧城市治理创新需要注意的问题，为我国智慧城市、城镇化建设提供借鉴和指引。

(一) 资料和方法

1. 资料来源

本研究分析的资料主要来自三方面。一是官方文件：欧盟"i2010"战略、欧洲 2020 战略、智慧城市和社区欧洲创新伙伴行动、欧洲数字化议程、欧盟北海项目、智慧 IP 项目（smart IP）、周边智能（periphèria）、智能（intelligent）城市欧洲平台、民生工程（People Project），以及欧盟成员国制订和实施的智慧城市方案，比如法国的"数字巴黎"计划、爱尔兰和柏林的智慧湾（Smart Bay）项目（水资源管理系统）、德国"e-欧洲宽带战略 i2010"、英国的"数字英国"、西班牙的"城市 2020"项目等、韩国 IT839 战略及 U-City 计划等。二是智慧城市课题持续性研究过程中掌握的实地调研资料、会议记录、访谈和专家报告演示稿。三是相关文献（Paskaleva, et al. 2009; Paskaleva 2011; Jeong, et al 1996; Shin, et al 2006; Shin, et al 2009; Giffinger, et al. 2007）和网络资料，比如"韩国仁川经济自由区（Incheon Free Economic Zone, IFEZ）及 U-city 介绍"等。这些资料都比较详细地呈现了欧盟、韩国的智慧城市治理过程，是对欧盟、韩国智慧城市实践的真实描述，具有客观性，为本书的案例研究提供了较好的素材。

2. 分析方法

本研究主要采用质性研究中案例分析的方法，对欧盟、韩国智慧城市治理创新进行个案和跨个案分析。通过个案分析展示欧盟、韩国智慧城市治理中的若干创新方法和举措。通过跨个案分析，一方面提高欧盟、韩国智慧城市创新治理的概括化程度，寻求智慧城市创新治理的规律性要素；另一方面加深理解和解释力度，利用多重比较组群来探究在什么条件下，欧盟、韩国智慧城市治理成功或失败的原因是什么，指出我国智慧城市治理需要注意的那些问题的政策建议。所以跨案例研究方法不仅可以确认智慧城市治理中哪些问题是在特定情况下发生的，还可以建立普遍性的智慧城市治理法则，二者彼此关联。

(二) 个案分析

为了从区域创新角度研究欧盟、韩国智慧城市治理模式,本书从治理创新主体(who)、方法(how)和内容(what)的逻辑模式来讨论。

1. 欧盟:政府引导—企业参与—公众驱动的治理创新模式

(1) 治理创新主体

在欧盟模式下(见图6.2),政府起到智慧城市治理创新的引导作用,由政府进行统一规划和组织,政府与企业进行多种形式的合作,企业积极参与智慧城市的治理创新。公众所扮演的角色的重要性得到充分的肯定。服务和应用需要通过用户驱动的开放式创新来维持,以实现公众层面上的可扩展性和复制性。用户生成的内容和共同创造的应用需要连接到创新的商业模式和治理模式,以保证有效实施和城市可持续发展。该模式致力于打造协同创新的、"智慧"的、以市民和企业为中心(citizens-and-business-centered)的服务。

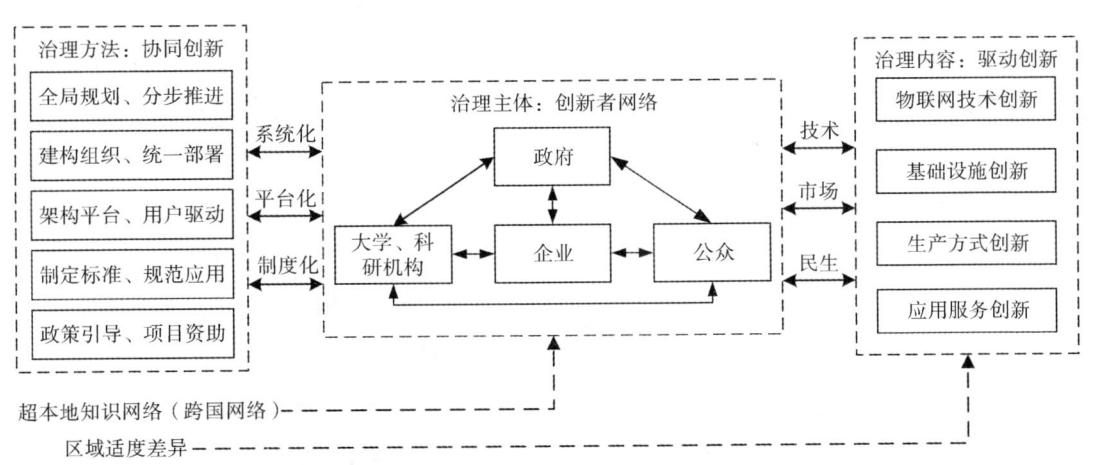

图6.2　政府引导—企业参与—公众驱动的治理创新模式

利益相关者和合作伙伴包括市政府、科研机构、大学、企业和公众等。其特点有三方面。一是有限政府,政府在智慧城市治理创新中起到引导而非主导作用。政府的作用主要体现在政策指引、规划制定和组织协调方面,有限地参与项目运作。二是企业、政府、科研机构跨区域合作,这是欧盟智慧城市治理的非常重要的特征。任何项目通常由几个欧盟成员国的多个合作伙伴共同完成。例如，英国智慧 IP 项目（Smart IP）由 5 个欧盟成员国、13 个合作伙伴委派杰出的专家共同参与。欧洲智能城市平台（European platform for intelligent cities，EPIC）由比利时的爱智慧（iMinds）研究团队协调，有 15 名来自 6 个欧盟成员国的企业、市政府、大学和创新实验室的合作伙伴（包括布鲁塞尔的宽带技术研究所、曼彻斯特城市议会、IBM、德勤咨询、雅典国立技术大学及德国弗劳恩霍夫通信、信息处理和人机工程学研究所等）。三是公众驱动。公众是"合作生产者"。"合作生产"会创造一个更为积极的环境，在政策制定过程中也能让系统更好地对社区的需求做出反应。公众参与对于改进本地服务的效率（efficiency）和效力（effectiveness）至关重要。创新实验室（living labs）等平台和服务秉持这一理念。

（2）治理创新内容

欧盟在智慧城市治理创新方面处于全球领先地位，这在很大程度上归功于欧盟的整体推动和跨区域合作战略，也取决于各成员国政府的顶层设计。早在 2007 年，欧盟就提出了一整套智慧城市的建设目标，并先后出台欧盟智慧城市治理的战略和重点建设领域，并付诸实施。具体如下。

一是致力于发展最新的通信技术，建设新网络。欧盟发展物联网过程中主要采取了两大措施：一是继续加大物联网投入，关注点是重点技术，如微电子、非硅组件、定位系统、无线智能系统网络、安全设计、软件仿真等；二是在绿色汽车、能源高效建筑、未来工厂和物联网这四大领域加强与私营企业的合作，以吸引私营部门参与到物联网的发展过程之中。

二是提供物联网应用服务，创造新的媒体内容。例如：促进公众利用电子政府，促成跨界电子政府服务；推动欧盟电子商务发展；节能环保、用于帮助老年人；等等。欧盟非常重视物联网应用，认为物联网应用将为建设智慧城市和解决现代社会问题做出重大贡献，如健康监测系统将帮助人类应对老龄化问题，"树联网"能够制止森林过度采伐，"车联网"可以减少交通拥堵，"电子呼救系统"在汽车发生严重交通事故时可以自动呼叫紧急救援服务。

三是完善基础设施，实现宽带普及和高速宽带，提高数字包容性、数字素养和数字技能。欧盟特别强调解决"数字鸿沟"，发现数字不平等不仅破坏了城市邻里关系还妨碍了信息社会的参与。市民增权是欧盟重要的举措。

四是促进绿色经济和知识经济的发展，推动城市生产和生活方式的转型，实现智慧型增长、可持续增长和包容性增长。欧盟研发了新能源、智能交通和信息通信（如物联网）等领域的先进技术，对系列示范项目开展攻关，包括高效供热（冷）系统、智能仪表、实时能源管理、零排放建筑、智能交通等。

欧盟各成员国在智慧城市治理的定位上存在一定差异。德国柏林侧重交通，英国发展智慧社区（比如零碳社区、智能屋），法国致力于"数字法国"［比如巴黎的软件即服务（software-as-a-service，SaaS）"云"模式、布雷斯特市的想象实验室（Imagine Lab）平台和拉罗谢尔市的智慧垃圾箱等］，爱尔兰都柏林强调水资源管理，瑞典斯德哥尔摩注重市民与政府的互动，奥地利维也纳关注民生、荷兰阿姆斯特丹定位可持续发展主题（生活、公众、交通和空间四个方面）、西班牙巴塞罗那营造数字节能城市。

平台建设和创新生态系统是欧盟智慧城市治理的一大特色：欧盟一方面发起大量的新项目，比如欧洲创新实验室网络（The European Network of Living Labs，ENOLL）、智慧 IP（smart IP）、民生工程（people project）等，利用智慧移动和城市信息管理方案研发与公共安全信息、生活、休闲、旅游有关的电子服务；另一方面支持和培育创新流程的创新政策，创建用户驱动创新生态系统，比如创新实验室和 EPIC，为欧洲中小企业建立可扩展的、新的用户驱动解决方案，给公众带来创新的公共管理服务。

（3）治理创新的方法

一是全局规划，分步推进。欧盟是当今世界一体化程度最高、覆盖国家最多、影响力最大的主权国家联合体，为了防止地方保护主义和资源浪费，保证系统的兼容性和一致性，应进行智慧城市治理顶层设计，比如"i2010"战略、欧洲智慧城市计划（2009）、欧洲 2020 战略、智慧城市和社区计划（2011）、智慧城市和社区的欧洲创新伙伴关系（2012）等，循序推进并资助成员国智慧城市的创新治理。

二是构建组织，设立国家层面的领导机构对智慧城市治理进行统一部署，促成各部门之间的协调与合作。例如，芬兰成立了国家信息管理委员会，加强政府各部门在信息管理方面的协调工作。英国由电子事务大臣（e-Minister）全面领导和协调国家信息化工作，并由内阁办公厅主任、电子商务和竞争力部长协助其分管电子政务和电子商务。

三是架构平台，创建用户驱动创新生态系统。欧盟委员会积极支持创新实验室的发展，到2010年全欧洲有250个区域间的层面（比如北欧—波罗的海创新实验室网络），或国家层面（意大利、芬兰和英国创新实验室网络）的创新实验室。EPIC为欧洲中小企业建立可扩展的、新的用户驱动解决方案，给公众带来创新的公共管理服务。具体分工如下：①创新实验室负责公众参与创新的进程，通过开放式创新，创造市民、商业机构、城市参观者可以为之付费的服务；②市政府负责将用户驱动的、基于网络的服务嵌入到开放式 EPIC 平台；③顾问和专家等合作者利用研究成果创造面向商业、公私部门的路线图。

四是制定标准，规范电子政务应用软件的技术标准、开发过程、数据结构。如德国政府发布"面向电子政务应用系统的标准和体系架构（standard and architecture fore-government application，SAGA）"，英国政府基于政府资源的信息管理发布了电子政务交互框架（electronic-government interoperability framework，e-GIF），挪威政府在1993—1995年间完成了政府信息资源管理政策的制定，等等。

五是政策引导，项目资助。2009年10月，欧盟投资110亿欧元在25—30个城市中发展低碳住宅和交通。2012年7月10日，欧盟对欧盟第七个研究与技术开发框架计划下的45个2013年度项目进行公开征集，项目资助经费总额达81亿欧元。2012年已投入8100万欧元支持能源和交通领域的"智能城市和社区"试点项目，2013年，欧盟将为这些示范项目投入3.65亿欧元。2014年，欧盟将成立由相关领域的创新型企业负责人、市长及来自欧盟及其成员国的相关管理人员和金融机构官员组成的委员会，负责"智能城市和社区欧洲创新伙伴行动"的实施工作，制订优先领域和工作计划，面向企业发布项目招标信息。

2. 韩国：政府主导—专家推动—公私部门参与的治理创新模式

（1）治理创新的主体

韩国的创新治理模式是一种政府部门和企事业组织协调治理的、介入外生性和内生性混合的、有限开放的创新模式（见图6.3）。在这种模式下，政府在智慧城市治理中起主导作用。

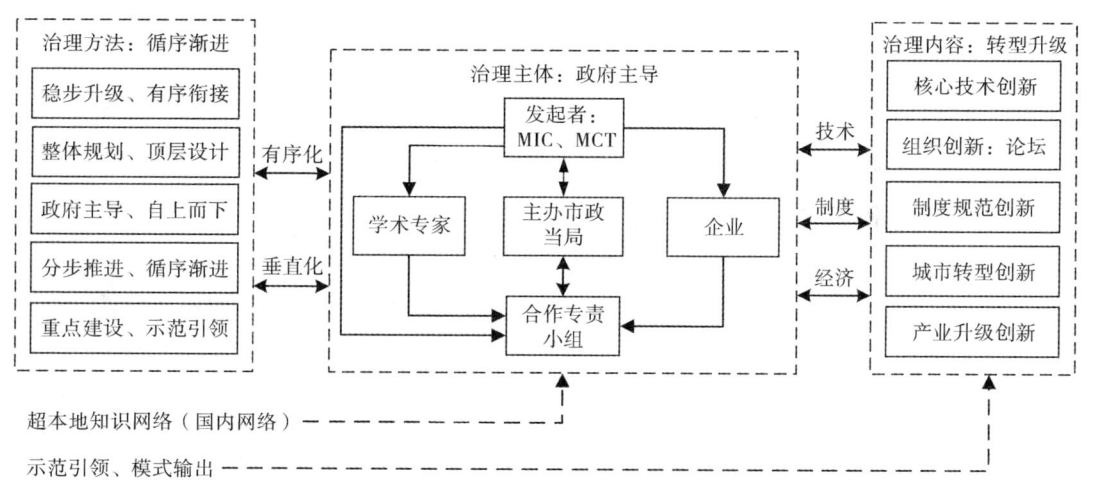

图6.3 政府主导—专家推动—公私部门参与的治理创新模式

政府带头，在政策的制定、顶层设计和组织协调方面对智慧城市的治理作用明显：政府部门对智慧城市进行系统性地规划和建设，避免了局部推进带来的其他配套滞后反过来影响建设绩效的问题。韩国智慧城市治理主体主要分为四类：（1）发起者：信息和通信部（Ministry of Information and Communication，MIC）、建设和运输部（Ministry of Construction and Transportation，MCT）；（2）企业，比如LG、KT、三星等；（3）主办市政当局：首尔、仁川、釜山；（4）部分学术界专家。其特点：一是政府部门起主导作用，智慧城市治理成败取决于政府，政府具有最后发言权；二是部分企业和机构参与智慧城市治理，影响政府决策和规划，推动基础设施建设；三是缺乏公众协同和互动。

自 2003 年以来，MIC 在推动全国范围内的 U-City 中，一直扮演着关键角色。MIC 发起该项目，起草条款，制定战略规划，描绘技术蓝图，招募有关人员推动项目开发。为了吸引 MCT 参与，MIC 在基础设施方面给 MCT 委以全权。2006 年 1 月，MIC 和 MCT 签署建设 U-City 谅解备忘录。通过签署备忘录，两个部同意在改造 U-City 建设法律体系、发展和认证 U-City 模型、实施 U-City 建设试点项目、选择和实施 U-City 任务、交换信息和人力资源、有关 U-City 项目的专业人才培养方面全面合作。2006 年 2 月，MIC 和 MCT 成立项目合作专责小组。该组由 MIC 和 MCT 两个部的主管牵头，由来自地方政府、相关行业和学术界的专家组成。专责小组的目标是与市政府联系，并征求它们参加到 U-City 项目建议中来。小组通过两种方式来实现其目标：整合和地方化，即整合各城市之间的 U-City 服务（如电子政府服务），运用现有的城市规划基础设施，将 U-City 项目地方化。小组在 2006 年制定法律支持 U-City 建设目标，比如《2006 年政策指令》《支持 U-City 建设法》和《U-City 方针》。MIC 对参与的企业提供巨大的税收优惠和有利价格的土地。此外，该项目初始资金被用来资助民营科技企业和开发商的加入。

当 MIC 发起 U-City 项目，向几个市政府提议时，首尔市政府立即表示他们愿意实施 U-City 项目，第一个对该规划做出承诺，并以高昂的精神和全身心的热情，集中于构建新的振兴区域经济的 ICT 集群。仁川市政府认为加速驱动全国城市发展项目的关键，在于加强 ICT 在城市规划和管理中的作用。U-City 项目参与者分为：系统开发商、电信设备制造商和服务提供商。这些企业负责开发应用和实施技术，比如 IT 宽带和无线网络。

（2）治理创新的内容

加速国家经济增长，促使政府、城市和产业转型是韩国智慧城市治理的主要目标。从国家层面出发，它们把 U-City 解释为城市振兴的工具，因此他们往往把 U-City 看成城市发展项目。与此同时，从地方政府的角度，他们把 U-City 看作由技术驱动的"基础设施"，旨在向社区有效地提供公共服务和透明治理。其主要治理措施如下。

一是建立官、产、学共同参与的半开放式治理组织——U-City 论坛。

论坛的目标是绘制规划细节，预测未来社会；满足社会和市民需求的U-City服务；为无处不在的计算建设物理移动/建设基础设施和环境；规划U-City空间结构和土地使用；管理U-City及其规划过程。该论坛有三个技术小组：标准、认证和应用服务。论坛的作用是绘制整体战略规划，提供行业标准、设计配套的行政和程序框架。论坛每月定期召开。虽然学界也参与智慧城市的治理，但是作用十分有限。

二是开发核心技术，包括U-生态城研发项目，推进技术开发与拓展国外市场。从国家战略层面，韩国希望加强国际技术强国的地位：在哥伦比亚波哥大成立办事处，攻略中南美的信息通信市场，U-City项目还出口到阿拉伯国家。配合技术输出，韩国技术与标准局建立RFID和无处不在的传感网络标准。

三是构建U-City制度规范，包括U-City综合规划，U-City规划、建设指南，建设工程与IT的融合技术指南，U-City管理运营指南，U-服务标准、分类标准指南。MIC为地方政府制定指南，每个参与的市政府将向MIC提交最终的规划，MIC最后批准最终的市政规划。各地市政府独立发展U-City以满足当地需要，然后MIC制定标准模型整合全国不同的U-City。

四是升级基础设施，实现城市转型。韩国在智慧城市治理中特别注重基础设施建设，强调在能源、交通、医疗、通信等基础设施领域建立技术先进、不断升级改造的网络基础设施。2002年5月首尔推出"数字城市"项目，韩国在部署宽带基础设施方面大幅度领先。继"数字城市"之后，韩国推出"U-City"举措。U-City使韩国政府成功转型，电子政务更有效率，更为透明，所有政府合同的投标都在网上公示，大大减少了腐败。

五是扶持U-City产业发展，包括U-City试点建设，U-City相关产业的培育，建设工程与IT的融合。韩国采用产业高端化模式，并将一些传统的低端产业或处于价值链低端的产业环节适时适度地转移到发展中国家或地区，实现产业结构调整和转型。以硅谷为范例，建立ICT集群模型。韩国产业发展具有阶段性：在互联阶段偏重于信息基础设施建设，如无线网络、传感器安装；在发展阶段偏重服务，即提供无所不在的服务，如U-服务；在成熟的智能阶段，偏重管控一体化（如U-中心），利用无所不在技术（U-IT），特别是无线传感器网络，达到对城市设施、安全、交通、环境等的智能化管理和控制。

（3）治理创新的方法

一是稳步升级，有序衔接。韩国的工业化进程起始于20世纪70年代，由此带来经济快速增长，并持续了二十几年。20世纪90年代末，韩国经济增长率开始放慢，开始警觉加速工业化带来的大量负面效应。自20世纪90年代以来，IT产业已经成为韩国的经济支柱，它在政府做出各种决策指示信息时发挥了重大作用。为了确保IT产业继续推动经济发展，近年来韩国政府一直在寻求新的增长引擎以保持竞争力。继"数字城市"之后，韩国推出了U-City（U-城市）。在U-City环境里，几乎所有事物都通过通信技术连接到信息系统。这个理念已经受到韩国的高度关注，它计划建立15个无处不在的城市。从2004年起，MIC在努力构建最新信息技术基础设施和未来城市方面发挥主导作用。根据MIC发布的蓝图：从安全、福利、技术及其他角度，U-City会为居民提供高质量的生活。2008年韩国立法强制中央和省级政府发展无处不在的网络城市。此外，为了区域经济的发展，U-City项目计划展现出更为全面的路线图。智慧城市治理在此背景下产生。

二是整体规划，顶层设计。2004年MIC制定IT839战略，包括8项新的IT服务（无线宽带服务、数字多媒体广播服务、家庭网络服务、远程信息处理服务、RFID服务、宽带码分多址服务、地面数字电视服务、网络电话、3项关键网络基础设施（IPv6、宽带融合网络及软件基础设施）、9项有前景的技术引擎（下一代移动通信设备、数字电视/广播设备、家庭网络设备、单芯片系统、下一代个人电脑、嵌入式软件、数字内容与软件、远程数据处理设备、智能机器人）。IT839战略把移动通信和远程信息服务结合起来，并增加了RFID/USN，为打造"智能社会"奠定了基础。此后韩国持续推出"U-韩国（U-Korea）基本规划"（2006年）、"国家信息化基本规划"（2008年）、"物联网基础设施构建规划"（2009年）、"物联网基本规划"（2014年）。

三是政府主导，自上而下。作为中央部门，MIC、MCT在智慧城市治理中起到决定性的核心作用。正如前文所述，无论是制度建构、政策制定，还是规划布局实施，MIC和MCT都事无巨细、勤勉尽责，积极推动地方政府和重要企业参与智慧城市治理。在韩国中央与部分地方政府的大力推动下，韩国主要的系统集成企业与电信运营商也参与到智慧城市治理中，把U-City建设作为未来新业务而进行前瞻性的投资。

四是分步推进，循序渐进。2009年，韩国通过了U-City综合计划，将U-City建设纳入国家预算，五年内投入4900亿韩元（约合4.15亿美元）支撑U-City建设，大力支持核心技术国产化，标志着智慧城市建设上升至国家战略层面。韩国U-City实施主要分为两个阶段。第一阶段是引进时期（2007—2013年），包括引进U-City的制度，以及发掘和开发基础性技术。在第一阶段，韩国进行了诸如U-City基础设施的建造技术、U-Space的构筑技术、U-Eco-Space的绿色技术、U-City的发展战略及激发活力等各项研发工作。第二阶段（2013—2018年）以第一阶段的研发成果为基础，实施了尖端化研究。融合U-City的集成平台联动系统与各种相关服务，提供包括规划、设计及运营在内的全方位的推广过程指南，以将现有城市打造成未来型尖端城市。

五是重点建设，示范引领。韩国政府将"智慧城市治理"作为商品来运作，通过建立智慧城市的范例，拉动物联网和网络基础设施建设，让人们直观感受到物联网技术带来的诸多好处，再向其他地区和国家推广，最后进行模式、方案和技术打包输出。首尔和松岛经济自由区是韩国智慧城市治理的典范。

（三）跨个案研究

以英国、德国等为代表的欧盟国家堪称智慧城市治理的全球领导者。中国政府不断加强和欧盟国家的合作，比如中德标准化合作委员会平台、中法智慧城市标准联合工作组、中英智慧城市标准工作组，会同欧盟企业与工业总司开展了国际城市间标准化合作的研究。相反，韩国在智慧城市治理过程中出现了诸如一些新城市开发项目停工、应用在现有城区时遇到瓶颈、人们对建设U-City的效果认识不足等现象，在建设和推广上遇到了不少难题。实践和理论证明，欧盟智慧城市治理是成功的，韩国则在失败中继续探索（Saint 2014; Shin, et al 2006）。本部分主要讨论欧盟智慧城市治理的成功经验而韩国失败的原因，探索智慧开放式创新治理模式的一般规律。

1. 欧盟智慧城市治理成功而韩国失败的主要原因

欧盟智慧城市治理主体分为市政府、科研机构、大学、企业和公众等方面，在治理中积极发挥公众的主动性、积极性和创造性，突出公众在智慧城市治理中的治理作用（见图6.4）。其特点有五个方面：一是主体方面，实行有限政府，注重社会资本在智慧城市治理中的功能性地位，将人的能力因素、社会关系资本、高等教育的作用、技能、创造性和人才视为城市演变的主要驱动力，形成跨国超本地知识网络；二是全局规划，顶层设计，重视物联网技术、基础设施、平台和服务建设；三是构建组织，统一部署；四是差异化的治理内容；五是科技政策的连续性。

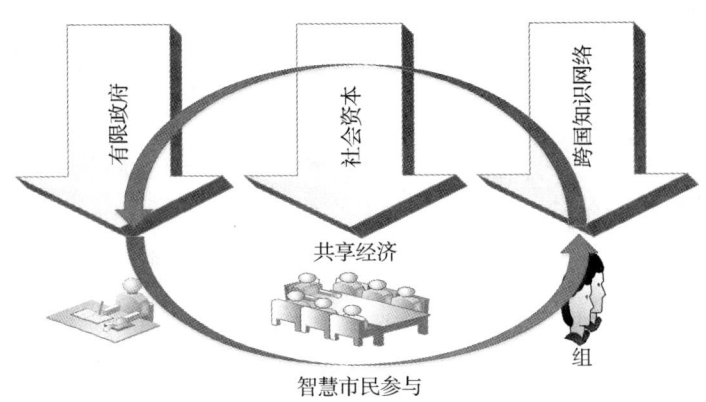

图6.4 欧盟智慧城市治理创新主体

欧盟采取的是政府引导—企业参与—公众驱动的模式，是一个众多利益相关者的、自上而下和自下而上混合的开放式创新范式。无论组织架构还是治理内容，都体现出开放式创新和协同民主的理念。它吸引了不同区域、部门、行业、职业的兴趣，将不同政府、企业、机构和市民汇集到一起。随着技术的进步，社会创新精神也蓬勃发展。开放式创新作为智慧城市治理的新范式必然会出现。利用开放式创新，政府和开发商可以利用专业知识、技能、群体智慧来开发与人们的需求、城市的环境相关的先进服务和产品。通过开放式创新，政府、公司和公众成为合作伙伴，有助于研究、开发的进行，有助于提供服务和产品。因此，智慧城市的开放式创新成为跨越不同部门、区域和城市的网络。其核心是促成新的合作生产进程，它需要新的生产和消费模式。开放式创新模糊了生产者和消费者之间的界限，强调系统的日常互动，带来强大的价值力和能力共享力。所以，开放式创新必然有助于提升智慧城市治理的政策一致性和执行力。而且，随着地方和国际层面的越来越网络化和协同，极有可能加速未来的开放式创新。智慧城市创新治理的成功是商业、教育、政府和市民联动的结果。

韩国智慧城市治理主体中虽然有部分专家学者和企业参与，但是缺乏社会的共同努力，并没有充分体现开放式创新。其特点有四方面。

一是韩国政府在智慧城市治理中处于主导地位，并且权力分配不均。MIC 与 MCT 之间存在张力，MIC 权力过大，垄断U-City项目，MCT 不想以配角参与该项目。MIC 在U-City项目举措上成为唯一权威，从一开始就对项目其他各参与方产生负面影响。在大科学时代，技术具有政治性。随着2008 年李明博执政和国家政策的调整，MIC 和 MCT 在战略层面上势头减弱，这随之影响到市政府操作层面。政府削减支持力度影响了行业参与和追求。作为政府职能调整的一部分，MIC 在 2008 年 3 月被撤销，其行政职能被转移到其他部门。随着 MIC 消失，整个U-City项目在消退，处于一种疲软状态，最终影响了政策的连续性（见图 6.5）。

二是急功近利，过于注重产业发展和形象工程，缺少公众参与和互动。韩国政府各项治理措施旨在促进经济增长和城市、产业的转型，其项目往往是为企业、产业的发展量身定做的，未能依据公众的需要，就公众想要什么做了太多不合理的假设。韩国政府忽略公众的巨大创造潜力、社会凝聚力、生活质量和民主的根本目标。其治理方法和治理内容看起来很美，但是市民缺席于U-City治理的讨论，制度不完善。U-City没有惠及市民，市民在利益上没有享受优先权。作为信息社会的缩影，智慧城市治理应该基于公众的需求，反映公众的社会呼声和价值。U-City仅仅为政府上

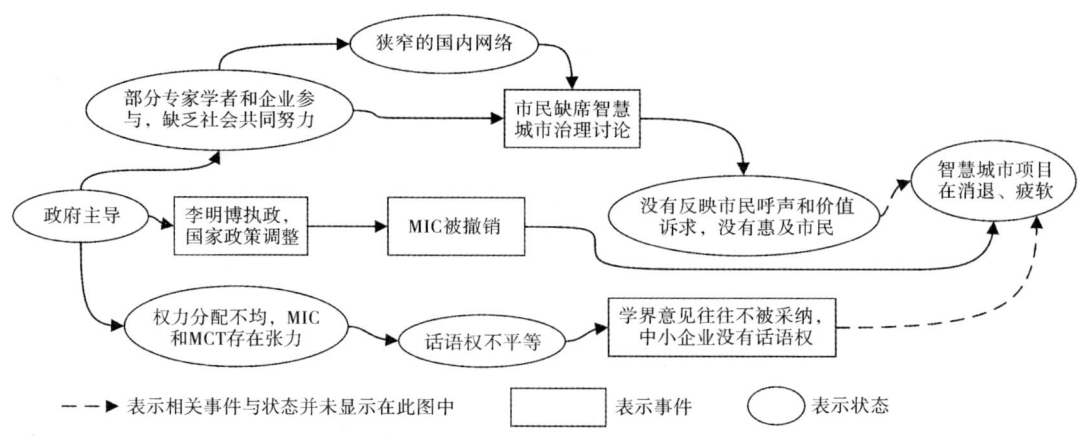

图 6.5 因果关系网：韩国智慧城市治理主体结构的影响

层群体所形塑，从而失去了使U-City成为信息商品的机会。技术是一种社会过程，应该把无处不在的计算基础设施连接到城市的物理部分，比如建筑、道路、电子基础设施、制造业和居住场所。更重要的是，应该嵌入社会和文化结构中。

三是话语权不平等，学术界缺乏话语权，学界代表提出了社会问题和监管规定，但是这些意见往往不被政府采纳。LG、三星等龙头企业享有绝对话语权，中小企业难以有效参与智慧城市建设。

四是国内网络狭窄，并没有获取外部的异质性创新资源，实现创新能力的跨域发展。欧盟智慧城市治理充分吸纳了跨国智力成果，利用平台将欧盟资源整合起来实现协同创新形成全欧盟创新体系。

2. 智慧开放式治理创新模式的建构

对于一个成功的智慧城市实践来讲，有共性规律，应建立用户驱动的创新生态系统，一种开放式治理创新模式（见图6.6）。

（1）人的要素

人是智慧城市治理的灵魂。在《欧洲中等城市智慧城市排名》研究报告的衡量智慧城市的指标中，大多数指标与人相关。人的能力因素、关系资本、高等教育的作用、技能、创造性和人才是城市演变的主要驱动力。社会资本推动城市发展，人、教育、学习和知识对于智慧城市来说是重中

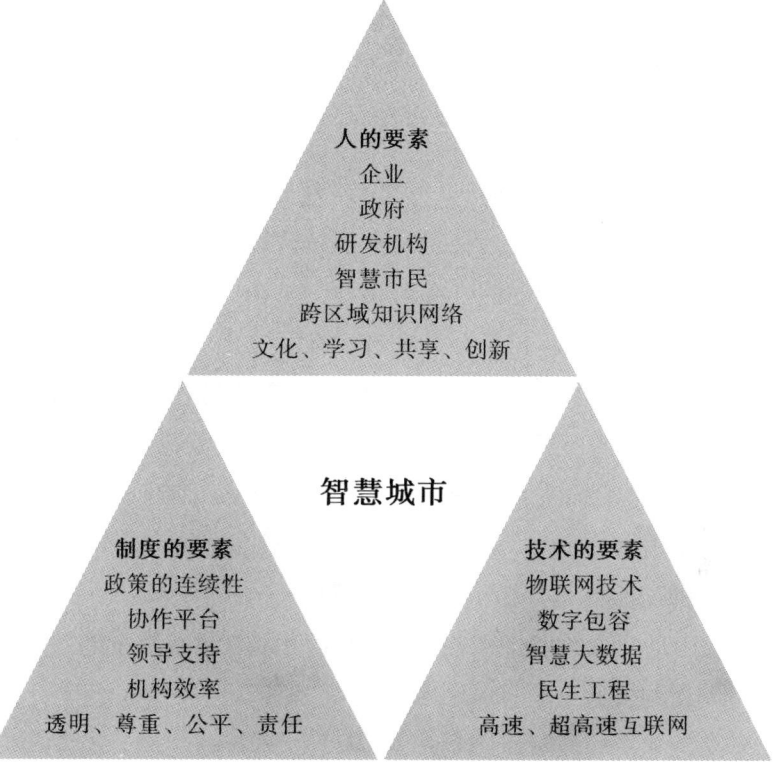

图 6.6　智慧城市开放式治理创新模式

之重。智力资本和社会资本是智慧城市不可缺少的财产。根据马太效应，智慧地区会变得更加智慧，而其他地区的智慧会相对变少，智慧城市扮演着创意阶层的磁铁角色。智慧城市也是一个学习型城市，它提高了城市在全球知识经济中的竞争力。在创新人才蜂聚的学习型城市，通过学习，城市治理会变得更加智慧。欧盟跨国知识网络、开放式创新可以让人的作用发挥到极致，并平等地参与城市治理。欧洲智慧城市的试点也呈现明显的特点。欧洲许多智慧城市选址在大城市周边的老工业区［比如西班牙萨拉戈萨、英国曼彻斯特索尔福德市、芬兰赫尔辛基的阿拉比阿海滨（Arabianranta）地区］，其目的是在城市扩大的情况下，将老工业区转型成为新的知识经济中心。但是韩国却将智慧城市治理试点设于首尔等传统的大都市，从根本上讲韩国智慧城市的治理模式不具有可复制性。近年来，韩国不断反思智慧城市失败的原因，制定出具有实效的市民体验型实践战略和协作式的治理社会的合作。

(2) 技术的要素

技术是智慧城市治理的关键。互联网范式转向物联网范式，为开放式创新提供了更多的机会。欧盟、韩国均致力于物联网核心技术的研发，物联网是智慧城市建设的重点。智慧城市创新治理强调技术基础设施和支撑技术问题，凸显系统的可访问性和可用性。基于此，欧盟和韩国都非常注重最新的通信技术和新网络，强调宽带目标，实现高速和超高速互联网连接，提高数字素养、数字技能和数字包容。与韩国相比，欧盟智慧技术更关注民生和为城市居民提供移动生活上的福利。欧盟智慧平台是智慧城市治理创新中技术与公众参与连接的桥梁。智慧技术只有以民为本，筑实民生工程，才能激发公众参与智慧城市治理的热情，才能发挥公众的积极性、主动性和创造性，才能产生智慧大数据。从技术上讲，产业转型和经济增长必须满足公众的当前需求和根本利益才能获得长效发展。

(3) 制度的要素

政府支持和治理政策是智慧城市设计和实施的基础。有必要建立一种行政环境以支撑智慧城市治理：不只是扶持政策，还有政府的功能、政府机构和非政府机构及其治理之间的关系。正如前文所述，欧盟成员国在智慧城市治理的政府机构设置方面更有效率，而韩国在智慧城市治理过程中遭遇到领导机构变更的、突然死亡式的致命打击。在智慧城市治理语境下，开放式创新意味着合作生产和共同交付的不仅是产品和服务，也包括政策。开放式创新意味着尊重、责任和公平，是城市可持续、稳定发展的保障。如果不能制定一致性的政策路径，那么开放式创新就会止步不前。制度要素也是智慧城市创新治理重要的前提：制度准备（比如相关规范性文件的制定、删除）、领导和组织转换、内源性的政治因素（市权力机关、市政府、市长）和外源性因素（上级行政部门的压力、国家大政方针等）之间的协调等。市政府应该与公众共享其想法、愿景、目标、工作重点，甚至与公共利益相关者共享有关的战略规划。关键领导的领导能力及他对智慧城市的强力支持，对于智慧城市的成功来说至关重要。领导的示范作用对于城市治理及政府与市民之间的关系而言也很重要。

（四）政策启示

在对欧盟和韩国智慧城市开放式治理创新模式的实践进行对比分析和归纳的基础上，笔者给我国新型城镇化和智慧城市治理创新提出以下建议。

第一，切实解放思想，转变思想观念，认识到开放式治理创新是智慧城市应有之义。从党的十八届三中全会"创新社会治理体制"的提出，到十八届五中全会"构建全民共建共享的社会治理格局"，执政党社会管理思想和理念发生了重要转变。①要重视开放式治理创新在解决城市社区稳定、经济发展、资源节约、环境友好、社会公平、生活美好等方面问题中的基础性作用。②要构建政府引导—企业参与—公众驱动的开放式治理创新模式，形成智慧城市开放式治理创新的价值理念和共识。智慧是技术智能和公众才智有机的生态结合。智慧城市治理的开放式创新就是利用ICT给公众提供更为持续发展的、包容性的生活和发展方式。③创造智慧城市开放式治理创新的信任环境，充分调动社会资本、智力资本，通过共享、共建和学习，达到善治和法治的统一。合作生产和合作交付的手拉手式的信任及相互合作成为智慧城市开放式治理创新的必要条件。

第二，重视不同的职业和工作，厘清不同利益相关者的需求，激活社会资本，促进互惠。①搭建智慧城市治理创新平台，利用大数据，构建开放式创新的社会化网络。开放式治理创新必须构建高度开放的、自组织的人群系统，打造基于共享经济的生态战略平台。②在智慧城市治理及敏感问题上，政府官员要身先士卒，起到率先垂范的作用。③企业、专家、公众具有知情权和表达权，其需求能够得到尊重和无障碍的反映，社会发展的稳定性能够得到重视，而不仅仅将决策权赋予某个政府领导或机构。公众接受度是衡量智慧城市治理成败的重要因素。④在坚持政府主导的同时，积极培育用户创新驱动共享经济，逐步实现由政府引导，企业参与，公众协同互动的治理创新模式。⑤培养政府官员、企业、专家和公众之间产生利益一致的、创造性的关系。开放式治理创新不仅是一种意识形态，也是战略驱动的利益相关者之间的协作，缺乏粘合剂的碎片化结构无法形成具有凝聚力的治理创新方式。

第三，求同存异，结合"一带一路"倡议，因地制宜，建设有中国文化特色的智慧城市群。中国区域和城市在经济、政治、社会、文化等方面发展不平衡，智慧城市治理模式不能千篇一律。①要勇于突破和创新，因势利导，发挥城市地域优势和资源特色，使中国智慧城市创新治理模式具有可复制性和开放性。②评价标准多样化，不同的城市，其治理的重点、难点会存在差异，因而不同的发展模式需要不同的评价标准。③要因地制宜，构建特色鲜明、重点突出、有文化气质、有生活品位的中小型智慧城市，加快以东北地区为代表的资源型和重工业型城市转型升级、产业结构调整和升级，增强北上广深等一线城市和部分二线城市的物联网核心技术创新能力和互联网+服务输出能力，促进东中西部生态农业、旅游休闲业、手工艺产业智慧化。④结合"一带一路"倡议，打造中国沿江、沿海和内陆典型的生态智慧城市群落。

第四，加强全局规划和顶层设计，循序渐进，稳步推动智慧城市建设。①要在国家战略层面制订智慧城市规划和建设的整体方案，凸显其在中国城市化和城镇化建设中的导向性作用。②要设立权威专门领导机构对智慧城市治理（城镇化）进行统一部署，任何一个部门都难以主导和代表其他部门的利益。③立足长远规划，切忌形象工程和短平快的政绩工程。要注意将当前利益和长远利益、局部利益和整体利益结合起来。智慧城市治理是一个复杂的系统工程，其发展具有动态性和特殊性。④要定期举办官方和非官方会议，促进地方、部门和利益相关者之间的协调与合作。⑤要通过城市、地区之间的相互学习、交流，借力智慧城市治理大数据平台，分享闲置资产和智力资源，精准助力供给侧。部门（区域）间信息、人力、物力、财力合理流通，避免项目恶意竞争性的重复建设和部门（地方）保护主义。⑥要把信息基础设施建设作为当前智慧城市建设的首要任务，逐步推进，系统综合治理，完善公共交通网络，改善人居环境。

第五，保持智慧城市治理相关政策的连续性、稳健性和可预期性，平抑政府组织和机构调整所带来的科技政策不确定性的影响。要做到决策的科学性和合理性，把已经提出但是没有做的事情做起来，把做错了的改正过来，把没有做好的事情做好，而不是简单地放弃或搁置既定的科技政策。①捋顺信息化、无线城市、数字城市、物联网、云计算、大数据、互联网+、新型城镇化（包括智慧城市）之间的科技政策关系，不仅需要有全面、清晰的路线图，还要保持政策之间的内在一致性。②增强企业、科研机构、科研人员和公众对科技政策的安全感，确保科技政策的稳定供给和科技研发项目的可持续性。③要完善政府官员的考核制度、反腐制度和问责制度。既要强化科技政策评估的科学性和客观性，又要宽容失败。既不能人走政息，也不能新官上任新政策，要科学地消解个人因素对智慧城市治理政策连续性的负面影响。

结　语

　　网络是万事万物客观存在的普遍联系和形式。物联网是网络的进化产物，物联网技术将网络链接扩展到人与人、人与物、物与物之间，形成无时不在、无处不在的新时代：物联网社会。物联网社会具有技术、结构、本质和异化的新特征。如何通过物联网技术创新促进社会发展，以及规避物联网技术创新对社会的负面影响，急需物联网社会治理创新。单一的技术、文化、经济、伦理和民主路径都会陷于封闭循环论证或熵增困境，系统的、生态的治理创新是物联网新时代的逻辑和实践的图式。物联网社会治理的技术原理是通过物联网技术缔造"精灵"，使整个社会系统有序化、智能化，即通过传感器等技术采集信息，通过网络技术传输信息，通过物联网应用指导社会组分的运行，增加社会系统的有序性。如果用信息熵表示信息的度量，在所有被观察的社会组分运行的过程中，信息熵就会增大。也就是说，信息熵和整个社会系统热熵之和保持不变，热熵减少相当于信息熵增加，信息熵等于负热熵，从而整个社会系统的熵增不可逆。一个局域系统从环境或其他系统中引入信息（负熵）是抵抗其内部的熵增，使系统朝着进化方向发展的必要条件。这充分说明与外界交换信息对系统进化的重要性。

　　但是，社会系统越是有序化、智能化，就需要越多的智能精灵。这些智能化的精灵通过了解社会环境的状态、各组分的运动状态或干预社会组分的运行,帮助社会系统对外做功,其代价是消耗了能量,从而减少了系统的无序性,同时使外界系统的热熵增加。因为根据热力学第二定律,一个系统的热熵减少必然伴随另一系统的热熵增加,精灵的作用在于通过信息使分子运动有序化。社会组分的有序化运行有助于提高社会系统对外做功的效率,但不会破坏热力学第二定律。根据能量守恒定律,精灵的作用不在于节省总能量,而是优化能源分配。在物联网社会,智能精灵的引入旨在增加对时间、空间和物质的控制。以物联网经济为例,企业可以实时地对生产和售后的整个链条进行有序、自动地监控,不用建造更多的仓库等基础设施,从而节省时间、空间和物质资源,但代价是消耗了智能精灵创造的有序,即人类社会可以通过消耗有序来节省时间、空间和物质以创造更多的物质财富和精神财富。智能精灵给物联网社会带来巨大的经济价值,并引发管理方式、生产和生活方式的变革和阶级的异化。

从物理上讲,物联网智能精灵作用的发挥取决于三个方面:实时、执行力和能量。即实时获取信息、具有绝对的支配力和无处不在的可用能量。"实时"决定信息的有效性;对门阀的"执行力"决定系统的稳定性;能量决定智能精灵的存续。能量与信息熵成正比。能量既是信息传播的媒介,也是系统有序性增加的决定因素。从技术意义上讲,物联网社会是一个基于分布式能源革命的智能化的网络社会。无处不在的信息、无处不在的网络技术取决于无处不在的可用能量。

简而言之,物联网社会何以创新物联网治理?一是坚持唯物主义为导向,率先发展物联网核心和支柱产业,创造极大丰富的物联网社会物质文明;二是创新物联网社会的技术治理路径,完善、健全物联网社会的技术治理域;三是培育健康的物联网文化,形成互动、应用、审美、包容的社会环境,造就自由、卓越、诚实、创新的社会主体;四是建立科学合理的隐私和安全制度,形塑付出与索取相互平衡的预期机制,培植社会主体对信息控制的信任和自觉自律的隐私观;五是构建开放式的治理模式,物联网技术为社会公众所接受,充分激活人力资本,人尽其才,物尽其用。

物联网社会以人为本。人成为主体而不是客体的最重要条件是富有想象力的理性，一种恬静的、幸福的、自由的、能够洞悉物象内在规律的心境，这样，人就具有"慧心"。"智能"精灵和具有"慧心"的社会公民和谐共生，共治共长，物联网社会就会成为一个智慧的、共享的和生态的社会系统。

参考文献

阿瑟. 2014. 技术的本质：技术是什么，它是如何进化的. 曹东溟，王健译. 杭州：浙江人民出版社.

巴拉巴西. 2007. 链接网络新科学. 徐彬译. 长沙：湖南科学技术出版社：1—9.

贝尔纳. 2003. 科学的社会功能. 陈体芳译. 桂林：广西师范大学出版社：1.

本尼特. 2007. 文化与社会. 王杰等译. 桂林：广西师范大学出版社.

波普尔. 1987. 客观知识. 舒伟光等译. 上海：上海译文出版社.

波斯曼. 2007. 技术垄断：文化向技术投降. 何道宽译. 北京：北京大学出版社.

波斯特. 2001. 第二媒介时代. 范静哗译. 南京：南京大学出版社.

曾伏娥，邹周，陶然. 2018. 个性化营销一定会引发隐私担忧吗：基于拟人化沟通的视角. 南开管理评论，(5)：83—92.

陈桂香. 2010. 物物相联感知世界. 中国安防，(6)：102—107.

陈劲. 1997. 科学学的未来与青年工作者的任务. 科学学与科学技术管理，5：72—73.

陈劲. 2013. 科学、技术与创新政策. 北京：科学出版社.

陈静，孙林夫. 2009. 复杂网络中节点重要度评估. 西南交通大学学报，44(3)：426—429.

陈士俊. 2010. 科学学：对象解析、学科属性与研究方法. 科学学与科学技术管理, 5: 28—35.

城田真琴. 2016. 数据中间商. 邓多一译. 北京：北京联合出版公司: 41—42.

达科斯塔. 2016. 重构物联网的未来：探索智联万物新模式. 周毅译. 北京：中国人民大学出版社.

迪金. 2016. 智慧城市的演化：管理、模型与分析. 徐灵等译. 武汉：华中科技大学出版社.

恩格斯. 1995. 自然辩证法. 北京：人民出版社.

房龙. 2011. 发明的故事. 李丽萍译. 北京：北京大学出版社.

方新. 2012. 中国科技体制改革：三十年的变与不变. 科学学研究, 30 (10): 1441—1443.

冯之浚. 2010. 科学学在中国. 科学学与科学技术管理, 5: 5—8.

弗里曼, 卢桑. 2007. 光阴似箭：从工业革命到信息革命. 沈洪亮译. 北京：中国人民大学出版社.

弗利斯. 2009. 从北京回望曼彻斯特：英国、工业革命和中国. 苗婧译. 杭州：浙江大学出版社.

弗洛姆. 1986. 在幻想锁链的彼岸. 张燕译. 长沙：湖南人民出版社.

盖茨. 1996. 未来之路. 王明舟, 王原译. 北京：北京大学出版社.

高新民. 2011. 智慧城市建设要避免两种倾向. 系统工程, (6): 8.

戈德斯通. 2011. 为什么是欧洲？世界史视角下的西方崛起（1500—1850）. 关永强译. 杭州：浙江大学出版社.

格林加德. 2016. 物联网. 刘林德译. 北京：中信出版社.

龚育之. 1990. 马克思主义研究领域的新开拓. 科学学与科学技术管理, 11 (1): 6—7.

格龙多纳. 2010. 经济发展的文化分类//亨廷顿, 哈里森主编. 文化的重要作用：价值观如何影响人类进步. 程克雄译. 北京：新华出版社：88—99.

辜鸿铭. 1996. 中国人的精神. 黄兴涛等译. 海口：海南出版社.

辜胜阻等. 2013. 当前我国智慧城市建设中的问题与对策. 中国软科学, （1）: 6—12.

郭天太, 王引童. 2003. 虚拟现实技术与增强现实技术. 机械制造, （6）: 7—9.

郭瑜. 2012. 个人数据保护法研究. 北京: 北京大学出版社.

国家知识产权局规划发展司. 2011-09-28. 国际物联网技术出现相对成熟迹象. 经济日报, 14.

哈贝马斯. 2004. 交往行为理论（第一卷）. 曹卫东译. 上海: 上海人民出版社.

海曼. 2009. 信息时代文化的黑客伦理//卡斯特. 网络社会: 跨文化的视角. 北京: 社会科学文献出版社: 460—492.

海姆. 2000. 从界面到网络空间: 虚拟实在的形而上学. 金吾伦、刘钢译. 上海: 上海科技教育出版社.

亨廷顿, 哈里森. 2010. 文化的重要作用: 价值观如何影响人类进步. 程克雄译. 北京: 新华出版社.

胡宝钢. 2014-04-14. 智慧城市规划与建设应谨防误区. 中国信息化周报, 12.

胡昌平, 仇蓉蓉. 2018. 虚拟社区用户隐私关注研究综述. 情报理论与实践, 41（12）: 149—154.

黄程松, 王雪. 2019. 近10年国外SNS用户自我披露行为研究述评. 信息资源管理学报, （2）: 85—93.

黄顺基, 刘大椿. 1983. 科学学的发展及其意义. 江西社会科学, （5）: 86—91.

黄卫东, 岳中刚. 2011. 物联网核心技术链演进及其产业政策研究. 中国人民大学学报, （4）: 47—53.

金萍. 2004. 寻觅武汉城市精神: 武汉城市精神之我见. 学习与实践, （9）: 44—47.

卡斯特. 2006. 网络社会的崛起. 夏铸九等译. 北京: 社会科学文献出版社.

卡斯特. 2007. 网络星河：对互联网、商业和社会的反思. 郑波，武炜译. 北京：社会科学文献出版社：41—70.

卡斯特. 2009. 网络社会：跨文化的视角. 周凯译. 北京：社会科学文献出版社.

凯利. 2016. 科技想要什么. 严丽娟译. 北京：电子工业出版社.

康德. 2004. 实践理性批判. 韩水法译. 北京：人民出版社.

莱文森. 2011. 软利器：信息革命的自然历史与未来. 何道宽译. 上海：复旦大学出版社.

兰辛. 2008. 人类历史上的伟大时刻. 张青民译. 西安：陕西人民出版社.

蓝志勇. 2016. 论社会治理体系创新的战略路径. 国家行政学院学报，(1)：55—61.

蓝志勇. 2017. 智慧城市需要智慧治理. 智慧城市评论，(2)：5.

冷传莉，李怡. 2017. 司法保护视角下的隐私权类型化. 法律科学，(5)：79—89.

李德仁等. 2012. 智慧城市的概念、支撑技术及应用. 工程研究，4(4)：313—323.

李纲，王丹丹. 2015. 社交网站用户个人信息披露意愿影响因素研究——以新浪微博为例. 情报资料工作，(1)：35—40.

李虹. 2010. 物联网：生产力的变革. 北京：人民邮电出版社.

李新社. 2014—02—21. 智慧城市建设的误区和难点. 科技日报，8.

李一男. 2015. 大数据和物联网在国外城市治理中的前沿应用：公共价值促生的可操作化. 兰州学刊，(10)：166—170.

里夫金. 2014. 零边际成本社会：一个物联网、合作共赢的新经济时代. 赛迪研究院专家组译. 北京：中信出版社.

李光. 2002. 开拓创新：与时俱进的中国科学学//罗伟主编. 中国科学学与科技政策研究会成立二十周年（1982—2002）纪念文集. 北京：《科学学研究》编辑部：7—8.

梁德友. 2014. 物联网社会伦理风险及其消解. 学术论坛，(12)：1—15.

梁树发. 2007. 和谐思维是一种建设思维. 政党干部学刊，(9)：7—9.

林识音, 龚向田. 2007. 和谐精神的哲学解析. 湖南社会科学, (5): 16—18.

刘大椿, 刘永谋. 2010. 思想的攻防, 另类科学哲学的兴起和演化. 北京: 中国人民大学出版.

刘德良. 2014. 个人信息保护与中国立法的选择//陈海帆, 赵国强. 个人资料的法律保护——放眼中国内地、香港、澳门及台湾. 北京: 社会科学文献出版社: 22—49.

刘方喜. 2016. 分享主义大潮: 物联网时代社会主义价值原则的伟大复兴. 毛泽东邓小平理论研究, (3): 28—37.

刘钢. 2011. 模糊的物联网. http://blog.sciencenet.cn/blog-105489-466669.html [2011-11-19].

刘海涛. 2011. 物联网之感知社会论. 上海: 华东师范大学出版社.

刘婷, 邓胜利. 2018. 国外隐私悖论研究综述. 信息资源管理学报, (2): 104—112.

柳卸林. 2015. 基于创新生态观的科技管理模式. 科学学与科学技术管理, 36 (1): 18—27.

刘雅琦. 2015. 基于敏感度分级的个人信息开发利用保障体系研究. 武汉: 武汉大学出版社.

刘影, 范鹏飞. 2016. 基于 UTAUT 理论的物联网应用用户接受实证研究. 南京邮电大学学报 (社会科学版), 18 (1): 39—48.

刘永谋. 2016. 技术治理的逻辑. 中国人民大学学报, (11): 118—127.

刘云浩. 2010. 物联网导论. 北京: 科学出版社.

刘则渊. 2017. 冯之浚之问: 科学学的核心理论是什么? 科学学研究, 35 (5): 655—660.

马克思, 恩格斯. 2009. 马克思恩格斯文集. 中共中央马克思恩格斯列宁斯大林著作编译局编译. 北京: 人民出版社.

麦克卢汉. 2006. 麦克卢汉如是说: 理解我. 何道宽译. 北京: 中国人民大学出版社.

麦克卢汉. 2011. 理解媒介: 论人的延伸. 何道宽译. 南京: 译林出版社.

米切姆. 2008. 技术哲学. 吴国盛编. 技术哲学经典读本. 上海：上海交通大学出版社：3—68.

闽春发，汪业周. 2011. 物联网的意涵、特质与社会价值探析. 中国人民大学学报，(4)：41—46.

默顿. 2000. 17世纪英格兰的科学、技术与社会. 范岱年等译. 北京：商务印书馆.

穆尔. 2007. 赛博空间的奥德赛：走向虚拟本体论与人类学. 麦永雄译. 桂林：广西师范大学出版社.

穆荣平. 2014. 创新系统功能分析模型构建及应用. 科研管理，35（3）：1—7.

尼葛洛庞帝. 1997. 数字化生存. 胡泳等译. 海口：海南出版社.

宁家骏. 2015. "互联网+"行动计划的实施背景、内涵及主要内容. 电子政务，(6)：32—39.

帕克，等. 1987. 城市社会学. 宋俊岭等译，北京：华夏出版社.

潘云鹤. 2010. 物联网蕴藏的创新空间. 管理工程学报，24：71—72.

佩顿，克莱普尔. 2017. 大数据时代的隐私. 郑淑红译. 上海：上海科学技术出版社.

佩卓斯基. 1999. 器具的进化. 丁佩芝等译. 北京：中国社会科学出版社.

彭淑珍等. 2003. 群体EQ模型的分析. 武汉理工大学学报，(3)：76—78.

彭特兰. 2015. 智慧社会. 汪小帆，汪容译. 杭州：浙江大学出版社.

普特南. 1997. 理性、真理与历史. 童世骏等译. 上海：上海译文出版社.

齐爱民. 2005. 中华人民共和国个人信息保护法示范法草案学者建议稿. 河北法学，23（6）：2—5.

齐曼. 2002. 技术创新进化论. 孙喜杰等译. 上海：上海科技教育出版社.

邱善勤. 2011. 物联网十二五规划年底前公布. 移动通信，(22)：48.

邱泽奇. 2018. 技术化社会治理的异步困境. 社会发展研究，4：2—26.

曲成义. 2009. 物联网的发展态势和前景. 信息化建设，(11)：16—18.

任玉岭. 2014. 改变科技成果转化率过低的认识与建议. 现代人才，(5)：34—39.

钱三强. 1985. 迎接我国科学学发展的新阶段. 科学学研究，3（3）：1—3.

钱学森. 1979. 科学学、科学技术体系学、马克思主义哲学. 哲学研究，1：20—27.

邵显侠. 1996. 孔子的"仁智统一"说及其现代价值. 南京师范大学学报（社会科学版），2：19—23.

舍恩伯格，库克耶. 2013. 大数据时代. 盛杨燕，周涛译. 杭州：浙江人民出版社.

沈斌，刘渊. 2011. 物联网应用的安全与隐私问题审视. 自然辩证法通讯，14（3）：77—83.

斯宾格勒. 1963. 西方的没落. 齐世荣等译. 北京：商务印书馆.

田文军. 2003. 对武汉城市精神的几点思考. 学习与实践，8：47—51.

童腾飞. 2011. 智慧北京建设展望. http://www.itgov.org.cn/Item/3732.aspx［2011-07-01］.

托克音顿，艾伦. 2004. 美国隐私法：学说、判例与立法. 冯建妹等编译. 北京：中国民主法制出版社.

汪成为. 2000. 人类认识世界的帮手——虚拟现实. 北京：清华大学出版社，广州：暨南大学出版社.

汪业周. 2012. 物联网的基本属性与中国语境. 南京邮电大学学报（社会科学版），14（2）：1—6.

王家耀. 2014. 大数据时代的智慧城市. 测绘科学，39（5）：3—7.

王谦. 2015. 物联网与政府管理创新. 成都：四川大学出版社.

王育民. 2015. 信息空间、网络空间、"大数据"对网络安全的冲击//中国科协学会学术部编. 大数据时代隐私保护的挑战与思考. 北京：中国科学技术出版社：5—11.

王元. 2012. 深化科技体制改革的若干思考. 科学与社会，3：34—36.

王志良. 2010. 物联网：现在与未来. 北京：机械工业出版社.

王治东. 2010. "物联网技术"的哲学释义. 自然辩证法研究，（12）：37—41.

王治东. 2015. 技术化生存与私人生活空间. 上海：上海人民出版社.

威廉斯. 1991. 文化与社会. 吴松江, 张文定译, 北京：北京大学出版社.

韦伯. 2016. 新教伦理与资本主义精神. 阎克文译. 上海：上海人民出版社.

韦伯斯特. 2011. 信息社会理论. 曹晋等译. 北京：北京大学出版社.

魏江. 2010. 多层次开放式区域创新体系建构研究. 管理工程学报,（10）：31—37.

温纳. 2014. 自主性技术：作为政治思想主题的失控技术. 杨海燕译. 北京：北京大学出版社.

文德尔班. 1989. 哲学史教程. 罗达仁译. 北京：商务印书馆.

邬贺铨. 2010. 物联网的应用与挑战综述. 重庆邮电大学学报, 22（5）：526—531.

邬贺铨. 2012. 智慧城市的数据管理. 物联网技术,（11）：11—14.

邬贺铨. 2015. "互联网+"行动计划：机遇与挑战. 学术前沿,（5）：6—14.

邬焜. 2006. 信息哲学的基本理论及其对哲学的全新突破. 西安交通大学学报（社会科学版）,（03）：1—15.

吴标兵. 2012. 物联网用户接受度实证研究. 武汉理工大学学报（社会科学版）, 25（3）：229—333.

吴功宜. 2010. 智慧的物联网——感知中国和世界的技术. 北京：机械工业出版社.

吴国盛. 2009. 技术哲学讲演录. 北京：中国人民大学出版社：174—175.

吴亮, 邵培基, 盛旭东等. 2012. 基于改进型技术接受模型的物联网服务采纳实证研究. 管理评论, 24（3）, 66—74.

伍蓓, 陈劲, 王姗姗. 2007. 科学、技术、创新政策的涵义界定与比较研究. 科学学与科学技术管理,（10）：68—74.

武澎, 王恒山. 2014. 基于特征向量中心性的社交信息超网络中重要节点的评判. 情报理论与实践, 5（37）：107—113.

习近平. 2018—04—18. 全面贯彻落实总体国家安全观 开创新时代国家安全工作新局面. 人民日报, 1.

夏义堃. 2017. 论政府数据开放风险与风险管理. 情报学报, 36（1）：

18—27.

肖峰. 2007. 哲学视域中的技术. 北京：人民出版社.

肖峰. 2013. 从互联网到物联网：技术哲学的新探索. 东北大学学报（社会科学版），15（03）：221—227.

谢卫红，常青青，李忠顺. 2018. 国外网络隐私悖论研究进展. 现代情报，38（11）：136—144.

谢中起，王玉超. 2012. 基于物联网技术的服务型社区构建：以社会管理创新为视角. 自然辩证法研究，28（4）：78—82.

许和隆，张宇. 2013. 物联网与人类社会的未来变革. 学海，（6）：125—128.

许茜. 2017—03—04. 个人信息保护法"难产" 12 年，他们为何还说乐观. 科技日报，3.

燕继荣. 2010. 社区治理与社会资本投资. 公共管理与公共政策研究，(3)：59—64.

杨震. 2011. 基于物联网技术演化的物联网商业模式创新研究. 江苏通信，(6)：12—15.

杨中芳，彭泗清. 1999. 中国人人际信任的概念化：一个人际关系的观点. 社会学研究，(2)：1—21.

叶美兰，刘永谋等. 2015. 物联网与泛在社会的来临. 北京：中国社会科学出版社.

伊尼斯. 2003. 传播的偏向. 何道宽译. 北京：中国人民大学出版社.

殷康. 2010. 物联网是物联互联网不是物联专用网. 中国高新区，(5)：22—24.

英国 DK 公司. 2005. DK·牛津英汉双解大词典［插图版］. 北京：外语教学与研究出版社.

于光远. 1979. 谈谈科学学. 自然辩证法通讯，(8)：12—14.

余潇枫，潘临灵. 2018. 智慧城市建设中"非传统安全危机"识别与应对. 中国行政管理，(10)：127—133.

俞国良. 2007. 浅释"心理和谐". 前线，(3)：59—60.

岳中刚, 侯赟慧. 2014. 物联网产业运行机制与发展策略研究. 中国科技论坛, (1): 62—68.

曾国屏. 2008. 从三版《STS 指南》看国外科学学的发展//中国科学学与科技政策研究会编. 第四届中国科学学与科技政策研究会学术年会会议论文集. 南京: 180—185.

张百尚, 商惠敏. 2019. 国内外芯片产业技术现状与趋势分析. 科技管理研究, (17): 131—134.

张康之. 2017. 走向智慧城市的城市发展史. 智慧城市评论, (2): 2—3.

张琪. 2010. 中国 RFID 与物联网发展初探. http://www.im2m.com.cn/viewpoint/134009.htm ［2015-07-07］.

张琪. 2011. 物联网 RFID 应用探索与实践. 办公自动化, (2): 1—8.

张新宝. 2015. 从隐私到个人信息: 利益再衡量的理论与制度安排. 中国法学, (3): 38—59.

张宇. 2013. 从互联网到物联网: 虚拟社会向感知社会的嬗变. 贵州社会科学, 278 (2): 29—32.

赵畅, 徐晓林等. 2018. 智慧城市信息共享与使用中的非传统安全分析. 电子政务, (7): 9—19.

赵敦华. 2000. 西方人本主义的传统与马克思的以人为本的思想. 北京大学学报, 41 (6): 28—32.

中国城市科学研究会数字城市工程研究中心. 2015-04-29. 建立完整运行机制 规避智慧城市建设误区. 中国建设报, 7.

周汉华. 2006. 中华人民共和国个人信息保护法（专家建议稿）及立法研究报告. 北京: 法律出版社.

周宏仁. 2014. 智慧城市新阶段的新思考. 中国信息化, (17): 21—23.

周洪波. 2010. 物联网: 技术、应用、标准和商业模式. 北京: 电子工业出版社.

周文豪. 2010. 物联网: EPC 的代名词. 射频世界, (4): 46—50.

周学馨. 2007. 简论当代和谐精神. 探索, (1): 153.

朱洪波, 杨龙祥, 于全. 2011. 物联网的技术思想与应用策略研究. 通信学报，31（11）：1—9.

左亚文.2007.和谐文化的内核：和谐思维方式.学习与实践，(1)：128.

Adamer K, Bannach D, Klug T, et al.2008.Developing a wearable assistant for hospital ward rounds: An experience report//The Internet of Things, First International Conference, IOT 2008, Proceedings: 289-307.

Afilias.2008.Finding your way in the Internet of Thing.http://www.afilias.info/webfm_send/11 [2009-11-18].

Agarwal R, Karahanna E.2000.Time flies when you are having fun: Cognitive absorption and beliefs about information technology usage.MIS Quarterly, 24: 665-693.

Allmendinger G, Lombreglia R.2005. Four strategies for the age of smart services.Harvard Business Review, 83: 131-145.

Ashton K.2009.That 'Internet of Things' Thing.http://www.rfidjournal.com/article/view/4986 [2012-01-02].

Atzori L, Iera A, Morabito G.2010. The Internet of Things: A survey.Computer Networks, 54: 2787-2805.

Auden W H.1968.Secondary Worlds.London: Faber and Faber.

Bauer R A, et al.1969.Second Order Consequences: A Methodological Essay On the Impact of Technology.Cambridge: The MIT Press.

Belanger F, Hiller J S, Smith W J.2002. Trust worthiness in electronic commerce: The role of privacy, security and site attributes.The Journal of Strategic Information System, 11: 245-270.

Bellman S, et al. 2004. International differences in information privacy concerns: A global survey of consumers.Information Society,20(5): 313-324.

Bloustein E J.1964.Privacy as an aspect of human dignity: An answer to Dean Prosser.New York University Law Review, 39: 962-971.

Bose I, Pal R.2005.Auto-ID: managing anything, anywhere, anytime in the supply chain.Communication of the ACM, 48: 100-106.

Brin D.1998.The Transparent Society.New York: Addison-Wesley.

Brownlie I.2008.Principles of Public International Law.7th edition.New York: Oxford University Press.

Calisir F, Calisir F.2004.The relation of interface usability characteristics, perceived usefulness, and perceived ease of use to end-user satisfaction with enterprise resource planning (ERP) system.Computer in Human Behavior, 20: 505-525.

Callari R.2008.Top Ten Inventions of 2008.http://inventorspot.com/articles/top_ten_inventions_2008_21971 [2011-10-07].

Capra F.2002.The Web of Life.New York: Random House.

Carboni D, Zanarini P.2007.Wireless Wires: Let the user build the ubiquitous computer// MUM07: 6th International Conference on Mobile and Ubiquitous Multimedia.Oulu Finland: Association for Computing Machinery: 169-175.

Čas J.2011.Ubiquitous computing, privacy and data protection: Options and limitations to reconcile the unprecedented contradictions//Gutwirth S, et al. (eds) Computers, Privacy and Data Protection: An Element of Choice.Berlin: Springer-Verlag: 139-169.

Chesbrough H W.2003a.The era of open innovation.MIT Sloan Management Review, 44: 35-41.

Chesbrough H W.2003b.Open innovation: The New Imperative for Creating and Profiting From Technology.Boston: Harvard Business School Press.

Chesbrough H W.2006.Open innovation: A new paradigm for understanding industrial innovation//Chesbrough H, Vanhaverbeke W, West J(eds.), Open Innovation: Researching a New Paradigm.Oxford: Oxford University Press: 1-12.

Choi Y B, Oh T H, Chouta R.2011.RFID implementation and security issues Information. Security & Assurance, 200: 236-249.

Christensen J F, Olesen M H, Kjaer J S.2005.The industrial dynamics of open innovation – evidence from the transformation of consumer electronic. Research Policy, 3410: 1533-1549.

Coetzee L, Eksteen J.2011.The Internet of Things-promise for the future? An introduction//IST-Africa Conference Proceedings.IEEE: 1-9.

Coleman J S. 1988. Social capital in the creation of human capital. American Journal of Sociology, 94: S95-S120.

Conti J P.2006.The Internet of Things.Communications Engineer, 4: 20-25.

Cooley T M.1888. A Treatise on the Laws of Torts.Chicago: Callaghan and Company.

Cooper J, James A.2009.Challenges for database management in the Internet of Things.Technical Review, 26: 320-329.

Culler D E, Estrin D, Srivastava M B.2004.Guest editors' introduction: Overview of sensor networks.Computer, 37: 41-49.

Daly E M, Haahr M.2008.Social network analysis for routing in disconnected delay-tolerant MANETs.IEEE Transactions on Mobile Computing, 8(5): 606 – 621.

Darianian M, Michael M P.2008.Smart home mobile RFID-based Internet-of-Things systems and services//International Conference on Advanced Computer Theory and Engineering.Phuket, Thailand: IEEE: 116-120.

Davis F D. 1989. Perceived usefulness, perceived ease of use, and user acceptance of information technology.MIS Quarterly, 13: 319-339.

DeCew J.1986.The scope of privacy in law and ethics.Law and Philosophy, 5: 145-173.

Demchenko Y, et al.2013.Addressing big data issues in Scientific Data Infrastructure// 2013 International Conference on Collaboration Technologies and Systems (CTS), San Diego, CA: 48-55.

Dickerson R F, Lu J K, Lu J, et al.2008.Stream feeds: An abstraction for the world wide sensor web//Floerkemeier C, Langheinrich M, Fleisch E, et al.

（eds）. The Internet of Things. Lecture Notes in Computer Science, vol 4952.Berlin: Springer-Verlag: 360-375.

Dinev T, et al.2006.Privacy calculus model in ecommerce: A study of Italy and the United States. European Journal of Information Systems, 15（4）: 389-402.

Dohr A, Modre-Osprian R, Drobics M, et al.2010.The Internet of Things for ambient assisted living//Seventh International Conference on Information Technology: New Generations, Las Vagas,NV,USA: IEEE: 804-809.

Dolin R A.2005.Deploying the Internet of Things//Proceedings of the 2005 Symposium on Applications and the Internet.Phoenix, AZ, USA: IEEE: 1-4.

Drucker P F.1988.The coming of the new organization. Harvard Business Review, 66: 45-53.

Dubos R.1968.So human an animal.New York: Scribners.

Duquennoy S, Grimaud G, Vandewalle J.2009.The Web of Things: Interconnecting devices with high usability and performance//International Conferences on Embedded Software and Systems, Zhejiang, China: IEEE: 323-330.

Eckhoff D, Wagner I.2018.Privacy in the smart city-applications, technologies, challenges and solutions. IEEE Communications Surveys & Tutorials, 20（1）: 489-516.

Ellul J. 1963. The technological order//Proceedings of the Encyclopaedia Britannica Conference on the Technological Order,Technology and Culture, Vol.3, 4: 394-421.

Ellul J.1964.The Technological Society.New York: Vintage Books.

Elvin M.1984.Why China failed to create an endogenous industrial capitalism: A critique of Max Weber's explanation.Theory and Society, 13: 379-391.

Evans D.2011.The Internet of Things: How the next evolution of the internet is changing everything. http://www.cisco.com/web/about/ac79/docs/innov/IoT_IBSG_0411FINAL.pdf [2011-11-5]

Fabian B, Günther O.2009.Security challenges of the EPCglobal network.Communications of the ACM, 52: 121-125.

Feenberg A.1995.Alternative Modernity.Berkeley and Los Angeles: University of California Press: 39.

Fishkin K P, Roy S, Jiang B.2004.Some methods for privacy in RFID communication//Castelluccia C, Hartenstein H, Paar C, Westhoff D.(eds) Security in Ad-hoc and Sensor Networks.ESAS 2004.Lecture Notes in Computer Science, vol 3313.Berlin: Springer-Verlag: 42-53.

Fitton D, Karpischek S, Schmidt A.2010.What can the Internet of Things do for the citizen? Pervasive Computing,9(4): 102-104.

Fleisch E.2010.What is the Internet of Things: An Economic Perspective, Economics, Management, and Financial Markets, 5: 125-157.

Framling F, et al.2007.Requirements on unique identifiers for managing product life cycle information: Comparison of alternative approaches. International Journal of Computer Integrated Manufacturing, 20: 715-726.

Frederix F.2009.European Commission Policy towards the Internet of Things.http://www.oecd.org/dataoecd/8/3/43015154.pdf [2010-12-18].

Frederix I.2009.Internet of Things and Radio Frequency Identification, in care taking, facts and privacy challenges//Wireless VITAE 2009.Aalborg, Denmark: IEEE Computer Society Press: 319-323.

Friedewald M, Raabe O.2011.Ubiquitous computing: An overview of technology impacts.Telematics and Informatics, 28: 55-65.

Fulk J, Schmitz J, Ryu D.1995.Cognitive elements in the social construction of communication technologies. Management Communication Quarterly, 8: 259-288.

Gavison R.1980.Privacy and the limits of law.Yale Law Journal, 89: 421-437.

Gelernter D.1992.Mirror Worlds: Or the Day Software Puts the Universe in a Shoebox…How it Will Happen and What it Will Mean.New York: Oxford University Press.

Gershenfeld N, Krikorian R, Danny C.2004.The Internet of Things.Scientific American, 291: 46-51.

Gershenfeld N.1999.When Things Start to Think.New York: Henry Holtand Company.

Gibson W.1984.Neuromancer.New York: Ace Books.

Giffinger R, et al.2007.Smart Cities: Ranking of European Medium-Sized Cities. http://www.smart-cities.eu/download/smart_cities_final_report.pdf[2010-12-28]

Gilpin G.1968.France in the Age of the Scientific State.California: Princeton University Press.

Barroso J L G.2018.Experiments on personal information disclosure: past and future avenues.Telematics and Informatics, 35: 1473-1490.

Gruber M, Henkel J.2006.New ventures based on open innovation: An empiricalanalysis of start-up firms in embedded linux.International Journal of Technology Management, 33: 356-372.

Gunasekara G.2009.The "final" privacy frontier? Regulating trans-border data flows.International Journal of Law and Information Technology, 15: 362-393.

Haller S, Karnouskos S, Schroth C.2009.The Internet of Things in an enterprise context//Domingue J, Fensel D, Traverso P.(eds) Future Internet - FIS 2008. FIS 2008. Lecture Notes in Computer Science, vol 5468. Berlin: Springer-Verlag: 14-18.

Harms A A, Baetz B W, Volti R R.2004.Engineering in Time.London: Imperial College Press.

Harrington R F.1964.Theory of loaded scatters//Proceedings of the Institution of Electrical Engineers.New York: IET: 617-623.

Harrison M.2011.The IoT and commerce.XRDS, 17: 19-22.

Heijden H V D.2006.Mobile decision support for in-store purchase decisions.Decision Support Systems, 42: 656-663.

Hollands R G.2008.Will the real smart city please stand up? City, 12(3):

303-320.

Holthoefer J B, Rivero A, Moreno Y.2012.Locating privileged spreaders on an online social network.Physical Review, E, Statistical, nonlinear and Soft Matter Physics, 85(6): 66-123.

Horatius N D, Raman A. 2008. Inventory record inaccuracy: An empirical analysis.Management Science, 54: 627-641.

Hossain M M, Prybutok V R.2008.Consumer acceptance of RFID technology: An exploratory study. IEEE Transactions on Engineering Management, 55: 316 -328.

Huang Y, Li G A.2010.Semantic analysis for Internet of Things//International Conference on Intelligent Computation Technology and Automation.Wash Changsha, China: IEEE: 336-339.

ITU.2005.Internet Reports 2005: The Internet of Things.http: //www.itu.int/ dms_pub/itu-s/opb/pol/S-POL-IR.IT-2005-SUM-PDF-E.pdf[2011- 5 -8].

Jedermann R, Lang W.2008.The benefits of embedded intelligence: Tasks and applications for ubiquitous computing in logistics//Floerkemeier C, Langheinrich M, Fleisch E, et al.(eds)The Internet of Things.Lecture Notes in Computer Science, vol 4952.Berlin: Springer-Verlag: 105-122.

Jeong K, King J.1996.National information infrastructure initiative in Korea.Information Infrastructure & Policy, 5(2): 119-134.

Jonathan S.2009.Exposed: The erosion of privacy in the Internet era.Harvard Magazine, 9: 38-43.

Kalakota R, Whunston A B.1996.Frontiers of Electronic Commerce.New York: Addison-Wesley Publishing Company.

Katal A, Wazid M, Goudar R H.2013.Big data: Issues, challenges, tools and Good practices//2013 Sixth International Conference on Contemporary Computing (IC3), Noida: 404-409.

Khoo B.2010.RFID-from tracking to the Internet of Things: A review of developments//IEEE/ACM Intl Conference on Green Computing & Communications & Intl Conference on Cyber, Physical and Social Computing. Hangzhou, China: IEEE: 533-538.

Kortuem G, et al.2010.Smart objects as building blocks for the Internet of Things. Internet Computing, 14: 44-51.

Korzaan M L.2003.Going with the flow: Predicting online purchase intentions.The Journal of Computer Information Systems, 43: 25-31.

Kranz M, Holleis P, Schmidt A.2010.Embedded interaction: Interacting with the Internet of Things.Internet Computing, 14: 46-53.

Krishnamurthy S.et al.2008.Automation of facility management processes using machine-to-machine technologies//Floerkemeier C, Langheinrich M, Fleisch E, et al.(eds)The Internet of Things.Lecture Notes in Computer Science, vol 4952.Berlin: Springer-Verlag: 68-86.

Landes D.2000.Revolution in Time: Clocks and the Making of the Modern World. Cambridge: Harvard University Press.

Laursen K, Salter A.2006.Open for innovation: The role of openness in explaining innovation performance among UK manufacturing firms.Strategic Management Journal, 27: 131-150.

Lee G M, Kim Y J.2010.The Internet of Things: A problem statement//Information and Communication Technology Convergence. Jeju, South Korea: IEEE: 517-518.

Lipton J D.2010.Digital multi-media and the limits of privacy law.Case Western Reserve Journal International Law, 42: 551-571.

Lockton V, Rosenberg R S.2005.RFID: The next serious threat to privacy.Ethics and Information Technology, 7: 221-231.

Luckett D.2004.The supply chain.BT Technology Journal, 22: 50-55.

Mainwaring A, Polastre J, Szewczyk R, et al.2002.Wireless sensor networks for habitat Monitoring//Proceedings of ACM International Workshop on Wireless Sensor Networks and Applications. Melbourne, Qld, Australia:

IEEE:88-97.

Markus M L.1994.Electronic mail as the medium of managerial choice.Organization Science,5:491-511.

Martinussen E S,Arnall T.2009.Designing with RFID//Proceedings of the Third International Conference on Tangible and Embedded Interaction.Cambridge,UK:TEI:343-350.

Mathieson K,Peacock E,Chin W W.2001.Extending the technology acceptance model:The influence of perceived user resources.DATA BASE for Advances in Information Systems,32:86-112.

Mattern F,Floerkemeier C.2010.From the internet of computers to the Internet of Things//Sachs K,Petrov I,Guerrero P(eds) From active data management to event-based systems and more.Lecture Notes in Computer Science,vol 6462.Berlin:Springer-Verlag:242-259.

McAfee A,Brynjolfsson E.2012.Big Data:The management revolution.Harvard Business Review,10:1-9.

Medaglia C M,Serbanati A.2010.An overview of privacy and security issues in the Internet of Things//Giusto D,Iera A,Morabito G,et al.(eds)The Internet of Things.Berlin:Springer Science Business Media:389-395.

Meeler D.2008.Is information all we need to protect? The Monist,1:151-169.

Meingast M,King J,Mulligan D K.2007.Security and privacy risks of embedded RFID in everyday things:The e-passport and beyond.Journal of Communications,2:36-48.

Meynaud J.1969.Technocracy.New York:Free Press.

Michael F A.2000.The Death of Privacy? Stanford Law Review,52:1461-1543.

Midgley D F,Dowling G R.1978. Innovativeness:The concept and its measurement.Journal of Consumer Research,4:229-242.

Milberg S J B,et al.1995.Values,personal information privacy concerns,and regulatory approaches.Communication of the ACM,38(12):65-74.

Miorandi D,et al.2012.Internet of things:vision,applications and research challenges. Ad Hoc Networks,10(7): 1497-1516.

Molm L D.1997.Coercive Power in Social Exchange.New York: Cambridge University Press.

Moore G C, Benbasat I. 1991. Development of an instrument to measure perceptions of adopting an information technology innovation. Information Systems Research, 2: 192-222.

Mun Y Y, Jackson J D, Park J S, et al.2006.Understanding information technology acceptance by individual professionals: Toward an integrative view.Information & Management, 43: 350-363.

Norberg P A, Horne D R, Horne D A.2007.The privacy paradox: Personal information disclosure intentions versus behaviors.Journal of Consumer Affairs, 41(1): 27.

Ohkubo M, Suzuki K, Kinoshita S. 2005. RFID privacy issues and technical challenges.Communications of the ACM, 48: 66-71.

Ong S K, Yuan M L, Nee A Y C.2008. Augmented reality applications in manufacturing: A survey. International Journal of Production Research, 46: 2707-2742.

Paskaleva K A.2011.The smart city: A nexus for open innovation?. Intelligent Buildings International, 3: 153-171.

Paskaleva, Antonova K.2009.Enabling the smart city: the progress of E-city governance in Europe.International Journal of Innovation and Regional Development, 1(4): 405-422.

Payne R, MacDonald B.2004.Ambient technology-now you see it, now you don't.BT Technology Journal, 22: 119-129.

Piller F T, Walcher D.2006.Toolkits for idea competitions: A novel method to integrateusers in new product development. R & D Management, 36: 307-318.

Pottie G J, Kaiser W J.2000.Wireless integrated network sensors.Communicationsof the ACM, 43: 51-58.

Poullet Y.2006.The directive 95/46/EC: Ten years after.Computer Law and Security Report, 22: 206-217.

Quack T, Bay H, Gool L V.2008.Object Recognition for the Internet of Things// Floerkemeier C, Langheinrich M, Fleisch E, et al.(eds)The Internet of Things.Lecture Notes in Computer Science, vol 4952.Berlin: Springer-Verlag: 230-246.

Rachels J.1975.Why privacy is lost? Philosophy and Public Affairs, 4: 323-326.

Regenbrecht H, Baratoff G, Wilke W.2005.Augmented reality projects in the automotive and aerospace industry.IEEE Computer Graphics and Applications, 25: 48-56.

Reischach F V, Michahelles F, Guinard D, et al.2009.A mobile product recommendation system interacting with tagged products// Seventh Annual IEEE International Conference on Pervasive Computing and Communications. Galveston, TX, USA: IEEE: 1-6.

Rellermeyer J S, Duller M, Gilmer K, et al.2008.The software fabric for the Internet of Things// Floerkemeier C, Langheinrich M, Fleisch E, et al.(eds) The Internet of Things.Lecture Notes in Computer Science, vol 4952.Berlin: Springer-Verlag: 87-104.

Rogers E M, Shoemaker F F.1971.Communication of innovations: A cross-cultural approach.New York: The Free Press.

Rothensee M.2008.User acceptance of the iIntelligent fridge: Empirical results from a simulation//Floerkemeier C, Langheinrich M, Fleisch E, et al. (eds)The Internet of Things.Lecture Notes in Computer Science, vol 4952. Berlin: Springer-Verlag: 123-139.

Roush W.2005.Killer maps.Technology Review, 108: 54-60.

Russell W A.1975.Policing plutonium: The civil liberties fallout.Harvard Civil Rights-Civil Liberties Law Review, 10: 369-443.

Saint A.2014.The rise and rise of the smart city.Engineering & Technology, 9: 72-76.

Santucci G. 2009. From Internet of Data to Internet of Things. http：//www. ipv6council.lu/docs/G_Santucci_paper.pdf［2009-1-28］

Schlz N.2007.The Internet of Things, The American, 11：82-83.

Schoder D, Fischbach K, Schmitt C.2005. Driving resource management with peer-to-peer network//Subramanian R, Goodman B.P2P Computing：The Evolution of a Disruptive Technology.New York：Idea Group Inc：1-27.

Shin D H, Kim W Y, Lee D A.2006.Web of stakeholders and strategies in the development of DMB：Why and how has DMB been developed in Korea?.International Journal of Media Management, 8(2)：70-83.

Shin D H, Kim Y.2009.Ubiquitous City：An analysis from an information society perspective//Annual meeting of the International Communication Association, Marriott：ICA：1-20.

Singh S, Singh N.2012.Big data analytics//International Conference on Communication, Information and Computing Technology. Mumbai, India：IEEE：1-4.

Solove D J.2008.Understanding Privacy.Boston：Harvard University Press.

Spiekermann S.2012.The RFID PIA：Developed by industry, endorsed by regulators//Wright D, De Hert P.(eds) Privacy Impact Assessment.Law, Governance and Technology Series, vol 6.Berlin：Springer Science+Business Media：323-346.

SRI Consulting Business Intelligence. 2008. Disruptive Civil Technologies：Six Technologies with Potential Impacts on US Interests out to 2025.https：//fas.org/irp/nic/disruptive.pdf［2010-12-20］.

Staake T, Michahelles F, Fleisch E, et al.2008.Anti-counterfeiting and supply chain security//Cole P, Ranasinghe D(eds).Networked RFID Systems and Lightweight Cryptography.Berlin：Springer-Verlag：33-44.

Sterling B.2005.Shaping Things：Mediawork Pamphlets. Boston：The MIT Press.

Stockman H.2006.Communication by Means of Reflected Power//Proceedings of the IRE, 36：1196-1204.

Tene O, Polonetsky J.2013.Big data for all: Privacy and user control in the age of analytics.Northwestern Journal of Technology and Intellectual Property, 11(5): 240-273.

Thiesse F, Al-Kassab J, Fleisch E.2009.Understanding the value of integrated RFID systems: A Case study from apparel retail.European Journal of Information Systems, 18: 592-614.

Thompson C W, 2008.Hagstrom F.Modeling healthcare logistics in a virtual world.IEEE Internet Computing, 12: 100-104.

Thrift N.2005.Panicsville: Paul Virilio and the aesthetic of disaster.Cultural Politics, 1(3): 337-348.

Toma I, Simperl E, Hench G.2009.A joint roadmap for semantic technologies and the internet of things//Proceedings of the Third STI Roadmapping Workshop, Crete, Greece: 1-4.

Tosun C.2002.Host perceptions of impacts: A comparative tourism study.Annals of Tourism Research, 29(1): 231-253.

Vazquez J I, Lopez-de-Ipina D.2008.Social devices: Autonomous artifacts that communicate on the internet//Floerkemeier C, Langheinrich M, Fleisch E, et al.(eds) The Internet of Things.Lecture Notes in Computer Science, vol 4952 Berlin: Springer-Verlag: 308-324.

Veblen T.1904.The Theory of Business Enterprise.New York: Charles Scribner's Sons.

Venkatesh V, Brown S A.2001.Longitudinal investigation of personal computers in homes: adoption determinants and emerging challenges.MIS Quarterly, 25: 71-102.

Venkatesh V, Morris M G, Davis G B, et al., 2003.User acceptance of information technology: Towards a unified view.MIS Quarterly, 27: 425-478.

Volti R.2014.Society and technological change.New York: Worth Publishers, 349-351.

Wark T, Corke P, Sikka P, et al. 2007. Transforming agriculture through pervasive wireless sensor networks.Pervasive Computing, 6: 50-57.

Warren S, Brandeis L D.1890.The right to privacy.Harvard Law Review, 5: 193-220.

Weber R H. 2009. Internet of Things: Need for a new legal environment? Computer law & Security Review, 25(6): 522-527.

Weber R H.2010.Internet of Things: New security and privacy challenges.Computer law & Security Review, 26: 23-30.

Weiser M.1991.The computer for the 21st century. Scientific American, 265: 66-75.

West J, Gallagher S.2006a.Challenges of open innovation: The paradox of firm investmentin open-source software.R&D Management, 36: 319-31.

West J, Vanhaverbeke W, Chesbrough H W. 2006b. Open innovation: A research agenda//Chesbrough H W, Vanhaverbeke W, West J (eds). Open Innovation: Researchinga New Paradigm.Oxford: Oxford University Press: 285-307.

Westin A F.1968.Privacy and Freedom.New York: Atheneum.

Winkler T, Rinner B.2012.User-centric privacy awareness in video surveillance. Multimedia Systems, 18(2): 99-121.

Winner L. 1980. Do Artifacts have politics//Daedaous. Modern Technology: Problem or Opportunity? Cambridge: MIT Press,109: 121-136.

Winner L.1994.Reply to Mark Elam.In: Science, Technology, & Human Values. Sage Publications, Inc., 19(1): 107-109.

Yoon C, Kim S.2007.Convenience and TAM in a ubiquitous computing environment: The case of wireless LAN.Electronic Commerce Research and Applications, (6): 102-112.

Yun H, Lee G , Kim D J.2019.A Chronological review of empirical research on personal information privacy concerns: An analysis of situational contexts and research constructs.Information & Management, 56(4): 570-601.

Zhang X N, Prybutok V R, Koh C E.2006.The role of impulsiveness in a TAM-based online purchasing behavior model.Information Resources Management Journal, 19: 54-68.

Zheng Z.et al.2013.Service-generated Big Data and Big Data-as-a-Service: An Overview// 2013 IEEE International Congress on Big Data, Santa Clara: CA: 403-410.